헌법

법령과 판례를 통해 읽는

교양 헌법

홍완식

pnc
publishing and culture
피앤씨미디어

머리말

법이나 정치에 관해 이런 저런 자리에서 이야기를 할 때에 종종 법과 정치를 스포츠경기에 비유하고는 한다. 스포츠경기에서는 경기자의 기술과 기량이 제일 중요하겠지만, 경기를 공정하게 하고 경기규칙을 지키는 것도 매우 중요시 한다. 따라서 선수와 감독은 경기규칙을 잘 알아야 하고 지켜야 하며, 선수가 규칙을 위반하는 경우에는 벌칙이 주어지며, 규칙의 위반 여부를 판정하여 경기의 공정을 유지하기 위하여 심판이 존재한다. 스포츠경기를 하는 선수는 물론이고 경기를 보는 관중도 규칙을 알고 있다. 규칙을 지키면서 공정하게 경쟁하면서도 우수한 경기력을 보여주는 선수에게는 박수를 보내고, 경기의 결과에만 집착하여 규칙을 어기며 꼼수를 부리는 선수에게는 야유를 보낸다.

헌법정신과 헌법규정은 해석을 필요로 하며, 헌법해석은 정파나 진영 혹은 개인적 지식과 소신에 따라서 중구난방이라고 할 정도로 매우 다양하다. 다양성은 민주주의의 특징이고 인간의 본질적인 속성이기 때문에 의견의 다양성을 비난할 수는 없다. 의견의 다양성을 비난하고 획일화하게 되면 전체주의와 독재체제로 가는 길을 여는 것이기 때문이다. 그렇다면 의견이 다양한 개인과 단체들이 존재하는 국가에 주어진 과제는 이러한 다양한 의견을 취합하고 조정하여 법과 정책에 반영하는 것이고, 이렇게 정해진 법과 제도는 지켜져야 하는 것이다. 정치인들은 국민들을 응원단 정도로 생각할지 모르지만, 국민들은 응원단이 아니라 잘잘못을 지켜보고 선거를 통해 판정을 내리는 심판이라는 점을 명심하여야 한다.

법은 일정한 체계를 지니고 있는데, 제일 위에는 헌법이 있고 그 다음에는 법률이 있으며 법률 바로 아래에는 법률을 보다 구체화하고 법률 시행에 필요한 시행령과 시행규칙 등의 행정입법이 있는데, 법률과 행정입법을 합하여 법령이라 한다. 곁가지와 작은 줄기들이 있지만 헌법·법률·행정입법이 나무의 몸통에 해당하는 것이며, 이러한 수직적인 규범체계가 있기 때문에 한 국가의 헌법이 중요한 것이다. 헌법에 어긋나는 법률이 허용될 수 없고 헌법과 법률에 어긋나는 행정입법은 있을 수 없기 때문에, 헌법의 해석이 중요하고 법률의 해석이 필요하게 된다.

이념적 갈등이건 정치적 갈등이건 지역갈등이건 남녀갈등이건 세대갈등이건 간에, 사회적 갈등이 심한 경우에는 헌법과 법률을 해석하는 일도 쉽지가 않다. 스포츠경기에서도 선수들이 심판에게 무언가를 주장하고 항의하는 것이 경기규칙을 자기에게 유리하게 해석해 주기를 바라는 행동인 것처럼, 헌법규정도 자기들에게 유리하게 해석해 달라는 것은 어찌보면 당연한 일이다. 그러나 헌법이나 경기규칙에 있어서 공히 중요한 것은 이전의 판례를 존중하고 심판의 결정을 존중하는 것이다. 우리 국민 모두가 수차례 경험한 바와 같이 헌법해석에 있어서는 다양한 의견과 주장이 있으며, 동일한 사실관계에 있어서도 헌법의 해석 여부에 따라 결론과 판결은 달라질 수 있다.

스포츠경기에서 심판의 결정을 존중해야 하고 심판에 대한 존중이 스포츠맨십의 하나로 여겨지듯이, 헌법해석에 있어서도 헌법재판소와 법원의 결정에 대한 존중이 필요하고 이들 헌법기관 자체에 대한 존중도 필요하다. 헌법기관의 결정에 대한 비판은 가능하지만 헌법기관의 결정을 부정해서는 안 되는 것이다. 어떠한 정치적 입장에 있건 간에 헌법기관을 폄훼하고 공격한다거나 이러한 헌법기관의 결정을 존중하지 않는다면, 국가는 큰 혼란과 위기에 처하게 된다.

연구자들에게는 자기가 연구하는 분야의 내용을 보다 이해하기 쉽게 설명하고 전달할 수 있도록 책을 쓰려고 하는 희망이 있다. 대학에서 사용하는 헌법교재는 보통 1천 페이지 내외이고 어떤 책은 2천 페이지에 이르는 것도 있기 때문에, 교양으로서 읽을 만한 헌법책을 쓰고 싶었다. 그러나 교양 헌법이라고 하여 너무나 기초적이고 쉬운 내용만을 다루게 되면 헌법을 이해하기에 매우 부족할 수가 있다. 헌법이 현실적으로 적용되고 작동하는 것을 이해하기 위해서는 중요한 법령과 대표적인 판례를 알아야 한다. 130개의 헌법조문은 해당 조문을 구체화하거나 제한하는 법령을 알아야 하고 이러한 조문들이 해석되고 적용되는 판례를 알아야 헌법이 어떻게 현실화되거나 제한되는지 알 수 있기 때문이다. 그래서 책의 제목을 법령과 판례를 통해 읽는 교양 헌법이라고 하였다. 우선 헌법 130개 조문을 모두 박스에 넣어 적절한 곳에 배치하였고, 헌법조문을 구체화하거나 헌법기관의 권한을 제한하는 내용의 법률(국적법, 정당법, 공직선거법, 개인정보보호법, 청원법, 국회법, 정부조직법, 계엄법, 법원조직법 등등)을 중요한 조문을 중심으로 하여 소개하였다. 그리고 구체적인 사건을 통해 헌법조문을 해석한 헌법재판소의 판례들을 엄선하여 소개하였다. 헌법재판소 창립 30주년 기념으로 국민들이 선정한 30개의 판례, 헌법교수들이 선정한 분야별 중요 판례 그리고 한국사회를 바꾼 헌법재판소와 대법원의 판례, 언론에서 중요하게 다룬 판례, 헌법재판소에서 선정한 판례요지집과 분야별 중요판례 등에서 교양 헌법의 취지에 적절한 판례를 선정하여 소개하였다. 법령과 판례는 요약하고 설명된 내용을 읽는 것도 좋지만 법령원문과 판례원문을 직접 읽는 것이 필요하다고 본다. 그래서 이론적인 체계와 내용을 간단히 설명한 후에 법령원문과 판례원문을 배치하여, 헌법의 전체적인 체계와 내용을 파악하고 그에 적당한 대표적인 법령과 판례를 파악할 수 있도록 서술하였다.

다시 한번 강조하지만, 국민은 정치인들의 응원단이 아니라 심판이다. 국민들이 응원석에서 원래의 자리인 심판석을 되찾고, 필드에 있는 정치인들이 그에 합당한 태도와 국민에 대한 예의를 갖추었으면 하는 것이 한 사람의 헌법학자로서의 바램이다. 봄학기 준비에 바쁜 출판일정 속에서도 책을 출판해 주신 피앤씨미디어 박노일 대표께 감사의 마음을 전한다.

2025년 2월 8일

제주도 서귀포의 파랑재 波浪齋 에서

차 례

헌법총론

Ⅰ. 헌법의 의의와 제정 · 개정 ········· 2
Ⅱ. 헌법의 수호 ········· 3
Ⅲ. 대한민국의 구성요소 ········· 5
Ⅳ. 헌법의 기본원리 ········· 9
Ⅴ. 헌법의 기본질서 ········· 11

기본권론

기본권 총론

Ⅰ. 기본권의 의의와 분류 ········· 16
Ⅱ. 기본권의 주체 ········· 16
Ⅲ. 기본권의 효력 ········· 24
Ⅳ. 기본권의 제한 ········· 36

기본권 각론

Ⅰ. 인간의 존엄과 가치 · 행복추구권 · 평등권 ······ 39
Ⅱ. 자유권적 기본권 ······ 56
Ⅲ. 정치적 기본권 ······ 103
Ⅳ. 청구권적 기본권 ······ 110
Ⅴ. 사회적 기본권 ······ 127
Ⅵ. 국민의 기본적 의무 ······ 156

통치구조론

Ⅰ. 일반론 ······ 160
Ⅱ. 한국헌법의 기본제도 ······ 164
Ⅲ. 국회 ······ 184
Ⅳ. 행정부 ······ 225
Ⅴ. 법 원 ······ 255
Ⅵ. 헌법재판소 ······ 264

[참고자료] 헌법재판소 창립 30주년(2018년) 기념 주요결정 30선 ······ 275
[부 록] 대한민국 헌법 ······ 282

헌법총론

헌법지식은 헌법을 지키기 위해
그리고 헌법을 지킬 것을 요구하기 위해 존재하는 것이다.

Ⅰ. 헌법의 의의와 제정·개정

1. 헌법의 의의

헌법이란 국가의 기본적 원칙과 질서 등에 관한 사항을 법규범으로 정한 국가의 최고규범이다. 헌법은 최고규범이기 때문에 정치·경제·사회질서는 헌법에 위반되어서는 아니 되며, 헌법에 위반되는 법령은 헌법재판을 통해 위헌·무효가 될 수 있다.

판례 **헌법이 최고규범이라는 의미는 무엇인가?**

(헌재 1989. 7. 21. 89헌마38)

국가의 법질서는 헌법을 최고법규로 하여 그 가치질서에 의하여 지배되는 통일체를 형성하는 것이며 그러한 통일체 내에서 상위규범은 하위규범의 효력근거가 되는 동시에 해석근거가 되는 것이므로, 헌법은 법률에 대하여 형식적인 효력의 근거가 될 뿐만 아니라 내용적인 합치를 요구하고 있기 때문이다.

2. 헌법의 제정

실질적 의미에서의 헌법의 제정이라 함은 정치적 공동체의 형태와 기본적 가치질서에 관한 국민적 합의를 법규범체계로 정립하는 것이고, 형식적 의미에서의 헌법의 제정이라 함은 헌법제정권자가 헌법사항을 성문의 헌법으로 법제화하는 것을 말한다.

3. 헌법의 개정

헌법의 개정이라 함은 헌법에 규정된 개정절차에 따라 기존 헌법과 기본적 동일성을 유지하면서 헌법의 특정조항을 수정·삭제하거나 새로운 조항을 추가하는 것을 말한다.

❖ 헌법 제128조 ① 헌법개정은 국회재적의원 과반수 또는 대통령의 발의로 제안된다. ② 대통령의 임기연장 또는 중임변경을 위한 헌법개정은 그 헌법개정 제안 당시의 대통령에 대하여는

효력이 없다.

❖ 헌법 제129조 제안된 헌법개정안은 대통령이 20일 이상의 기간 이를 공고하여야 한다.

❖ 헌법 제130조 ① 국회는 헌법개정안이 공고된 날로부터 60일 이내에 의결하여야 하며, 국회의 의결은 재적의원 3분의 2 이상의 찬성을 얻어야 한다. ② 헌법개정안은 국회가 의결한 후 30일 이내에 국민투표에 붙여 국회의원선거권자 과반수의 투표와 투표자 과반수의 찬성을 얻어야 한다. ③ 헌법개정안이 제2항의 찬성을 얻은 때에는 헌법개정은 확정되며, 대통령은 즉시 이를 공포하여야 한다.

4. 헌법의 변천

헌법의 변천이라 함은, 특정의 헌법조항이 헌법에 규정된 개정절차에 따라 수정·변경되는 것이 아니고, 당해 조문은 그대로 있으면서 그 의미내용만이 해석을 통해 변경되는 것을 말한다.

Ⅱ. 헌법의 수호

1. 의 의

헌법의 수호 또는 헌법의 보장이라 함은 헌법의 핵심적 내용이나 규범력이 헌법에 대한 침해로 말미암아 변질되거나 훼손되지 아니하도록 헌법에 대한 침해행위를 사전에 예방하거나 사후에 배제하는 것을 말한다. 헌법수호제도는 평상적 헌법수호와 비상적 헌법수호로 분류할 수 있다. 평상적 헌법수호에 해당하는 것으로는 탄핵제도와 위헌정당해산제도 등을 들 수 있으며, 비상적 헌법수호에 해당하는 것으로는 국가긴급권과 저항권 등을 들 수 있다.

2. 국가긴급권

국가긴급권이라 함은 전쟁·내란·경제공황 등과 같이 국가의 존립과 안전을 위태롭게 하는 비상사태가 발생한 경우에, 국가의 존립과 안전을 확보하기 위하여 필요한 긴급적 조치를 강구할 수 있는 국가원수의 비상적 권한을 말한다.

판례 **유신헌법 제53조에 근거하여 발령된 대통령 긴급조치 제1호와 제2호(1974년), 제9호(1979년)는 헌법에 위반되는가?**

(헌재 2013. 3. 21. 2010헌바132등) 위헌

사건개요 : 대통령 긴급조치를 위반하여 군법회의와 대법원에서 징역형이 확정되었다가 2009년에 재심을 청구하여 재판 계속 중 동 긴급조치에 대한 위헌법률심판을 청구하였다.
전체 논점 : 과거의 긴급조치에 대한 위헌심사의 준거규범은 현행 헌법, 영장주의 및 신체의 자유 등 다양한 기본권 침해
결정요지 : 계엄이나 긴급조치와 같은 국가긴급권은 국가가 법치주의적 질서 아래에서 행사되는 정상적인 헌법보호수단에 의해서는 제거할 수 없는 전쟁, 사변, 천재·지변 등과 같은 비상사태(긴급사태)에서만 행사될 수 있는 것이고, 그 행사의 목적이 국가의 존립 내지 자유민주적 기본질서의 보호를 위한 것이어야 한다. 긴급조치 제1호와 제2호는 입법목적의 정당성이나 방법의 적절성을 갖추지 못하고, 참정권, 표현의 자유, 영장주의 및 신체의 자유, 법관에 의한 재판을 받을 권리 등을 침해하였고, 긴급조치 제9호는 입법목적의 정당성이나 방법의 적절성을 갖추지 못하였고, 참정권, 표현의 자유, 집회·시위의 자유, 영장주의 및 신체의 자유, 학문의 자유 등을 침해하였다.

3. 저항권

저항권이라 함은 민주적·법치국가적 기본질서 또는 기본권보장체계를 위협하거나 침해하는 공권력에 대하여 더 이상의 합법적인 대응수단이 없는 경우에, 주권자로서의 국민이 민주적·법치국가적 기본질서를 유지·회복하고 기본권을 수호하기 위하여 공권력에 저항할 수 있는 최후의 비상수단적 권리를 말한다.

판례 **「국회법」 규정이 정하는 협의절차를 위반한 개의시간의 변경과 회의일시를 통지하지 아니한 것(소위 법률안 날치기 통과)이 저항권행사의 대상이 되는가?**

(헌재 1997. 9. 25. 97헌가4) 각하

사건개요 : 현대정공 창원공장 노동조합은 노동관계법 개정안의 국회통과절차가 위헌이라는 등의 이유로 쟁의행위를 하였고, 위헌법률의 시행을 저지하기 위한 쟁의행위를 헌법질서 수호를 위한 저항권의 행사라고 주장하였다.

전체 논점 : ① 입법과정의 하자가 저항권행사의 대상이 되는지 여부 ② 입법과정의 하자를 이유로 한 쟁의행위의 정당성 여부
①의 결정요지 : 저항권은 국가권력에 의하여 헌법의 기본원리에 대한 중대한 침해가 행하여지고 그 침해가 헌법의 존재 자체를 부인하는 것으로서 다른 합법적인 구제수단으로는 목적을 달성할 수 없을 때에 국민이 자기의 권리·자유를 지키기 위하여 실력으로 저항하는 권리이므로, 국회법 소정의 협의 없는 개의시간의 변경과 회의일시를 통지하지 아니한 입법과정의 하자는 저항권 행사의 대상이 되지 아니한다.

4. 방어적 민주주의

방어적 민주주의라 함은 민주주의의 이름으로 민주주의 그 자체를 파괴하거나 자유의 이름으로 자유의 체계 그 자체를 말살하려는 민주적·법치국가적 헌법질서의 적으로부터 민주주의가 자신을 효과적으로 방어하고 그와 투쟁하기 위한 자기방어적·자기수호적 민주주의를 말한다. 정부가 제소하여 헌법재판소가 심판하는 위헌정당해산제도는 방어적 민주주의를 구현하는 제도이다. 방어적 민주주의를 채택하고 있는 대표적인 국가는 독일이며, 독일에서도 위헌정당해산을 결정한 사례가 있다. 2014년 12월 헌법재판소의 통합진보당 해산 결정은 우리 헌법이 방어적 민주주의를 채택하고 있기 때문에 가능했다고 볼 수 있다.

Ⅲ. 대한민국의 구성요소

1. 국가권력

넓은 의미로 국가권력이라 함은 주권과 통치권을 말한다. 어떠한 정치적 통일체가 국가이기 위해서는, 국가의사를 전반적·최종적으로 결정할 수 있는 최고권력인 주권과, 현실적으로 국가적 조직을 유지하고 국가적 목적을 실현하기 위한 구체적 권력으로서의 통치권을 필요로 한다. 주권에 관한 별도의 개별법은 없는데, 헌법 자체가 주권의 소재와 행사에 관한 여러 방식을 정하고 국민주권

을 확인하고 유지하기 위한 규정 체계이기 때문이고, 「국회법」「정부조직법」「법원조직법」등은 주권을 실현하기 위하여 분할되어진 통치권의 조직·행사·제한을 규율하기 위하여 만들어진 대표적인 법률이라고 볼 수 있다.

❖ 헌법 제1조 ① 대한민국은 민주공화국이다. ② 대한민국의 주권은 국민에게 있고, 모든 권력은 국민으로부터 나온다.

2. 국민

국가를 구성하는 국민으로서의 신분 혹은 자격이 국적이며, 국적취득은 크게 출생에 의한 선천적 국적취득과 귀화(일반귀화, 간이귀화, 특별귀화)에 의한 후천적 국적취득으로 구분된다. 국적의 취득 및 상실에 관해서는「국적법」이 규정하고 있다. 그리고「재외동포기본법」과「재외동포의 출입국과 법적 지위에 관한 법률」은 재외국민과 외국국적 동포에 관한 사항을 규정하고 있다.

❖ 헌법 제2조 ① 대한민국의 국민이 되는 요건은 법률로 정한다. ② 국가는 법률이 정하는 바에 의하여 재외국민을 보호할 의무를 진다.

국적법 : 대한민국 국민이 되는 요건을 정하는 법률로서 출생에 의한 국적취득, 인지에 의한 국적취득, 귀화에 의한 국적취득, 국적회복에 의한 국적취득, 복수국적, 국적상실 등에 관해서 규정하고 있다.

제2조(출생에 의한 국적 취득) ① 다음 각 호의 어느 하나에 해당하는 자는 출생과 동시에 대한민국 국적(國籍)을 취득한다.

1. 출생 당시에 부(父)또는 모(母)가 대한민국의 국민인 자
2. 출생하기 전에 부가 사망한 경우에는 그 사망 당시에 부가 대한민국의 국민이었던 자
3. 부모가 모두 분명하지 아니한 경우나 국적이 없는 경우에는 대한민국에서 출생한 자

② 대한민국에서 발견된 기아(棄兒)는 대한민국에서 출생한 것으로 추정한다.

판례1 대한민국에 입국한 북한 주민은 대한민국 국적을 취득할 수 있는가?

(대판 1996. 11. 12. 96누1221) 가능

결정요지 : 북한법의 규정에 따라 북한국적을 취득하여 중국 주재 북한대사관으로부터 북한의 해외공민증을 발급받은 자라 하더라도, 북한지역 역시 대한민국의 영토에 속하는 한반도의 일부를 이루는 것이어서 대한민국의 주권이 미친다. 북한지역이라고 하더라도, 대한민국의 주권과 부딪치는 어떠한 국가단체나 주권을 법리상 인정할 수 없다. 북한국적을 지닌 사람이 우리나라에 입국한 경우에는 대한민국 국적을 취득할 수 있다.

판례2 「국적법」의 부계혈통주의는 위헌인가?

(헌재 2000. 8. 31. 97헌가12) 헌법불합치

사건개요 : 구 국적법에서 부계혈통주의를 규정하였기 때문에 대한민국 국민을 모로 하여 외국인을 부로 하여 출생한 사람의 경우에는 대한민국 국적을 취득할 수 없었다. 신청인은 부가 외국인이기 때문에 대한민국 국적을 취득할 수 없는 이 규정에 대하여 위헌제청신청을 하였고, 법원은 헌법재판소에 위헌심판을 제청하였다.

결정요지 : 부계혈통주의 원칙을 채택한 구법조항은 출생한 당시의 자녀의 국적을 부의 국적에만 맞추고 모의 국적은 단지 보충적인 의미만을 부여하는 차별을 하고 있다. 이렇게 한국인 부와 외국인 모 사이의 자녀와 한국인 모와 외국인 부 사이의 자녀를 차별취급하는 것은, 모가 한국인인 자녀와 그 모에게 불리한 영향을 끼치므로 헌법 제11조 제1항의 남녀평등원칙에 어긋난다.

한국인과 외국인 간의 혼인에서 배우자의 한쪽이 한국인 부인 경우와 한국인 모인 경우 사이에 성별에 따른 특별한 차이가 있는 것도 아니고, 양쪽 모두 그 자녀는 한국의 법질서와 문화에 적응하고 공동체에서 흠없이 생활해 나갈 수 있는 동등한 능력과 자질을 갖추었는데도 불구하고 전체 가족의 국적을 가부(家父)에만 연결시키고 있는 구법조항은 헌법 제36조 제1항이 규정한 "가족생활에 있어서의 양성의 평등원칙"에 위배된다.

모가 한국인인 자녀들은 외국인이므로 원칙적으로 대한민국의 공무원이 될 수 없고, 거주이전의 자유, 직업선택의 자유, 재산권, 선거권 및 피선거권, 국가배상청구권 및 사회적 기본권 등을 누릴 수 없거나 제한적으로밖에 향유하지 못하게 된다. 그러므로 구법조항은 자녀의 입장에서 볼 때에도 한국인 모의 자녀를 한국인 부의 자녀에 비교하여 현저하게 차별취급을 하고 있으므로 헌법상의 평등원칙에 위배된다.

3. 국가의 영역

국가는 일정한 범위의 공간인 영역을 그 존립의 기초로 하며, 영역은 국가의 영토고권이 배타적으로 행사되는 공간이다. 영역은 영토·영해·영공으로 구성되는데, 영역은 국가간 경계이기도 하기 때문에, 국제법과 국내법에 의하여 규율된다. 논리적으로는 영토를 기본으로 하여 영해와 영공이 결정되겠지만, 현실적으로는 국내법인 「영해 및 접속수역법」과 「배타적 경제수역 및 대륙붕에 관한 법률」 국제법인 「해양법에 관한 국제협약」과 「대륙붕에 관한 제네바 조약」이 우리나라의 영역에 관한 실정법이다.

❖ 헌법 제3조 대한민국의 영토는 한반도와 그 부속도서로 한다.

영해 및 접속수역법 (영해법) : 대한민국의 영해와 접속수역의 범위, 영해와 접속수역에서의 권한, 외국선박의 영해 무해통항, 정선·검색·나포 등을 규정하고 있다.

제1조(영해의 범위) 대한민국의 영해는 기선(基線)으로부터 측정하여 그 바깥쪽 12해리의 선까지에 이르는 수역(水域)으로 한다. 다만, 대통령령으로 정하는 바에 따라 일정수역의 경우에는 12해리 이내에서 영해의 범위를 따로 정할 수 있다.
제2조(기선) ① 영해의 폭을 측정하기 위한 통상의 기선은 대한민국이 공식적으로 인정한 대축척해도(大縮尺海圖)에 표시된 해안의 저조선(低潮線)으로 한다. ② 지리적 특수사정이 있는 수역의 경우에는 대통령령으로 정하는 기점을 연결하는 직선을 기선으로 할 수 있다.
제3조(내수) 영해의 폭을 측정하기 위한 기선으로부터 육지 쪽에 있는 수역은 내수(內水)로 한다.
제3조의2(접속수역의 범위) 대한민국의 접속수역은 기선으로부터 측정하여 그 바깥쪽 24해리의 선까지에 이르는 수역에서 대한민국의 영해를 제외한 수역으로 한다. 다만, 대통령령으로 정하는 바에 따라 일정수역의 경우에는 기선으로부터 24해리 이내에서 접속수역의 범위를 따로 정할 수 있다.

판례 **한일어업협정은 국민의 영토권 등을 침해하는가?**

(헌재 2001. 3. 21. 99헌마139) 기각

사건개요 : 한일어업협정이 우리나라의 영토인 독도와 그 주변 영해를 공동관리수역안에 포함시켜 우리나라의 배타적 지배권을 배제함으로써 국민의 영토권, 행복추구권, 직업선택의 자유, 재산권 등 기본권 등을 침해하여 위헌이라고 주장하면서 헌법소원심판을 청구하였다.

결정요지 : 국민의 개별적 기본권이 아니라 할지라도 기본권보장의 실질화를 위하여서는, 영토조항만을 근거로 하여 독자적으로는 헌법소원을 청구할 수 없다 할지라도, 모든 국가권능의 정당성의 근원인 국민의 기본권 침해에 대한 권리구제를 위하여 그 전제조건으로서 영토에 관한 권리를, 이를테면 영토권이라 구성하여, 이를 헌법소원의 대상인 기본권의 하나로 간주하는 것은 가능한 것으로 판단된다. (중략) 한일어업협정과 영해와의 관계를 살펴보면, 해양법협약에서는 배타적경제수역을 영해밖에 인접한 수역으로서 영해기선으로부터 200해리를 넘을 수 없도록 규정하고 있고, 이에 따라서 한일 양국의 국내법에서도 동일한 취지의 규정을 두고 있다(우리나라의 배타적경제수역법 제2조 제1항 및 일본의 배타적경제수역및대륙붕에관한법률 제1조 제2항). 따라서 이 협정은 배타적경제수역을 직접 규정한 것이 아닐 뿐만 아니라 배타적경제수역이 설정된다 하더라도 영해를 제외한 수역을 의미하며, 이러한 점들은 이 사건 협정에서의 이른바 중간수역에 대해서도 동일하다고 할 것이므로 독도가 중간수역에 속해있다 할지라도 독도의 영유권 문제나 영해문제와는 직접적인 관련을 가지지 아니한 것임은 명백하다 할 것이다. (중략) 이 협정으로 인하여 독도의 영해와 배타적경제수역에 대한 영토권이 침해되었다는 청구인들의 주장은 이유없다 할 것이다.

Ⅳ. 헌법의 기본원리

1. 국민주권 원리

국민주권의 원리라 함은 국가적 의사를 전반적·최종적으로 결정할 수 있는 최고의 권력인 주권을 국민이 보유한다는 것과 모든 국가권력의 정당성의 근거를 국민에게서 찾아야 한다는 것을 내용으로 한다. “① 대한민국은 민주공화국이다 ② 대한민국의 주권은 국민에게 있고, 모든 권력은 국민으로부터 나온다”는 헌법 제1조는 국민주권원리를 선언하고 있는 것이다.

2. 자유민주주의

자유민주주의는 자유주의와 민주주의가 결합된 정치원리이다. 자유주의라 함은 국가권력의 간섭을 배제하고 개인의 자유와 자율을 옹호하고 존중함을 내용으로 한다. 민주주의라 함은 국민에 의한 지배 또는 국가권력이 국민에게 귀속되는 것을 내용적 특징으로 하는 정치원리를 의미한다.

3. 사회국가 원리

사회국가라 함은 모든 국민에게 그 생활의 기본적 수요를 충족시킴으로써 건강하고 문화적인 생활을 영위할 수 있도록 하는 것이 국가의 책임이면서, 그것에 대한 요구가 국민의 권리로서 인정되어 있는 국가를 말한다. 사회국가의 원리는 사회정의를 구현하기 위하여 법치국가적 방법으로 모든 국민의 복지를 실현하려는 원리이다. 사회국가의 원리는 실질적 법치국가를 실천목표로 하고 사회적 시장경제질서에 의하여 뒷받침된다.

4. 문화국가 원리

문화국가라 함은 국가로부터 문화활동의 자유가 보장되고 국가에 의하여 문화가 공급되어야 하는 국가, 즉 문화에 대한 국가적 보호·지원·조정 등이 이루어져야 하는 국가를 말한다.

❖ 헌법 제9조 국가는 전통문화의 계승·발전과 민족문화의 창달에 노력하여야 한다.

5. 법치국가 원리

법치국가라 함은 사람이나 폭력이 지배하는 국가가 아니라 법이 지배하는 국가를 말한다. 법치국가의 원리란 모든 국가적 활동과 국가공동체적 생활은 국민의 대표기관인 의회가 제정한 법률에 근거를 두고 법률에 따라 이루어져야 한다는 헌법원리이다.

신뢰보호 원칙

신뢰보호의 원칙은 헌법상 법치국가 원리로부터 파생되는 것으로, 법률이 개정되는 경우에는 기존 법질서와의 사이에 어느 정도의 이해관계의 상충은 불가피하다고 할 것인바, 이 경우 기존의 법질서에 대한 당사자의 신뢰가 합리적이고 정당한 반면, 법률의 제정이나 개정으로 야기되는 당사자의 손해가 극심하여 새로운 입법으로 달성코자 하는 공익적 목적이 그러한 당사자의 신뢰가 파괴되는 것을 정당화할 수 없는 경우, 그러한 새 입법은 허용될 수 없다는 것이다. 신뢰보호원칙의 위반 여부는 헌법과 법률에 의하여 형성된 신뢰는 보호되어야 한다는 원칙이며, 한편으로는 침해되는 이익의 보호가치, 침해의 정도, 신뢰의 손상 정도, 신뢰 침해의 방법 등과 또 다른 한편으로는 새로운 입법을 통하여 실현하고자 하는 공익적 목적 등을 종합적으로 형량하여야 한다.
신뢰보호원칙의 위반 여부를 판단함에 있어서는 첫째, 보호가치 있는 신뢰이익이 존재하는가 둘째, 과거에 발생한 생활관계를 현재의 법으로 규율함으로써 달성되는 공익이 무엇인가 셋째, 개인의 신뢰이익과 공익상의 이익을 비교 형량하여 어떠한 법익이 우위를 차지하는가를 살펴보아야 한다.

6. 평화국가 원리

평화국가라 함은 국제협조와 국제평화의 지향을 그 이념적 기반으로 하는 국가를 말한다. 평화국가의 원리란 국제적 차원에서 평화공존·국제분쟁의 평화적 해결·각 민족국가의 자결권존중·국내문제불간섭 등을 핵심내용으로 하는 국제평화주의를 국가목적으로 하는 원리이다.

V. 헌법의 기본질서

1. 민주적 기본질서

민주적 기본질서는 일반적으로 국민주권을 비롯하여 자유, ·평등, 정의 등을 이념으로 하는 정치질서이다. 민주적 기본질서는 헌법적 질서의 하나로서 자유민주주의와 사회민주주의를 비롯한 모든 민주주의를 그 내용으로 포괄하는 공통분모적 상위개념이다.

2. 사회적 시장경제질서

- ❖ 헌법 제119조 ① 대한민국의 경제질서는 개인과 기업의 경제상의 자유와 창의를 존중함을 기본으로 한다. ② 국가는 균형있는 국민경제의 성장 및 안정과 적정한 소득의 분배를 유지하고, 시장의 지배와 경제력의 남용을 방지하며, 경제주체간의 조화를 통한 경제의 민주화를 위하여 경제에 관한 규제와 조정을 할 수 있다.
- ❖ 헌법 제120조 ① 광물 기타 중요한 지하자원·수산자원·수력과 경제상 이용할 수 있는 자연력은 법률이 정하는 바에 의하여 일정한 기간 그 채취·개발 또는 이용을 특허할 수 있다. ② 국토와 자원은 국가의 보호를 받으며, 국가는 그 균형있는 개발과 이용을 위하여 필요한 계획을 수립한다.
- ❖ 헌법 제121조 ① 국가는 농지에 관하여 경자유전의 원칙이 달성될 수 있도록 노력하여야 하며, 농지의 소작제도는 금지된다. ② 농업생산성의 제고와 농지의 합리적인 이용을 위하거나 불가피한 사정으로 발생하는 농지의 임대차와 위탁경영은 법률이 정하는 바에 의하여 인정된다.
- ❖ 헌법 제122조 국가는 국민 모두의 생산 및 생활의 기반이 되는 국토의 효율적이고 균형있는 이용·개발과 보전을 위하여 법률이 정하는 바에 의하여 그에 관한 필요한 제한과 의무를 과할 수 있다.
- ❖ 헌법 제123조 ① 국가는 농업 및 어업을 보호·육성하기 위하여 농·어촌종합개발과 그 지원 등 필요한 계획을 수립·시행하여야 한다. ② 국가는 지역간의 균형있는 발전을 위하여 지역경제를 육성할 의무를 진다. ③ 국가는 중소기업을 보호·육성하여야 한다. ④ 국가는 농수산물의 수급균형과 유통구조의 개선에 노력하여 가격안정을 도모함으로써 농·어민의 이익을 보호한다. ⑤ 국가는 농·어민과 중소기업의 자조조직을 육성하여야 하며, 그 자율적 활동과 발전을 보장한다.
- ❖ 헌법 제124조 국가는 건전한 소비행위를 계도하고 생산품의 품질향상을 촉구하기 위한 소비자보호운동을 법률이 정하는 바에 의하여 보장한다.
- ❖ 헌법 제125조 국가는 대외무역을 육성하며, 이를 규제·조정할 수 있다.
- ❖ 헌법 제126조 국방상 또는 국민경제상 긴절한 필요로 인하여 법률이 정하는 경우를 제외하고는, 사영기업을 국유 또는 공유로 이전하거나 그 경영을 통제 또는 관리할 수 없다.
- ❖ 헌법 제127조 ① 국가는 과학기술의 혁신과 정보 및 인력의 개발을 통하여 국민경제의 발전에 노력하여야 한다. ② 국가는 국가표준제도를 확립한다. ③ 대통령은 제1항의 목적을 달성하기 위하여 필요한 자문기구를 둘 수 있다.

사회적 시장경제질서는 사회국가라는 국가적 유형에 대응하는 경제질서이다. 사회적 시장경제질서라 함은 사유재산제의 보장과 자유경쟁을 기본원리로 하는 시장경제질서를 근간으로 하되, 사회복지·사회정의·경제민주화 등을 실현하기 위하여 부분적으로 사회주의적 계획경제(통제경제)를 가미한 경제질서를 말한다.

3. 평화주의적 국제질서

- ❖ 헌법 제4조 대한민국은 통일을 지향하며, 자유민주적 기본질서에 입각한 평화적 통일정책을 수립하고 이를 추진한다.
- ❖ 헌법 제5조 ① 대한민국은 국제평화의 유지에 노력하고 침략적 전쟁을 부인한다. ② 국군은 국가의 안전보장과 국토방위의 신성한 의무를 수행함을 사명으로 하며, 그 정치적 중립성은 준수된다.
- ❖ 헌법 제6조 ① 헌법에 의하여 체결·공포된 조약과 일반적으로 승인된 국제법규는 국내법과 같은 효력을 가진다. ② 외국인은 국제법과 조약이 정하는 바에 의하여 그 지위가 보장된다.

양차 세계대전의 체험을 계기로 제2차대전 이후에는 각국이 전쟁을 방지하고 평화를 유지하기 위한 각별한 노력을 기울이고 있다. 여러 국제조약과 각국 헌법에 국제평화주의를 선언하고 침략전쟁 금지를 위한 평화조항을 수용하게 되었다. 그 내용으로는 국제법규의 존중과 외국인의 법적 지위 보장을 들 수 있다. 또한 우리나라에서는 평화통일의 원칙도 평화주의적 국제질서에 포함된다.

기본권론

기본권을 보장한다는 것은 타인의 존엄과 가치를 존중한다는 의미이며,
대통령과 국회의원과 판사를 포함한 모든 공직자들은
국민의 기본권을 지키기 위하여 존재한다.

기본권 총론

Ⅰ. 기본권의 의의와 분류

기본권은 헌법이 보장하는 국민의 기본적 권리를 의미한다. 기본권의 내용과 특징이라는 복합적인 기준에 따라, 헌법에 명시된 기본권은 다음과 같이 구분된다.

인간의 존엄과 가치 · 행복추구권 · 평등권(헌법 제10조, 제11조)
자유권적 기본권(헌법 제12조－제23조)
정치적 기본권(헌법 제24조, 제25조)
청구권적 기본권(헌법 제26조－제30조)
사회적 기본권(헌법 제31조－제36조)

그리고 헌법에 명시되지 않더라도 생명권, 명예권, 인격권, 성명권, 초상권, 신체를 훼손당하지 않을 권리, 알권리, 안전권 등의 기본권은 '자연권으로서의 기본권'으로 인정된다.

❖ 헌법 제37조 ① 국민의 자유와 권리는 헌법에 열거되지 아니한 이유로 경시되지 아니한다.

Ⅱ. 기본권의 주체

기본권의 주체란 헌법이 보장하는 기본권을 지니는 자를 말한다. 기본권 주체는 헌법소원심판의 청구인 능력을 지닌다.

1. 자연인

모든 국민은 누구나 헌법이 보장하는 기본권의 주체가 될 수 있다. 다만 기본권의 주체성은 기본권 보유능력과 기본권 행사능력으로 나누어진다.

기본권 보유능력이라 함은 기본권을 보유할 수 있는 능력으로, 미성년자나 심신상실자·수형자 등도 포함된다.

기본권 행사능력이라 함은 기본권의 주체가 자신의 기본권을 현실적으로 행사할 수 있는 능력을 말한다. 선거권, 피선거권, 투표권 등 특정한 기본권은 그것을 현실적으로 행사하기 위해서는 일정한 연령요건을 구비하고 결격사유가 없어야 하는 등 기본권 행사능력이 요구되는 경우가 있기 때문이다. 따라서 미성년자의 기본권은 합리적인 범위에서 성인보다 제한될 수 있다. 외국인도 원칙적으로 기본권(신체의 자유, 재산권, 재판청구권 등)의 주체이지만, 내국인에게만 보장되는 기본권(피선거권, 선거권 등)은 제한될 수 있다. 대통령 등 국가기관은 국민의 기본권을 보장하는 지위에 있기 때문에 원칙적으로 기본권의 주체가 아니지만, 성질상 보장될 수 있는 기본권이 제한적으로 인정될 수 있다.

자연인인 국민이 가장 기본적인 기본권 주체이며, 출생전 태아와 사망한 자와 외국인 그리고 법인 등의 경우에는 각 기본권별로 일정한 범위에서 기본권 주체성이 인정된다.

판례1 형성 중인 태아에게도 생명에 대한 권리가 인정되어야 한다.

(민법 제3조 등 위헌소원, 헌재 2008. 7. 31. 2004헌바81) 합헌

사건개요 : 양수검사 중 태내에서 사망한 태아의 손해배상청구권을 부인하는 결과를 가져오는 민법 제3조와 민법 제762조가 태아의 기본권을 침해하는지 여부에 관한 다툼

심판대상 : 민법 제3조(권리능력의 존속기간) 사람은 생존한 동안 권리와 의무의 주체가 된다.

민법 제762조(손해배상청구권에 있어서 태아의 지위) 태아는 손해배상의 청구권에 관하여는 이미 출생한 것으로 본다.

전체 논점 : ① 민법 제3조에 대한 재판의 전제성(적극) ② 태아가 생명권의 주체가 되는지(적극) ③ 국가의 기본권보호의무 위반 여부 판단에 있어서 심사기준(과소보호금지원칙) ④ 민법 제3조 및 제762조가 태아의 생명권을 보호하는데 미흡하여 국가의 기본권보

호의무를 위반하고 있는지 여부(소극)
②의 결정요지 : 인간의 생명은 고귀하고, 이 세상에서 무엇과도 바꿀 수 없는 존엄한 인간 존재의 근원이다. 이러한 생명에 대한 권리, 즉 생명권은 비록 헌법에 명문의 규정이 없다 하더라도 인간의 생존본능과 존재목적에 바탕을 둔 선험적이고 자연법적인 권리로서 헌법에 규정된 모든 기본권의 전제로서 기능하는 기본권 중의 기본권이다. 모든 인간은 헌법상 생명권의 주체가 되며, 형성 중의 생명인 태아에게도 생명에 대한 권리가 인정되어야 한다.

판례2 초기배아도 기본권 주체인가?

(잔여배아 보존기간 5년, 헌재 2010. 5. 27. 2005헌마346) 기각

사건개요 : 청구인들은 '생명윤리 및 안전에 관한 법률' 이 임신목적의 배아 생성을 허용하면서 인공수정배아를 인간이 아닌 세포군으로 규정하여 이에 대한 연구목적의 이용 가능성을 열어두고 있고, 잔여배아의 보존기간을 5년으로 정하는 등 잔여배아의 보존, 폐기 및 연구에 관해 불충분하게 규율하는 등 청구인들의 기본권을 침해한다고 주장하며 위헌확인을 구하는 헌법소원심판을 청구하였다.
전체 논점 : ① 초기배아의 기본권 주체성 여부(소극) ② 배아 연구와 관련된 직업에 종사하는 청구인의 헌법소원 심판청구에 대해 기본권 침해가능성 또는 자기관련성을 인정할 수 있는지 여부(소극) ③ 배아생성자가 배아의 관리 또는 처분에 대해 갖는 기본권과 그 제한의 필요성 ④ 잔여배아를 5년간 보존하고 이후 폐기하도록 한 생명윤리법 제16조 제1항, 제2항이 배아생성자의 배아에 대한 결정권을 침해하는지 여부(소극)
①의 결정요지 : 출생 전 형성 중의 생명에 대해서 헌법적 보호의 필요성이 크고 일정한 경우 그 기본권 주체성이 긍정된다고 하더라도, 어느 시점부터 기본권 주체성이 인정되는지, 또 어떤 기본권에 대해 기본권 주체성이 인정되는지는 생명의 근원에 대한 생물학적 인식을 비롯한 자연과학·기술 발전의 성과와 그에 터 잡은 헌법의 해석으로부터 도출되는 규범적 요청을 고려하여 판단하여야 할 것이다. 초기배아는 수정이 된 배아라는 점에서 형성 중인 생명의 첫걸음을 떼었다고 볼 여지가 있기는 하나 아직 모체에 착상되거나 원시선이 나타나지 않은 이상 현재의 자연과학적 인식 수준에서 독립된 인간과 배아 간의 개체적 연속성을 확정하기 어렵다고 봄이 일반적이라는 점, 배아의 경우 현재의 과학기술 수준에서 모태 속에서 수용될 때 비로소 독립적인 인간으로의 성장가능성을 기대할 수 있다는 점, 수정 후 착상 전의 배아가 인간으로 인식된다거나 그와 같이 취급하여야 할 필요성이 있다는 사회적 승인이 존재한다고 보기 어려운 점 등을 종합적으로 고려할 때, 기본권 주체성을 인정하기 어렵다.

판례3 미성년자(아동 · 청소년)는 기본권의 주체이다

(헌재 2004. 5. 27. 2003헌가1) 위헌 · 헌법불합치

사건개요 : 학교환경위생정화구역 내에서는 극장업을 운영할 수 없음에도 불구하고 유치원에서 19미터 떨어진 장소에서 극장을 운영하고 있는 甲은 학교보건법 위반으로 기소되어 소송 계속중에 직업의 자유 등의 기본권 침해를 이유로 법원에 위헌심판제청신청을 하였고, 법원은 신청을 받아들여 위헌심판제청결정을 하였다.

전체 논점 : ① 직업의 자유 침해 여부(적극) ② 표현의 자유 내지 예술의 자유 침해 여부(적극) ③ 학생들의 행복추구권 침해 여부(적극)

③의 결정요지 : 아동과 청소년은 부모와 국가에 의한 단순한 보호의 대상이 아닌 독자적인 인격체이며, 그의 인격권은 성인과 마찬가지로 인간의 존엄성 및 행복추구권을 보장하는 헌법 제10조에 의하여 보호된다. 따라서 헌법이 보장하는 인간의 존엄성 및 행복추구권은 국가의 교육권한과 부모의 교육권의 범주 내에서 아동에게도 자신의 교육환경에 관하여 스스로 결정할 권리, 그리고 자유롭게 문화를 향유할 권리를 부여한다고 할 것이다. 이 사건 법률조항은 아동 · 청소년의 문화향유에 관한 권리 등 인격의 자유로운 발현과 형성을 충분히 고려하고 있지 아니하므로 아동 · 청소년의 자유로운 문화향유에 관한 권리 등 행복추구권을 침해하고 있다.

판례4 외국인은 모든 기본권의 주체인가?

(긴급보호 및 보호명령 집행행위 등 위헌확인, 헌재 2012. 8. 23. 2008헌마430) 기각

사건개요 : 출입국관리소 직원이 불법체류 외국인을 외국인보호소로 긴급보호 및 인치하였고, 이후 강제출국시켰다.

전체 논점 : ① 서울출입국관리사무소장이 불법체류 외국인인 청구인들을 긴급보호한 행위가 출입국관리법상 긴급보호의 요건을 갖추지 못하였는지 여부(소극) ② 청구인을 긴급보호하는 과정에서 서울출입국관리사무소 소속 직원들이 청구인의 주거에 침입하여 주거의 자유를 침해하였는지 여부(소극) ③ 청구인들이 강제퇴거명령에 대하여 취소소송과 집행정지신청을 제기하였음에도 피청구인이 강제퇴거명령을 집행한 것이 청구인들의 재판청구권을 침해하였는지 여부(소극)

결정요지(외국인의 기본권 주체성) : 헌법재판소법 제68조 제1항 소정의 헌법소원은 기본권의 주체이어야만 청구할 수 있는데, 단순히 '국민의 권리'가 아니라 '인간의 권리'로 볼 수 있는 기본권에 대해서는 외국인도 기본권의 주체가 될 수 있다. 나아가 청구인들이 불법체류 중인 외국인들이라 하더라도, 불법체류라는 것은 관련 법령에 의하여 체류자격이 인정되지 않는다는 것일 뿐이므로, '인간의 권리'로서 외국인에게도 주체성이 인정되는 일정한 기본권에 관하여 불법체류 여부에 따라 그 인정 여부가 달라지는 것은 아니다. 즉, 신체의 자유, 주거의 자유, 변호인의 조력을 받을 권리, 재판청구권 등은 성질상 인간의 권리에 해당한다고 볼 수 있으므로, 위 기본권들에 관하여는 청구인들의 기본권 주체성이 인정된다. 그러나 '국가인권위원회의 공정한 조사를 받을 권리'는 헌법상 인정되는 기본권이라고 하기 어렵고, 이 사건 보호 및 강제퇴거가 청구인들의 노동3권을 직접 제한하거나 침해한 바 없음이 명백하므로, 위 기본권들에 대하여는 본안판단에 나아가지 아니한다.

판례5 외국인은 모든 기본권의 주체인가?

(의료법 제27조 등 위헌확인, 헌재 2014. 8. 28. 2013헌마359) 각하

사건개요 : 미국에서 한의원을 운영하던 미국국적동포가 한국에서 침술치료 의료행위를 하는 것이 의료법에 의하여 금지되고 있기에 헌법소원심판이 청구되었다.

전체 논점 : ① 의료인의 면허된 의료행위 이외의 의료행위를 금지하고 처벌하는 의료법 규정에 대한 심판청구에 대하여 외국인인 청구인의 직업의 자유 및 평등권에 관한 기본권주체성이 부인된 사례 ② 의료인을 수범자로 한 심판대상조항에 대한 심판청구에 대해 의료소비자인 청구인의 자기관련성이 부인된 사례

결정요지 : ① 심판대상조항이 제한하고 있는 직업의 자유는 국가자격제도정책과 국가의 경제상황에 따라 법률에 의하여 제한할 수 있는 국민의 권리에 해당한다. 국가정책에 따라 정부의 허가를 받은 외국인은 정부가 허가한 범위 내에서 소득활동을 할 수 있는 것이므로, 외국인이 국내에서 누리는 직업의 자유는 법률에 따른 정부의 허가에 의해 비로소 발생하는 권리이다. 따라서 외국인인 청구인에게는 기본권 주체성이 인정되지 아니하며, 자격제도 자체를 다툴 수 있는 기본권 주체성이 인정되지 아니하는 이상 국가자격제도에 관련된 평등권에 관하여 따로 기본권주체성을 인정할 수 없다.

② 심판대상조항은 무면허의료행위를 금지하고 처벌하는 것이므로 그 직접적인 수범자는 무면허 의료행위자이다. 의료소비자는 무면허 의료행위의 금지·처벌과 직접적인 법률관계를 갖지 않아 심판대상조항의 직접적인 수범자가 아닌 제3자에 불과하므로, 심판대상조항에 대하여 자기관련성이 인정되지 아니한다.

판례6 대통령은 기본권의 주체가 될 수 있는가?

(대통령의 선거중립의무 준수요청 등 조치 취소, 헌재 2008. 1. 17. 2007헌마700) 기각

사건개요 : 대통령이 대학에서의 강연 및 언론사 대담 및 기념사 등에서 한 발언에 대하여 중앙선관위원장이 '대통령의 선거중립의무 준수 요청' 조치와 '대통령의 선거중립의무 준수 재촉구' 조치를 하였고, 이에 대하여 대통령은 국민 개인으로서 가지는 정치적

표현의 자유를 침해하였다고 주장하면서 헌법소원심판을 제기하였다.
전체 논점 : ① 중앙선관위의 '대통령의 선거중립의무 준수요청 조치'가 공권력의 행사인지(적극) ② 대통령의 기본권 주체성 여부(적극) ③ 명확성 원칙 위배(소극) ④ 정치적 표현의 자유 침해 여부(소극) ⑤ 평등원칙 위배 여부(소극) ⑥ 조치의 적법절차원칙 위배 여부(소극)
②의 결정요지 : 원칙적으로 국가나 국가기관 또는 국가조직의 일부나 공법인은 공권력 행사의 주체이자 기본권의 '수범자'로서 기본권의 '소지자'인 국민의 기본권을 보호 내지 실현해야 할 책임과 의무를 지니고 있을 뿐이므로, 헌법소원을 제기할 수 있는 청구인적격이 없다. 그러나 국가기관의 직무를 담당하는 자연인이 제기한 헌법소원이 언제나 부적법하다고 볼 수는 없다. 만일 심판대상 조항이나 공권력 작용이 넓은 의미의 국가 조직영역 내에서 공적 과제를 수행하는 주체의 권한 내지 직무영역을 제약하는 성격이 강한 경우에는 그 기본권 주체성이 부정될 것이지만, 그것이 일반 국민으로서 국가에 대하여 가지는 헌법상의 기본권을 제약하는 성격이 강한 경우에는 기본권 주체성을 인정할 수 있다.

2. 법인 등 단체

우리 헌법은 법인이나 단체의 기본권 주체성을 인정하는 규정을 두고 있지 않지만, 본래 자연인에게 적용되는 기본권 규정이라도 언론·출판의 자유나 재산권의 보장 등과 같이 성질상 법인이 누릴 수 있는 기본권은 법인에도 적용되는 것으로 해석되고 있다. 공법인에 대해서는 원칙적으로 기본권주체성을 부정하되, 제한된 범위 안에서 예외적으로만 기본권주체성을 긍정하고 있다.

판례1 한국영화인 협회 감독위원회(단체의 분과위원회)는 기본권의 주체가 될 수 있는가?

(영화법에 대한 헌법소원, 헌재 1991. 6. 3. 90헌마56) 각하

사건개요 : 청구인 한국영화인협회 감독위원회는 청구인 사단법인 한국영화인협회의 산하에 있는 영화감독들의 모임이다. 청구인들은 그 회원들이 영화를 제작·상영함에 있어서 공연윤리위원회의 사전심의를 반드시 거치도록 하여 사전검열을 규정하고 있는 영화법 제12조 제1항 때문에 그 심의과정에서 제작된 영화의 일부를 삭제당하거나 사회비판적 소재를 다루는 영화의 경우 기획단계에서 중단하여야 하는 등 영화제작활동상 큰 피

해를 입고 있다고 주장하면서 이러한 심의와 관련된 법률조항들의 위헌여부에 대하여 헌법소원심판을 청구하였다.
전체 논점 : ① 단체는 헌법소원능력이 있는지 및 ①-1 단체 내부의 분과위원회에 헌법소원능력이 있는지 여부 ② 단체가 그 구성원들의 기본권침해를 주장하는 경우 자기관련성 인정 여부
결정요지 : ① 우리 헌법은 법인의 기본권향유능력을 인정하는 명문의 규정을 두고 있지 않지만, 본래 자연인에게 적용되는 기본권규정이라도 언론·출판의 자유, 재산권의 보장 등과 같이 성질상 법인이 누릴 수 있는 기본권을 당연히 법인에게도 적용하여야 한 것으로 본다. 따라서 법인도 사단법인·재단법인 또는 영리법인·비영리법인을 가리지 아니하고 위 한계 내에서는 헌법상 보장된 기본권이 침해되었음을 이유로 헌법소원심판을 청구할 수 있다. 또한, 법인 아닌 사단·재단이라고 하더라도 대표자의 정함이 있고 독립된 사회적 조직체로서 활동하는 때에는 성질상 법인이 누릴 수 있는 기본권을 침해당하게 되면 그의 이름으로 헌법소원심판을 청구할 수 있다. ①-1. 다만, 한국영화인협회 감독위원회는 영화인협회로부터 독립된 별개의 단체가 아니고, 영화인협회의 내부에 설치된 8개의 분과위원회 가운데 하나에 지나지 아니하며, 달리 단체로서의 실체를 갖추어 당사자 능력이 인정되는 법인 아닌 사단으로 볼 자료도 없다. 따라서 감독위원회는 헌법소원심판을 청구할 수 있는 헌법소원심판청구능력이 있다고 할 수 없다.

판례2 법인(신문사)은 기본권의 주체가 될 수 있는가?

(헌재 1991. 4. 1. 89헌마160) 한정위헌

사건개요 : 월간지에 게재된 기사로 인하여 명예훼손으로 인한 손해배상소송 중에 월간지의 발행인과 기자 등은 민법 제764조에 의한 사죄광고는 기본권을 침해하는 것이라고 주장하며 위헌법률심판을 청구하였으나 기각되자 헌법소원을 청구하였다.
전체 논점 : ① 양심의 자유 침해 여부(적극) ② 인격권 침해 여부(적극)
결정요지 : 사죄광고 과정에서는 자연인이든 법인이든 인격의 자유로운 발현을 위해 보호받아야 할 인격권이 무시되고 국가에 의한 인격의 외형적 변형이 초래되어 인격형성에 분열이 필연적으로 수반되게 된다. 이러한 의미에서 사죄광고제도는 헌법에서 보장된 인격의 존엄과 가치 및 그를 바탕으로 하는 인격권에 큰 위해도 된다.

판례3 지방자치단체는 기본권의 주체가 될 수 있는가?

(헌재 2006. 2. 23. 2004헌바50) 합헌

사건개요 : 광주 광산구가 소유하던 토지를 농촌근대화촉진법에 근거하여 농업기반공사

가 승계하였고, 이에 광산구는 헌법소원심판을 청구하였다.
전체 논점 : ① 지방자치단체가 재산권 등의 주체가 될 수 있는지 여부(소극) ② 평등원칙 위배 여부(소극) ③ 법률조항이 지방자치제도의 헌법적 보장에 반하는지 여부(소극)
①의 결정요지 : 기본권 보장규정인 헌법 제2장의 제목이 "국민의 권리와 의무"이고 그 제10조 내지 제39조에서 "모든 국민은 … 권리를 가진다"고 규정하고 있으므로 이러한 기본권의 보장에 관한 각 헌법규정의 해석상 국민만이 기본권의 주체라 할 것이고, 공권력의 행사자인 국가, 지방자치단체나 그 기관 또는 국가조직의 일부나 공법인은 기본권의 "수범자"이지 기본권의 주체가 아니고 오히려 국민의 기본권을 보호 내지 실현해야 할 '책임'과 '의무'를 지니고 있을 뿐이다. 그렇다면 이 사건에서 지방자치단체인 청구인은 기본권의 주체가 될 수 없고 따라서 청구인의 재산권 침해 여부는 더 나아가 살펴볼 필요가 없다.

판례4 국가기관의 일부(국회 노동위원회)는 기본권의 주체가 될 수 있는가?

(헌재 1994. 12. 29. 93헌마120) 각하

사건개요 : 국회노동위원회 위원장은 국정감사에 불출석한 신문사 대표를 고발하였으나 검찰이 불기소처분을 하자 불기소처분의 취소를 구하는 헌법소원심판을 청구하였다.
전체 논점 : 국회 노동위원회의 헌법소원 청구적격을 부인한 사례
결정요지 : 일반적으로 국가기관이나 그 일부에 의한 헌법소원심판청구는 허용되지 않는다. 즉 헌법소원을 청구할 수 있는 자는 원칙으로 기본권의 주체로서의 국민에 한정되며 국민의 기본권을 보호 내지 실현할 책임과 의무를 지는 국가기관이나 그 일부는 헌법소원을 청구할 수 없다. 국가나 국가기관 또는 국가조직의 일부나 공법인은 기본권의 '수범자(Adressat)'이지 기본권의 주체로서 그 '소지자(Trager)'가 아니고 오히려 국민의 기본권을 보호 내지 실현해야 할 '책임'과 '의무'를 지니고 있는 지위에 있을 뿐이다. 청구인은 국회의 노동위원회로 그 일부조직인 상임위원회 가운데 하나에 해당하는 것으로 국가기관인 국회의 일부조직이므로 기본권의 주체가 될 수 없고 따라서 헌법소원을 제기할 수 있는 적격이 없다.

판례5 국립대학 교수나 교수회는 기본권 주체가 될 수 있는가?

(헌재 2006. 4. 27. 2005헌마1047) 기각

사건개요 : 국립대학총장 선정에 교수나 교수회, 교수평의회 등이 참여할 권한이 없는 것은 헌법상 보장된 학문의 자유와 대학의 자치에서 유래되는 자치입법권 등을 침해하였다고 주장하며 헌법소원심판을 청구하였다.

전체 논점 : ① 기본권 주체성(적극) ② 대학의 자율 침해 여부(소극) ③ 포괄위임입법 금지의 원칙 위반 여부(소극) ④ 교육제도 법정주의 위반 여부(소극)
결정요지 : 헌재는 대학의 자율성은 헌법 제22조 제1항이 보장하고 있는 학문의 자유의 확실한 보장수단으로 꼭 필요한 것으로서 대학에게 부여된 헌법상의 기본권으로 보고 있다. 그러나 대학의 자치의 주체를 기본적으로 대학으로 본다고 하더라도 교수나 교수회의 주체성이 부정된다고 볼 수는 없고, 가령 학문의 자유를 침해하는 대학의 장에 대한 관계에서는 교수나 교수회가 주체가 될 수 있고, 또한 국가에 의한 침해에 있어서는 대학 자체 외에도 대학 전구성원이 자율성을 갖는 경우도 있을 것이므로 문제되는 경우에 따라서 대학, 교수, 교수회 모두가 단독 혹은 중첩적으로 주체가 될 수 있다고 보아야 할 것이다.

Ⅲ. 기본권의 효력

기본권의 효력이라 함은 기본권이 그 의미와 내용대로 실현될 수 있는 힘, 즉 기본권의 구속력을 말한다. 기본권은 대국가적 효력과 대사인적 효력을 가진다. 즉, 국가에게 기본권을 지키라고 요구할 수 있는 것이 기본권의 대국가적 효력이고, 국가가 아닌 제3자(사인, 私人)에게 기본권을 지키라고 요구할 수 있는 것이 기본권의 제3자적 효력이다.

1. 기본권의 대국가적 효력

역사적으로 그리고 기본적으로 기본권은 대국가적 효력을 가진다. 영장없이 체포하고 표현의 자유를 억압하며 함부로 세금을 부과하거나 재산을 징발하여 국민들의 재산권을 침해하는 등 국민의 기본권을 가장 빈번하게 침해하는 자는 역사적으로 국가였기 때문에 기본권은 대국가적 효력을 지니는 것으로 시작되었고 발달하였기 때문이다.

국가작용은 권력작용(공권력의 행사)과 비권력작용(관리작용·국고작용)으로 구분된다. 기본권은 모든 공권력적 국가작용을 직접 구속하는 효력을 가진다. 국민들은 국가가 기본권을 침해하려 할 때 기본권을 침해하지 말라고 주장할 수 있다는 것이다. 그리고 국가작용 중 공권력의 발동인 권력작용은 그것이 국가기관에 의한 것이든 지방자치단체에 의한 것이든 공권력수탁자에 의한 것이든 그 모두가 기본권에 기속된다.

그러나 시설(영조물)의 설치·관리, 예산재원의 조달, 공공수요의 충족 등 경제활동을 내용으로 하는 관리작용과 국고작용 등 경제적 비권력작용까지도 기본권에 기속되는가에 관해서는 견해가 갈리고 있다. 이는 일방적이거나 강제적으로 하는 것이 아니기 때문에 기본권을 주장할 필요가 없는 것이기 때문이다. 국민의 기본권을 보장하기 위한 제도인 헌법소원심판의 적법요건을 충족하기 위해서는 '공권력의 행사' 요건이 필요한데, 이러한 비권력작용에 해당하는 경우에는 적법요건을 충족시키지 못하여 각하된다.

영조물

국가·지방자치단체 등에 의해 공공의 목적을 위해 사용되는 인적·물적 시설이다. 영조물은 행정관청·교도소·시험장 등과 같이 행정 주체가 공공의 목적을 위해 계속적으로 사용하는 인적·물적 시설의 종합체인 공용 영조물(公用營造物), 철도·수도·도로·도서관·학교·박물관 등과 같이 일반공중의 사용에 제공되는 공공용 영조물(公共用營造物)로 구분된다.

2. 기본권의 제3자적(대사인적) 효력

기본권이 사인의 법률행위나 사인 상호간의 법률관계 등 민사법 관계에도 적용되는가 하는 기본권의 제3자적 효력(대사인적 효력)여하에 관해서는 각국 헌법에 명문의 규정이 없는 경우가 대부분이기 때문에 학설도 다양하게 나누어지고 있다. 독일에서의 이론전개를 살펴보면 효력부인설(제3자적 효력부정설), 직접효력설(직접적용설), 간접적용설(간접효력설)이 있는데 간접적용설(공서양속설)이 다수설이다. 우리나라에서도 헌법에 명문의 규정이 없는 경우 간접적용설(공서양속설)에 따라 기본권규정이 사법상의 일반원칙을 통해 사법관계에 적용된다고 보는 것이 다수설의 입장이다. 미국에서도 사정부(私政府)이론의 관점에서 사인의 특정한 행위를 국가행위로 간주하는 헌법판례이론을 가지고, 헌법규정을 사법관계에 직접적용하는 이론구성을 하고 있다. 이것을 국가유사론 또는 국가행위 의제론이라고 한다.

판례1 **기본권이 사인(私人)의 법률행위나 사인 상호간의 법률관계에도 적용되는가?**

(대판 2010. 4. 22. 2008다38288) 직접 또는 간접적으로 적용

사건개요 : 고교평준화 정책에 의하여 배정된 고등학생에게 특정 교리가 포함된 종교교육을 실시하였고 이에 반발하는 학생의 행위에 대하여 징계처분(퇴학)이 내려졌고, 이후 불법행위책임에 대한 손해배상소송이 제기되었다.

※ 1심에서는 학교가 학생에게 1,500만원을 배상하하는 판결이 내려졌고 2심에서는 학생이 패소하고 3심인 대법원은 학교의 손해배상책임을 인정하여 파기환송하였으며, 서울고법의 파기환송심에서는 학생의 정신적 피해에 대한 손해배상금으로 학교는 학생에게 500만원을 지급하라는 판결이 선고되었다.

전체 논점 : ① 사인에 의한 종교의 자유 침해가 불법행위를 구성하는 형태 ② 고교평준화정책위 위헌 여부(소극) ③ 종립학교가 가지는 '종교교육의 자유 및 운영의 자유'와 학생들이 가지는 '소극적 종교행위의 자유 및 소극적 신앙고백의 자유'가 서로 충돌하는 경우 그 해결 방법 ④ 공교육체계에 편입된 종립학교의 학교법인이 가지는 '종교교육의 자유 및 운영의 자유'의 한계 등

결정요지 : 헌법상의 기본권은 제1차적으로 개인의 자유로운 영역을 공권력의 침해로부터 보호하기 위한 방어적 권리이지만 다른 한편으로 헌법의 기본적인 결단인 객관적인 가치질서를 구체화한 것으로서, 사법(私法)을 포함한 모든 법 영역에 그 영향을 미치는 것이므로 사인간의 사적인 법률관계도 헌법상의 기본권 규정에 적합하게 규율되어야 한다. 다만 기본권 규정은 그 성질상 사법관계에 직접 적용될 수 있는 예외적인 것을 제외하고는 사법상의 일반원칙을 규정한 민법 제2조, 제103조, 제750조, 제751조 등의 내용을 형성하고 그 해석 기준이 되어 간접적으로 사법관계에 효력을 미치게 된다.

판례2 **기본권이 사인(私人)의 법률행위나 사인 상호간의 법률관계에도 적용되는가?**

(대판 2010. 4. 22. 2008다38288) 직접 또는 간접적으로 적용

사건개요 : 서울기독교청년회(서울YMCA)가 남성 회원에게는 별다른 심사 없이 총회의 결권 등을 가지는 총회원 자격을 부여하면서도 여성 회원의 경우에는 지속적인 요구에도 불구하고 원천적으로 총회원 자격심사에서 배제하여 총회원 자격심사에서 배제하여 온 것은 사적단체의 구성원에 대한 성별에 따른 차별처우로서 불법행위를 구성하므로, 불법행위책임에 대한 손해배상소송이 제기되었다.

※ 원고 38인에게 정신적 피해에 대한 손해배상금으로 각 천만원씩 지급하라는 판결이

선고되었다.
결정요지 : 헌법상의 기본권은 제1차적으로 개인의 자유로운 영역을 공권력의 침해로부터 보호하기 위한 방어적 권리이지만 다른 한편으로 헌법의 기본적인 결단인 객관적인 가치질서를 구체화한 것으로서, 사법을 포함한 모든 법 영역에 그 영향을 미치는 것이므로 사인간의 사적인 법률관계도 헌법상의 기본권 규정에 적합하게 규율되어야 한다. 다만 기본권 규정은 그 성질상 사법관계에 직접 적용될 수 있는 예외적인 것을 제외하고는 사법상의 일반원칙을 규정한 민법 제2조, 제103조, 제750조, 제751조 등의 내용을 형성하고 그 해석 기준이 되어 간접적으로 사법관계에 효력을 미치게 된다. 헌법 제11조는 "모든 국민은 법 앞에 평등하다. 누구든지 성별·종교 또는 사회적 신분에 의하여 정치적·경제적·사회적·문화적 생활의 모든 영역에 있어서 차별을 받지 아니한다."라고 규정하여 평등의 원칙을 선언함과 동시에 모든 국민에게 평등권을 보장하고 있다. 따라서 사적 단체를 포함하여 사회공동체 내에서 개인이 성별에 따른 불합리한 차별을 받지 아니하고 자신의 희망과 소양에 따라 다양한 사회적·경제적 활동을 영위하는 것은 그 인격권 실현의 본질적 부분에 해당하므로 평등권이라는 기본권의 침해도 민법 제750조의 일반규정을 통하여 사법상 보호되는 인격적 법익침해의 형태로 구체화되어 논하여질 수 있고, 그 위법성 인정을 위하여 반드시 사인간의 평등권 보호에 관한 별개의 입법이 있어야만 하는 것은 아니다.

3. 기본권의 경합과 충돌

기본권의 경합은 단일의 기본권주체가 여러 기본권의 적용을 동시에 주장하는 경우이고, 기본권의 충돌은 복수의 기본권주체가 서로 대립되는 상이한 기본권의 적용을 주장하는 경우를 의미한다.

1) 기본권의 경합

기본권의 경합이라 함은 단일의 기본권주체가 국가에 대해 동시에 여러 기본권의 적용을 주장하는 경우를 말한다. 일반적으로 기본권 경합의 문제는 상이한 제한의 정도를 규정한 법률유보가 부가됨으로써 그 제한의 가능성이 각기 상이한 여러 기본권을 단일의 기본권주체가 동시에 주장하는 경우에 발생한다. 이러한 경우 제한의 가능성이 보다 더 큰(효력이 보다 약한) 기본권과 제한의 가능성이 더 작은(효력이 보다 강한) 기본권 중에서 어느 것을 우선적으로 적용할 것인가가 헌법 문제로서 제기된다.

판례1 **기본권 경합의 해결방법은?**

(헌재 2004. 5. 27. 2003헌가1) 위헌 · 헌법불합치

사건개요 : 학교정화구역 내에서 극장을 운영하는 甲은 극장시설 및 영업을 금지하고 있는 학교보건법이 직업의 자유, 표현의 자유, 예술의 자유, 행복추구권 등을 침해한다고 위헌법률심판제청신청을 하였고 법원은 신청을 받아들여 위헌심판제청결정을 하였다.

전체 논점 : ① 기본권의 경합 ② 직업의 자유 침해 여부(적극) ③ 표현의 자유 및 예술의 자유 침해 여부(적극) ④ 행복추구권 침해 여부(적극) ⑤ 헌법불합치 결정

결정요지 : 위헌법률심판의 쟁점은 이 사건 법률조항이 정화구역 내에서 극장영업을 하고자 하는 자의 직업의 자유를 침해하여 위헌인지 여부이다. 아울러 학생들의 문화향유에 관한 행복추구권도 문제가 된다고 할 것이다. 한편, 극장의 자유로운 운영에 대한 제한은 공연물 · 영상물이 지니는 표현물, 예술작품으로서의 성격에 기하여 직업의 자유에 대한 제한으로서의 측면 이외에 표현의 자유 및 예술의 자유의 제한과도 관련성을 가지고 있다. 이와 같이 하나의 규제로 인해 여러 기본권이 동시에 제약을 받는 기본권경합의 경우에는 기본권침해를 주장하는 제청신청인과 제청법원의 의도 및 기본권을 제한하는 입법자의 객관적 동기 등을 참작하여 사안과 가장 밀접한 관계에 있고 또 침해의 정도가 큰 주된 기본권을 중심으로 해서 그 제한의 한계를 따져 보아야 할 것이다. 살피건대, 이 사건 법률조항에 의한 표현 및 예술의 자유의 제한은 극장 운영자의 직업의 자유에 대한 제한을 매개로 하여 간접적으로 제약되는 것이라 할 것이고, 입법자의 객관적인 동기 등을 참작하여 볼 때 사안과 가장 밀접한 관계에 있고 또 침해의 정도가 가장 큰 주된 기본권은 직업의 자유라고 할 것이다. 따라서 이하에서는 직업의 자유의 침해 여부를 중심으로 살피는 가운데 표현 · 예술의 자유의 침해 여부에 대하여도 부가적으로 살펴보기로 한다.

판례2 **법학전문대학원에 입학할 수 있는 자격을 학사학위를 가지고 있는 자 등으로 한정한 '법학전문대학원 설치 · 운영에 관한 법률' 규정이 학사학위가 없는 자의 직업선택의 자유를 침해하는지?**

(헌재 2016. 3. 31. 2014헌마1046) 기각

사건개요 : 학사학위를 취득하지 못하여 법학전문대학원에 입학하지 못하게 된 청구인은 이 사건 법률이 행복추구권, 직업선택의 자유, 학문의 자유, 교육을 받을 권리, 평등권을 침해한다고 주장하면서 헌법소원심판을 청구하였다.

전체 논점 : ① 기본권의 경합 ② 직업의 자유 침해 여부(소극)

결정요지 : 이 사건 법률조항은 학사학위를 취득하지 못한 청구인이 법학전문대학원에 입학하여 종국적으로 변호사시험에 응시할 수 있는 기회를 차단하므로, 변호사를 직업으로 선택하고자 하는 청구인의 직업선택의 자유를 제한한다. 그리고 이 사건 법률조항은 청구인의 행복추구권, 교육받을 권리, 학문의 자유, 평등권도 제한한다. 그런데 하나의 규제로 인하여 여러 기본권이 동시에 제약을 받는 기본권 경합의 경우에는 기본권 침해를 주장하는 청구인의 의도 및 기본권을 제한하는 입법자의 객관적 동기 등을 참작하여 사안과 가장 밀접한 관계가 있고 또 침해의 정도가 큰 주된 기본권을 중심으로 하여 그 제한의 한계를 따져 보아야 하는바, 청구인의 의도, 이 사건 법률조항의 입법목적 등에 비추어 이 사건의 주된 쟁점은 청구인의 직업선택의 자유가 침해되는지 여부이므로, 위 각 기본권 침해 여부는 직업선택의 자유 침해 여부를 판단할 때 함께 보기로 한다.

판례3 보훈보상대상자의 부모에 대한 유족보상금 지급 시 수급권자를 나이가 많은 1인으로 한정한 규정은 평등권을 침해하는가?

(헌재 2018. 6. 28. 2016헌가14) 헌법불합치

사건개요 : 보훈보상대상자의 부모에 대한 유족보상금 지급 시 수급권자를 1인에 한정하고 나이가 많은 자를 우선하도록 규정한 '보훈보상대상자 지원에 관한 법률'은 나이가 적은 부모 일방을 합리적 이유 없이 차별하는 것인지 여부

전체 논점 : 평등권 침해 여부(적극)

결정요지 : 심판대상조항은 보훈보상대상자의 부모 중 1명에 한정하여 유족보상금을 지급하도록 하면서 그 중 나이가 많은 자를 우선하도록 하고 있다. 이는 동일한 보훈보상대상자의 부모간에 유족보상금의 지급 여부를 달리하는 것이므로 평등권의 침해 여부가 문제된다. 한편, 제청법원은 유족보상금을 지급받지 못하는 부모 일방의 사회보장수급권을 침해한다고도 하나, 이는 심판대상조항이 부모에 대한 보상금 지급을 나이가 많은 1명에 한정함으로써 발생하는 차별을 다른 측면에서 지적하는 것에 불과하여 평등권 침해 여부 심사에서 판단하면 충분하므로, 별도로 판단하지 아니한다. (중략) 나이에 따른 차별은 연장자를 연소자에 비해 우대하는 전통적인 유교사상에 기초한 것으로 보이나, 부모 중 나이가 많은 자가 나이가 적은 자를 부양한다고 일반화할 합리적인 이유가 없고, 부모 상호간에 노동능력 감소 및 부양능력에 현저히 차이가 있을 정도의 나이 차이를 인정하기 어려운 경우도 많다. 오히려 직업이나 보유재산에 따라 연장자가 경제적으로 형편이 더 나은 경우에도 그 보다 생활이 어려운 유족을 배제하면서까지 연장자라는 이유로 보상금을 지급하는 것은 보상금 수급권이 갖는 사회보장적 성격에 부합하지 아니한다. 심판대상조항은 나이가 적은 부모 일방의 평등권을 침해하여 헌법에 위반되나,

단순위헌결정을 하여 당장 그 효력을 상실시킬 경우에는 보훈보상대상자의 유족인 부모에 대한 보상금 지급의 근거 규정이 사라지게 되어 그 입법목적을 달성하기 어려운 법적 공백 상태가 발생할 수 있다. 또한, 심판대상조항의 위헌적 상태를 제거함에 있어서 어떠한 기준 및 요건에 의해 보상금 수급권자를 결정하고, 수급권자의 범위를 어떻게 정할 것인지 등에 관하여 헌법재판소의 결정취지의 한도 내에서 입법자에게 재량이 부여된다 할 것이므로 입법자가 합헌적인 방향으로 법률을 개선할 때까지 그 효력을 존속하게 하여 이를 적용하게 할 필요가 있다.

2) 기본권의 충돌

기본권의 충돌이라 함은 복수의 기본권주체가 서로 충돌하는 권익을 실현하기 위하여 국가에 대해 각기 대립되는 기본권의 적용을 주장하는 경우를 말한다. 기본권의 충돌은 복수의 기본권주체를 전제로 하고, 원칙적으로 국가에 대하여 기본권을 주장하는 경우를 말한다. 기본권 충돌의 경우 헌재는 크게 ① 이익형량에 의한 판단방법과 ② 규범조화적 해석에 의한 판단방법을 적용하여 왔다.

판례1 피해자의 반론권(정정보도청구권)과 언론기관의 언론의 자유가 상충하는 경우에 해결방법은?

(헌재 1991. 9. 16. 89헌마165) 합헌

사건개요 : 우유회사와의 분쟁 중에 법원의 결정으로 정정보도를 하게 된 신문사가 정정보도청구권의 근거가 된 법률규정이 기본권을 침해하였다고 주장하며 위헌법률심판제청신청을 하였으나 기각되지 헌법소원심판을 청구하였다.

전체 논점 : ① 기본권의 충돌 ② 언론의 자유 침해 여부(소극)

결정요지 : 두 기본권이 서로 충돌하는 경우에는 헌법의 통일성을 유지하기 위하여 상충하는 기본권 모두가 최대한으로 그 기능과 효력을 나타낼 수 있도록 하는 조화로운 방법이 모색되어야 한다. 정정보도청구권은 정기간행물의 보도에 의하여 인격권의 침해를 받은 피해자가 반론의 게재를 요구할 수 있는 권리이다. 정정보도청구제도는 언론보도의 공정성과 객관성을 향상시키는 제도로서 언론자유의 본질적 내용을 침해하지 않으므로, 헌법에 위반되지 않는다.

판례2 **흡연권과 혐연권이 충돌하는 경우에 해결방법은?**

(헌재 2004. 8. 26. 2003헌마457) 기각

사건개요 : 사업장의 전부 또는 일부를 금연구역으로 지정하게 된 청구인은 금연구역 지정의 근거가 되는 국민건강증진법 규정이 기본권을 침해한다고 주장하며 헌법소원심판을 청구하였다.

전체 논점 : ① 흡연권과 혐연권의 우열 ② 기본권 충돌 ③ 흡연권을 법률로써 제한 가능한지(적극) ④ 과잉금지원칙 위반 여부(소극) ⑤ 평등원칙 위반 여부(소극)

결정요지 : 혐연권은 흡연권과 마찬가지로 헌법 제17조, 헌법 제10조에서 그 헌법적 근거를 찾을 수 있다. 나아가 흡연이 흡연자는 물론 간접흡연에 노출되는 비흡연자들의 건강과 생명도 위협한다는 면에서 혐연권은 헌법이 보장하는 건강권과 생명권에 기하여서도 인정된다. 흡연자가 비흡연자에게 아무런 영향을 미치지 않는 방법으로 흡연을 하는 경우에는 기본권의 충돌이 일어나지 않는다. 그러나 흡연자와 비흡연자가 함께 생활하는 공간에서의 흡연행위는 필연적으로 흡연자의 기본권과 비흡연자의 기본권이 충돌하는 상황이 초래된다. 흡연권은 사생활의 자유를 실질적 핵으로 하는 것이고 혐연권은 사생활의 자유뿐만 아니라 생명권에까지 연결되는 것이므로 혐연권이 흡연권보다 상위의 기본권이라 할 수 있다. 이처럼 상하의 위계질서가 있는 기본권끼리 충돌하는 경우에는 상위기본권우선의 원칙에 따라 하위기본권이 제한될 수 있으므로, 결국 흡연권은 혐연권을 침해하지 않는 한에서 인정되어야 한다.

판례3 **취업규칙에서 소속 직원들이 수염 기르는 것을 전면 금지하는 것이 항공기 기장의 일반적 행동자유권을 침해하는지?**

(대판 2018. 9. 13. 2017두38560) 침해, 해당 취업규칙 조항 무효

사건개요 : 항공운송업을 영위하는 회사가 턱수염을 기르고 근무하던 소속 기장에게 '수염을 길러서는 안 된다'고 정한 취업규칙인 '임직원 근무복장 및 용모규정' 제5조 제1항 제2호를 위반하였다는 이유로 비행업무를 일시 정지시킨 데 대하여, 기장이 부당한 인사처분에 해당한다며 노동위원회에 구제신청을 하였고 중앙노동위원회가 위 비행정지가 부당한 처분임을 인정하는 판정을 하자, 회사가 중앙노동위원회위원장을 상대로 재심판정의 취소를 구하였고 이후 부당비행정지구제재심판정취소을 제기하였다.

전체 논점 : ① 헌법상 기본권 규정이 사적인 법률관계에 효력을 미치는지(적극) ② 직업선택의 자유 ③ 기업경영에 관한 의사결정의 자유 등 영업의 자유가 근로자의 인간으로서의 존엄성을 인정하는 방향으로 조화롭게 조정되어야 하는지(적극) ④ 기업경영에 관한 의사결정의 자유 등 영업의 자유와 근로자의 일반자유권 등이 근로조건 설정을 둘러

싸고 충돌하는 경우 해결방법 ⑤ 수염 기르기를 금지하는 취업규칙은 헌법상 일반적 행동자유권을 침해하므로 근로기준법 제96조 제1항과 민법 제103조 등에 따라 무효
결정요지 : ① 헌법상 기본권은 제1차적으로 개인의 자유로운 영역을 공권력의 침해로부터 보호하기 위한 방어적 권리이지만 다른 한편으로 헌법의 기본적인 결단인 객관적인 가치질서를 구체화한 것으로서, 사법(私法)을 포함한 모든 법 영역에 그 영향을 미치는 것이므로 사인 간의 사적인 법률관계도 헌법상의 기본권 규정에 적합하게 규율되어야 한다. 다만 기본권 규정은 성질상 사법관계에 직접 적용될 수 있는 예외적인 것을 제외하고는 관련 법규범 또는 사법상의 일반원칙을 규정한 민법 제2조, 제103조 등의 내용을 형성하고 그 해석기준이 되어 간접적으로 사법관계에 효력을 미치게 된다.
⑤ 취업규칙 조항은 회사의 영업의 자유와 소속 직원의 일반적 행동자유권이 충돌하는 결과를 가져오는데, 위 취업규칙 조항이 두 기본권에 대한 이익형량이나 조화로운 조정 없이 영업의 자유와 관련한 필요성과 합리성의 범위를 넘어 일률적으로 소속 직원들의 일반적 행동자유권을 전면적으로 제한하고 있는 것은 기본권 충돌에 관한 형량과 기본권의 상호조화 측면에서 문제가 있는 점, 오늘날 개인 용모의 다양성에 대한 사회 인식의 변화 등을 고려할 때 회사 소속 직원들이 수염을 기른다고 하여 반드시 고객에게 부정적인 인식과 영향을 끼친다고 단정하기 어려운 점, 더욱이 기장의 업무 범위에 항공기에 탑승하는 고객들과 직접적으로 대면하여 서비스를 제공하는 것이 당연히 포함되어 있다고 볼 수 없으며, 기장이 자신의 일반적 행동자유권을 지키기 위해서 선택할 수 있는 대안으로는 회사에서 퇴사하는 것 외에는 다른 선택이 존재하지 않는데도 수염을 일률적·전면적으로 기르지 못하도록 강제하는 것은 합리적이라고 볼 수 없는 점 등에 비추어 보면, 회사가 헌법상 영업의 자유 등에 근거하여 제정한 위 취업규칙 조항은 기장의 헌법상 일반적 행동자유권을 침해하므로 근로기준법 제96조 제1항, 민법 제103조 등에 따라서 무효이다.

4. 국가의 기본권 보호의무

헌법 제10조는 "모든 국민은 인간으로서의 존엄과 가치를 가지며, 행복을 추구할 권리를 가진다. 국가는 개인이 가지는 불가침의 기본적 인권을 확인하고 이를 보장할 의무를 진다."고 규정하여, 모든 국민이 인간으로서의 존엄과 가치를 지닌 주체임을 천명하고, 국가권력이 국민의 기본권을 침해하는 것을 금지함은 물론 이에서 더 나아가 적극적으로 국민의 기본권을 보호하고 이를

실현할 의무가 있음을 선언하고 있다. 즉, '국가의 기본권 보호의무'란 사인(私人)인 제3자에 의한 생명이나 신체 등 기본권침해 또는 기본권침해의 위험으로부터 기본권을 보호하여야 하는 국가의 의무를 말한다.

국가가 기본권 보호의무를 위반하였는지 여부를 판단함에 있어서, 헌법재판소는 권력분립의 관점에서 '과소보호금지원칙' 즉 국가가 국민의 기본권 보호를 위하여 적어도 적절하고 효율적인 최소한의 보호조치를 취했는가를 기준으로 하여 국가의 기본권 보호의무 위반 여부를 심사한다.

과소보호금지 원칙

과소보호금지의 원칙이란 기본권을 보호하기 위한 입법을 함에 있어서 기본권보호를 위한 최소한의 요구는 충족시켜야 한다는 것을 의미한다. 국가가 기본권의 보호의무를 다하지 않았는지를 헌재가 심사할 때에는 국가가 국민의 기본권적 법익 보호를 위하여 적어도 적절하고 효율적인 최소한의 보호조치를 취했는가 하는 이른바 "과소보호금지원칙"의 위반 여부를 기준으로 삼아야 한다는 것이다. 그런데, 기본권 최소보호의 수준은 일의적으로 획정할 수는 없고, 개별적 사건, 관련 법익의 종류, 위험의 정도 등을 고려하여 판단하여야 한다. 행정작용에는 반드시 법률의 근거가 요청된다는 법률유보를 핵심적 내용으로 한다.

판례1 태아의 생명을 보호할 국가의 의무는 어디까지 인가?

(민법 제3조 등 위헌소원, 헌재 2008. 7. 31. 2004헌바81) 합헌

사건개요 : 양수검사 중 태내에서 사망한 태아의 손해배상청구권을 부인하는 결과를 가져오는 민법 제3조와 민법 제762조가 태아의 기본권을 침해하는지 여부에 관한 다툼

전체 논점 : ① 태아가 생명권의 주체가 되는지(적극) ② 국가의 기본권보호의무 위반 여부 판단에 있어서 심사기준(과소보호금지원칙) ③ 민법 제3조 및 제762조가 태아의 생명권을 보호하는데 미흡하여 국가의 기본권 보호의무를 위반하고 있는지 여부(소극)

결정요지 : ① 모든 인간은 헌법상 생명권의 주체가 되며, 형성 중의 생명인 태아에게도 생명에 대한 권리가 인정되어야 한다. 따라서 태아도 헌법상 생명권의 주체가 되며, 국가는 헌법 제10조에 따라 태아의 생명을 보호할 의무가 있다.

② 입법자가 기본권 보호의무를 최대한 실현하는 것이 이상적이지만, 그러한 이상적 기준이 헌법재판소가 위헌 여부를 판단하는 심사기준이 될 수는 없으며, 헌법재판소는 권

력분립의 관점에서 소위 '과소보호금지원칙'을, 즉 국가가 국민의 기본권 보호를 위하여 적어도 적절하고 효율적인 최소한의 보호조치를 취했는가를 기준으로 심사하게 된다. (중략) 예컨대 형법은 생명의 단계에 따라 살인죄, 영아살해죄, 낙태죄로 구분하여 생명 침해행위를 처벌함으로써 보호수단을 차별화하고 있으며, 이 사건 법률조항들 역시 출생의 전후를 구분하여 보호를 차등화하고 있다. 그런데 이러한 보호의 차별화 내지 차등화가 정당화될 수 있는지 여부는 '기본권 보호의무의 이행'이라는 관점에서 논의될 성질의 것이지 과잉금지원칙의 관점에서 논의될 성질의 것은 아니다. 왜냐하면 과잉금지원칙은 국가가 국민의 소극적 방어권으로서의 기본권을 제한하는 경우에 적용되는 법리이지, 이 사건의 경우와 같이 국가와의 관계에서 개인의 기본권이 문제되는 것이 아니라 사인 상호간에 기본권적 법익 침해가 문제되어 국가가 생명발전의 각 단계에서 그 각 단계별로 생명보호를 위해 어떤 수단을 투입하는 것이 바람직할 것인가를 판단하는 경우에 적용되는 법리가 아니기 때문이다.
③ 태아는 형성 중의 인간으로서 생명을 보유하고 있으므로 국가는 태아를 위하여 각종 보호조치들을 마련해야 할 의무가 있다. 하지만 그와 같은 국가의 기본권 보호의무로부터 태아의 출생 전에, 또한 태아가 살아서 출생할 것인가 와는 무관하게, 태아를 위하여 민법상 일반적 권리능력까지도 인정하여야 한다는 헌법적 요청이 도출되지는 않는다. (중략) 이 사건 법률조항들이 권리능력의 존재 여부를 출생 시를 기준으로 확정하고 태아에 대해서는 살아서 출생할 것을 조건으로 손해배상청구권을 인정한다 할지라도 이러한 입법적 태도가 입법형성권의 한계를 명백히 일탈한 것으로 보기는 어려우므로 이 사건 법률조항들이 국가의 생명권 보호의무를 위반한 것이라 볼 수 없다.

판례2 교통사고로 중상해를 당한 피해자에게도 공소를 제기할 수 없도록 한 법률규정은 국가의 기본권 보호의무에 위반되는가?

(헌재 2009. 2. 26. 2005헌마764) 위헌

사건개요 : 교통사고로 중상을 입은 피해자가 있음에도 가해운전자에 대하여 공소권 없음 결정을 하게 된 근거인 교통사고처리특례법 규정은 국가의 기본권보호의무에 관한 과소보호금지원칙에 위배되고, 평등권 및 재판절차진술권을 침해하였다고 주장하면서 피해자 甲은 헌법소원심판을 청구하였다.
전체 논점 : ① 피해자의 재판절차진술권 침해 여부(일부 적극) ② 평등권 침해 여부(일부 적극) ③ 국가의 기본권 보호의무 위반 여부(소극) ④ 판례 변경(합헌→위헌)
결정요지 : 국가의 신체와 생명에 대한 보호의무는 교통과실범의 경우 발생한 침해에 대한 사후처벌뿐 아니라, 무엇보다도 우선적으로 운전면허취득에 관한 법규 등 전반적인 교통관련법규의 정비, 운전자와 일반국민에 대한 지속적인 계몽과 교육, 교통안전에 관

한 시설의 유지 및 확충, 교통사고 피해자에 대한 보상제도 등 여러 가지 사전적·사후적 조치를 함께 취함으로써 이행된다 할 것이므로, 형벌은 국가가 취할 수 있는 유효적절한 수많은 수단 중의 하나일 뿐이지, 결코 형벌까지 동원해야만 보호법익을 유효적절하게 보호할 수 있다는 의미의 최종적인 유일한 수단이 될 수는 없다 할 것이다. 따라서 이 사건 법률조항은 국가의 기본권 보호의무의 위반 여부에 관한 심사기준인 과소보호금지의 원칙에 위반한 것이라고 볼 수 없다. 다만, 이 사건 법률조항은 과잉금지원칙에 위반하여 업무상 과실 또는 중대한 과실에 의한 교통사고로 중상해를 입은 피해자의 재판절차진술권과 평등권을 침해하였다.

판례3 담배사업법은 국가의 보호의무를 위반하여 생명·신체의 안전에 관한 권리를 침해하는가?

(헌재 2015. 4. 30. 2012헌마38) 기각

사건개요 : 甲은 인체유해한 담배의 제조 및 판매를 허용하는 담배사업법은 헌법에 위반되고, 입법자는 조속한 시일 내에 담배의 제조, 판매 및 수입 등을 금지하는 입법을 하여야 한다고 주장하면서 헌법소원심판을 청구하였다.

전체 논점 : ① 간접흡연자와 의료인의 자기관련성 인정 여부(소극) ② 담배사업법이 국가의 보호의무를 위반하여 청구인의 생명·신체의 안전에 관한 권리를 침해하는지 여부(소극)

결정요지 : 담배사업법은 담배의 제조 및 판매 자체는 금지하고 있지 않지만, 현재로서는 흡연과 폐암 등의 질병 사이에 필연적인 관계가 있다거나 흡연자 스스로 흡연 여부를 결정할 수 없을 정도로 의존성이 높아서 국가가 개입하여 담배의 제조 및 판매 자체를 금지하여야만 한다고 보기는 어렵다. 또한, 담배사업법은 담배성분의 표시나 경고문구의 표시, 담배광고의 제한 등 여러 규제들을 통하여 직접흡연으로부터 국민의 생명·신체의 안전을 보호하려고 노력하고 있다. 따라서 담배사업법이 국가의 보호의무에 관한 과소보호금지 원칙을 위반하여 청구인의 생명·신체의 안전에 관한 권리를 침해하였다고 볼 수 없다.

판례4 선거운동시 확성장치 사용에 있어서 소음규제기준이 없는 것은 국가의 기본권 보호의무에 위반되는가?

(헌재 2019. 12. 27. 2018헌마730) 헌법불합치

사건개요 : 공직선거법에는 확성장치를 사용함에 있어 자동차에 부착하는 확성장치 및 휴대용 확성장치의 수는 규정하고 있지만, 확성장치의 최고출력 내지 소음 규제기준이 마련되어 있지 아니하다. 또한 공직선거법에는 주거지역과 같이 정온한 생활환경을 유지할 필요성이 높은 지역에 대한 규제기준이 마련되어 있지 아니하다.

전체 논점 : 건강하고 쾌적한 환경에서 생활할 권리를 침해하여 위헌인지 여부
결정요지 : 심판대상조항이 선거운동의 자유를 감안하여 선거운동을 위한 확성장치를 허용할 공익적 필요성이 인정된다고 하더라도 정온한 생활환경이 보장되어야 할 주거지역에서 출근 또는 등교 이전 및 퇴근 또는 하교 이후 시간대에 확성장치의 최고출력 내지 소음을 제한하는 등 사용시간과 사용지역에 따른 수인한도 내에서 확성장치의 최고출력 내지 소음 규제기준에 관한 규정을 두지 아니한 것은, 국민이 건강하고 쾌적하게 생활할 수 있는 양호한 주거환경을 위하여 노력하여야 할 국가의 의무를 부과한 헌법 제35조 제3항에 비추어 보면, 적절하고 효율적인 최소한의 보호조치를 취하지 아니하여 국가의 기본권 보호의무를 과소하게 이행한 것으로서, 청구인의 건강하고 쾌적한 환경에서 생활할 권리를 침해하므로 헌법에 위반된다.

Ⅳ. 기본권의 제한

기본권의 제한이라 함은 기본권의 효력이나 그 적용범위를 축소하거나 한정하는 것을 말한다. 기본권을 제한하는 방식에는 헌법에 의한 제한(헌법유보)과 법률에 의한 제한(법률유보)의 두 가지가 있다.

❖ 헌법 제37조 ② 국민의 모든 자유와 권리는 국가안전보장·질서유지 또는 공공복리를 위하여 필요한 경우에 한하여 법률로써 제한할 수 있으며, 제한하는 경우에도 자유와 권리의 본질적인 내용을 침해할 수 없다.

1. 헌법유보에 의한 기본권의 제한

기본권에 당연히 내재하는 한계성을 명문화한 것이든 새로운 제한을 창설한 것이든, 헌법이 명문의 규정을 가지고 직접 기본권의 제한을 규정하고 있는 경우에, 그것을 기본권제한에 관한 헌법유보 또는 헌법직접적 기본권제한이라 한다. 헌법유보에는 헌법이 직접 기본권 전반에 대하여 제한을 규정하는 일반적 헌법유보와 특정의 기본권에 한하여 제한을 규정하는 개별적 헌법유보가 있다.

1) **일반적 헌법유보** : 현행헌법에는 독일기본법 제2조 제1항과 같은 일반적 헌법유보에 해당하는 규정이 없다. 그러나 일반적 헌법유보에 관한 조항이 없을지라도 타인의 권리·도덕률·헌법질서 등의 존중은 국가적 공동생활을 위하여 기본권에 당연히 내재하는 제약 사유이다.

2) **개별적 헌법유보** : 현행 헌법에서도 정당의 목적과 활동에 관한 제한(헌법 제8조 제4항), 언론·출판의 사회적 책임의 강조(헌법 제21조 제4항), 재산권의 행사의 제약(헌법 제23조 제2항) 등에 관한 조항은 개별적 헌법유보라고 할 수 있다. 이들 헌법조항은 개별 기본권별로 직접 헌법에서 제약사유를 명기하고 있으므로, 이들 조항은 개별적 헌법유보에 해당한다.

2. 법률유보에 의한 기본권의 제한

헌법이 기본권의 제한을 직접 규정하지 아니하고 그 제한을 법률에 위임하고 있는 경우에 그것을 기본권제한에 관한 법률유보 또는 헌법간접적 기본권제한이라 한다. 법률유보에도 헌법이 특정의 기본권에 한하여 법률로써 제한할 수 있다고 규정하는 개별적 법률유보와 기본권 전반이 법률에 의하여 제한할 수 있다고 규정하는 일반적 법률유보가 있다.

법률유보 원칙

법치주의는 행정작용에는 반드시 법률의 근거가 요청된다는 법률유보를 핵심적 내용으로 한다. 특히 헌법 제37조 제2항에 의하면 국민의 자유와 권리는 법률로써 제한할 수 있다고 하여 헌법상 보장된 기본권을 제한할 필요가 있는 경우에는 반드시 법률로서 제한하여야 한다는 법률유보원칙을 명시하고 있다. 헌법 제37조 제2항은 기본권제한에 관한 일반적 법률유보조항이라고 할 수 있는데, 법률유보의 원칙은 다소 완화되어 "법률에 의한 규율"만을 요청하는 것이 아니라 "법률에 근거한 규율"을 요청하는 것으로 해석된다. 즉, 기본권 제한은 법률에 근거가 있으면 된다는 의미이고, 기본권제한의 형식이 반드시 법률의 형식일 필요는 없다고 해석되고 있다.

1) **일반적 법률유보** : 헌법 제37조 제2항 전단은 법률로써 기본권을 제한하는 경우에 준수되어야 할 기본권제한에 관한 일반적 법률유보조항이다.

2) **개별적 법률유보** : 모든 기본권은 일반적 법률유보에 따라 제한이 가능하지만, 별도로 규정이 있는 경우가 있다. 이를 개별적 법률유보라 한다. 개별적 법률유보조항이 있는 기본권으로는 헌법 제12조 제1항의 신체의 자유, 헌법 제23조 제3항의 재산권 등이 있다.

3. 기본권 제한의 한계

1) 과잉금지 원칙

헌법 제37조 제2항에 의하면 국민의 자유와 권리는 국가안전보장, 질서유지 또는 공공복리를 위하여 필요한 경우에 한하여 법률로써 제한할 수 있으므로, 기본권을 제한하는 입법은 과잉금지원칙에 따라 입법목적의 정당성과 그 목적 달성을 위한 방법의 적정성, 피해의 최소성, 법익의 균형성을 모두 갖추어야 한다.

과잉금지 원칙

과잉금지 원칙은 법치국가 원리에서 파생되는 헌법원칙으로서, 국가작용의 한계를 설정하는 원칙이다. 따라서 국민의 기본권을 제한하는 법률은 과잉금지 원칙을 준수하여야 한다. 과잉금지원칙은 4가지 하부원칙으로 구성되어 있다. 즉, 기본권을 제한하려는 법률의 목적이 정당하여야 하고(목적의 정당성), 입법목적의 달성을 위하여 방법이 적절하여야 하며(방법의 적절성), 입법목적달성을 위하여 적절하다 할지라도 기본권 제한이 필요한 최소한도에 그치도록 하여야 하며(피해의 최소성), 그 법률에 의하여 보호하려는 공익과 침해되는 사익을 비교 형량할 때 보호되는 공익이 더 커야 한다(법익의 균형성).

2) 본질적 내용 침해 금지

기본권을 국가안전보장, 질서유지와 공공복리를 위하여 필요한 경우에는 법률로써 제한할 수 있으나 그 본질적인 내용은 침해할 수 없다(헌법 제37조 제2항). 기본권의 본질적 내용은 만약 이를 제한하는 경우에는 기본권 그 자체가 무의미하여지는 경우에 그 본질적인 요소를 말하는 것으로서, 이는 개별 기본권마다 다를 수 있다.

기본권 각론

Ⅰ. 인간의 존엄과 가치 · 행복추구권 · 평등권

1. 인간의 존엄과 가치

❖ 헌법 제10조 모든 국민은 인간으로서의 존엄과 가치를 가지며, 행복을 추구할 권리를 가진다. 국가는 개인이 가지는 불가침의 기본적 인권을 확인하고 이를 보장할 의무를 진다.

헌법 제10조는 "모든 국민은 인간으로서의 존엄과 가치를 가지며 행복을 추구할 권리를 가진다."고 하여 인간의 존엄과 가치 및 행복추구권을 규정하고 있다. 이 중에서 인간의 존엄과 가치는 모든 인간을 그 자체로서 목적으로 존중할 것을 요구하고, 인간을 다른 목적을 위한 단순한 수단으로 취급하는 것을 허용하지 아니한다.

1) 인간의 존엄과 가치

인간의 존엄과 가치는 포괄적이고 근본적인 권리로서 다른 모든 기본권의 종국적 목적이자 기본이념이다. 인간의 존엄성은 최고의 헌법적 가치이자 국가목표규범으로서 모든 국가기관을 구속한다. 국가는 인간존엄성을 실현해야 할 의무와 과제를 지닌다.

판례1 경찰서유치장의 칸막이가 낮은 화장실은 유치인의 인간으로서의 존엄과 가치를 침해하는가?

(헌재 2001. 7. 19. 2000헌마546) 인용(위헌확인)

사건개요 : 경찰서유치장에 수용되었다 풀려난 청구인이 신체부위 등이 노출되는 개방적 구조를 가진 화장실 사용으로 인하여 인간으로서의 존엄과 가치, 사생활의 비밀과 자유 등을 침해당하였다고 주장하면서 위헌확인을 구하는 헌법소원심판을 청구하였다.

전체 논점 : ① 침해행위가 종료되었어도 심판청구의 이익이 있다고 인정한 사례 ② 유치실 내 화장실을 사용하도록 강제한 피청구인의 행위가 공권력의 행사에 해당하는지 여부(적극) ③ 미결수용자 특히 유치인의 기본권 제한의 한계 ④ 차폐시설이 불충분한 유치실 내 화장실을 사용하도록 강제한 행위로 인하여 기본권의 침해가 있는지 여부(적극)
④의 결정요지 : 경찰서 유치장에 수용되어 있는 동안 차폐시설이 불충분하여 사용과정에서 신체부위가 다른 유치인들 및 경찰관들에게 관찰될 수 있고 냄새가 유출되는 실내 화장실을 사용하도록 강제한 행위는 인간으로서의 기본적 품위를 유지할 수 없도록 하는 것으로서, 수인하기 어려운 정도라고 보여지므로 전체적으로 볼 때 비인도적·굴욕적일 뿐만 아니라 동시에 비록 건강을 침해할 정도는 아니라고 할지라도 헌법 제10조의 인간의 존엄과 가치로부터 유래하는 인격권을 침해하는 정도에 이르렀다. ※ 이후 경찰청 예규인 '유치장설계표준규칙'의 개정 등을 통하여, 경찰서유치장의 화장실 시설은 일부 개선되었다.

판례2 구치소 내 과밀수용행위는 수형자의 인간의 존엄과 가치를 침해하는가?

(헌재 2016. 12. 29. 2013헌마142) 인용(위헌확인)

사건개요 : 구치소 6인실에 수용되었다가 석방된 청구인은 구치소의 과밀수용행위가 인간의 존엄과 가치 및 행복추구권, 인격권, 인간다운 생활을 할 권리 등 기본권을 침해한다고 주장하면서 위헌확인을 구하는 헌법소원심판을 청구하였다.
전체 논점 : ① 수형자가 이미 석방되어 주관적 권리보호이익이 소멸하였음에도 불구하고, 예외적으로 심판의 이익이 있음을 인정한 사례 ② 인간의 존엄과 가치에서 비롯하는 국가형벌권 행사의 한계를 인정한 사례 ③ 구치소 내 과밀수용행위가 수형자인 청구인의 인간의 존엄과 가치를 침해하는지 여부(적극)
③의 결정요지 : 교정시설의 1인당 수용면적이 수형자의 인간으로서의 기본 욕구에 따른 생활조차 어렵게 할 만큼 지나치게 협소하다면, 이는 그 자체로 국가형벌권 행사의 한계를 넘어 수형자의 인간의 존엄과 가치를 침해하는 것이다. 청구인이 인간으로서 최소한의 품위를 유지할 수 없을 정도로 과밀한 공간에서 이루어진 이 사건 수용행위는 청구인의 인간으로서의 존엄과 가치를 침해한다.

2) 인격권

인격권이란 인간 자신과 분리하기 어려운 인격적 이익을 보호하기 위한 권리이다. 인격권에는 명예권, 초상권, 성명권, 음성권 등이 있다. 명예권은 명예에 관한 사회적·객관적 평가를 침해당하지 않을 권리를 가지며 명예에 대한 침해는 특별히 형법상 명예훼손죄와 정보통신망법상 사이버명예훼손죄로 처벌하고 있다. 초상권은 자신의 얼굴 기타 사회통념상 특정인임을 식별할 수 있는 신체적 특징에 관하여 함부로 촬영 또는 그림으로 묘사되거나 공표되지 아니하며 영리적으로 이용당하지 않을 권리이다. 성명권은 자신의 성명이 부당하게 사용되지 않을 권리이며 음성권은 자신의 음성이 부당하게 사용되거나 변조되어 사용되지 않을 권리이다.

판례1 보험회사 직원이 교통사고 피해자들의 일상생활을 촬영한 행위는 초상권을 침해하는가?

(대판2006.10.13.2004다16280) 초상권과 사생활의 비밀과 자유를 침해하는 불법행위

사건개요 : 보험회사 직원이 교통사고 피해자들의 장해 정도에 관한 증거자료를 수집할 목적으로 피해자들의 일상생활을 촬영하였는데, 피해자들은 이러한 촬영행위가 불법행위라고 주장하며 위자료를 청구하는 소송을 제기하였다.

결정요지 : 초상권 및 사생활의 비밀과 자유에 대한 부당한 침해는 불법행위를 구성하는데, 이러한 행위가 공개된 장소에서 이루어졌다거나 민사소송의 증거를 수집할 목적으로 이루어졌다는 사유만으로 정당화되지 아니한다. 초상권이나 사생활의 비밀과 자유를 침해하는 행위를 둘러싸고 서로 다른 두 방향의 이익이 충돌하는 경우에는 구체적 사안에서의 사정을 종합적으로 고려한 이익형량을 통하여 침해행위의 최종적인 위법성이 가려지는바, 이러한 이익형량과정에서, 첫째 침해행위의 영역에 속하는 고려요소로는 침해행위로 달성하려는 이익의 내용 및 그 중대성, 침해행위의 필요성과 효과성, 침해행위의 보충성과 긴급성, 침해방법의 상당성 등이 있고, 둘째 피해이익의 영역에 속하는 고려요소로는 피해법익의 내용과 중대성 및 침해행위로 인하여 피해자가 입는 피해의 정도, 피해이익의 보호가치 등이 있다.

<u>보험회사 직원이 보험회사를 상대로 손해배상청구소송을 제기한 교통사고 피해자들의 장해 정도에 관한 증거자료를 수집할 목적으로 피해자들의 일상생활을 촬영한 행위는 초상권 및 사생활의 비밀과 자유를 침해하는 불법행위</u>에 해당한다.

판례2 경찰서 조사실에서 양손에 수갑을 찬 채 조사받는 모습을 촬영할 수 있도록 촬영을 허용한 행위는 위헌인가?

(헌재 2014. 3. 27. 2012헌마652) 인용(위헌확인)

사건개요 : 경찰이 보도자료 배포 후 청구인이 양손에 수갑을 찬 채 조사받는 모습을 촬영할 수 있도록 허용하였는데, 청구인은 기자들에게 피의사실을 알리고 모습을 촬영할 수 있도록 허용한 행위가 무죄추정원칙에 반하여 청구인의 인격권 등을 침해하였다고 주장하면서 위헌확인을 구하는 헌법소원심판을 청구하였다.
결정요지 : 사람은 자신의 의사에 반하여 얼굴을 비롯하여 일반적으로 특정인임을 식별할 수 있는 신체적 특징에 관하여 함부로 촬영당하지 아니할 권리를 가지고 있으므로, 촬영허용행위는 헌법 제10조로부터 도출되는 초상권을 포함한 일반적 인격권을 제한한다고 할 것이다. 원칙적으로 '범죄사실' 자체가 아닌 그 범죄를 저지른 자에 관한 부분은 일반 국민에게 널리 알려야 할 공공성을 지닌다고 할 수 없고, 이에 대한 예외는 공개수배의 필요성이 있는 경우 등에 극히 제한적으로 인정될 수 있을 뿐이다. 피청구인은 기자들에게 청구인이 경찰서 내에서 수갑을 차고 얼굴을 드러낸 상태에서 조사받는 모습을 촬영할 수 있도록 허용하였는데, 청구인에 대한 이러한 수사 장면을 공개 및 촬영하게 할 어떠한 공익 목적도 인정하기 어려우므로 촬영허용행위는 목적의 정당성이 인정되지 아니한다. 피의자의 얼굴을 공개하더라도 그로 인한 피해의 심각성을 고려하여 모자, 마스크 등으로 피의자의 얼굴을 가리는 등 피의자의 신원이 노출되지 않도록 침해를 최소화하기 위한 조치를 취하여야 하는데, 피청구인은 그러한 조치를 전혀 취하지 아니하였으므로 침해의 최소성 원칙도 충족하였다고 볼 수 없다. 또한 촬영허용행위는 언론보도를 보다 실감나게 하기 위한 목적 외에 어떠한 공익도 인정할 수 없는 반면, 청구인은 피의자로서 얼굴이 공개되어 초상권을 비롯한 인격권에 대한 중대한 제한을 받았고, 촬영한 것이 언론에 보도될 경우 범인으로서의 낙인 효과와 그 파급효는 매우 가혹하여 법익균형성도 인정되지 아니하므로, 촬영허용행위는 과잉금지원칙에 위반되어 청구인의 인격권을 침해하였다.

2. 행복추구권

헌법 제10조에 규정된 행복추구권의 개념과 내용에 대해서는 논란이 많다. 행복을 추구할 권리를 의미하는 행복추구권은 포괄적인 기본권으로서의 성격을 지니고 있어서, 일반적 행동자유권, 개성의 자유로운 발현권, 자기결정권, 계약의 자유 등의 다양한 기본권이 행복추구권으로부터 파생된다.

1) 성적 자기결정권

성적 자기결정권과 관련해서는 간통죄나 혼인빙자간음죄, 낙태죄가 성적 자기결정권 등을 침해하는지가 문제되었다.

판례1 「형법」 제241조에 규정된 간통죄가 성적 자기결정권 및 사생활의 비밀과 자유를 침해하는가?

(헌재 2015. 2. 26. 2009헌바17) 위헌

심판대상 : 형법 제241조(간통) ① 배우자있는 자가 간통한 때에는 2년 이하의 징역에 처한다. 그와 상간한 자도 같다 ② 전항의 죄는 배우자의 고소가 있어야 논한다. 단 배우자가 간통을 종용 또는 유서한 때에는 고소할 수 없다.

결정요지 : 우리 사회에서 혼인한 남녀의 정조유지가 전통윤리로 확립되어 있었고, 일부일처제의 유지와 부부간의 정조의무 역시 도덕기준의 하나로 정립되어 왔다. 그러나 최근 전통적인 가족 구조 및 가족 구성원의 역할이나 지위에 대한 인식이 변화하고 있고, 급속한 개인주의 및 성개방적 사고가 확산됨에 따라 결혼과 성에 대한 인식도 바뀌어 가고 있다. 성과 사랑은 형벌로 통제할 사항이 아닌 개인에게 맡겨야 하는 문제로서 부부간의 정조의무를 위반한 행위가 비도덕적이기는 하나, 법으로 처벌할 사항은 아니라는 것이다. 또한, 오늘날 우리 사회는 가치판단에 있어서 전통적인 성 도덕의 유지 내지 부부간 정조의무 보호라는 법익 못지않게 성적 자기결정권을 자유롭게 행사하는 것이 개인의 존엄과 행복추구의 측면에서 더한층 중요하게 고려되는 사회로 변해가고 있다는 점도 무시할 수 없다. 이러한 사회 구조의 변화, 결혼과 성에 관한 국민의 의식 변화, 그리고 성적 자기결정권을 보다 중요시하는 인식의 확산에 따라, 배우자 있는 사람이 배우자 아닌 사람과 성관계를 하였다고 하여 이를 국가가 형벌로 다스리는 것이 적정한지에 대해서는 이제 더 이상 국민의 인식이 일치한다고 보기 어렵게 되었다.

특정한 행위를 범죄로 규정하여 국가가 형벌권을 행사할 것인지, 아니면 단순히 도덕의 영역에 맡길 것인지 하는 문제는 그 사회의 시대적인 상황·사회구성원들의 의식 등에 따라 결정될 수밖에 없다. 우리의 생활영역에는 법률이 직접 규율할 영역도 있지만 도덕에 맡겨두어야 할 영역도 있다. 도덕적으로 비난받을 만한 행위 모두를 형벌의 대상으로 삼는 것은 사실상 불가능하다. 개인의 성행위와 같은 사생활의 내밀영역에 속하는 부분에 대하여는 그 권리와 자유의 성질상 국가는 최대한 간섭과 규제를 자제하여 개인의 자기결정권에 맡겨야 한다. 국가형벌권의 행사는 중대한 법익에 대한 위험이 명백한 경우에 한하여 최후의 수단으로 필요 최소한의 범위에 그쳐야 한다. 성인이 서로 자발적으로 만나 성행위를 하는 것은 개인의 자유 영역에 속하고, 다만 그것이 외부에 표출되어 사회의 건전한 성풍속을 해칠 때 비로소 법률의 규제를 필요로 한다. 그런데 성도덕에 맡겨 사회 스스로 질서를 잡아야 할 내밀한 성생활의 영역에 국가가 개입하여 형벌의 대상으로 삼는 것은, 성적 자기결정권과 사생활의 비밀과 자유를 침해하는 것이다. 비록 비도덕적인 행위라 할지라도 본질적으로 개인의 사생활에 속하고 사회에 끼치는 해악이 크지 않거나 구체적 법익에 대한 명백한 침해가 없는 경우에는 국가권력이 개입해서는 안 된다는 것이 현대 형법의 추세이다. 이에 따라 전세계적으로 간통죄는 폐지되고 있다. (중략) 결국, 심판대상조항은 수단의 적절성 및 침해최소성을 갖추지 못하였고 법익의 균형성도 상실하였으므로, 과잉금지원칙을 위반하여 국민의 성적 자기결정권 및 사생활의 비밀과 자유를 침해하는 것으로 헌법에 위반된다.

※ 이후 「형법」 개정을 통하여 간통죄는 삭제되었다.

판례2 **「형법」 제304조에 규정된 혼인빙자간음죄는 남성의 성적 자기결정권 및 사생활의 비밀과 자유를 침해하는가?**

(헌재 2009. 11. 26. 2008헌바58) 위헌

심판대상 : 형법 제304조(혼인빙자간음) 혼인을 빙자하거나 기타 위계로써 음행의 상습 없는 부녀를 기망하여 간음한 자는 2년 이하의 징역 또는 500만 원 이하의 벌금에 처한다.

결정요지 : 헌법 제10조에 의하여 보장되는 개인의 인격권·행복추구권에는 개인의 자기운명결정권이 전제되는 것이고, 이 자기운명결정권에는 성행위 여부 및 그 상대방을 결정할 수 있는 성적(性的) 자기결정권이 포함되어 있다.

이 사건 법률조항이 혼인빙자간음행위를 형사처벌함으로써 남성의 성적 자기결정권을 제한하는 것임은 틀림없고, 나아가 이 사건 법률조항은 남성의 성생활이라는 내밀한 사적 생활영역에서의 행위를 제한하므로 우리 헌법 제17조가 보장하는 사생활의 비밀과 자유 역시 제한하는 것으로 보인다.

이 법률조항은 입법목적에 정당성이 인정되지 않는다. 첫째, 남성이 위력이나 폭력 등 해악적 방법을 수반하지 않고서 여성을 애정행위의 상대방으로 선택하는 문제는 그 행위의 성질상 국가의 개입이 자제되어야 할 사적인 영역인데다 또 그 속성상 과장이 수반되게 마련이어서 우리 형법이 혼전 성관계를 처벌대상으로 하지 않고 있으므로 혼전 성관계의 과정에서 이루어지는 통상적 유도행위 또한 처벌해야 할 이유가 없다. 둘째, 여성이 혼전 성관계를 요구하는 상대방 남자와 성관계를 가질 것인가의 여부를 스스로 결정한 후 자신의 결정이 착오에 의한 것이라고 주장하면서 상대방 남성의 처벌을 요구하는 것은 여성 스스로가 자신의 성적자기결정권을 부인하는 행위이다. 또한 목적을 달성하기 위하여 혼인빙자간음행위를 형사처벌하는 것은 수단의 적절성과 피해의 최소성을 갖추지 못하였다. 그리고 이 사건 법률조항은 개인의 내밀한 성생활의 영역을 형사처벌의 대상으로 삼음으로써 남성의 성적자기결정권과 사생활의 비밀과 자유라는 기본권을 지나치게 제한하는 것인 반면, 이로 인하여 추구되는 공익은 오늘날 보호의 실효성이 현격히 저하된 음행의 상습없는 부녀들만의 '성행위 동기의 착오의 보호'로서 그것이 침해되는 기본권보다 중대하다고는 볼 수 없으므로, 법익의 균형성도 상실하였다.
※ 이후 「형법」 개정을 통하여 혼인빙자간음죄는 삭제되었다.

판례3 「형법」 제269조에 규정된 낙태죄는 임신한 여성의 자기결정권을 침해하는가?
(헌재 2019. 4. 11. 2017헌바127) 헌법불합치

사건개요 : 낙태죄로 기소되어 처벌을 받게 된 산부인과 의사가 위헌법률심판제청신청을 하였으나 기각되지 헌법소원심판을 청구하였다.
결정요지 : 자기결정권은 인간의 존엄성을 실현하기 위한 수단으로서 인간이 자신의 생활영역에서 인격의 발현과 삶의 방식에 관한 근본적인 결정을 자율적으로 내릴 수 있는 권리이다. 자기결정권에는 여성이 그의 존엄한 인격권을 바탕으로 하여 자율적으로 자신의 생활영역을 형성해 나갈 수 있는 권리가 포함되고, 여기에는 임신한 여성이 자신의 신체를 임신상태로 유지하여 출산할 것인지 여부에 대하여 결정할 수 있는 권리가 포함되어 있다. (중략) 자기낙태죄 조항은 모자보건법에서 정한 사유에 해당하지 않는다면 결정가능기간 중에 다양하고 광범위한 사회적·경제적 사유를 이유로 낙태갈등 상황을 겪고 있는 경우까지도 예외 없이 전면적·일률적으로 임신의 유지 및 출산을 강제하고, 이를 위반한 경우 형사처벌하고 있다. 따라서, 자기낙태죄 조항은 입법목적을 달성하기 위하여 필요한 최소한의 정도를 넘어 임신한 여성의 자기결정권을 제한하고 있어 침해의 최소성을 갖추지 못하였고, 태아의 생명 보호라는 공익에 대하여만 일방적이고 절대적인 우위를 부여함으로써 법익균형성의 원칙도 위반하였으므로, 과잉금지원칙을 위반하여 임신한 여성의 자기결정권을 침해한다. 자기낙태죄 조항과 동일한 목표를 실현하기 위하여 임신한 여성의 촉탁 또는 승낙을 받아 낙태하게 한 의사를 처벌하는 의사낙태죄 조항도 같은 이유에서 위헌이라고 보아야 한다.
※ 이 헌법불합치 결정으로 2012년 낙태죄 규정을 합헌으로 보았던 헌재 결정은 변경되었다. 그리고 2020. 12. 31.까지 입법자에게 개선입법을 촉구하였으나 아직까지도 개정되지 아니하였다. 해당 조항은 2021년 1월 1일부터 효력을 상실하였다.

2) 일반적 행동자유권

헌법 제10조 전문의 행복추구권에는 그 구체적인 표현으로서 일반적인 행동자유권이 포함되는데, 일반적인 행동자유권에는 적극적으로 자유롭게 행동을 하는 것은 물론 소극적으로 행동을 하지 않을 자유도 포함되는 권리로서, 포괄적인 의미의 자유권이라는 성격을 갖는다.

판례1 경찰버스들로 서울광장을 둘러싸 통행을 제지한 행위는 일반적 행동자유권을 침해한 것인가?

(헌재 2011. 6. 30. 2009헌마406) 위헌확인

사건개요 : 서울광장을 둘러싼 경찰버스들에 의하여 만들어진 차벽에 의하여 통행하지 못하게 된 청구인은 피청구인의 통행제지행위가 청구인들의 거주·이전의 자유와 공물이용권 및 일반적 행동자유권을 침해한다고 주장하면서 위헌확인을 구하는 헌법소원심판청구를 하였다.

전체 논점 : ① 경찰버스들로 서울특별시 서울광장을 둘러싸 통행을 제지한 행위(통행제지행위)가 청구인들의 거주·이전의 자유를 제한하는지 여부(소극) ② 통행제지행위가 과잉금지원칙을 위반하여 청구인들의 일반적 행동자유권을 침해한 것인지 여부(적극)

②의 결정요지 : 전면적이고 광범위한 집회방지조치를 취할 필요성이 있었다고 하더라도, 서울광장에의 출입을 완전히 통제하는 경우 일반시민들의 통행이나 여가·문화 활동 등의 이용까지 제한되므로 서울광장의 몇 군데라도 통로를 개설하여 통제 하에 출입 하게 하거나 대규모의 불법·폭력 집회가 행해질 가능성이 적은 시간대라든지 서울광장 인근 건물에의 출근이나 왕래가 많은 오전 시간대에는 일부 통제를 푸는 등 시민들의 통행이나 여가·문화활동에 과도한 제한을 초래하지 않으면서도 목적을 상당 부분 달성할 수 있는 수단이나 방법을 고려하였어야 함에도 불구하고 모든 시민의 통행을 전면적으로 제지한 것은 침해의 최소성을 충족한다고 할 수 없다. 이 사건 통행제지행위는 과잉금지원칙을 위반하여 청구인들의 일반적 행동자유권을 침해한 것이다.

※ ⓐ 서울광장을 출입하고 통행하는 자유는 헌법상의 거주·이전의 자유의 보호영역에 속하지 않는다 ⓑ 공물이용권은 행복추구권에 포함된다고 할 수 없다.

판례2 청탁금지법(김영란법)은 위헌인가?

(헌재 2015. 7. 28. 2015헌마236등) 기각

사건개요 : 언론인과 사립학교 관계자를 공직자에 포함시켜서 부정청탁과 금품수수 등

을 금지하는 청탁금지법이 일반적 행동자유권과 평등권 등을 침해하여 위헌이라는 이유로 헌법소원심판이 청구되었다.
전체 논점 : ① 일반적 행동자유권을 침해하는지 여부(소극) ② 사립학교 관계자와 언론인만 공직자등에 포함시켜서 법적용대상으로 하는 것이 평등권을 침해하는지 여부(소극)
①의 결정요지 : **가.** 교육과 언론이 국가나 사회 전체에 미치는 영향력이 크고, 이들 분야의 부패는 그 파급효가 커서 피해가 광범위하고 장기적인 반면 원상회복은 불가능하거나 매우 어렵다는 점에서, 사립학교 관계자와 언론인에게는 공직자에 맞먹는 청렴성 및 업무의 불가매수성이 요청된다. 부패와 비리 문제가 계속 발생하고 있는 교육과 언론 부문의 현실, 사립학교 관계자 및 언론인이 사회 전체에 미치는 영향, 부정청탁 관행을 없애고자 하는 청탁금지법의 목적, 교육 및 언론의 공공성과 이를 근거로 한 국가와 사회의 각종 지원 등 여러 사정을 종합하여 보면, 사립학교 관계자 및 언론인을 '공직자등'에 포함시켜 이들에게 부정청탁하는 것을 금지하고, 이들이 정당한 이유 없이 금품등을 수수하는 것도 금지한 입법자의 선택은 수긍할 수 있다. 부정청탁 및 금품수수 관행을 근절하여 공적 업무에 종사하는 사립학교 관계자 및 언론인의 공정한 직무수행을 보장함으로써 국민의 신뢰를 확보하고자 하는 부정청탁금지조항과 금품수수금지조항의 입법목적은 그 정당성이 인정되고, 사립학교 관계자와 언론인이 법령과 사회상규 등에 위배되어 금품등을 수수하지 않도록 하고 누구든지 이들에게 부정청탁하지 못하도록 하는 것은 입법목적을 달성하기 위한 적정한 수단이다.
나. 부정청탁금지조항은 부패가 빈발하는 직무영역에서 금지되는 행위를 구체적으로 열거하여 부정청탁의 유형을 제한하고 있고, 부정청탁의 행위 유형에 해당하더라도 법질서 전체와의 관계에서 정당시되는 행위는 예외를 인정하여 제재대상에서 제외하고 있으며, 언론인이나 사립학교 관계자가 부정청탁을 받고 그에 따라 직무를 수행한 경우에만 처벌하고 있다. 한편, 대가관계 증명이 어려운 부정청탁행위나 금품등 수수행위는 배임수재죄로 처벌할 수 없어 형법상 배임수재죄로 처벌하는 것만으로는 충분하지 않고, 교육계와 언론계에 부정청탁이나 금품등 수수 관행이 오랫동안 만연해 왔고 크게 개선되지 않고 있다는 각종 여론조사결과와 국민 인식 등에 비추어 볼 때, 교육계와 언론계의 자정노력에만 맡길 수 없다는 입법자의 결단이 잘못된 것이라고 단정하기도 어렵다. 금품수수금지조항은 직무관련성이나 대가성이 없더라도 동일인으로부터 1회 100만 원 또는 매 회계연도 300만 원을 초과하는 금품등을 수수한 경우 처벌하도록 하고 있다. 이는 사립학교 관계자나 언론인에게 적지 않은 금품을 주는 행위가 순수한 동기에서 비롯될 수 없고 일정한 대가관계를 추정할 수 있다는 데 근거한 것으로 볼 수 있다. 우리 사회에서 경제적 약자가 아닌 사립학교 관계자와 언론인에게 아무런 이유 없이 이러한 금품

을 줄 이유가 없기 때문이다. 또한 사립학교 관계자와 언론인이 직무와 관련하여 아무리 적은 금액이라도 정당한 이유 없이 금품 등을 받는 것을 금지하는 것이 부당하다고 할 수 없다. 시행되기 전 법률의 위헌 여부를 심판하면서 국가가 당해 법률의 입법목적을 무시하고 권력을 남용하여 법률을 부당하게 집행할 것이라는 전제하에 당해 법률의 위헌성을 심사할 수는 없다. 이런 사정을 모두 종합하여 보면 부정청탁금지조항과 금품수수금지조항이 침해의 최소성 원칙에 반한다고 보기 어렵다.

다. 사립학교 관계자나 언론인은 금품수수금지조항에 따라 종래 받아오던 일정한 금액 이상의 금품이나 향응 등을 받지 못하게 되는 불이익이 발생할 수는 있으나, 이런 불이익이 법적으로 보호받아야 하는 권익의 침해라 보기 어렵다. 반면 부정청탁금지조항과 금품수수금지조항이 추구하는 공익은 매우 중대하므로 법익의 균형성도 충족한다.

라. 따라서 부정청탁금지조항과 금품수수금지조항이 과잉금지원칙을 위반하여 청구인들의 일반적 행동자유권을 침해한다고 보기 어렵다.

판례3 자동차 안전벨트를 착용하지 않을 자유도 보장되어야 하는가?

(헌재 2003. 10. 30. 2002헌마518) 기각

사건개요 : 좌석안전띠를 착용하지 않고 승용차를 운전하던 사람이 경찰관에게 적발되어 범칙금 30,000원의 납부통고를 받고 이를 납부하였다. 그는 좌석안전띠를 매도록 의무화하고 위반시 범칙금을 납부하도록 하는 도로교통법 조항이 사생활의 비밀과 자유, 양심의 자유, 헌법 제10조의 기본적 인권을 침해한다고 주장하면서 위헌확인을 구하는 헌법소원심판을 청구하였다.

전체 논점 : ① 일반적 행동자유권 침해 여부(소극) ② 사생활의 비밀과 자유 침해 여부(소극) ③ 양심의 자유 침해 여부(소극)

결정요지 : ① 자동차 운전자에게 좌석안전띠를 매도록 하고 이를 위반했을 때 범칙금을 납부하도록 통고하는 것은, 교통사고로부터 국민의 생명 또는 신체에 대한 위험과 장애를 방지·제거하고 사회적 부담을 줄여 교통질서를 유지하고 사회공동체의 상호이익을 보호하는 공공복리를 위한 것으로 그 입법목적이 정당하고, 운전자의 불이익은 약간의 답답함이라는 경미한 부담이고 좌석안전띠 미착용으로 부담하는 범칙금이 소액인데 비하여 좌석안전띠 착용으로 달성하려는 공익은 동승자를 비롯한 국민의 생명과 신체를 보호하고 교통사고로 인한 사회적인 비용을 줄여 사회공동체의 이익을 증진하는 것이므로 달성하고자 하는 공익이 침해되는 청구인의 좌석안전띠를 매지 않을 자유라는 사익보다 크며, 제도의 연혁과 현황을 종합하여 볼 때 청구인의 일반적 행동자유권을 비례의 원칙에 위반되게 과도하게 침해하는 것이 아니다. ② 일반 교통에 사용되고 있는 도로는

국가와 지방자치단체가 그 관리책임을 맡고 있는 영역이며, 수많은 다른 운전자 및 보행자 등의 법익 또는 공동체의 이익과 관련된 영역으로, 그 위에서 자동차를 운전하는 행위는 더 이상 개인적인 내밀한 영역에서의 행위가 아니며, 자동차를 도로에서 운전하는 중에 좌석안전띠를 착용할 것인가 여부의 생활관계가 개인의 전체적 인격과 생존에 관계되는 '사생활의 기본조건'이라거나 자기결정의 핵심적 영역 또는 인격적 핵심과 관련된다고 보기 어려워 더 이상 사생활영역의 문제가 아니므로, 운전할 때 운전자가 좌석안전띠를 착용할 의무는 청구인의 사생활의 비밀과 자유를 침해하는 것이라 할 수 없다.
③ 제재를 받지 않기 위하여 어쩔 수 없이 좌석안전띠를 매었다 하여 청구인이 내면적으로 구축한 인간양심이 왜곡굴절되고 청구인의 인격적인 존재가치가 허물어진다고 할 수는 없어 양심의 자유의 보호영역에 속하지 아니하므로, 운전 중 운전자가 좌석안전띠를 착용할 의무는 청구인의 양심의 자유를 침해하는 것이라 할 수 없다.

판례4 대마초를 피울 자유가 기본권으로 인정될 수 있는가?

(헌재 2010. 11. 25. 2009헌바246) 합헌

사건개요 : 대마초를 피우다 기소되어 재판을 받던 사람이 대마흡연을 금지하고 처벌하는 「마약류관리에 관한 법률」이 헌법에 위반된다며 위헌법률심판제청신청을 하였으나 법원에 의하여 기각되자 헌법소원심판을 청구하였다.
전체 논점 : ① 이 사건 법률조항이 행복추구권을 침해하거나 책임과 형벌 간의 비례원칙 또는 평등원칙에 위반되는지 여부(소극) ② 이 사건 법률조항이 국민의 보건에 관한 국가의 의무를 규정한 헌법 제36조 제3항에 위반되는지 여부(소극)
결정요지 : ① 「마약류관리에 관한 법률」이 대마 흡연자를 처벌하고 있으나, 대마의 사용자가 흡연행위를 한 후 그에 그치지 않고 환각상태에서 다른 강력한 범죄로 나아갈 경우와 같은 사회적인 위험성의 측면에서 보면 대마의 흡연행위가 다른 향정신성의약품 원료식물의 흡연 등의 행위보다 사회적 위험성 면에서 결코 약하다고 만은 할 수 없고, 단순히 법률규정 자체가 향정신성의약품과 대마 자체가 가진 위험성의 비례관계를 엄격히 지키지 않았다는 이유로 과잉금지의 원칙에 반하여 행복추구권을 침해하는 것이라고 할 수는 없다.
② 술이나 담배와 달리 대마흡연을 금지하고 처벌하는 이 사건 법률조항의 목적은 대마의 의약적 효과를 부정하거나 의학적 사용 자체를 금지하려는 것이 아니라 "흡연"이라는 방식을 통한 대마의 사용은 그 오용과 남용으로 인한 위험이 크다고 보아 이를 금지하려는 것으로, 이는 대마의 취급과 관리를 적정히 함으로써 그 오용 또는 남용으로 인한 보건상의 위해를 방지하여 국민보건을 향상하고자 하는 것이어서 국민보건에 관한

국가의 보호의무를 저버리는 것이 아니라 오히려 헌법 제36조 제3항이 규정하고 있는 국민보건에 관한 국가의 보호의무를 다하고자 하는 것이므로, 이 사건 법률조항은 헌법 제36조 제3항에 위반되지 않는다.

3) 계약의 자유

헌법 제10조에 의하여 보장되는 행복추구권 속에는 일반적 행동자유권이 포함되고, 이 일반적 행동자유권으로부터 계약 체결의 여부, 계약의 상대방, 계약의 방식과 내용 등을 당사자의 자유로운 의사로 결정할 수 있는 계약의 자유가 파생된다.

판례1 임대차존속기간을 20년으로 제한한 민법 조항은 계약의 자유를 침해하는가?
(헌재 2013. 12. 26. 2011헌바234) 위헌

사건개요 : 부당이득금반환청구 소송에서 패소하여 20년이 넘는 기간의 임대료를 반환하게 된 청구인이 임대차기간을 20년으로 정한 민법조항에 대하여 위헌법률심판제정신청을 하였으나 기각되자 헌법소원심판을 청구하였다.

결정요지 : 이 사건 법률조항으로 인하여 임대차계약의 당사자는 임대차기간에 관한 계약의 내용을 당사자 간의 합의에 의하여 자유롭게 결정할 수 없으므로 계약의 자유가 제한된다. 또한 헌법 제23조 제1항이 보장하고 있는 재산권은 사유재산에 관한 임의적인 이용, 수익, 처분권을 본질로 하는바, 이 사건 법률조항은 임대차 최장기간을 당사자 약정으로 달리 정할 가능성을 배제한 채 예외 없이 20년으로 정함으로써 임대인 소유의 재산에 대한 수익·처분권을 제한하고 있으므로 소유자인 임대인의 재산권 역시 제한된다. 이처럼 하나의 규제로 인해 여러 기본권이 동시에 제약을 받는 경우에는 기본권침해를 주장하는 청구인의 의도 및 기본권을 제한하는 입법자의 객관적 동기 등을 참작하여 사안과 가장 밀접한 관계에 있고 또 침해의 정도가 큰 주된 기본권을 중심으로 해서 그 제한의 한계를 따져 보아야 할 것이다. 이 사건 법률조항에 대한 청구인의 주장, 입법자의 입법동기 등을 고려하면, 임대차존속기간의 제한은 계약의 자유와 가장 밀접한 관계에 있고, 재산권에 대한 제한은 계약의 자유에 대한 제한에 부수하여 2차적으로 발생하는 것에 불과하므로, 계약의 자유를 중심으로 해서 이 사건 법률조항이 그 헌법적 한계를 지키고 있는지를 판단하기로 한다.

임대차계약을 통하여 합리적이고 효과적인 임차물 관리 및 개량방식의 설정이 가능함에도 불구하고, 임대인 또는 소유자가 임차물의 가장 적절한 관리자라는 전제하에 임대차의 존속기간을 제한함으로써 임차물 관리 및 개량의 목적을 이루고자 하는 것은 임차물의 관리소홀 및 개량미비로 인한 가치하락 방지라는 목적달성을 위한 필요한 최소한의 수단이라고 볼 수 없다. 이 사건 법률조항은 제정 당시에 비해 현저히 변화된 현재의 사회경제적 현상을 제대로 반영하지 못하는 데 그치는 것이 아니라, 당사자가 20년이 넘는 임대차를 원할 경우 우회적인 방법을 취할 수밖에 없게 함으로써 사적 자치에 의한 자율적 거래관계 형성을 왜곡하고 있다. <u>이 법률조항은 입법취지가 불명확하고, 사회경제적 효율성 측면에서 일정한 목적의 정당성이 인정된다 하더라도 과잉금지원칙을 위반하여 계약의 자유를 침해</u>한다.

※ 이후 2016. 1. 6. 민법 제651조(임대차존속기간)는 삭제되었다.

판례2 **국민건강보험법에 의무적으로 가입하도록 하는 것은 위헌인가?**

(헌재 2001. 8. 30. 2000헌마668) 기각

사건개요 : 국민건상보험료 미납으로 독촉장을 받은 사람이 국민건강보험에 가입하는 것을 개인의 선택에 맡기지 않고 「국민건강보험법」을 통해 의무화하는 것은 위헌이라며 헌법소원심판을 청구하였다.

결정요지 : 국민건강보험법이 의무적 가입을 규정하고 임의해지를 금지하면서 보험료를 납부케 하는 것은, 경제적인 약자에게도 기본적인 의료서비스를 제공하기 위한 국가의 사회보장·사회복지의 증진 의무(헌법 제34조 제2항)라는 정당한 공공복리를 효과적으로 달성하기 위한 것이며, 조세가 아닌 보험료를 한 재원으로 하여 사회보험을 추구하기 위한 것이다. 다만 보험료가 과도할 경우 그런 제도의 정당성이 문제되지만, 「국민건강보험법」 제62조(보험료) 자체가 과도한 보험료를 정하고 있다거나 그에 대한 근거가 된다고 할 수 없다. 또한 동법은 생활이 어려운 자 등은 보험료의 부담없이 의료혜택을 받을 수 있게 하고, 일정한 계층을 위한 보험료 경감장치를 두고 있다. 한편 의무가입과 임의해지금지 및 보험료 납부에 관한 규정이 추구하는 공익에 비하여 제한되는 사익이 과도하다고 할 수도 없다. 그렇다면 「국민건강보험법」의 가입의무 관련 조항이 청구인의 재산권이나 인간다운 생활을 할 권리 혹은 행복추구권을 침해한다고 할 수 없다.

3. 평등권

❖ 헌법 제11조 ① 모든 국민은 법 앞에 평등하다. 누구든지 성별·종교 또는 사회적 신분에 의하여 정치적·경제적·사회적·문화적 생활의 모든 영역에 있어서 차별을 받지 아니한다. ② 사회적 특수계급의 제도는 인정되지 아니하며, 어떠한 형태로도 이를 창설할 수 없다. ③ 훈장 등의 영전은 이를 받은 자에게만 효력이 있고, 어떠한 특권도 이에 따르지 아니한다.

헌법 제11조 제1항은 "모든 국민은 법 앞에 평등하다. 누구든지 성별·종교 또는 사회적 신분에 의하여 정치적·경제적·사회적·문화적 생활의 모든 영역에 있어서 차별을 받지 아니한다"고 규정하여 평등원칙과 평등권을 보장하고 있다. 평등원칙은 국가가 법을 적용·집행하는 경우만(법적용평등설)이 아니라 법을 입법하는 경우에도(법내용평등설) 적용된다. 평등원칙과 평등권은 모든 국민을 이유없이 차별하지 않아야 하고 국가가 부당한 차별을 할 경우에는 부당한 차별의 금지를 요구할 수 있는 원칙이자 권리이다.

비교집단 간의 차별취급이 평등권 침해인지를 심사하는 기준에는 자의금지원칙(완화된 심사기준, 합리성 심사)과 비례원칙(엄격한 심사기준, 비례성 심사)이 있다. ① 헌법에서 특별히 평등을 요구하고 있는 경우와 ② 차별취급으로 인하여 관련 기본권에 중대한 제한을 초래하는 경우에는 비례원칙을 적용하여 심사하고, 그 이외에는 자의금지원칙을 적용하여 평등권 침해 여부를 심사하여야 한다.

판례1 호주제는 여성의 평등권을 침해하는 제도인가?

(헌재 2005. 2. 3. 2001헌가9) 헌법불합치

사건개요 : 혼인하였다가 이혼하고 일가를 창립한 청구인들은 자(子)의 친권행사자이며 양육자인데도 자의 호적은 전 남편의 가(家)에 편제되어 있다. 신청인들은 자(子)를 자신의 가(家)에 입적시키기 위하여 입적신고를 하였으나 호적관청은 민법 제781조 제1항 본문을 들어 입적신고를 받아들이지 아니하였다. 신청인들은 법원에 불복을 신청하였고, 재판계속 중에 민법 제778조, 제781조 제1항 본문이 위헌이라고 주장하면서 위헌법률심판제청신청을 하였으며 법원은 헌재에 위헌법률심판을 제청하였다.

전체 논점 : ① 위헌제청되지 않은 법률조항을 심판대상에 포함시킨 사례 ② 헌법과 전통의 관계 ③ 호주제가 헌법에 위반되는지 여부(적극) ④ 위헌결정으로 초래되는 다른 법제도의 공백을 이유로 헌법불합치 결정을 한 사례
③의 결정요지 : 호주제는 성역할에 관한 고정관념에 기초한 차별로서, 호주승계 순위, 혼인 시 신분관계 형성, 자녀의 신분관계 형성에 있어서 정당한 이유없이 남녀를 차별하는 제도이고, 이로 인하여 많은 가족들이 현실적 가족생활과 가족의 복리에 맞는 법률적 가족관계를 형성하지 못하여 여러모로 불편과 고통을 겪고 있다. 숭조(崇祖)사상, 경로효친, 가족화합과 같은 전통사상이나 미풍양속은 문화와 윤리의 측면에서 얼마든지 계승, 발전시킬 수 있으므로 이를 근거로 호주제의 명백한 남녀차별성을 정당화하기 어렵다.
※ 이후 호주제를 내용으로 하는 「호적법」은 폐지되어 호주제는 사라졌고, 「가족관계등록에 관한 법률」이 제정되었다.

판례2 제대군인 가산점 제도는 위헌인가?

(헌재 1999. 12. 23. 98헌마363) 위헌

사건개요 : 7급 또는 9급 공무원시험을 준비중인 여성과 신체장애 남성들은 제대군인들에게 주어지는 가산점이 자신들의 평등권, 공무담임권, 직업의 자유 등을 침해하고 있다고 주장하면서 헌법소원심판을 청구하였다.
전체 논점 : ① 평등권(적극) ② 공무담임권(적극)
결정요지 : ① 제대군인에 대하여 여러 가지 사회정책적 지원을 강구하는 것이 필요하다 할지라도, 그것이 사회공동체의 다른 집단에게 동등하게 보장되어야 할 균등한 기회 자체를 박탈하는 것이어서는 아니되는데, 가산점제도는 아무런 재정적 뒷받침없이 제대군인을 지원하려 한 나머지 결과적으로 여성과 장애인 등 이른바 사회적 약자들의 희생을 초래하고 있으며, 각종 국제협약, 실질적 평등 및 사회적 법치국가를 표방하고 있는 우리 헌법과 이를 구체화하고 있는 전체 법체계 등에 비추어 우리 법체계내에 확고히 정립된 기본질서라고 할 '여성과 장애인에 대한 차별금지와 보호'에도 저촉되므로 정책수단으로서의 적합성과 합리성을 상실한 것이다.
가산점제도는 수많은 여성들의 공직진출에의 희망에 걸림돌이 되고 있으며, 공무원채용시험의 경쟁률이 매우 치열하고 합격선도 평균 80점을 훨씬 상회하고 있으며 그 결과 불과 영점 몇 점 차이로 당락이 좌우되고 있는 현실에서 각 과목별 득점에 각 과목별 만점의 5퍼센트 또는 3퍼센트를 가산함으로써 합격여부에 결정적 영향을 미쳐 가산점을 받지 못하는 사람들을 6급이하의 공무원 채용에 있어서 실질적으로 거의 배제하는 것과 마찬가지의 결과를 초래하고 있고, 제대군인에 대한 이러한 혜택을 몇 번이고 아무런 제

한없이 부여함으로써 한 사람의 제대군인을 위하여 몇 사람의 비(非)제대군인의 기회가 박탈당할 수 있게 하는 등 차별취급을 통하여 달성하려는 입법목적의 비중에 비하여 차별로 인한 불평등의 효과가 극심하므로 가산점제도는 차별취급의 비례성을 상실하고 있다. 그렇다면 가산점제도는 제대군인에 비하여, 여성 및 제대군인이 아닌 남성을 부당한 방법으로 지나치게 차별하는 것으로서 헌법 제11조에 위배되며, 이로 인하여 청구인들의 평등권이 침해된다.
② 헌법 제25조의 공무담임권 조항은 모든 국민이 누구나 그 능력과 적성에 따라 공직에 취임할 수 있는 균등한 기회를 보장함을 내용으로 하므로, 공직자선발에 관하여 능력주의에 바탕한 선발기준을 마련하지 아니하고 해당 공직이 요구하는 직무수행능력과 무관한 요소를 기준으로 삼는 것은 국민의 공직취임권을 침해하는 것이 되는바, 제대군인 지원이라는 입법목적은 예외적으로 능력주의를 제한할 수 있는 정당한 근거가 되지 못하는데도 불구하고 가산점제도는 능력주의에 기초하지 아니하고 성별, '현역복무를 감당할 수 있을 정도로 신체가 건강한가'와 같은 불합리한 기준으로 여성과 장애인 등의 공직취임권을 지나치게 제약하는 것으로서 헌법 제25조에 위배되고, 이로 인하여 청구인들의 공무담임권이 침해된다.

판례3 아파트보다 4배 비싼 오피스텔 취득세는 평등권을 침해하는가?

(헌재 2020. 3. 26. 2017헌바363) 합헌

사건개요 : 주거의 목적으로 오피스텔을 취득한 청구인이 아파트에 비하여 4배 비싼 취득세를 규정하고 있는 지방세법 규정이 평등권을 침해한다고 주장하며 제기한 위헌법률심판제청신청이 기각되자 헌법소원심판을 청구하였다.
쟁점의 정리 : 심판대상조항에 의하면 6억 원 이하인 오피스텔을 유상취득한 자는 주거의 목적으로 해당 오피스텔을 취득한 것이라 하더라도 주택을 유상취득한 경우에 관한 세율(1천분의 10)보다 높은 세율(1천분의 40)에 따른 취득세를 부담해야 한다. 따라서 심판대상조항이 주택과 달리 오피스텔을 취득한 경우를 합리적 이유 없이 차별하여 조세평등주의에 위배되는지 여부가 문제가 된다. 사건의 청구인들은 심판대상조항이 실질과세원칙에 어긋난다거나 재산권, 행복추구권 등을 침해한다는 주장도 하였으나, 주장 취지는 심판대상조항이 주택에 관한 취득세율을 주거 목적으로 사용되는 오피스텔에 대하여 적용하지 않는 것은 부당하다는 것으로서, 결국 심판대상조항의 조세평등주의 위배 여부를 문제 삼는 것과 다름없다. 따라서 이 부분 주장에 대해서는 별도로 판단하지 아니한다.
결정요지 : 입법자가 오피스텔의 사실상 용도와 관계없이 주택과 오피스텔을 구별하여

그 취득세에 관한 세율 체계를 달리 규정한 것을 두고 비합리적이고 불공정한 조치라 할 수 없으며, 현저히 자의적이라고 보기 어렵다. 심판대상조항이 오피스텔 취득자의 주관적 사용 목적 내지 의사를 고려하지 않았다고 하더라도 그것만을 이유로 조세평등주의에 위배된다는 결론에 이를 수는 없다.

판례4 자사고와 일반고 동시선발조항과 중복지원금지조항이 평등권 등을 침해하는지?
(헌재 2019. 4. 11. 2018헌마221) 동시선발조항은 합헌, 중복지원금지조항은 위헌

사건개요 : 2018학년도까지의 고등학교 입시 일정에서는 자사고가 전기에 선발하는 고등학교(전기학교)에 포함되어 학생들이 전기에 자사고를 지원하고 불합격할 경우 후기에 선발하는 고등학교(후기학교)를 지원하는 것이 가능하였다. 그러나 2017년 12월 초·중등교육법 시행령이 개정되면서 자사고를 후기학교로 정하고, 자사고를 지원한 학생에게는 특목고(외국어고·국제고) 및 평준화지역 후기학교에 중복지원하는 것을 금지하였다. 이에 학생과 학부모는 자사고 지원이 어려워지고 자사고는 학생선발에 어려움을 겪게 되어 개정 시행령이 학생과 학부모의 학교선택권, 학교법인의 사립학교 운영의 자유로서의 학생선발권, 평등권을 침해하고 신뢰보호원칙 등을 위반한다고 주장하면서 헌법소원심판을 청구하였다.

전체 논점 : ① 교육제도 법정주의 위반(소극) ② 동시선발 조항의 사학운영의 자유 침해(소극) ③ 동시선발 조항의 신뢰보호원칙 위반(소극) <u>④ 동시선발조항의 평등권 침해(소극)</u> <u>⑤ 중복지원금지 조항의 학생과 학부모의 평등권 침해(적극)</u>

④의 결정요지 : 어떤 학교를 전기학교로 규정할 것인지 여부는 해당 학교의 특성상 특정 분야에 재능이나 소질을 가진 학생을 후기학교보다 먼저 선발할 필요성이 있는지에 따라 결정되어야 한다. 과학고는 '과학분야의 인재 양성'이라는 설립 취지나 전문적인 교육과정의 측면에서 과학 분야에 재능이나 소질을 가진 학생을 후기학교보다 먼저 선발할 필요성을 인정할 수 있으나, 자사고의 경우 교육과정 등을 고려할 때 후기학교보다 먼저 특정한 재능이나 소질을 가진 학생을 선발할 필요성은 적다. 따라서 이 사건 동시선발 조항이 자사고를 후기학교로 규정함으로써 과학고와 달리 취급하고, 일반고와 같이 취급하는 데에는 합리적인 이유가 있으므로 청구인 학교법인의 평등권을 침해하지 아니한다.

⑤의 결정요지 : 이 사건 중복지원금지 조항은 고등학교 진학 기회에 있어서의 평등이 문제된다. 비록 고등학교 교육이 의무교육은 아니지만 매우 보편화된 일반교육임을 고려할 때 고등학교 진학 기회의 제한은 당사자에게 미치는 제한의 효과가 커 엄격히 심사하여야 하므로 차별 목적과 차별 정도가 비례원칙을 준수하는지 살펴야 한다.

자사고에 지원하였다가 불합격한 평준화지역 소재 학생들은 이 사건 중복지원금지 조항으로 인하여 원칙적으로 평준화지역 일반고에 지원할 기회가 없고, 지역별 해당 교육감의 재량에 따라 배정·추가배정 여부가 달라진다. 이에 따라 일부 지역의 경우 평준화지역 자사고 불합격자들에 대하여 일반고 배정절차를 마련하지 아니하여 자신의 학교군에서 일반고에 진학할 수 없고, 통학이 힘든 먼 거리의 비평준화지역의 학교에 진학하거나 학교의 장이 입학전형을 실시하는 고등학교에 정원미달이 발생할 경우 추가선발에 지원하여야 하고 그조차 곤란한 경우 고등학교 재수를 하여야 하는 등 고등학교 진학 자체가 불투명하게 되기도 한다. (중략) 중복지원금지 조항은 고등학교 진학 기회에 있어서 자사고 지원자들에 대한 차별을 정당화할 수 있을 정도로 차별 목적과 차별 정도 간에 비례성을 갖춘 것이라고 볼 수 없다.

Ⅱ. 자유권적 기본권

1. 신체의 자유

❖ 헌법 제12조 ① 모든 국민은 신체의 자유를 가진다. 누구든지 법률에 의하지 아니하고는 체포·구속·압수·수색 또는 심문을 받지 아니하며, 법률과 적법한 절차에 의하지 아니하고는 처벌·보안처분 또는 강제노역을 받지 아니한다. ② 모든 국민은 고문을 받지 아니하며, 형사상 자기에게 불리한 진술을 강요당하지 아니한다. ③ 체포·구속·압수 또는 수색을 할 때에는 적법한 절차에 따라 검사의 신청에 의하여 법관이 발부한 영장을 제시하여야 한다. 다만, 현행범인인 경우와 장기 3년 이상의 형에 해당하는 죄를 범하고 도피 또는 증거인멸의 염려가 있을 때에는 사후에 영장을 청구할 수 있다. ④ 누구든지 체포 또는 구속을 당한 때에는 즉시 변호인의 조력을 받을 권리를 가진다. 다만, 형사피고인이 스스로 변호인을 구할 수 없을 때에는 법률이 정하는 바에 의하여 국가가 변호인을 붙인다. ⑤ 누구든지 체포 또는 구속의 이유와 변호인의 조력을 받을 권리가 있음을 고지받지 아니하고는 체포 또는 구속을 당하지 아니한다. 체포 또는 구속을 당한 자의 가족등 법률이 정하는 자에게는 그 이유와 일시·장소가 지체없이 통지되어야 한다. ⑥ 누구든지 체포 또는 구속을 당한 때에는 적부의 심사를 법원에 청구할 권리를 가진다. ⑦ 피고인의 자백이 고문·폭행·협박·구속의 부당한 장기화 또는 기망 기타의 방법에 의하여 자의로 진술된 것이 아니라고 인정될 때 또는 정식재판

에 있어서 피고인의 자백이 그에게 불리한 유일한 증거일 때에는 이를 유죄의 증거로 삼거나 이를 이유로 처벌할 수 없다.

❖ 헌법 제13조 ① 모든 국민은 행위시의 법률에 의하여 범죄를 구성하지 아니하는 행위로 소추되지 아니하며, 동일한 범죄에 대하여 거듭 처벌받지 아니한다. ② 모든 국민은 소급입법에 의하여 참정권의 제한을 받거나 재산권을 박탈당하지 아니한다. ③ 모든 국민은 자기의 행위가 아닌 친족의 행위로 인하여 불이익한 처우를 받지 아니한다.

헌법 제12조 제1항은 "모든 국민은 신체의 자유를 가진다"고 하여 신체의 자유를 보장하고 있으며, 제12조와 제13조 등에서 신체의 자유를 보장하기 위한 규정을 두고 있다. 신체의 자유란 불법적인 체포·구속·압수·수색·심문·처벌·보안처분·강제노역으로부터의 자유를 말한다. 신체의 자유에 대한 실체적 보장으로서는 죄형법정주의, 이중처벌 금지, 연좌제 금지 등이 있고 신체의 자유에 대한 절차적 보장으로서는 적법절차의 원칙, 영장주의, 체포구속적부심사제도, 인신보호제도, 구속이유 등 고지제도 등이 있다. 형사피의자와 형사피고인의 인권보장을 위해서는 무죄추정의 원칙, 구속이유 등을 고지받을 권리, 구속적부심사청구권, 진술거부권, 고문받지 아니할 권리, 자백의 증거능력제한, 변호인의 조력을 받을 권리, 신속한 공개재판을 받을 권리 등이 있다.

영장주의

체포·구속·압수·수색을 할 때에는 법관이 발부한 영장에 의하지 않으면 아니 된다는 원칙이다. 영장주의는 신체의 자유를 침해하는 강제처분을 함에 있어서는 중립적인 법관이 발부한 영장에 근거하여야 한다는 것이다. 영장주의는 "체포·구속·압수 또는 수색을 할 때에는 적법한 절차에 따라 검사의 신청에 의하여 법관이 발부한 영장을 제시하여야 한다. 다만, 현행범인인 경우와 장기 3년 이상의 형에 해당하는 죄를 범하고 도피 또는 증거인멸의 염려가 있을 때에는 사후에 영장을 청구할 수 있다"고 규정하고 있는 헌법 제12조 제3항에 근거를 두고 있다.

연좌제

연좌제(緣坐制)라는 것이 본인과 아무런 관련이 없는 사태에 대하여 오로지 가족 또는 친족이라는 이유만으로 처벌하거나 불이익을 주는 제도이다. 본인에게는 아무런 책임이 없음에도 불구하고 친족이라는 이유만으로 불이익을 주는 연좌제는 잘못된 전근대적인 봉건적 인습이기에 금지된다. 연좌제 금지는 "모든 국민은 자기의 행위가 아닌 친족의 행위로 인하여 불이익한 처우를 받지 아니한다"고 규정하고 있는 헌법 제13조 제3항에 근거를 두고 있다.

무죄추정의 원칙

무죄추정의 원칙이라 함은 공소제기가 없는 피의자는 물론 공소가 제기된 피고인이라도 유죄의 확정판결이 있기까지는 원칙적으로 죄가 없는 자에 준하여 취급하여야 하고 불이익을 입혀서는 안된다는 원칙을 말한다. 무죄추정의 원칙은 "형사피고인은 유죄의 판결이 확정될 때까지는 무죄로 추정된다"고 규정하고 있는 헌법 제27조 제4항에 근거를 두고 있다.

미란다 원칙

미국에서 유래한 원칙이며 우리 헌법 제12조 제5항에 "누구든지 체포 또는 구속의 이유와 변호인의 조력을 받을 권리가 있음을 고지받지 아니하고는 체포 또는 구속을 당하지 아니한다"고 하여 체포·구속이유 등의 고지제도가 규정되어 있다. 법률에서는 "검사 또는 사법경찰관은 피의자를 체포하는 경우에는 피의사실의 요지, 체포의 이유와 변호인을 선임할 수 있음을 말하고 변명할 기회를 주어야 한다"고 형사소송법 제200조의5(체포와 피의사실 등의 고지)에 규정되어 있다.

죄형법정주의

죄형법정주의는 무엇이 범죄이며 그에 대한 형벌이 어떠한 것인가는 반드시 국민의 대표로 구성된 입법부가 제정한 법률로써 정하여야 한다는 원칙을 의미한다. "법률이 없으면 범죄도 형벌도 없다"는 법격언으로 유명하다. 죄형법정주의에서 파생된 원칙으로는 형벌불소급의 원칙, 관습형법의 금지, 절대적 부정기형의 금지(징역형이나 금고형 등 자유형의 기간을 재판에서 정하지 않고 수감후의 태도를 보고 나중에 결정하는 것을 금지한다는 의미), 명확성의 원칙, 유추해석 금지의 원칙 등이 있다.

형벌불소급 원칙

헌법 제13조 제1항 전단은 "모든 국민은 행위시의 법률에 의하여 범죄를 구성하지 아니하는 행위로 소추되지 아니하며"라고 하여 형벌불소급의 원칙을 규정하고 있다. 허용된 행위와 금지된 행위의 경계를 명확히 설정하여 어떠한 행위가 금지되어 있고 그에 위반한 경우 어떠한 처벌이 정해져 있는가를 미리 국민에게 알려 자신의 행위를 그에 맞출 수 있도록 하여야 한다는 원칙이다. 이 원칙에 따르면 사후입법에 의한 처벌이나 가중처벌은 원칙적으로 금지된다.

형벌과 보안처분

형벌은 과거의 범죄행위에 대한 제재로서 형법상 정해진 처벌이고, 보안처분은 장래에 있을 범죄의 재발을 막기 위한 교육이나 치료, 보호 등을 의미한다.
형벌은 형법 제41조에 종류(사형, 징역, 금고, 자격상실, 자격정지, 벌금, 구류, 과료, 몰수)가 규정되어 있고, 보안처분은 형법 등에 사회봉사·수강명령, 치료감호법에 치료감호처분, 형법·보호관찰법·청소년성보호법 등에 보호관찰처분, 보안관찰법에 보안관찰처분, 전자장치부착법에 전자장치(전자발찌)부착, 성충동약물치료법에 성충동약물치료 등이 규정되어 있다.

진술거부권

진술거부권 혹은 묵비권은 수사·기소·재판 등의 형사절차에 있어서 진술을 거부할 권리이며, "모든 국민은 고문을 받지 아니하며, 형사상 자기에게 불리한 진술을 강요당하지 아니한다"고 규정하고 있는 헌법 제12조 제2항에 근거를 두고 있다. 법률에서는 검사 또는 사법경찰관은 피의자를 신문하기 전에 "일체의 진술을 하지 아니하거나 개개의 질문에 대하여 진술을 하지 아니할 수 있다는 것"을 알려주어야 한다고 형사소송법 제244조의3(진술거부권 등의 고지)에 규정되어 있다.

일사부재리 원칙

동일한 범죄에 대하여 한번만 처벌을 해야지, 거듭 처벌을 해서는 안된다는 원칙이다.
일사부재리 원칙은 "모든 국민은 행위시의 법률에 의하여 범죄를 구성하지 아니하는 행위로 소추되지 아니하며, 동일한 범죄에 대하여 거듭 처벌받지 아니한다"고 규정하고 있는 헌법 제13조 제1항에 근거를 두고 있다.

판례1 **검사조사실에서 계구사용을 원칙으로 규정하고 있는 「계호근무준칙」은 신체의 자유를 침해하는가?**

(헌재 2005. 5. 26. 2004헌마49) 위헌, 인용(위헌확인)

사건개요 : 독일 거주 사회학자인 청구인이 국가보안법 위반 등의 혐의로 수회에 걸쳐 검찰청 조사실에서 대부분의 시간 포승과 수갑으로 신체가 결박된 채 피의자 신문을 받았다. 청구인은 계구사용으로 인해 신체의 자유, 인간으로서의 존엄과 가치 등 기본권이 침해되었다고 하여 계구사용행위 및 계호근무준칙의 위헌확인을 구하는 헌법소원심판을 청구하였다.

전체 논점 : ① 계호근무준칙(법무부 훈령)에 대해 공권력행사성과 직접성을 인정할 수 있는지(적극) ② 계호근무준칙과 과도한 계구사용행위가 신체의 자유를 침해하는지(적극)

결정요지 : ② 수형자나 미결수용자에 대한 계호의 필요에 따라 수갑, 포승 등의 계구를 사용할 수 있지만 구금된 자라는 이유만으로 계구사용이 당연히 허용되는 것이 아니고 계구사용으로 인한 신체의 자유의 추가적 제한 역시 과잉금지원칙에 반하지 않아야 한다. 그러므로 구속 피의자에 대한 계구사용은 도주, 폭행, 소요 또는 자해나 자살의 위험이 분명하고 구체적으로 드러난 상태에서 이를 제거할 필요가 있을 때 이루어져야 하며, 필요한 만큼만 사용하여야 한다. 검사가 <u>검사조사실에서 피의자신문을 하는 절차에서는 피의자가 신체적으로나 심리적으로 위축되지 않은 상태에서 자기의 방어권을 충분히 행사할 수 있어야 하므로 계구를 사용하지 말아야 하는 것이 원칙이고 다만 도주, 폭행, 소요, 자해 등의 위험이 분명하고 구체적으로 드러나는 경우에만 예외적으로 계구를 사용하여야 할 것</u>이다. 검사실에서의 계구사용을 원칙으로 하면서 심지어는 검사의 계구해제 요청이 있더라도 이를 거절하도록 규정한 「계호근무준칙」 조항은 원칙과 예외를 전도한 것으로서 신체의 자유를 침해하므로 헌법에 위반된다.

판례2 **보호의무자 2인의 동의와 정신건강의학과 전문의 1인의 진단으로 정신질환자에 대한 보호입원이 가능하도록 한 정신보건법 조항이 신체의 자유를 침해하는가?**

(헌재 2016. 9. 29. 2014헌가9) 헌법불합치

결정요지 : 심판대상조항은 정신질환자를 신속·적정하게 치료하고, 정신질환자 본인과 사회의 안전을 지키기 위한 것으로서 그 목적이 정당하다. 보호의무자 2인의 동의 및 정신건강의학과전문의(이하 '정신과전문의'라 한다) 1인의 진단을 요건으로 정신질환자를 정신의료기관에 보호입원시켜 치료를 받도록 하는 것은 입법목적을 달성하는 데 어느 정도 기여할 수 있으므로 수단의 적절성도 인정된다.

보호입원은 정신질환자의 신체의 자유를 인신구속에 버금가는 수준으로 제한하므로 그

과정에서 신체의 자유 침해를 최소화하고 악용·남용가능성을 방지하며, 정신질환자를 사회로부터 일방적으로 격리하거나 배제하는 수단으로 이용되지 않도록 해야 한다. 그러나 현행 보호입원 제도가 입원치료·요양을 받을 정도의 정신질환이 어떤 것인지에 대해서는 구체적인 기준을 제시하지 않고 있는 점, 보호의무자 2인의 동의를 보호입원의 요건으로 하면서 보호의무자와 정신질환자 사이의 이해충돌을 적절히 예방하지 못하고 있는 점, 입원의 필요성이 인정되는지 여부에 대한 판단권한을 정신과전문의 1인에게 전적으로 부여함으로써 그의 자의적 판단 또는 권한의 남용 가능성을 배제하지 못하고 있는 점, 보호의무자 2인이 정신과전문의와 공모하거나, 그로부터 방조·용인을 받는 경우 보호입원 제도가 남용될 위험성은 더욱 커지는 점, 보호입원 제도로 말미암아 사설응급이송단에 의한 정신질환자의 불법적 이송, 감금 또는 폭행과 같은 문제도 빈번하게 발생하고 있는 점, 보호입원 기간도 최초부터 6개월이라는 장기로 정해져 있고, 이 또한 계속적인 연장이 가능하여 보호입원이 치료의 목적보다는 격리의 목적으로 이용될 우려도 큰 점, 보호입원 절차에서 정신질환자의 권리를 보호할 수 있는 절차들을 마련하고 있지 않은 점, 기초정신보건심의회의 심사나 인신보호법상 구제청구만으로는 위법·부당한 보호입원에 대한 충분한 보호가 이루어지고 있다고 보기 어려운 점 등을 종합하면, 심판대상조항은 침해의 최소성 원칙에 위배된다.
심판대상조항이 정신질환자를 신속·적정하게 치료하고, 정신질환자 본인과 사회의 안전을 도모한다는 공익을 위한 것임은 인정되나, 정신질환자의 신체의 자유 침해를 최소화할 수 있는 적절한 방안을 마련하지 아니함으로써 지나치게 기본권을 제한하고 있다. 따라서 심판대상조항은 법익의 균형성 요건도 충족하지 못한다. 심판대상조항은 과잉금지원칙을 위반하여 신체의 자유를 침해한다.

판례3 외국에서 형의 전부·일부의 집행을 받은 자에 대하여 형을 감경·면제할 수 있도록 규정한 형법 제7조는 이중처벌금지원칙에 위배되는지?

(헌재 2015. 5. 28. 2013헌바129) 헌법불합치

사건개요 : 홍콩에서 한국여권을 위조·행사하여 홍콩법원에서 징역 1년을 선고받고 8개월 복역하다가 강제추방되었고, 한국에서 동일한 범죄사실로 징역 6월을 선고받았다. 재판 계속 중 형법 제7조에 대한 위헌법률심판제청신청을 하였으나 기각되자, 헌법소원심판을 청구하였다.
전체 논점 : ① 이중처벌금지원칙 위반(소극) ② 신체의 자유 침해(적극)
결정요지 : ① 형사판결은 국가주권의 일부분인 형벌권 행사에 기초한 것으로서, 외국의 형사판결은 원칙적으로 우리 법원을 기속하지 않으므로 동일한 범죄행위에 관하여 다수

의 국가에서 재판 또는 처벌을 받는 것이 배제되지 않는다. 따라서 이중처벌금지원칙은 동일한 범죄에 대하여 대한민국 내에서 거듭 형벌권이 행사되어서는 안 된다는 뜻으로 새겨야 할 것이므로 이 사건 법률조항은 헌법 제13조 제1항의 이중처벌금지원칙에 위배되지 아니한다.

② 신체의 자유는 정신적 자유와 더불어 헌법이념의 핵심인 인간의 존엄과 가치를 구현하기 위한 가장 기본적인 자유로서 모든 기본권 보장의 전제조건이므로 최대한 보장되어야 하는바, 외국에서 실제로 형의 집행을 받았음에도 불구하고 우리 형법에 의한 처벌 시 이를 전혀 고려하지 않는다면 신체의 자유에 대한 과도한 제한이 될 수 있으므로 그와 같은 사정은 어느 범위에서든 반드시 반영되어야 하고, 이러한 점에서 입법형성권의 범위는 다소 축소될 수 있다. 입법자는 국가형벌권의 실현과 국민의 기본권 보장의 요구를 조화시키기 위하여 형을 필요적으로 감면하거나 외국에서 집행된 형의 전부 또는 일부를 필요적으로 산입하는 등의 방법을 선택하여 청구인의 신체의 자유를 덜 침해할 수 있음에도, 이 사건 법률조항과 같이 우리 형법에 의한 처벌 시 외국에서 받은 형의 집행을 전혀 반영하지 아니할 수도 있도록 한 것은 과잉금지원칙에 위배되어 신체의 자유를 침해한다.

※ 이후 형법 제7조 개정 : (외국에서 받은 형의 집행)범죄에 의하여 외국에서 형의 전부 또는 일부의 집행을 받은 자에 대하여는 형을 감경 또는 면제할 수 있다. → (외국에서 집행된 형의 산입)죄를 지어 외국에서 형의 전부 또는 일부가 집행된 사람에 대해서는 그 집행된 형의 전부 또는 일부를 선고하는 형에 산입한다.

판례4 인터넷회선 패킷감청은 기본권을 침해하는가?

(헌재 2018. 8. 30. 2016헌마263) 헌법불합치

사건개요 : 청구인은 휴대폰과 인터넷회선의 감청을 목적으로 한 6차례의 통신제한조치에 대한 법원의 허가, 이에 따른 국가정보원장의 감청행위, 통신비밀보호법상 근거규정이 통신의 비밀과 자유, 사생활의 비밀과 자유 등 기본권을 침해하고, 헌법상 영장주의, 적법절차원칙 등에 위반된다고 주장하면서 헌법소원심판을 청구하였다.

전체 논점 : ① 통신 및 사생활의 비밀과 자유 침해(적극) ② 영장주의 내지 적법절차 원칙 위배(별도로 판단하지 않음)

결정요지 : ① 이 사건 법률조항은 인터넷회선 감청의 특성을 고려하여 그 집행 단계나 집행 이후에 수사기관의 권한 남용을 통제하고 관련 기본권의 침해를 최소화하기 위한 제도적 조치가 제대로 마련되어 있지 않은 상태에서, 범죄수사 목적을 이유로 인터넷회선 감청을 통신제한조치 허가 대상 중 하나로 정하고 있으므로 침해의 최소성 요건을 충

족한다고 할 수 없다. 이러한 여건 하에서 인터넷회선의 감청을 허용하는 것은 개인의 통신 및 사생활의 비밀과 자유에 심각한 위협을 초래하게 되므로 이 사건 법률조항으로 인하여 달성하려는 공익과 제한되는 사익 사이의 법익 균형성도 인정되지 아니한다. 그러므로 이 사건 법률조항은 과잉금지원칙에 위반하는 것으로 청구인의 기본권을 침해한다. ② 청구인은 인터넷회선 감청을 위해 법원의 허가를 얻도록 정하고 있으나, 패킷감청의 기술적 특성으로 해당 인터넷회선을 통하여 흐르는 모든 정보가 감청 대상이 되므로 개별성, 특정성을 전제로 하는 영장주의가 유명무실하게 되고 나아가 집행 단계나 그 종료 후에 법원이나 기타 객관성을 담보할 수 있는 기관에 의한 감독과 통제 수단이 전혀 마련되어 있지 않으므로, 이 사건 법률조항은 헌법상 영장주의 내지 적법절차원칙에 위반된다고 한다. 그러나 헌법 제12조 제3항이 정한 영장주의가 수사기관이 강제처분을 함에 있어 중립적 기관인 법원의 허가를 얻어야 함을 의미하는 것 외에 법원에 의한 사후통제까지 마련되어야 함을 의미한다고 보기 어렵고, 청구인의 주장은 결국 인터넷회선 감청의 특성상 집행 단계에서 수사기관의 권한 남용을 방지할 만한 별도의 통제 장치를 마련하지 않는 한 통신 및 사생활의 비밀과 자유를 과도하게 침해하게 된다는 주장과 같은 맥락이므로, 이 사건 법률조항이 과잉금지원칙에 반하여 청구인의 기본권을 침해하는지 여부에 대하여 판단하는 이상, 영장주의 위반 여부에 대해서는 별도로 판단하지 아니한다.

적법절차 원칙

적법절차 원칙은 헌법 제12조 제1항에 형사절차와 관련하여 규정되어 있지만, 형사절차상의 제한된 범위 내에서만 적용되는 것이 아니라 입법작용 및 행정작용 등 모든 국가작용에 광범위하게 적용된다. 즉, 적법절차 원칙은 합리적이고 정당한 법률에 의거하여 적정한 절차를 밟은 경우에만 공권력에 의한 국민의 생명, 자유, 재산의 침해와 같은 기본권 등의 제한이 가능할 수 있다는 넓은 범위에 걸친 일반적인 원칙을 그 내용으로 한다. 적법절차 원칙이란 입법·사법·행정 등 모든 국가작용은 절차상의 적법성을 갖추어야 할 뿐 아니라, 공권력 행사의 근거가 되는 법률의 실체적 내용도 합리성과 정당성을 갖추어야 한다는 원칙이다.

판례1 법무부장관은 형사사건으로 기소된 변호사의 업무를 정지하도록 할 수 있는가?

(헌재 1990. 11. 19. 90헌가48) 위헌

심판대상조문 : 구 변호사법 제15조 (업무정지명령) 법무부장관은 형사사건으로 공소가 제기된 변호사에 대하여 그 판결이 확정될 때까지 업무정지를 명할 수 있다. 다만, 약식명령이 청구된 경우에는 그러하지 아니하다.

전체 논점 : ① 무죄추정의 원칙 위반(적극) ② 적법절차 원칙 위반(적극)

결정요지 : ① 공소제기가 된 피고인이라도 유죄의 확정판결이 있기까지는 원칙적으로 죄가 없는 자에 준하여 취급하여야 하고 불이익을 입혀서는 안된다고 할 것으로 가사 그 불이익을 입힌다 하여도 필요한 최소제한에 그치도록 비례의 원칙이 존중되어야 한다는 것이 헌법 제27조 제4항의 무죄추정의 원칙이며, 여기의 불이익에는 형사절차상의 처분에 의한 불이익뿐만 아니라 그 밖의 기본권제한과 같은 처분에 의한 불이익도 입어서는 아니된다는 의미도 포함된다고 할 것이다. ② 법무부장관의 일방적 명령에 의하여 변호사 업무를 정지시키는 것은 당해 변호사가 자기에게 유리한 사실을 진술하거나 필요한 증거를 제출할 수 있는 청문의 기회가 보장되지 아니하여 적법절차를 존중하지 아니한 것이 된다.

※ 헌재의 위헌결정으로 변호사 업무정지명령 규정은 1993년에 변호사법 개정을 통하여 삭제되었다.

판례2 전투경찰에 대한 징계로서 영창에 구금할 수 있도록 하는 전투경찰대 설치법 규정은 위헌인가?

(헌재 2016. 3. 31. 2013헌바190) 합헌

사건개요 : 청구인은 구 '전투경찰대 설치법' 조항에 따라 치안업무보조를 임무로 하는 전투경찰순경으로 서울지방경찰청 기동단 소속 의무경찰로 입대하여 복무하던 중에, 허가 없이 휴대전화를 부대로 반입하여 이를 계속 소지·사용하였다는 이유로 징계위원회에 회부되어 영창 5일의 징계처분을 받았다. 청구인은 징계처분에 불복하여 소청심사를 제기한 후, 영창처분에 대한 취소소송을 제기하면서 구 '전투경찰대 설치법' 해당 규정에 대하여 위헌법률심판제청신청을 하였으나 기각되자, 헌법소원심판을 청구하였다.

전체 논점 : ① 적법절차 원칙 위반(소극) ② 신체의 자유 침해 여부(소극)

결정요지 : ① 헌법 제12조 제1항의 적법절차원칙은 형사소송절차에 국한되지 않고 모든 국가작용 전반에 대하여 적용되므로, 전투경찰순경의 인신구금을 내용으로 하는 영창처분에 있어서도 적법절차원칙이 준수되어야 한다. 그런데 전투경찰순경에 대한 영창처분은 그 사유가 제한되어 있고, 징계위원회의 심의절차를 거쳐야 하며, 징계 심의 및 집행

에 있어 징계대상자의 출석권과 진술권이 보장되고 있다. 또한 소청과 행정소송 등 별도의 불복절차가 마련되어 있고 소청에서 당사자 의견진술 기회 부여를 소청결정의 효력에 영향을 주는 중요한 절차적 요건으로 규정하는바, 이러한 점들을 종합하면 이 사건 영창조항이 헌법에서 요구하는 수준의 절차적 보장 기준을 충족하지 못했다고 볼 수 없으므로 헌법 제12조 제1항의 적법절차원칙에 위배되지 아니한다. ② 전투경찰순경의 복무기강을 엄정히 하고, 단체적 전투력과 작전수행의 원활함 등을 위해서는 복무규율 위반에 대한 제재가 필요하며, 영창은 경찰조직 내의 지휘권을 확립하고 복무규율 준수를 강제하기 위해 그 위반자에 대하여 일정기간 제한된 장소에 인신을 구금하면서 그 기간을 의무복무기간에 산입하지 아니하는 징계처분으로 다른 징계에 비하여 복무규율 강제 및 위반에 대한 제재 효과가 크므로 목적의 정당성 및 수단의 적절성이 인정된다. 인신구금과 복무기간 불산입이라는 효과를 가지지 않는 다른 징계수단이 엄중한 복무위반 행위를 예방 및 제재함에 있어 영창과 동등하거나 유사한 효과가 있다고 단정할 수 없다. 전투경찰순경 등 관리규칙에서는 복무규율 위반정도에 따라 현지훈계나 경고, 기율교육대 입교, 징계로 나누어 조치하도록 하고 있으며, 구체적인 징계사유를 제한하고 있어 책임에 상응한 징계가 이루어지도록 하고 있다. 나아가 '경찰공무원 징계령'과 '경찰공무원 징계양정 등에 관한 규칙'을 준용하도록 하여 의무위반 행위의 유형·정도, 과실의 경중, 평소의 행실, 근무성적, 공적, 뉘우치는 정도 또는 그 밖의 정상을 참작하도록 하므로, 복무규율 위반의 정도와 책임에 상응하는 징계처분을 할 수 있는 기준이 마련되어 있어 영창처분의 남용 가능성이 크다고 볼 수도 없으므로, 침해의 최소성 원칙에 위배된다고 볼 수 없다. 대간첩작전 또는 치안유지와 같이 전투경찰대가 수행하는 국가적 기능의 중요성과 일사불란한 지휘권 체제 확립의 필요성 등을 고려했을 때, 전투경찰순경의 복무기강을 엄정히 하고 단체적 전투력과 작전수행의 원활함 및 신속함을 달성하고자 하는 공익은 영창처분으로 인하여 전투경찰순경이 받게 되는 일정기간 동안의 신체의 자유 제한 정도에 비해 결코 작다고 볼 수 없으므로 법익의 균형성 원칙도 충족하였다.

민식이법

민식이법은 2019년 12월에 개정된, 어린이 보호구역에 과속단속카메라 설치를 의무화하는 「도로교통법」 개정법률과 어린이 보호구역에서 사망사고를 낸 운전자의 처벌을 강화하는 내용의 「특정범죄 가중처벌 등에 관한 법률」 개정법률을 말한다. 특히 특정범죄 가중법 제5조의13(어린이 보호구역에서 어린이 치사상의 가중처벌)에 따라, 자동차 등의 운전자가 어린이 보호구역에서 사고를 낸 경우, 어린이를 사망에 이르게 한 경우에는 무기 또는 3년 이상의 징역, 상해에 이르게 한 경우에는 1년 이상 15년 이하의 징역 또는 500만원 이상 3천만원 이하의 벌금에 처한다는 규정을 말한다.

판례 **어린이보호구역에서 제한속도를 위반하여 어린이를 사망에 이르게 한 경우 무기 또는 3년 이상의 징역에 처하도록 하는 등의 특정범죄가중법 조항은 위헌인가?**

(헌재 2023. 2. 23. 2020헌마460등) 기각

전체 논점 : ① 명확성 원칙 위반 여부(소극) ② 일반적 행동자유권 침해 여부(소극)
결정요지 : ① 차량의 통행에 관하여 운전자에게 자세하게 규율된 의무를 부여하고 있는 도로교통법의 개정 연혁과 개정 취지, 그리고 특별한 보호가 필요한 보행자에 관한 구역을 별도로 지정할 수 있도록 도로교통법이 근거조항을 두게 된 경위와 연혁을 종합하면, 건전한 상식과 통상적 법 감정을 가진 운전자의 경우 어린이 보호구역에서 도로의 유형과 형태, 횡단보도 및 신호기 설치 여부, 주요 표지 및 어린이의 존부 등을 살핌으로써 해당 보호구역에서 운전자에게 부여되는 안전운전의무의 구체적 의미 내용이 무엇인지 충분히 파악할 수 있을 것으로 보이고, 달리 심판대상조항이 법 해석·적용기관에 의한 자의적 법 집행 여지를 두고 있다고 보기 어렵다. 따라서 심판대상조항은 죄형법정주의의 명확성원칙에 위반되지 아니한다.
② 어린이의 통행이 빈번한 초등학교 인근 등 제한된 구역을 중심으로 어린이 보호구역을 설치하고 엄격한 주의의무를 부과하여 위반자를 엄하게 처벌하는 것은 어린이에 대한 교통사고 예방과 보호를 위해 불가피한 조치이다. 심판대상조항에 의할 때 어린이 상해의 경우 죄질이 가벼운 위반행위에 대하여 벌금형을 선택한 경우는 정상참작감경을 통하여, 징역형을 선택한 경우는 정상참작감경을 하지 않고도 집행유예를 선고할 수 있음은 물론, 선고유예를 하는 것도 가능하다. 어린이 사망의 경우 법관이 정상참작감경을 하지 않더라도 징역형의 집행유예를 선고하는 것은 가능하다. 운전자의 주의의무 위반의 내용 및 정도와 어린이가 입은 피해의 정도가 다양하여 불법성 및 비난가능성에 차이가 있다고 하더라도, 이는 법관의 양형으로 충분히 극복될 수 있는 범위 내에 있다. 운전자가 어린이 보호구역에서 높은 주의를 기울여야 하고 운행의 방식을 제한받는 데 따른 불이익보다, 주의의무를 위반한 운전자를 가중처벌하여 어린이가 교통사고의 위험으로부터 벗어나 안전하고 건강한 생활을 영위하도록 함으로써 얻게 되는 공익이 더 크다. 따라서 심판대상조항은 과잉금지원칙에 위반되어 청구인들의 일반적 행동자유권을 침해한다고 볼 수 없다.

윤창호법

윤창호법은 2018년 12월에 개정된, 음주운전으로 인명피해가 발생한 경우에 처벌을 강화하는 내용의 「특정범죄 가중처벌 등에 관한 법률」 개정법률과 음주운전의 기준을 강화하는 「도로교통법」 개정법률을 말한다. 특히 특정범죄가중법 제5조의11(위험운전 등 치사상) ① 음주 또는 약물의 영향으로 정상적인 운전이 곤란한 상태에서 자동차 등을 운전하여 사람을 상해에 이르게 한 사람은 1년 이상 15년 이하의 징역 또는 1천만원 이상 3천만원 이하의 벌금에 처하고, 사망에 이르게 한 사람은 무기 또는 3년 이상의 징역에 처한다는 규정을 말한다.

판례 **음주운전 금지규정 위반 또는 음주측정거부 전력이 1회 이상 있는 사람이 다시 음주운전 금지규정 위반행위를 한 경우 2년 이상 5년 이하의 징역이나 1천만 원 이상 2천만 원 이하의 벌금에 처하도록 규정한 도로교통법 조항은 책임과 형벌 간의 비례원칙에 위반되는가?**

(헌재 2022. 5. 26. 2021헌가30등) 위헌

결정요지 : 심판대상조항은 음주운전 금지규정 위반 또는 음주측정거부 전력이 1회 이상 있는 사람이 다시 음주운전 금지규정 위반행위를 한 경우에 대한 처벌을 강화하기 위한 규정인데, 가중요건이 되는 과거의 위반행위와 처벌대상이 되는 재범 음주운전 금지규정 위반행위 사이에 아무런 시간적 제한을 두지 않고 있다. 그런데 과거의 위반행위가 상당히 오래 전에 이루어져 그 이후 행해진 음주운전 금지규정 위반행위를 '교통법규에 대한 준법정신이나 안전의식이 현저히 부족한 상태에서 이루어진 반규범적 행위' 또는 '반복적으로 사회구성원에 대한 생명·신체 등을 위협하는 행위'라고 평가하기 어렵다면, 이를 가중처벌할 필요성이 인정된다고 보기 어렵다. 그리고 범죄 전력이 있음에도 다시 범행한 경우 가중된 행위책임을 인정할 수 있다고 하더라도, 전범을 이유로 아무런 시간적 제한 없이 후범을 가중처벌하는 예는 발견하기 어렵고, 공소시효나 형의 실효를 인정하는 취지에도 부합하지 않는다. 또한 심판대상조항은 과거 위반 전력의 시기 및 내용이나 음주운전 당시의 혈중알코올농도 수준과 발생한 위험 등을 고려할 때 비난가능성이 상대적으로 낮은 재범행위까지도 법정형의 하한인 2년 이상의 징역 또는 1천만 원 이상의 벌금을 기준으로 처벌하도록 하고 있어, 책임과 형벌 사이의 비례성을 인정하기 어렵다. 따라서 심판대상조항은 책임과 형벌 간의 비례원칙에 위반된다.

2. 주거의 자유

❖ 헌법 제16조 모든 국민은 주거의 자유를 침해받지 아니한다. 주거에 대한 압수나 수색을 할 때에는 검사의 신청에 의하여 법관이 발부한 영장을 제시하여야 한다.

주거의 자유는 모든 공권력이나 타인에 의한 침해를 받지 않고 주거의 안전과 평온이 침해받지 않을 자유를 말한다. 주거에는 주택이나 아파트는 물론이고 사무실, 호텔, 강의실, 차량, 선박 등이 해당된다. 누구나 출입할 수 있는 영업장소인 상점, 음식점 등은 영업시간에는 주거라고 보기 어렵다.

3. 사생활의 비밀과 자유

❖ 헌법 제17조 모든 국민은 사생활의 비밀과 자유를 침해받지 아니한다.

헌법 제17조는 "모든 국민은 사생활의 비밀과 자유를 침해받지 아니한다"고 규정하고 있다. 사생활의 비밀과 자유란 개인의 사적 영역이 공개되지 않고 사적 영역을 형성함에 있어서 방해받지 않고 형성된 사적 영역이 침해받지 않을 권리를 말한다.

사생활의 비밀과 자유에는 개인정보자기결정권도 포함된다. 개인정보자기결정권이란 개인정보에 대한 조사·수집·처리·보관·공개·활용 등에 관해서 해당 개인정보의 주체가 스스로 결정할 권리이다.

개인정보자기결정권

개인정보자기결정권은 자신에 관한 정보가 언제 누구에게 어느 범위까지 알려지고 또 이용되도록 할 것인지를 그 정보주체가 스스로 결정할 수 있는 권리이다. 개인정보자기결정권의 보호대상이 되는 개인정보는 개인의 신체, 신념, 사회적 지위, 신분 등과 같이 개인의 인격주체성을 특징짓는 사항으로서 그 개인을 식별할 수 있게 하는 일체의 정보이다.

개인정보보호법 : 개인정보 보호원칙과 정보주체의 권리를 규정하고 개인정보 보호위원회, 개인정보 분쟁조정위원회, 개인정보 단체소송 등에 관한 사항을 규정하고 있다. 우선 개인정보의 수집·이용·제공에 관한 상세한 규정을 둠으로써 이에 위반되는 개인정보의 수집·이용·제공을 금지하고 있다. 개인정보 중에서도 특히 사상·신념, 노동조합·정당의 가입·탈퇴, 정치적 견해, 건강, 성생활 등에 관한 정보, 유전정보, 범죄경력정보, 생체정보, 인종·민족정보를 '민감정보'로 규정하고, 주민등록정보, 여권번호, 운전면허번호, 외국인등록번호를 '고유식별정보'로 규정하여 특별히 보호하고 있다. 영상정보처리기기(CCTV)의 설치와 운영에 관한 사항과 개인정보의 국외 이전, 안전관리 그리고 개인정보를 수집해서 관리하는 기관 및 기업 등에 대한 시정조치 명령, 과징금 부과, 고발 및 징계권고, 벌칙 등에 관한 사항을 규정하고 있다.

제2조(정의) 이 법에서 사용하는 용어의 뜻은 다음과 같다.

1. "개인정보"란 살아 있는 개인에 관한 정보로서 다음 각 목의 어느 하나에 해당하는 정보를 말한다.

가. 성명, 주민등록번호 및 영상 등을 통하여 개인을 알아볼 수 있는 정보

나. 해당 정보만으로는 특정 개인을 알아볼 수 없더라도 다른 정보와 쉽게 결합하여 알아볼 수 있는 정보. 이 경우 쉽게 결합할 수 있는지 여부는 다른 정보의 입수 가능성 등 개인을 알아보는 데 소요되는 시간, 비용, 기술 등을 합리적으로 고려하여야 한다.

다. 가목 또는 나목을 제1호의2에 따라 가명처리함으로써 원래의 상태로 복원하기 위한 추가 정보의 사용·결합 없이는 특정 개인을 알아볼 수 없는 정보(이하 "가명정보"라 한다)

제4조(정보주체의 권리) 정보주체는 자신의 개인정보 처리와 관련하여 다음 각 호의 권리를 가진다.

1. 개인정보의 처리에 관한 정보를 제공받을 권리
2. 개인정보의 처리에 관한 동의 여부, 동의 범위 등을 선택하고 결정할 권리
3. 개인정보의 처리 여부를 확인하고 개인정보에 대한 열람(사본의 발급을 포함한다. 이하 같다) 및 전송을 요구할 권리
4. 개인정보의 처리 정지, 정정·삭제 및 파기를 요구할 권리
5. 개인정보의 처리로 인하여 발생한 피해를 신속하고 공정한 절차에 따라 구제받을 권리
6. 완전히 자동화된 개인정보 처리에 따른 결정을 거부하거나 그에 대한 설명 등을 요구할 권리

제15조(개인정보의 수집·이용) ① 개인정보처리자는 다음 각 호의 어느 하나에 해당하는 경우에는 개인정보를 수집할 수 있으며 그 수집 목적의 범위에서 이용할 수 있다.

1. 정보주체의 동의를 받은 경우
2. 법률에 특별한 규정이 있거나 법령상 의무를 준수하기 위하여 불가피한 경우
3. 공공기관이 법령 등에서 정하는 소관 업무의 수행을 위하여 불가피한 경우
4. 정보주체와 체결한 계약을 이행하거나 계약을 체결하는 과정에서 정보주체의 요청에 따른 조치를 이행하기 위하여 필요한 경우
5. 명백히 정보주체 또는 제3자의 급박한 생명, 신체, 재산의 이익을 위하여 필요하다고 인정되는 경우
6. 개인정보처리자의 정당한 이익을 달성하기 위하여 필요한 경우로서 명백하게 정보주체의 권리보다 우선하는 경우. 이 경우 개인정보처리자의 정당한 이익과 상당한 관련이 있고 합리적인 범위를 초과하지 아니하는 경우에 한한다.
7. 공중위생 등 공공의 안전과 안녕을 위하여 긴급히 필요한 경우

② 개인정보처리자는 제1항제1호에 따른 동의를 받을 때에는 다음 각 호의 사항을 정보주체에게 알려야 한다. 다음 각 호의 어느 하나의 사항을 변경하는 경우에도 이를 알리고 동의를 받아야 한다.

1. 개인정보의 수집·이용 목적
2. 수집하려는 개인정보의 항목
3. 개인정보의 보유 및 이용 기간
4. 동의를 거부할 권리가 있다는 사실 및 동의 거부에 따른 불이익이 있는 경우에는 그 불이익의 내용

③ 개인정보처리자는 당초 수집 목적과 합리적으로 관련된 범위에서 정보주체에게 불이익이 발생하는지 여부, 암호화 등 안전성 확보에 필요한 조치를 하였는지 여부 등을 고려하여 대통령령으로 정하는 바에 따라 정보주체의 동의없이 개인정보를 이용할 수 있다.

판례1 성범죄자 신상공개제도는 사생활의 비밀과 자유를 침해하는가?

(헌재 2003. 6. 26. 2002헌가14) 합헌

사건개요 : 청소년과의 성행위로 인하여 기소되어 재판을 받던 중 신상공재제도의 근거법률인 「청소년의 성보호에 관한 법률」이 위헌법률심판이 제청되었다.

전체 논점 : ① 이중처벌금지원칙 ② 과잉금지원칙 ③ 평등원칙 ④ 법관에 의한 재판을 받을 권리 ⑤ 적법절차원칙 ⑥ 포괄위임입법금지원칙 (모두 소극)

결정요지 : 성범죄자 신상공개제도는 현존하는 성폭력위험으로부터 사회 공동체를 지키

려는 인식을 제고함과 동시에 일반인들이 청소년 성매수 등 범죄의 충동으로부터 자신을 제어하도록 하기 위하여 도입되었다. 청소년 성매수 범죄자들이 자신의 신상과 범죄사실이 공개됨으로써 수치심을 느끼고 명예가 훼손된다고 하더라도 그 보장 정도에 있어서 일반인과는 차이를 둘 수밖에 없어, 그들의 인격권과 사생활의 비밀의 자유도 그것이 본질적인 부분이 아닌 한 넓게 제한될 여지가 있다. 청소년 성매수자의 일반적 인격권과 사생활의 비밀의 자유가 제한되는 정도가 청소년 성보호라는 공익적 요청에 비해 크다고 할 수 없으므로 결국 신상공개제도는 해당 범죄인들의 사생활의 비밀과 자유를 과잉금지의 원칙에 위배하여 침해한 것이라 할 수 없다.

판례2 모든 성범죄자는 예외없이 신상이 공개되어야 하는가? (소위 '몰카범죄'의 경우)
(헌재 2015. 7. 30. 2014헌마340) 헌법불합치

사건개요 : 청구인은 성폭력처벌법의 카메라 등 이용촬영죄 위반으로 확정판결을 받아 신상정보 등록대상이 되었다. 이에 청구인은 동 법률의 신상정보 등록조항과 관리조항이 인간의 존엄과 가치 등 기본권을 침해한다고 주장하며 헌법소원심판을 청구하였다.
전체 논점 : ① 개인정보자기결정권 ② 평등권 ③ 재판청구권
①의 결정요지 : 인간의 존엄과 가치, 행복추구권을 규정한 헌법 제10조 제1문에서 도출되는 일반적 인격권 및 헌법 제17조의 사생활의 비밀과 자유에 의하여 보장되는 개인정보자기결정권은 자신에 관한 정보가 언제 누구에게 어느 범위까지 알려지고 또 이용되도록 할 것인지를 그 정보주체가 스스로 결정할 수 있는 권리이다. 즉 정보주체가 개인정보의 공개와 이용에 관하여 스스로 결정할 권리를 말한다. 개인정보자기결정권의 보호대상이 되는 개인정보는 개인의 신체, 신념, 사회적 지위, 신분 등과 같이 개인의 인격주체성을 특징짓는 사항으로서 그 개인의 동일성을 식별할 수 있게 하는 일체의 정보라고 할 수 있고, 반드시 개인의 내밀한 영역이나 사사(私事)의 영역에 속하는 정보에 국한되지 않으며, 공적 생활에서 형성되었거나 이미 공개된 개인정보까지 포함한다. 또한, 그러한 개인정보를 대상으로 한 조사·수집·보관·처리·이용 등의 행위는 모두 원칙적으로 개인정보자기결정권에 대한 제한에 해당한다. (중략) 성범죄의 재범을 억제하고 수사의 효율성을 제고하기 위하여, 법무부장관이 등록대상자의 재범 위험성이 상존하는 20년 동안 그의 신상정보를 보존·관리하는 것은 정당한 목적을 위한 적합한 수단이다. 그런데 (중략) 공익이 중요하더라도, 모든 등록대상자에게 20년 동안 신상정보를 등록하게 하고 위 기간 동안 각종 의무를 부과하는 것은 비교적 경미한 등록대상 성범죄를 저지르고 재범의 위험성도 많지 않은 자들에 대해서는 달성되는 공익과 침해되는 사익 사이의 불균형이 발생할 수 있으므로 이 사건 관리조항은 개인정보자기결정권을 침해한다.

판례3 불법 유출된 주민등록번호의 변경을 허가하지 않은 것은 위헌인가?

(헌재 2015. 12. 23. 2013헌바68등) 헌법불합치

사건개요 : 청구인은 주민등록번호의 불법유출을 이유로 하여 관할 지자체장에게 주민번호의 변경을 신청하였으나 거부되었고, 주민등록법령상의 해당 규정에 대한 위헌법률심판제청을 신청하였으나 각하되자 헌법소원심판을 청구하였다.

결정요지 : 주민등록번호는 표준식별번호로 기능함으로써 개인정보를 통합하는 연결자로 사용되고 있어, 불법 유출 또는 오·남용될 경우 개인의 사생활뿐만 아니라 생명·신체·재산까지 침해될 소지가 크므로 이를 관리하는 국가는 이러한 사례가 발생하지 않도록 철저히 관리하여야 하고, 이러한 문제가 발생한 경우 그로 인한 피해가 최소화되도록 제도를 정비하고 보완하여야 할 의무가 있다. 그럼에도 불구하고 주민등록번호 유출 또는 오·남용으로 인하여 발생할 수 있는 피해 등에 대한 아무런 고려 없이 주민등록번호 변경을 일체 허용하지 않는 것은 그 자체로 개인정보자기결정권에 대한 과도한 침해가 될 수 있다. 비록 국가가 개인정보보호법 등으로 정보보호를 위한 조치를 취하고 있더라도, 여전히 주민등록번호를 처리하거나 수집·이용할 수 있는 경우가 적지 아니하며, 이미 유출되어 발생된 피해에 대해서는 뚜렷한 해결책을 제시해 주지 못하므로, 국민의 개인정보를 충분히 보호하고 있다고 보기 어렵다. 한편, 개별적인 주민등록번호 변경을 허용하더라도 변경 전 주민등록번호와의 연계 시스템을 구축하여 활용한다면 개인식별기능 및 본인 동일성 증명기능에 혼란이 발생할 가능성이 없고, 일정한 요건 하에 객관성과 공정성을 갖춘 기관의 심사를 거쳐 변경할 수 있도록 한다면 주민등록번호 변경절차를 악용하려는 시도를 차단할 수 있으며, 사회적으로 큰 혼란을 불러일으키지도 않을 것이다. 따라서 주민등록번호 변경에 관한 규정을 두고 있지 않은 심판대상조항은 과잉금지원칙에 위배되어 개인정보자기결정권을 침해한다.

※ 이후 주민등록법령이 개정되어 주민등록번호의 변경이 가능하게 되었음. 현재 「주민등록법 시행령」 제12조의2 이하에는 주민등록번호의 변경을 신청할 수 있는 사람(공익신고자, 아동학대피해아동, 학교폭력피해학생, 범죄피해자, 범죄신고자 등)과 변경신청 절차 등에 관한 사항을 두고 있음.

4 거주·이전의 자유

❖ 헌법 제14조 모든 국민은 거주·이전의 자유를 가진다.

거주·이전의 자유는 거주지를 정하거나 거주지를 변경하여 이동하는 데 간섭을 받지 아니할 자유와 거주지를 변경할 것을 강요받지 아니할 자유를 말한다. 거주·이전의 자유에는 ① 국내 거주·이전의 자유와 ② 국외 거주·이전의 자유 ③ 국적이탈의 자유가 포함된다. 즉, 거주·이전의 자유는 국내에서 체류지와 거주지를 자유롭게 정할 수 있는 자유영역뿐 아니라 국외에서 체류지와 거주지를 자유롭게 정할 수 있는 해외여행 및 해외이주의 자유를 포함한다. 구체적으로 해외여행 및 해외이주의 자유는 외국에서 체류 또는 거주하기 위해서 대한민국을 떠날 수 있는 '출국의 자유'와 외국체류 또는 거주를 중단하고 다시 대한민국으로 돌아올 수 있는 '입국의 자유'를 포함한다.

여권법 : 대한민국 국적 및 신분을 증명하는 여권의 발급, 발급제한, 효력 등에 관한 사항을 규정하고 있다.

제12조(여권의 발급 등의 거부) ① 외교부장관은 다음 각 호의 어느 하나에 해당하는 사람에 대하여는 여권의 발급 또는 재발급을 거부할 수 있다.
1. 장기 2년 이상의 형(刑)에 해당하는 죄로 인하여 기소(起訴)되어 있는 사람 또는 장기 3년 이상의 형에 해당하는 죄로 인하여 기소중지 또는 수사중지(피의자중지로 한정한다)되거나 체포영장·구속영장이 발부된 사람 중 국외에 있는 사람
2. 제24조부터 제26조까지의 죄를 범하여 실형을 선고받고 그 집행이 끝나거나(집행이 끝난 것으로 보는 경우를 포함한다) 집행이 면제되지 아니한 사람
2의2. 제2호의 죄를 범하여 형의 집행유예를 선고받고 그 유예기간 중에 있는 사람
3. 제2호의 죄 외의 죄를 범하여 금고 이상의 실형을 선고받고 그 집행이 끝나거나(집행이 끝난 것으로 보는 경우를 포함한다) 집행이 면제되지 아니한 사람
3의2. 제2호의 죄 외의 죄를 범하여 금고 이상의 형의 집행유예를 선고받고 그 유예기간 중에 있는 사람
4. 국외에서 대한민국의 안전보장·질서유지나 통일·외교정책에 중대한 침해를 일으킬 우려가 있는 경우로서 다음 각 목의 어느 하나에 해당하는 사람
가. 출국할 경우 테러 등으로 생명이나 신체의 안전이 침해될 위험이 큰 사람
나. 「보안관찰법」 제4조에 따라 보안관찰처분을 받고 그 기간 중에 있으면서 같은 법 제22조에 따라 경고를 받은 사람
② 외교부장관은 제1항제4호에 해당하는 사람인지의 여부를 판단하려고 할 때에는 미리 법

무부장관과 협의하고 제18조에 따른 여권정책협의회의 심의를 거쳐야 한다.'
제17조(여권의 사용제한 등) ① 외교부장관은 천재지변·전쟁·내란·폭동·테러 등 대통령령으로 정하는 국외 위난상황(危難狀況)으로 인하여 국민의 생명·신체나 재산을 보호하기 위하여 국민이 특정 국가나 지역을 방문하거나 체류하는 것을 중지시키는 것이 필요하다고 인정하는 때에는 기간을 정하여 해당 국가나 지역에서의 여권의 사용을 제한하거나 방문·체류를 금지(이하 "여권의 사용제한 등"이라 한다)할 수 있다. 다만, 영주(永住), 취재·보도, 긴급한 인도적 사유, 공무 등 대통령령으로 정하는 목적의 여행으로서 외교부장관이 필요하다고 인정하면 여권의 사용과 방문·체류를 허가할 수 있다.
② 외교부장관이 제1항에 따라 여권의 사용제한 등을 하려면 대통령령으로 정하는 절차와 방식에 따라 대상 국가나 지역, 여권의 사용제한 등의 범위·조건과 기간, 여권의 사용과 방문·체류의 허가 신청절차 등을 정하여 고시하여야 한다.
③ 외교부장관은 국외 위난상황의 해소 등으로 여권의 사용제한 등을 지속할 필요가 없는 경우에는 지체 없이 그 여권의 사용제한 등을 해제하고, 그 사실을 고시하여야 한다.
④ 외교부장관이 제1항과 제3항에 따라 여권의 사용제한 등과 그 해제, 여권의 사용과 방문·체류의 허가를 할 때에는 미리 제18조에 따른 여권정책협의회의 심의를 거쳐야 한다.

판례1 특정 지역 방문 금지는 거주·이전의 자유를 침해하는가?

(헌재 2008. 6. 26. 2007헌마1366) 기각

사건개요 : 아프가니스탄으로 의료봉사 등을 위해 재출국하려는 의사가 외교부 고시에 의하여 출국을 금지당하자 거주·이전의 자유, 종교의 자유, 평등을 침해하였다고 주장하며 헌법소원심판을 청구하였다.
전체 논점 : ① 거주·이전의 자유 ② 종교의 자유 ③ 평등권 (모두 소극)
①의 결정요지 : 외교통상부가 전쟁 또는 테러의 위험이 있는 해외 위난지역에서의 국민을 보호하고자 특정 해외 위난지역에서의 여권사용, 방문 또는 체류를 금지한 고시는 국민의 생명·신체 및 재산을 보호하기 위한 것으로 그 목적의 정당성과 수단의 적절성이 인정된다. 당시 전쟁이 계속 중이던 이라크와 소말리아, 그리고 실제로 한국인에 대한 테러 가능성이 높았던 아프가니스탄 등 3곳으로 대상지역을 한정하고, 그 기간도 1년으로 하여 그다지 장기간으로 볼 수 없을 뿐 아니라, 부득이한 경우 예외적으로 외교통상부장관의 허가를 받아 여권의 사용 및 방문·체류가 가능하도록 하였다. 국민의 거주·이전의 자유에 대한 침해로 볼 수 없다.

판례2 병역준비역에 편입된 복수국적자의 국적이탈을 예외없이 제한하는 것은 국적이탈의 자유를 침해하는가?

(헌재 2020. 9. 24. 2016헌마889) 헌법불합치

사건개요 : 한국적과 미시민권 복수국적자가 한국적을 이탈하려는데 국적선택의 기간을 제1국민역 편입시(18세)부터 3개월로 제한한 것이 기본권을 침해하였다고 주장하면서 헌법소원심판을 청구하였다.

결정요지 : 병역준비역에 편입된 복수국적자의 국적선택 기간이 지났다고 하더라도, 그 기간 내에 국적이탈 신고를 하지 못한 데 대하여 사회통념상 그에게 책임을 묻기 어려운 사정 즉, 정당한 사유가 존재하고, 병역의무 이행의 공평성 확보라는 입법목적을 훼손하지 않음이 객관적으로 인정되는 경우라면, 병역준비역에 편입된 복수국적자에게 국적선택 기간이 경과하였다고 하여 일률적으로 국적이탈을 할 수 없다고 할 것이 아니라, 예외적으로 국적이탈을 허가하는 방안을 마련할 여지가 있다. 심판대상 법률조항의 존재로 인하여 복수국적을 유지하게 됨으로써 대상자가 겪어야 하는 실질적 불이익은 구체적 사정에 따라 상당히 클 수 있다. 국가에 따라서는 복수국적자가 공직 또는 국가안보와 직결되는 업무나 다른 국적국과 이익충돌 여지가 있는 업무를 담당하는 것이 제한될 가능성이 있다. 현실적으로 이러한 제한이 존재하는 경우, 특정 직업의 선택이나 업무 담당이 제한되는 데 따르는 사익 침해를 가볍게 볼 수 없다. 심판대상 법률조항은 과잉금지원칙에 위배되어 청구인의 국적이탈의 자유를 침해한다.

※ 이후 2022. 9. 15.에 제14조의2(대한민국 국적의 이탈에 관한 특례)를 신설하여, 3개월 이내에 신고하지 못한 경우에도 국적이탈허가를 신청할 수 있는 특례(외국출생, 6세미만 이주, 기타 정당한 사유)를 두었다.

5. 통신의 자유

❖ 헌법 제18조 모든 국민은 통신의 비밀을 침해받지 아니한다.

통신자유는 통신비밀의 불가침과 통신의 자유를 내용으로 한다. 통신비밀의 불가침은 통신의 내용이 통신인의 의사에 반하여 다른 사람들에게 공개되지 않을 권리를 말하는 것으로, 통신의 열람 금지, 청취와 녹음의 금지, 누설금지, 공개금지 등을 포함한다. 통신의 자유는 자유롭게 통신하는 것을 의미하며, 국가 등이 국민의 자유로운 통신을 방해하는 경우에는 통신자유의 침해이다.

「통신비밀보호법」은 원칙적으로 통신의 비밀과 자유를 보장하기 위한 법률이지만, 통신비밀을 보장받지 못하는 경우에 관해서도 제한적으로 규정하고 있기도 하다. '통신제한조치'는 전기통신에 대하여 당사자의 동의 없이 통신의 내용을 지득하거나 채록하는 행위인 '통신감청'을 말한다.

통신비밀보호법 : 불법검열이나 불법감청 등의 방법으로 우편물의 검열·전기통신의 감청 또는 통신사실확인자료의 제공을 하거나 공개되지 아니한 타인간의 대화를 녹음 또는 청취하지 못하도록 하여, 통신과 대화의 비밀을 보호하고 통신과 대화의 자유를 보장하기 위한 법률이다. 통신의 검열이나 감청이 필요한 경우를 엄격히 한정하고 불법검열에 의한 우편물의 내용과 불법감청에 의한 전기통신내용을 증거로 사용하는 것을 금지하고 있다. 범죄수사와 국가안보를 위한 통신의 검열과 감청(도청) 등 통신제한조치의 요건과 절차를 엄격히 규정함으로써, 이에 위반되는 통신제한조치를 금지하고 있다.

<u>제3조(통신 및 대화비밀의 보호)</u> ①누구든지 이 법과 형사소송법 또는 군사법원법의 규정에 의하지 아니하고는 우편물의 검열·전기통신의 감청 또는 통신사실확인자료의 제공을 하거나 공개되지 아니한 타인간의 대화를 녹음 또는 청취하지 못한다. 다만, 다음 각호의 경우에는 당해 법률이 정하는 바에 의한다.

1. 환부우편물등의 처리 : 우편법 제28조·제32조·제35조·제36조등의 규정에 의하여 폭발물등 우편금제품이 들어 있다고 의심되는 소포우편물(이와 유사한 郵便物을 포함한다) 을 개피하는 경우, 수취인에게 배달할 수 없거나 수취인이 수령을 거부한 우편물을 발송인에게 환부하는 경우, 발송인의 주소·성명이 누락된 우편물로서 수취인이 수취를 거부하여 환부하는 때에 그 주소·성명을 알기 위하여 개피하는 경우 또는 유가물이 든 환부불능우편물을 처리하는 경우
2. 수출입우편물에 대한 검사 : 관세법 제256조·제257조 등의 규정에 의한 신서외의 우편물에 대한 통관검사절차
3. 구속 또는 복역중인 사람에 대한 통신 : 형사소송법 제91조, 군사법원법 제131조, 「형의 집행 및 수용자의 처우에 관한 법률」 제41조·제43조·제44조 및 「군에서의 형의 집행 및 군수용자의 처우에 관한 법률」 제42조·제44조 및 제45조에 따른 구속 또는 복역중인 사람에 대한 통신의 관리
4. 파산선고를 받은 자에 대한 통신 : 「채무자 회생 및 파산에 관한 법률」 제484조의 규정에 의하여 파산선고를 받은 자에게 보내온 통신을 파산관재인이 수령하는 경우
5. 혼신제거등을 위한 전파감시 : 전파법 제49조 내지 제51조의 규정에 의한 혼신제거등 전

파질서유지를 위한 전파감시의 경우

② 우편물의 검열 또는 전기통신의 감청(이하 "통신제한조치"라 한다)은 범죄수사 또는 국가안전보장을 위하여 보충적인 수단으로 이용되어야 하며, 국민의 통신비밀에 대한 침해가 최소한에 그치도록 노력하여야 한다.

③ 누구든지 단말기기 고유번호를 제공하거나 제공받아서는 아니된다. 다만, 이동전화단말기 제조업체 또는 이동통신사업자가 단말기의 개통처리 및 수리 등 정당한 업무의 이행을 위하여 제공하거나 제공받는 경우에는 그러하지 아니하다.

제5조(범죄수사를 위한 통신제한조치의 허가요건) ① 통신제한조치는 다음 각호의 범죄를 계획 또는 실행하고 있거나 실행하였다고 의심할만한 충분한 이유가 있고 다른 방법으로는 그 범죄의 실행을 저지하거나 범인의 체포 또는 증거의 수집이 어려운 경우에 한하여 허가할 수 있다. (각호 생략)

제6조(범죄수사를 위한 통신제한조치의 허가절차) ① 검사(군검사를 포함한다. 이하 같다)는 제5조제1항의 요건이 구비된 경우에는 법원(軍事法院을 포함한다. 이하 같다)에 대하여 각 피의자별 또는 각 피내사자별로 통신제한조치를 허가하여 줄 것을 청구할 수 있다. (각항 생략)

제7조(국가안보를 위한 통신제한조치) ① 대통령령이 정하는 정보수사기관의 장(이하 "情報捜査機關의 長"이라 한다)은 국가안전보장에 상당한 위험이 예상되는 경우 또는 「국민보호와 공공안전을 위한 테러방지법」 제2조제6호의 대테러활동에 필요한 경우에 한하여 그 위해를 방지하기 위하여 이에 관한 정보수집이 특히 필요한 때에는 다음 각호의 구분에 따라 통신제한조치를 할 수 있다. (각호 생략)

제14조(타인의 대화비밀 침해금지) ①누구든지 공개되지 아니한 타인간의 대화를 녹음하거나 전자장치 또는 기계적 수단을 이용하여 청취할 수 없다.

판례1 통신제한조치기간(감청, 도청)의 연장을 허가함에 있어서 총연장기간이나 총연장횟수의 제한을 두지 아니한 통신비밀보호법 규정은 통신의 비밀을 침해하여 위헌인가?

(헌재 2010. 12. 28. 2009헌가30) 위헌

사건개요 : 「국가보안법」수사를 함에 있어서 30개월간 총 14회의 통신제한조치를 통하여 증거자료를 수집하였는데, 또 다시 통신제한조치 연장헉가를 허용할 수 있도록 「통신비밀보호법」이 연장기간이나 연장횟수의 제한을 두지 않은 것은 사생활의 비밀과 통

신의 자유를 침해한다는 위헌법률심판제청신청이 있었고, 법원은 이를 인정하여 헌법재판소에 위헌법률심판제청신청을 하였다.

결정요지 : 통신제한조치기간의 연장을 허가함에 있어 총연장기간 또는 총연장횟수의 제한을 두고 그 최소한의 연장기간동안 범죄혐의를 입증하지 못하는 경우 통신제한조치를 중단하게 한다고 하여도, 여전히 통신제한조치를 해야 할 필요가 있으면 법원에 새로운 통신제한조치의 허가를 청구할 수 있으므로 이로써 수사목적을 달성하는데 충분하다. 또한 법원이 실제 통신제한조치의 기간연장절차의 남용을 통제하는데 한계가 있는 이상 통신제한조치 기간연장에 사법적 통제절차가 있다는 사정만으로는 그 남용으로 인하여 개인의 통신의 비밀이 과도하게 제한되는 것을 막을 수 없다. 그럼에도 통신제한조치기간을 연장함에 있어 법운용자의 남용을 막을 수 있는 최소한의 한계를 설정하지 않은 이 사건 법률조항은 침해의 최소성원칙에 위반한다. 나아가 통신제한조치가 내려진 피의자나 피내사자는 자신이 감청을 당하고 있다는 사실을 모르는 기본권제한의 특성상 방어권을 행사하기 어려운 상태에 있으므로 통신제한조치기간의 연장을 허가함에 있어 총연장기간 또는 총연장횟수의 제한이 없을 경우 수사와 전혀 관계없는 개인의 내밀한 사생활의 비밀이 침해당할 우려도 심히 크기 때문에 기본권 제한의 법익균형성 요건도 갖추지 못하였다. 따라서 이 사건 법률조항은 헌법에 위반된다.

판례2 범죄수사를 위한 위치정보 확인자료 제공은 기본권을 침해하는가?

(헌재 2018. 6. 28. 2012헌마191) 인용

사건개요 : 수사기관이 수사 또는 체포영장의 집행을 위하여 법원의 허가를 받아 전기통신사업자에게 청구인들의 통신사실 확인자료를 받았는데, 청구인들은 그 근거가 되는 통신비밀보호법이 기본권을 침해하였다고 주장하며 헌법소원심판을 청구하였다.

전체 논점 : ① 명확성 원칙(소극) ② 통신의 자유(적극) ③ 개인정보자기결정권(적극) ④ 영장주의 원칙(소극) ⑤ 적법절차원칙(적극)

②·③의 결정요지 : 수사기관은 위치정보 추적자료를 통해 특정 시간대 정보주체의 위치 및 이동상황에 대한 정보를 취득할 수 있으므로 위치정보 추적자료는 충분한 보호가 필요한 민감한 정보에 해당되는 점, 그럼에도 이 사건 요청조항은 수사기관의 광범위한 위치정보 추적자료 제공요청을 허용하여 정보주체의 기본권을 과도하게 제한하는 점, 위치정보 추적자료의 제공요청과 관련하여서는 실시간 위치추적 또는 불특정 다수에 대한 위치추적의 경우 보충성 요건을 추가하거나 대상범죄의 경중에 따라 보충성 요건을 차등적으로 적용함으로써 수사에 지장을 초래하지 않으면서도 정보주체의 기본권을 덜 침해하는 수단이 존재하는 점, 수사기관의 위치정보 추적자료 제공요청에 대해 법원의

허가를 거치도록 규정하고 있으나 수사의 필요성만을 그 요건으로 하고 있어 절차적 통제마저도 제대로 이루어지기 어려운 현실인 점 등을 고려할 때, 이 사건 요청조항은 과잉금지원칙에 반하여 청구인들의 개인정보자기결정권과 통신의 자유를 침해한다.

④의 결정요지 : 위치정보 추적자료 제공요청은 통신비밀보호법이 정한 강제처분에 해당되므로 헌법상 영장주의가 적용된다. 영장주의의 본질은 강제처분을 함에 있어 중립적인 법관이 구체적 판단을 거쳐야 한다는 점에 있는바, 이 사건 허가조항은 수사기관이 전기통신사업자에게 위치정보 추적자료 제공을 요청함에 있어 관할 지방법원 또는 지원의 허가를 받도록 규정하고 있으므로 헌법상 영장주의에 위배되지 아니한다.

⑤의 결정요지 : 수사의 밀행성 확보는 필요하지만, 적법절차원칙을 통하여 수사기관의 권한남용을 방지하고 정보주체의 기본권을 보호하기 위해서는, 위치정보 추적자료 제공과 관련하여 정보주체에게 적절한 고지와 실질적인 의견진술의 기회를 부여해야 한다. 그런데 이 사건 통지조항은 수사가 장기간 진행되거나 기소중지결정이 있는 경우에는 정보주체에게 위치정보 추적자료 제공사실을 통지할 의무를 규정하지 아니하고, 그 밖의 경우에 제공사실을 통지받더라도 그 제공사유가 통지되지 아니하며, 수사목적을 달성한 이후 해당 자료가 파기되었는지 여부도 확인할 수 없게 되어 있어, 정보주체로서는 위치정보 추적자료와 관련된 수사기관의 권한남용에 대해 적절한 대응을 할 수 없게 되었다. 이에 대해서는, 수사가 장기간 계속되거나 기소중지된 경우라도 일정 기간이 경과하면 원칙적으로 정보주체에게 그 제공사실을 통지하도록 하되 수사에 지장을 초래하는 경우에는 중립적 기관의 허가를 얻어 통지를 유예하는 방법, 일정한 조건 하에서 정보주체가 그 제공요청 사유의 통지를 신청할 수 있도록 하는 방법, 통지의무를 위반한 수사기관을 제재하는 방법 등의 개선방안이 있다. 이러한 점들을 종합할 때, 이 사건 통지조항은 적법절차원칙에 위배되어 청구인들의 개인정보자기결정권을 침해한다.

판례3 편지를 봉함하지 않고 교정시설에 제출하도록 하는 법률조항은 통신의 자유를 침해하는가?

(헌재 2012. 2. 23. 2009헌마333) 인용

사건개요 : 자비부담의 외부진료를 거절당한 재소자가 국민권익위에 청원서를 보내려하였으나 법무부장관에 대한 청원서를 제외한 다른 서신은 봉함하여 제출할 수 없다고 하자, 기본권 침해를 이유로 헌법소원심판을 청구하였다.

전체 논점 : 통신의 자유

결정요지 : 형의 집행 및 수용자의 처우에 관한 법률 시행령 조항은 교정시설의 안전과 질서유지, 수용자의 교화 및 사회복귀를 원활하게 하기 위해 수용자가 밖으로 내보내는

서신을 봉함하지 않은 상태로 제출하도록 한 것이다. 이와 같은 목적은 교도관이 수용자의 면전에서 서신에 금지물품이 들어 있는지를 확인하고 수용자로 하여금 서신을 봉함하게 하는 방법, 봉함된 상태로 제출된 서신을 X-ray 검색기 등으로 확인한 후 의심이 있는 경우에만 개봉하여 확인하는 방법, 서신에 대한 검열이 허용되는 경우에만 무봉함 상태로 제출하도록 하는 방법 등으로도 얼마든지 달성할 수 있다. 수용자가 보내려는 모든 서신에 대해 무봉함 상태의 제출을 강제함으로써 수용자의 서신 모두를 사실상 검열 가능한 상태에 놓이도록 하는 것은 기본권 제한의 최소 침해성 요건을 위반하여 수용자의 통신비밀의 자유를 침해하는 것이다.

판례4 **금치기간 중의 미결수용자에게 서신수수 · 접견 · 전화통화를 제한하는 것은 기본권을 침해하는가?**

(헌재 2016. 4. 28. 2012헌마549) 기각

사건개요 : 교도관에 폭언을 하는 등으로 금치처분을 받은 미결수용자는 징벌처분과 함께 금치기간중 신문열람, 전화통화, 서신수수, 집필, 접견 제한을 받자 기본권 침해를 주장하며 헌법소원심판을 청구하였다.

전체 논점 : ① 통신의 자유 ② 표현의 자유 ③ 알권리 ④ 사생활의 비밀과 자유 ⑤ 개인정보자기결정권 (모두 소극)

①의 결정요지 : 금치처분을 받은 미결수용자에 대하여 금치기간 중 서신수수, 접견, 전화통화를 제한하는 것은 대상자를 구속감과 외로움 속에 반성에 전념하게 함으로써 수용시설 내 안전과 질서를 유지하기 위한 것이다. 접견이나 서신수수의 경우에는 교정시설의 장이 수용자의 권리구제 등을 위해 필요하다고 인정한 때에는 예외적으로 허용할 수 있도록 하여 기본권 제한을 최소화하고 있다. 전화통화의 경우에는 위와 같은 예외가 규정되어 있지는 않으나, 증거인멸 우려 등의 측면에서 미결수용자의 전화통화의 자유를 제한할 필요성이 더 크다고 할 수 있다. 나아가 금치처분을 받은 자는 수용시설의 안전과 질서유지에 위반되는 행위, 그 중에서도 가장 중하다고 평가된 행위를 한 자이므로 이에 대하여 금치기간 중 일률적으로 전화통화를 금지한다 하더라도 과도하다고 보기 어렵다. 따라서 이 사건 서신수수 · 접견 · 전화통화 제한조항은 청구인의 통신의 자유를 침해하지 아니한다.

6. 양심의 자유

❖ 헌법 제19조 모든 국민은 양심의 자유를 가진다.

헌법상 보호되는 양심은 어떤 일의 옳고 그름을 판단함에 있어서 그렇게 행동하지 아니하고는 자신의 인격적인 존재가치가 허물어지고 말 것이라는 강력하고 진지한 마음의 소리로서 절박하고 구체적인 양심을 말한다. 즉, '양심상의 결정'이란 선과 악의 기준에 따른 모든 진지한 윤리적 결정으로서 구체적인 상황에서 개인이 이러한 결정을 자신을 구속하고 무조건적으로 따라야 하는 것으로 받아들이기 때문에 양심상의 심각한 갈등이 없이는 그에 반하여 행동할 수 없는 것을 말한다.

양심의 자유는 크게 양심형성의 자유(절대적 자유)와 양심실현의 자유(상대적 자유)로 구분된다. ① 양심형성의 자유란 외부로부터의 부당한 간섭이나 강제를 받지 않고 개인의 내심영역에서 양심을 형성하고 양심상의 결정을 내리는 자유를 말하고 ② 양심실현의 자유에는 ⓐ 양심을 표명하거나 또는 양심을 표명하도록 강요받지 아니할 자유(양심표명의 자유) ⓑ 양심에 반하는 행동을 강요받지 아니할 자유(부작위에 의한 양심실현의 자유) ⓒ 양심에 따른 행동을 할 자유(작위에 의한 양심실현의 자유)가 포함된다.

양심형성의 자유에는 내심에 머무르는 것이기에 제한이 불가능한 절대적 기본권이 있는 반면, 양심적 결정을 외부로 표현하고 실현할 수 있는 양심실현의 자유는 법질서에 위배되거나 타인의 권리를 침해할 수 있기 때문에 법률에 의하여 제한될 수 있다.

대체역의 편입 및 복무 등에 관한 법률 (대체역법) : 양심의 자유를 이유로 현역, 예비역 또는 보충역의 복무를 대신하여 병역을 이행하려는 사람은 대체역 심사위원회의 심사를 거쳐 교도소, 구치소 등의 대체복무기관에서 대체복무요원으로 복무하도록 하는 내용의 법률이다. 대체복무요원의 복무기간은 36개월이며, 대체복무요원은 합숙하여 복무한다.

<u>제16조(대체복무기관 및 대체복무요원의 업무)</u> ① 「병역법」 제2조제17호의2에 따른 대체복

무요원(이하 "대체복무요원"이라 한다)은 교정시설 등 대통령령으로 정하는 대체복무기관(이하 "대체복무기관"이라 한다)에서 공익에 필요한 업무(이하 "대체업무"라 한다)에 복무하여야 한다.
② 다음 각 호에 따른 행위는 대체업무에 포함되어서는 아니 된다.
1. 무기·흉기를 사용하거나 이를 관리·단속하는 행위
2. 인명살상 또는 시설파괴가 수반되거나 그러한 능력 향상을 위한 행위
3. 그 밖에 제1호 또는 제2호에 따른 행위와 유사한 행위
③ 대체복무요원의 대체업무 수행은 공무 수행으로 본다.
제26조(예비군대체복무) ① 병무청장은 다음 각 호의 어느 하나에 해당하는 사람에 대해서는 「예비군법」에 따른 예비군으로서의 임무수행 또는 훈련을 대신하여 대체복무기관에서 복무(이하 "예비군대체복무"라 한다)하도록 소집하며 기간은 연간 30일 이내로 한다.
1. 대체복무요원의 복무를 마친 사람으로서 그 복무를 마친 날의 다음 날부터 8년이 되는 해의 12월 31일까지의 기간에 있는 사람
2. 제3조제1항제3호에 해당하는 사람으로서 대체역에 편입된 사람
② 제1항에 따른 예비군대체복무 소집을 위한 통지서의 송달에 관하여는 「병역법」 제6조에 따른다. ③ 제2항에 따라 통지서를 받은 사람은 지정된 일시·장소로 소집에 응하여야 한다. ④ 제1항부터 제3항까지에서 규정한 사항 외에 소집 절차·기간 및 복무 내용 등에 관하여 필요한 사항은 대통령령으로 정한다.

판례1 양심적 병역거부자들에 대한 대체복무제를 규정하지 아니한 것은 양심적 병역거부자의 양심의 자유를 침해하는가?

(헌재 2018. 6. 28. 2011헌바379) 헌법불합치

사건개요 : 양심상의 결정을 이유로 입영통지에 불응한 청구인이 위헌법률심판과 헌법소원심판을 청구하였다.

전체 논점 : ① 양심적 병역거부자에 대한 대체복무제를 규정하지 아니한 병역종류조항이 양심의 자유를 침해하는지(적극) ② 처벌조항이 양심의 자유를 침해하는지(소극)

결정요지 : 국가가 관리하는 객관적이고 공정한 사전심사절차와 엄격한 사후관리절차를 갖추고, 현역복무와 대체복무 사이에 복무의 난이도나 기간과 관련하여 형평성을 확보해 현역복무를 회피할 요인을 제거한다면, 심사의 곤란성과 양심을 빙자한 병역기피자의 증가 문제를 해결할 수 있으므로, 대체복무제를 도입하면서도 병역의무의 형평을 유지하는 것은 충분히 가능하다. 따라서 대체복무제라는 대안이 있음에도 불구하고 군사

훈련을 수반하는 병역의무만을 규정한 병역종류조항은, 침해의 최소성 원칙에 어긋난다. 병역종류조항이 추구하는 '국가안보' 및 '병역의무의 공평한 부담'이라는 공익은 대단히 중요하나, 앞서 보았듯이 병역종류조항에 대체복무제를 도입한다고 하더라도 위와 같은 공익은 충분히 달성할 수 있다고 판단된다. 반면, 병역종류조항이 대체복무제를 규정하지 아니함으로 인하여 양심적 병역거부자들은 최소 1년 6월 이상의 징역형과 그에 따른 막대한 유·무형의 불이익을 감수하여야 한다. 양심적 병역거부자들에게 공익 관련 업무에 종사하도록 한다면, 이들을 처벌하여 교도소에 수용하고 있는 것보다는 넓은 의미의 안보와 공익실현에 더 유익한 효과를 거둘 수 있을 것이다. 따라서 병역종류조항은 법익의 균형성 요건을 충족하지 못하였다. 양심적 병역거부자에 대한 대체복무제를 규정하지 아니한 병역종류조항은 과잉금지원칙에 위배하여 양심적 병역거부자의 양심의 자유를 침해한다.
※ 2011년에는 "양심의 자유를 이유로 하는 병역거부를 인정할 수 없다"(헌재 2011. 8. 30. 2008헌가22)고 하였으나, 2018년에는 헌법불합치 결정을 내렸다(헌재 2018. 6. 28. 2011헌바379 등).

판례2 법위반시실 공표명령은 양심의 자유를 침해하는가?

(헌재 2002. 1. 31. 2001헌바43) 위헌

사건개요 : 대한병원협회는 정부의 '의약품실거래가 상환제' 시행에 반대하여 의사대회를 개최하였고, 이에 대해 공정거래위원회가 협회의 휴진권유행위를 공정거래법 위반으로 보아 신문에 법위반사실을 공표하도록 하였다.
전체 논점 : ① "법위반사실의 공표"를 명 할 수 있도록 한 공정거래법 제27조 부분이 양심의 자유를 침해하는지(소극) ② 과잉금지의 원칙에 위반하여 일반적 행동의 자유 및 명예권을 침해하는지(적극) ③ 무죄추정의 원칙에 반하는지(적극)
결정요지 : ① 헌법 제19조에서 보호하는 양심은 옳고 그른 것에 대한 판단을 추구하는 가치적·도덕적 마음가짐으로, 개인의 소신에 따른 다양성이 보장되어야 하고 그 형성과 변경에 외부적 개입과 억압에 의한 강요가 있어서는 아니되는 인간의 윤리적 내심영역이다. 따라서 단순한 사실관계의 확인과 같이 가치적·윤리적 판단이 개입될 여지가 없는 경우는 물론, 법률해석에 관하여 여러 견해가 갈리는 경우처럼 다소의 가치관련성을 가진다고 하더라도 개인의 인격형성과는 관계가 없는 사사로운 사유나 의견 등은 그 보호대상이 아니다. 이 사건의 경우와 같이 경제규제법적 성격을 가진 공정거래법에 위반하였는지 여부에 있어서도 각 개인의 소신에 따라 어느 정도의 가치판단이 개입될 수 있는 소지가 있고 그 한도에서 다소의 윤리적 도덕적 관련성을 가질 수도 있겠으나, 이

러한 법률판단의 문제는 개인의 인격형성과는 무관하며, 대화와 토론을 통하여 가장 합리적인 것으로 그 내용이 동화되거나 수렴될 수 있는 포용성을 가지는 분야에 속한다고 할 것이므로 헌법 제19조에 의하여 보장되는 양심의 영역에 포함되지 아니한다.
③ 공정거래위원회의 고발조치 등으로 장차 형사절차내에서 진술을 해야할 행위자에게 사전에 이와 같은 법위반사실의 공표를 하게 하는 것은 형사절차내에서 법위반사실을 부인하고자 하는 행위자의 입장을 모순에 빠뜨려 소송수행을 심리적으로 위축시키거나, 법원으로 하여금 공정거래위원회 조사결과의 신뢰성 여부에 대한 불합리한 예단을 촉발할 소지가 있고 이는 장차 진행될 형사절차에도 영향을 미칠 수 있다. 결국 법위반사실의 공표명령은 공소제기조차 되지 아니하고 단지 고발만 이루어진 수사의 초기단계에서 아직 법원의 유무죄에 대한 판단이 가려지지 아니하였는데도 관련 행위자를 유죄로 추정하는 불이익한 처분이 된다.

7. 종교의 자유

❖ 헌법 제20조 ① 모든 국민은 종교의 자유를 가진다. ② 국교는 인정되지 아니하며, 종교와 정치는 분리된다.

종교의 자유는 신앙의 자유와 종교행위의 자유를 그 내용으로 한다. 신앙의 자유에는 종교를 선택하고 믿을 자유, 종교를 가지지 아니할 자유, 개종의 자유가 포함되고, 종교행위의 자유에는 종교결사의 자유, 종교집회의 자유, 선교의 자유, 종교교육의 자유가 포함된다. 종교자유와 함께 우리 헌법에는 국교부인과 정교분리의 원칙이 규정되어 있는데, 국교부인은 특정 종교를 국교로 지정할 수 없다는 원칙이고 정교분리는 국가가 종교에 개입할 수 없음과 종교가 정치에 개입할 수 없다는 원칙이다.

판례1 **미결수용자를 대상으로 한 종교행사를 실제 연간 1회 정도 참석하게 하는 것은 종교의 자유를 침해하는가?**

(헌재 2014. 6. 26. 2012헌마782) 인용(위헌확인)

사건개요 : 구치소 수용자가 금치기간을 제외한 기간, 매주 화요일에 실시하는 종교집회

참석을 제한한 행위가 청구인의 종교의 자유를 침해하였다고 주장하며 헌법소원을 청구하였다.

전체 논점 : 종교의 자유

결정요지 : 피청구인은 출력수(작업에 종사하는 수형자)를 대상으로 원칙적으로 월 3~4회의 종교집회를 실시하는 반면, 미결수용자와 미지정 수형자에 대해서는 원칙적으로 매월 1회, 그것도 공간의 협소함과 관리 인력의 부족을 이유로 수용동별로 돌아가며 종교집회를 실시하여 실제 연간 1회 정도의 종교집회 참석 기회를 부여하고 있다. 이는 미결수용자 및 미지정 수형자의 구금기간을 고려하면 사실상 종교집회 참석 기회가 거의 보장되지 않는 결과를 초래할 수도 있다. 나아가 피청구인은 현재의 시설 여건 하에서도 종교집회의 실시회수를 출력수와 출력수 외의 수용자의 종교의 자유를 보장하는 범위 내에서 적절히 배분하는 방법, 공범이나 동일사건 관련자가 있는 경우에 한하여 이를 분리하여 종교집회 참석을 허용하는 방법, 미지정 수형자의 경우 추가사건의 공범이나 동일사건 관련자가 없는 때에는 출력수와 함께 종교집회를 실시하는 등의 방법으로 청구인의 기본권을 덜 침해하는 수단이 있음에도 불구하고 이를 전혀 고려하지 아니하였다. 따라서 이 사건 종교집회 참석제한 처우는 부산구치소의 열악한 시설을 감안하더라도 과잉금지원칙을 위반하여 청구인의 종교의 자유를 침해한 것이다.

판례2 미결수용자를 대상으로 한 개신교 종교행사를 4주에 1회, 일요일이 아닌 요일에 실시한 행위는 종교의 자유를 침해하는가?

(헌재 2015. 4. 30. 2013헌마190) 기각

사건개요 : 미결수용자에게는 4주에 1번 일요일 아닌 요일에 개신교 종교행사를 실시하는 구치소장의 행위로 인하여 기본권침해를 주장하는 청구인이 헌법소원심판을 청구하였다.

전체 논점 : 종교의 자유

결정요지 : 해당 구치소에는 종교행사 공간이 1개뿐이고, 종교행사는 종교, 수형자와 미결수용자, 성별, 수용동별로 진행되며, 미결수용자는 공범이나 동일사건 관련자가 있는 경우 이를 분리하여 참석하게 해야 하는 점을 고려하면 피청구인이 미결수용자 대상 종교행사를 4주에 1회 실시했더라도 종교의 자유를 과도하게 제한하였다고 보기 어렵다. 구치소의 인적·물적 여건상 하루에 여러 종교행사를 동시에 하기 어려우며, 개신교의 경우에만 그 교리에 따라 일요일에 종교행사를 허용할 경우 다른 종교와의 형평에 맞지 않고, 공휴일인 일요일에 종교행사를 할 행정적 여건도 마련되어 있지 않다는 점을 고려하면, 이 사건 종교행사 처우는 청구인의 종교의 자유를 침해하지 않는다.

판례3 전통사찰 일부 부동산에 대한 압류금지는 종교의 자유를 제한하는가?

(헌재 2012. 6. 27. 2011헌바34) 합헌

사건개요 : 사찰로부터 건축공사대금을 받지 못한 청구인이 법원에서 강제경매개시결정을 취소당하였고, 전통사찰 소유의 재산이라는 이유로 압류를 금지한 전통사찰보존법 규정에 대하여 재산권, 평등권, 종교의 자유를 침해당했다고 주장하며 위헌법률심판제청신청을 하였으나 기각되자 헌법소원심판을 청구하였다.

전체 논점 : ① 재산권 침해(소극) ② 평등권 침해(소극) ③ 종교의 자유와 행복추구권

결정요지 : ③ 청구인은 이 사건 법률조항이 다른 종교단체의 재산과는 달리 불교 전통사찰 소유의 재산만을 압류 금지 재산으로 규정함으로써 청구인의 종교의 자유를 침해한다고 주장한다. 그러나 종교의 자유는 신앙의 자유, 종교적 행위의 자유 및 종교적 집회·결사의 자유를 그 내용으로 하는바, 이 사건 법률조항은 전통사찰 소유의 일정 재산에 대한 압류를 금지할 뿐이므로 그로 인하여 위와 같은 종교의 자유의 내용 중 어떠한 것도 제한되지는 아니한다. 또한 청구인은 이 사건 법률조항이 행복추구권을 침해한다고 주장하나, 행복추구권은 다른 기본권에 대한 보충적 기본권으로서의 성격을 지니므로, 이 사건 법률조항이 청구인의 재산권 및 평등권을 침해하는지 여부에 대하여 판단하는 이상 행복추구권의 침해 여부를 독자적으로 판단할 필요는 없다.

8. 학문·예술의 자유

❖ 헌법 제22조 ① 모든 국민은 학문과 예술의 자유를 가진다. ② 저작자·발명가·과학기술자와 예술가의 권리는 법률로써 보호한다.

학문의 자유는 학문을 연구하고 학문적 결사·집회를 할 자유를 의미한다. 학문의 자유와 함께 대학의 자치가 헌법상 보장되고 있는데, 대학자치에는 교수자치회의 보장, 교과과정의 편성, 교육의 내용·방법의 자율, 학생선발의 자율 등이 포함된다. 예술의 자유에는 예술창작의 자유, 예술적 집회·결사의 자유, 예술표현의 자유 등이 포함된다.

판례1 **학교경계선으로부터 200미터를 학교환경위생정화구역으로 설정하고, 누구든지 정화구역 안에서 극장시설 및 영업을 하여서는 아니 된다고 규정하는 「학교보건법」은 예술의 자유를 침해하는가?**

(헌재 2004. 5. 27. 2003헌가1) 헌법불합치 (대학에 관한 부분은 위헌)

사건개요 : 학교환경위생정화구역에서 극장업을 하고 있는 청구인들은 위헌법률심판제청신청을 하였고 법원은 이를 받아들여 위헌심판제청결정을 하였다.

전체 논점 : ① 직업의 자유(적극) ② 표현의 자유 내지 예술의 자유(적극) ③ 학생들의 행복추구권(적극)

②의 결정요지 : 이러한 학교보건법은 극장운영자의 표현의 자유 및 예술의 자유도 필요한 이상으로 과도하게 침해하고 있으며, 표현·예술의 자유의 보장과 공연장 및 영화상영관 등이 담당하는 문화국가형성의 기능의 중요성을 간과하고 있다. 따라서 이 사건 법률조항은 표현의 자유 및 예술의 자유를 침해하는 위헌적인 규정이다.

※ 이후 「학교보건법」과 「영화 및 비디오물의 진흥에 관한 법률」의 개정을 통하여 학교환경위생정화구역에서는 제한상영관만이 금지된다.

판례2 **서울대를 법인화하는 것과 총장추천위원회에서 추천한 후보자를 이사회에서 선출하도록 한 규정은 대학 구성원의 총장추천권을 박탈하여 대학의 자율권을 침해하는가?**

(헌재 2014. 4. 24. 2011헌마612) 기각

사건개요 : 청구인들은 서울대학교를 국립대학법인으로 하는 법령이 대학의 자율과 공무담임권 및 평등권을 침해한다고 주장하며 헌법소원심판을 청구하였다.

전체 논점 : ① 평등권 ② 대학의 자율권 ③ 공무담임권

②의 결정요지 : 총장의 간접선출 조항은 교직원이 참여하는 총장추천위원회에서 추천한 후보자 중에서만 총장을 선출하도록 하고 있으므로 단순 임명제와는 달리 교직원의 의사가 어느 정도 반영되고 있으며, 총장추천위원회 운영에 관한 구체적인 사항을 정관에서 정하도록 위임하여 직접선거와 유사한 방식을 채택할 가능성도 열어 놓고 있으므로, 대학의 자율의 본질적 부분을 침해하였다고 볼 수 없다.

판례3 **총장이 단과대학장을 직접 지명하도록 하는 규정은 대학자율권을 침해하는가?**

(헌재 2014. 1. 28. 2011헌마239) 각하

사건개요 : 교육공무원 임용령이 개정되면서 총장이 단과대학장을 보할 때에는 추천을 받거나 선출의 절차를 거치지 아니하고 단과대학 소속 교수 또는 부교수 중에서 직접

지명하도록 규정하였다. 청구인들은 이러한 조항이 대학의 자율성 및 공무담임권을 침해한다고 주장하면서 헌법소원심판을 청구하였다.
전체 논점 : ① 대학의 자율성 침해(소극) ② 공무담임권 침해(소극)
결정요지 : 단과대학은 대학을 구성하는 하나의 조직·기관일 뿐이고, 단과대학장은 그 지위와 권한 및 중요도에서 대학의 장(총장)과 구별된다. 또한 대학의 장을 구성원들의 참여에 따라 자율적으로 선출한 이상, 하나의 보직에 불과한 단과대학장의 선출에 다시 한 번 대학교수들이 참여할 권리가 대학의 자율에서 당연히 도출된다고 보기 어렵다. 따라서 단과대학장의 선출에 참여할 권리는 대학의 자율에 포함된다고 볼 수 없어, 이 사건 심판대상조항에 의해 대학의 자율성이 침해될 가능성이 인정되지 아니한다. (중략) 헌법 제25조의 공무담임권의 보호영역에는 일반적으로 공직취임의 기회보장, 신분박탈, 직무의 정지에 관련된 사항이 포함되지만, 특별한 사정도 없이 공무원이 특정의 장소에서 근무하는 것이나 특정의 보직을 받아 근무하는 것을 포함하는 일종의 '공무수행의 자유'까지 포함된다고 보기 어렵다. 단과대학장이라는 특정의 보직을 받아 근무할 것을 요구할 권리는 공무담임권의 보호영역에 포함되지 않는 공무수행의 자유에 불과하므로, 이 사건 심판대상조항에 의해 청구인들의 공무담임권이 침해될 가능성이 인정되지 아니한다.

9. 언론·출판의 자유

❖ 헌법 제21조 ① 모든 국민은 언론·출판의 자유와 집회·결사의 자유를 가진다. ② 언론·출판에 대한 허가나 검열과 집회·결사에 대한 허가는 인정되지 아니한다. ③ 통신·방송의 시설기준과 신문의 기능을 보장하기 위하여 필요한 사항은 법률로 정한다. ④ 언론·출판은 타인의 명예나 권리 또는 공중도덕이나 사회윤리를 침해하여서는 아니된다. 언론·출판이 타인의 명예나 권리를 침해한 때에는 피해자는 이에 대한 피해의 배상을 청구할 수 있다.

언론·출판이란 언론·출판을 자유로이 할 수 있는 권리이다. 언론의 자유는 말·글·화상을 통한 의사표현과 전달매체를 통한 의견과 사상의 표현의 자유를 의미한다. 출판의 자유란 책을 발행하고 배포하는 자유를 말한다. 그리고 국민들이 방해받지 않고 정보를 수집할 수 있는 권리를 의미하는 알권리도 헌법 제21조에 의하여 보장된다. 국민의 알권리 보장을 위하여 정보공개법이 입법되어 있다.

공공기관의 정보공개에 관한 법률 (정보공개법) : 정보공개 청구권자와 정보공개청구에 응하여야 하는 공공기관의 정보공개의무, 비공개 대상 정보, 정보공개의 청구방법과 정보공개 여부의 결정절차, 정보공개심의회, 비공개 등에 대한 이의신청이나 행정심판 및 행정소송 등의 불복절차, 정보공개위원회 등이 규정되어 있다.

언론·출판에 대한 허가나 검열은 인정되지 아니한다. 사전검열이란 명칭이나 형식과 관계없이 실질적으로 행정권이 주체가 되어 사상이나 의견 등이 발표되기 이전에 예방적 조치로서 그 내용을 심사, 선별하여 발표를 사전에 억제하는, 즉 허가받지 아니한 것의 발표를 금지하는 제도를 뜻한다. 언론·출판에 대하여 사전검열이 허용될 경우에는 국민의 예술활동의 독창성과 창의성을 침해하여 정신생활에 미치는 위험이 클 뿐만 아니라, 행정기관이 집권자에게 불리한 내용의 표현을 사전에 억제함으로써, 이른바 관제의견이나 지배자에게 무해한 여론만을 허용하는 결과를 초래할 것이다. 따라서 이러한 사전검열은 절대적으로 금지되며 법률에 의하더라도 불가능하다.

사전검열금지원칙이 모든 형태의 사전적인 규제를 금지하는 것은 아니고, 의사표현의 발표 여부가 오로지 행정권의 허가에 달려 있는 사전심사만을 금지한다. 헌법이 금지하는 사전검열의 요건은 ① 일반적으로 허가를 받기 위한 표현물의 제출의무가 존재할 것 ② 행정권이 주체가 된 사전심사절차가 존재할 것 ③ 허가를 받지 아니한 의사표현을 금지할 것 ④ 심사절차를 관철할 수 있는 강제수단이 존재할 것 등이다.

판례1 **본인확인절차를 거쳐야만 인터넷게시판을 이용할 수 있도록 하는 본인확인제(인터넷실명제)를 규정한 「정보통신망 이용촉진 및 정보보호 등에 관한 법률」은 인터넷게시판 이용자의 표현의 자유, 개인정보자기결정권 및 인터넷게시판을 운영하는 정보통신서비스 제공자의 언론의 자유를 침해하는가?**

(헌재 2012. 8. 23. 2010헌마47) 위헌

사건개요 : 인터넷게시판을 운영하는 甲과 인터넷게시판을 이용하는 乙은 본인확인절차를 거쳐야만 게시판에 댓글 등을 게시할 수 있도록 하는 정보통신망법 규정이 기본권을

침해한다고 주장하면서 헌법소원심판을 청구하였다.
전체 논점 : ① 인터넷게시판 이용자의 익명표현의 자유 침해 ② 개인정보자기결정권 침해 ③ 정보통신서비스 제공자의 언론의 자유 침해 (모두 적극)
결정요지 : 인터넷실명제는 인터넷 주소 등의 추적 및 확인, 당해 정보의 삭제·임시조치, 손해배상, 형사처벌 등 인터넷 이용자의 표현의 자유나 개인정보자기결정권을 제약하지 않는 다른 수단에 의해서도 충분히 달성할 수 있음에도, 인터넷의 특성을 고려하지 아니한 채 본인확인제의 적용범위를 광범위하게 정하여 법집행자에게 자의적인 집행의 여지를 부여하고, 목적달성에 필요한 범위를 넘는 과도한 기본권 제한을 하고 있다.
※ 그리고, 선거운동기간 중 홈페이지의 게시판에 정당·후보자에 대한 지지·반대의 정보를 게시할 수 있도록 하는 경우 실명을 확인받도록 하는 「공직선거법」상의 실명확인제 또한 이용자의 익명표현의 자유와 개인정보자기결정권, 인터넷언론사의 언론의 자유를 침해한다(헌재 2021. 1. 28. 2018헌마456)고 결정함.
※ 그러나 공공기관 인터넷게시판의 실명제는 여전히 유효(「정보통신망법」 제44조의5(게시판이용자의 본인확인) 제1호)하다는 점을 유의할 필요가 있다.

판례2 사전심의를 받지 아니한 의료광고를 금지하고 이를 위반한 경우 처벌하는 의료법 규정들은 사전검열금지원칙에 위배되는가?

(헌재 2015. 12. 23. 2015헌바75) 위헌

사건개요 : 병원 벽면에 "최신 요실금 수술법, IOT, 간편시술, 비용저렴, 부작용無" 문구의 현수막을 설치한 의사가 의료법 위반으로 약식명령을 받고 위헌법률심판제청신청을 하였으나 기각되자 헌법소원심판을 청구하였다.
전체 논점 : 사전검열금지원칙
결정요지 : 헌법이 특정한 표현에 대해 예외적으로 검열을 허용하는 규정을 두지 않은 점, 이러한 상황에서 표현의 특성이나 규제의 필요성에 따라 언론·출판의 자유의 보호를 받는 표현 중에서 사전검열금지원칙의 적용이 배제되는 영역을 따로 설정할 경우 그 기준에 대한 객관성을 담보할 수 없다는 점 등을 고려하면, 헌법상 사전검열은 예외 없이 금지되는 것으로 보아야 하므로 의료광고 역시 사전검열금지원칙의 적용대상이 된다. 의료광고의 사전심의는 보건복지부장관으로부터 위탁을 받은 각 의사협회가 행하고 있으나 사전심의의 주체인 보건복지부장관은 언제든지 위탁을 철회하고 직접 의료광고 심의업무를 담당할 수 있는 점, 의료법 시행령이 심의위원회의 구성에 관하여 직접 규율하고 있는 점, 심의기관의 장은 심의 및 재심의 결과를 보건복지부장관에게 보고하여야 하는 점, 보건복지부장관은 의료인 단체에 대해 재정지원을 할 수 있는 점, 심의기준·절

차 등에 관한 사항을 대통령령으로 정하도록 하고 있는 점 등을 종합하여 보면, 각 의사협회는 행정권의 영향력에서 벗어나 독립적이고 자율적으로 사전심의업무를 수행하고 있다고 보기 어렵다. 따라서 이 사건 법률규정들은 사전검열금지원칙에 위배된다.
※ 이후 2018년 3월의 의료법 개정으로, 의사회 등 자율심의기구에서 의료광고 사전심의를 담당하고 있다.

10. 집회·결사의 자유

❖ 헌법 제21조 ① 모든 국민은 언론·출판의 자유와 집회·결사의 자유를 가진다. ② 언론·출판에 대한 허가나 검열과 집회·결사에 대한 허가는 인정되지 아니한다.

집회의 자유는 방해받지 않고 집회를 개최할 수 있는 자유이고, 결사의 자유는 단체를 구성하고 활동하는 데 방해를 받지 않을 자유이다.

1) 집회의 자유

집회의 자유는 집회의 시간, 장소, 방법과 목적을 스스로 결정할 권리를 보장한다. 집회의 자유에 의하여 구체적으로 보호되는 주요 행위는 집회의 준비 및 조직, 지휘, 참가, 집회장소·시간의 선택이다. 따라서 집회의 자유는 개인이 집회에 참가하는 것을 방해하거나 집회에 참가할 것을 강요하는 국가행위를 금지할 뿐만 아니라, 예컨대 집회장소로 여행하는 것을 방해하거나, 집회장소로부터 귀가하는 것을 방해하거나, 집회 참가자에 대한 검문의 방법으로 시간을 지연시킴으로써 집회 장소에 접근하는 것을 방해하는 등 집회의 자유 행사에 영향을 미치는 모든 조치를 금지한다. 한편, 집회의 자유는 집회를 통하여 형성된 의사를 집단적으로 표현하고 이를 통하여 불특정 다수인의 의사에 영향을 줄 자유를 포함한다. 시위의 자유는 집회의 자유를 규정한 헌법 제21조 제1항에 의하여 보호되는 기본권이다.

집회 및 시위에 관한 법률 (집시법) : 집회 및 시위에 관한 사항을 규정하는 법률이며, 옥외집회 및 시위의 신고제도, 집회 및 시위에 대한 방해금지, 해산된 정당을 위한 집회 및 시위의 금지, 폭력집회의 금지, 옥외집회와 시위의 금지장소, 교통소통을 위한 제한, 확성기 등 사용제한, 질서유지선과 질서유지인에 관한 사항, 집회 또는 시위의 해산명령 등에 관한 사항을 규정하고 있다.

제5조(집회 및 시위의 금지) ① 누구든지 다음 각 호의 어느 하나에 해당하는 집회나 시위를 주최하여서는 아니 된다.
1. 헌법재판소의 결정에 따라 해산된 정당의 목적을 달성하기 위한 집회 또는 시위
2. 집단적인 폭행, 협박, 손괴(損壞), 방화 등으로 공공의 안녕 질서에 직접적인 위협을 끼칠 것이 명백한 집회 또는 시위
② 누구든지 제1항에 따라 금지된 집회 또는 시위를 할 것을 선전하거나 선동하여서는 아니 된다.
제12조(교통 소통을 위한 제한) ① 관할경찰관서장은 대통령령으로 정하는 주요 도시의 주요 도로에서의 집회 또는 시위에 대하여 교통 소통을 위하여 필요하다고 인정하면 이를 금지하거나 교통질서 유지를 위한 조건을 붙여 제한할 수 있다.
② 집회 또는 시위의 주최자가 질서유지인을 두고 도로를 행진하는 경우에는 제1항에 따른 금지를 할 수 없다. 다만, 해당 도로와 주변 도로의 교통 소통에 장애를 발생시켜 심각한 교통 불편을 줄 우려가 있으면 제1항에 따른 금지를 할 수 있다.
제14조(확성기등 사용의 제한) ① 집회 또는 시위의 주최자는 확성기, 북, 징, 꽹과리 등의 기계·기구(이하 이 조에서 "확성기 등"이라 한다)를 사용하여 타인에게 심각한 피해를 주는 소음으로서 대통령령으로 정하는 기준을 위반하는 소음을 발생시켜서는 아니 된다. ② 관할경찰관서장은 집회 또는 시위의 주최자가 제1항에 따른 기준을 초과하는 소음을 발생시켜 타인에게 피해를 주는 경우에는 그 기준 이하의 소음 유지 또는 확성기등의 사용 중지를 명하거나 확성기 등의 일시보관 등 필요한 조치를 할 수 있다.
제15조(적용의 배제) 학문, 예술, 체육, 종교, 의식, 친목, 오락, 관혼상제(冠婚喪祭) 및 국경행사(國慶行事)에 관한 집회에는 제6조부터 제12조까지의 규정을 적용하지 아니한다.

판례1 야간에 옥외집회를 금지하는 「집회 및 시위에 관한 법률」 규정은 위헌인가?

(헌재 2009. 9. 24. 2008헌가25) 헌법불합치

사건개요 : 미국 소고기 수입반대 야간옥외집회 주최자가 집회 및 시위에 관한 법률 위반으로 재판을 받던 중에 위헌법률심판제청신청을 하였으나 기각되자 헌법소원심판을 신청하였다.

결정요지 : 헌법 제21조 제2항은 집회에 대한 허가제는 집회에 대한 검열제와 마찬가지이므로 이를 절대적으로 금지하겠다는 국민들의 헌법가치적 합의이며 헌법적 결단이다. 헌법 제21조 제2항에서 금지하고 있는 '허가'는 행정권이 주체가 되어 집회 이전에 예방적 조치로서 집회의 내용·시간·장소 등을 사전심사하여 일반적인 집회금지를 특정한 경우에 해제함으로써 집회를 할 수 있게 하는 제도, 즉 허가를 받지 아니한 집회를 금지하는 제도를 의미한다. 집시법 제10조 본문은 야간옥외집회를 일반적으로 금지하고, 그 단서는 행정권인 관할경찰서장이 집회의 성격 등을 포함하여 야간옥외집회의 허용 여부를 사전에 심사하여 결정한다는 것이므로, 결국 야간옥외집회에 관한 일반적 금지를 규정한 집시법 제10조 본문과 관할 경찰서장에 의한 예외적 허용을 규정한 단서는 그 전체로서 야간옥외집회에 대한 허가를 규정한 것이라고 보지 않을 수 없고, 이는 헌법 제21조 제2항에 정면으로 위반된다. 따라서 집시법 제10조 중 "옥외집회" 부분은 헌법 제21조 제2항에 의하여 금지되는 허가제를 규정한 것으로서 헌법에 위반된다.
※ 입법자에게 2010. 6. 30. 까지 개선입법을 촉구하였으나 법률은 개정되지 아니하였고, 해당 법률조항들은 2010. 7. 1.부터 그 효력을 상실하였다.

판례2 국회로부터 100미터 이내에서의 집회 또는 시위를 금지하고 처벌하는 것은 위헌인가?

(헌재 2018. 5. 31. 2013헌바322등) 헌법불합치

사건개요 : 국회의사당 경계지점으로부터 100미터 이내의 장소에서 피켓시위·연좌농성·구호제창 등의 방법으로 집회를 한 다수의 사건과 관련하여 피고인들은 헌법재판소에 헌법소원심판을 신청하였다.
결정요지 : 집회의 자유는 국민들이 타인과 접촉하고 정보와 의견을 교환하며 공동의 목적을 위하여 집단적으로 의사표현을 할 수 있게 함으로써 개성신장과 아울러 여론형성에 영향을 미칠 수 있게 하여 동화적 통합을 촉진하는 기능을 하며, 나아가 정치·사회현상에 대한 불만과 비판을 공개적으로 표출케 함으로써 정치적 불만세력을 사회적으로 통합하여 정치적 안정에 기여하는 역할을 한다. 또한 집회의 자유는 선거와 선거 사이의 기간에 유권자와 그 대표 사이의 의사를 연결하고, 대의기능이 약화된 경우에 그에 갈음하는 직접민주주의의 수단으로서 기능하며, 현대사회에서 의사표현의 통로가 봉쇄되거나 제한된 소수 집단에게 의사표현의 수단을 제공한다는 점에서, 대의제 민주국가에서는 언론·출판의 자유와 더불어 필수적 구성요소가 된다. 이러한 의미에서 헌법이 집회의 자유를 보장한 것은 관용과 다양한 견해가 공존하는 다원적인 '열린 사회'에 대한 헌법적 결단이라고 할 수 있다.

대한민국 국회는 국회 부지의 경계지점에 담장을 설치하고 있고, 국회의 담장으로부터 국회의사당 건물과 같은 국회 시설까지 상당한 공간이 확보되어 있으므로 국회의원 등의 자유로운 업무수행 및 국회 시설의 안전이 보장될 수 있다. 그럼에도 심판대상조항이 국회 부지 또는 담장을 기준으로 100미터 이내의 장소에서 옥외집회를 금지하는 것은 국회의 헌법적 기능에 대한 보호의 필요성을 고려하더라도 지나친 규제라고 할 것이다.
※ 이 헌법불합치 결정으로 2020년 6월 9일에 집회 및 시위에 관한 법률이 개정되어, 국회의 활동을 방해할 우려가 없는 경우나 대규모 집회 또는 시위로 확산될 우려가 없는 경우로서 국회의 기능이나 안녕을 침해할 우려가 없다고 인정되는 때에는 국회의 경계지점으로부터 100미터 이내의 장소라도 집회를 할 수 있게 되었다.
※ 또한 대통령 관저, 대법원장 공관, 국무총리 공관, 외교기관이나 외교사절의 숙소 등의 경우에도 100미터 이내 집회금지에 대한 헌법불합치 결정이 있었고, 법률개정을 통하여 집회금지에 대한 예외를 인정하는 단서규정이 입법되었다.

2) 결사의 자유

결사의 자유는 2인 이상의 자연인 또는 법인이 공동의 목적을 위하여 단체를 결성할 수 있는 자유를 말하는 것으로서, 적극적으로는 단체결성의 자유, 단체존속의 자유, 단체활동의 자유, 결사에의 가입·잔류의 자유를, 소극적으로는 기존의 단체로부터 탈퇴할 자유와 결사에 가입하지 아니할 자유를 내용으로 한다. 결사란 2인 이상의 자연인 또는 법인이 상당한 기간 동안 공동목적을 위하여 자유의사에 기하여 결합하고 조직화된 의사형성이 가능한 단체를 말한다.

판례1 고엽제전우회 회원은 월남전참전자회 회원이 될 수 없도록 (중복가입 금지) 한 「참전유공자예우 및 단체설립에 관한 법률」 규정은 위헌인가?

(헌재 2016. 4. 28. 2014헌바442) 합헌

사건개요 : 청구인은 「참전유공자예우 및 단체설립에 관한 법률」 제19조 단서에서 "대한민국고엽제전우회의 회원으로 가입한 사람은 월남전참전자회의 회원이 될 수 없다."는 규정에 대하여 위헌법률심판제청신청을 하였으나 기각되자 헌법소원심판을 청구하였다.
전체 논점 : ① 명확성 원칙 ② 결사의 자유 ③ 평등원칙 (모두 소극)
②의 결정요지 : 심판대상조항의 입법목적은 양 법인의 중복가입에 따라 발생할 수 있는 두 단체 사이의 마찰, 중복지원으로 인한 예산낭비, 중복가입자의 이해상반행위를 방지

하기 위한 것이다. 월남전참전자회의 회원 범위가 고엽제 관련자까지 확대될 경우 상대적으로 고엽제전우회의 조직 구성력이 약화되어 고엽제 관련자에 대한 특별한 보호가 약화될 우려가 있기 때문에, 심판대상조항이 기존에 운영 중인 고엽제전우회의 회원이 월남전 참전자회에 중복가입 하는 것을 제한한 것은 불가피한 조치라 할 것이다. 또한 심판대상조항으로 인하여 고엽제 관련자가 월남전참전자회의 회원이 될 수 없는 것이 아니라 월남전 참전자 중 고엽제 관련자는 양 법인 중에서 회원으로 가입할 법인을 선택할 수 있고 언제라도 그 선택의 변경이 가능하므로 심판대상조항이 청구인의 결사의 자유를 전면적으로 제한하는 것은 아니다. 따라서 심판대상조항은 과잉금지원칙에 위배된다고 볼 수 없다.

판례2 약사 또는 한약사 개인에게만 약국개설을 허용하고 법인에게는 약국개설을 허용하지 않는 것이 결사의 자유를 침해하는가?

(헌재 2002. 9. 19. 2000헌바84) 헌법불합치

사건개요 : 청구인은 약사 등으로 이루어진 주식회사인데 법인이 약국을 개설하는 것이 약사 또는 한약사가 아니면 약국을 개설할 수 없다고 규정된 약사법에 대하여 위헌제청 신청을 하였으나 기각되자 헌법소원심판을 청구하였다.

전체 논점 : ① 결사의 자유 ② 평등원칙 (모두 적극)

결정요지 : ① "약사 또는 한약사가 아니면 약국을 개설할 수 없다."고 규정한 약사법 제16조 제1항은 자연인 약사만이 약국을 개설할 수 있도록 함으로써, 약사가 아닌 자연인 및 일반법인은 물론, 약사들로만 구성된 법인의 약국 설립 및 운영도 금지하고 있는바, 국민의 보건을 위해서는 약국에서 실제로 약을 취급하고 판매하는 사람은 반드시 약사이어야 한다는 제한을 둘 필요가 있을 뿐, 약국의 개설 및 운영 자체를 자연인 약사에게만 허용할 합리적 이유는 없다. 입법자가 약국의 개설 및 운영을 일반인에게 개방할 경우에 예상되는 장단점을 고려한 정책적 판단의 결과 약사가 아닌 일반인 및 일반법인에게 약국개설을 허용하지 않는 것으로 결정하는 것은 그 입법형성의 재량권 내의 것으로서 헌법에 위반된다고 볼 수 없지만, 법인의 설립은 그 자체가 간접적인 직업선택의 한 방법으로서 직업수행의 자유의 본질적 부분의 하나이므로, 정당한 이유 없이 본래 약국개설권이 있는 약사들만으로 구성된 법인에게도 약국개설을 금지하는 것은 입법목적을 달성하기 위하여 필요하고 적정한 방법이 아니고, 입법형성권의 범위를 넘어 과도한 제한을 가하는 것으로서, 법인을 구성하여 약국을 개설·운영하려고 하는 약사들 및 이들로 구성된 법인의 직업선택(직업수행)의 자유의 본질적 내용을 침해하는 것이고, 동시에 약사들이 약국경영을 위한 법인을 설립하고 운영하는 것에 관한 결사의 자유를 침해하는 것이다.

② 변호사, 공인회계사 등 여타 전문직과 의약품제조업자 등 약사법의 규율을 받는 다른 직종들에 대하여는 법인을 구성하여 업무를 수행할 수 있도록 하면서, 약사에게만 합리적 이유 없이 이를 금지하는 것은 헌법상의 평등권을 침해하는 것이다.

11. 재산권

❖ 헌법 제23조 ① 모든 국민의 재산권은 보장된다. 그 내용과 한계는 법률로 정한다. ② 재산권의 행사는 공공복리에 적합하도록 하여야 한다. ③ 공공필요에 의한 재산권의 수용·사용 또는 제한 및 그에 대한 보상은 법률로써 하되, 정당한 보상을 지급하여야 한다.

재산권은 재산의 사용·수익·처분에 간섭을 받지 않을 권리인데, 재산권이란 사적 유용성 및 그에 대한 처분권을 포함하는 모든 재산가치 있는 권리를 말한다. 헌법상의 재산권에는 경제적 가치가 있는 모든 공법상·사법상의 권리를 뜻한다. 따라서 민법상의 물권, 급료청구권, 임차권, 주식권 등의 사법상의 권리와 광업권, 어업권, 공무원의 급료청구권·연금청구권 등의 공법상의 권리도 헌법상의 재산권에 포함된다.

판례1 개인택시면허의 양도와 상속을 금지하는 것은 재산권 등을 침해하는가?

(헌재 2012. 3. 29. 2010헌마443등) 기각

사건개요 : 개인택시면허는 1961년에 '자동차운수사업법'이 제정되면서 양도 및 상속이 가능하였으나, 이후 '여객자동차 운수사업법' 및 그 시행령이 개정되어 이를 금지함으로써 그 시행일인 2009. 11. 28. 이후에 개인택시면허를 취득한 경우에는 개인택시면허를 양도하거나 상속시킬 수 없게 되었다. 이에 청구인들은 헌법소원심판을 청구하였다.

전체 논점 : ① 재산권 침해(소극) ② 신뢰보호원칙 위배(소극) ③ 평등권 침해(소극)

결정요지 : ① 개인택시의 공급과잉을 억제할 필요가 있고, 개인택시면허의 양도 및 상속에 따르는 프리미엄의 획득·유지는 면허처분에 의하여 직접적으로 부여되는 이익이 아니며, 개인택시면허는 공법상의 권리로서 행정목적상의 한계를 가진다. 따라서 이 사건 시행령조항이 법률의 위임을 받아 개인택시면허의 양도 및 상속을 제한하는 것을 두고 법률유보원칙에 위배되거나 입법형성권의 한계를 벗어나 청구인들의 재산권을 침해하는 것으로 볼 수 없다. ② 개인택시면허의 양도 및 상속에 따르는 청구인들의 경제적 이익은

이에 대한 기대가 신뢰보호를 받아야 할 만큼 확고한 이익이라고 보기 어렵고, 개인택시 면허의 양도는 원래 인가사항이었으며, 개인택시의 공급과잉이 수년간 지속되고 있었으므로 면허의 양도 및 상속이 계속해서 허용될 것이라는 신뢰의 보호가치가 크다고 할 수 없다. 한편 개인택시의 적정량을 유지함으로써 승객에 대한 서비스를 향상하고 택시의 관리 소홀로 인하여 국민의 생명·신체에 위험이 초래되는 것을 방지한다는 공익은 청구인들의 신뢰이익보다 중대하므로 개인택시면허의 양도 및 상속을 금지하는 이 사건 시행령조항은 신뢰보호원칙에 위배되지 아니한다. ③ 종전면허에 대하여 종전의 규정에 따라 양도 및 상속을 허용하는 것은 구법에서 신법으로 이전하는 과정에서 종전면허 취득자가 구법질서에 대하여 가지고 있던 신뢰를 보호하기 위한 것이다. 종전면허의 경우는 발급 당시 양도 및 상속이 허용되고 있었고 면허발급 대기자들도 이를 믿고 면허를 취득하여 보유하게 된 것이지만, 신규면허의 경우는 면허 발급 전에 이미 이 사건 시행령조항의 시행으로 양도 및 상속이 금지되고 있었으므로 당시의 면허발급 대기자들은 양도 및 상속이 금지됨을 알고 면허를 취득하게 된 것이다. 따라서 이 사건 시행령부칙조항이 종전면허와 신규면허를 자의적으로 차별하여 청구인들의 평등권을 침해한다고 할 수 없다.

판례2 별거나 가출 등으로 실질적인 혼인관계가 존재하지 아니하여 연금 형성에 기여가 없는 이혼배우자에 대해서까지 법률혼 기간을 기준으로 분할연금 수급권을 인정하는 국민연금법 규정은 재산권을 침해하는가?

(헌재 2016. 12. 29. 2015헌바182) 헌법불합치

사건개요 : 청구인은 법률혼 관계에 있었지만 실질적으로는 부부공동생활이 파탄에 이른 탓에 연금형성에 아무런 기여가 없는 이혼배우자에게 분할연금수급권을 인정하는 국민연금법 규정에 대하여 헌법소원심판을 청구하였다.

전체 논점 : 재산권 침해(적극)

결정요지 : 분할연금제도는 재산권적인 성격과 사회보장적 성격을 함께 가진다. 분할연금제도의 재산권적 성격은 노령연금 수급권도 혼인생활 중에 협력하여 이룬 부부의 공동재산이므로 이혼 후에는 그 기여분에 해당하는 몫을 분할하여야 한다는 것이고, 여기서 노령연금 수급권 형성에 대한 기여란 부부공동생활 중에 역할분담의 차원에서 이루어지는 가사·육아 등을 의미하므로, 분할연금은 국민연금 가입기간 중 실질적인 혼인기간을 고려하여 산정하여야 한다. 따라서 법률혼 관계를 유지하고 있었다고 하더라도 실질적인 혼인관계가 해소되어 노령연금 수급권의 형성에 아무런 기여가 없었다면 그 기간에 대하여는 노령연금의 분할을 청구할 전제를 갖추었다고 볼 수 없다. 그럼에도 불구하고 심판대상조항은 법률혼 관계에 있었지만 별거·가출 등으로 실질적인 혼인관계

가 존재하지 않았던 기간을 일률적으로 혼인 기간에 포함시켜 분할연금을 산정하도록 하고 있는바, 이는 분할연금제도의 재산권적 성격을 몰각시키는 것으로서 그 입법형성권의 재량을 벗어났다고 보아야 한다. 심판대상조항은 재산권을 침해한다.

※ 이후 국민연금법 제64조 제1항은 배우자의 가입기간 중의 혼인 기간에서 별거, 가출 등 실질적인 혼인관계가 존재하지 아니하였던 기간이 제외되도록 개정되었다.

판례3 고급골프장 사업과 같이 공익성이 낮은 사업에 대해서도 민간개발자에게 수용권한을 부여하는 구 '지역균형개발 및 지방중소기업 육성에 관한 법률' 규정이 헌법 제23조 제3항에 위배되는지?

(헌재 2014. 10. 30. 2011헌바172) 헌법불합치

사건개요 : 골프장건설을 위한 사업에 토지가 수용된 청구인은 청구인을 상대로 한 부동산인도 재판 계속 중에 위헌법률심판제청 신청을 하였으나 기각되자 헌법소원심판을 청구하였다.

전체논점 : 재산권 침해(적극)

결정요지 : 헌법 제23조 제3항에서 규정하고 있는 '공공필요'는 "국민의 재산권을 그 의사에 반하여 강제적으로라도 취득해야 할 공익적 필요성"으로서, '공공필요'의 개념은 '공익성'과 '필요성'이라는 요소로 구성되어 있는바, '공익성'의 정도를 판단함에 있어서는 공용수용을 허용하고 있는 개별법의 입법목적, 사업내용, 사업이 입법목적에 이바지하는 정도는 물론, 특히 그 사업이 대중을 상대로 하는 영업인 경우에는 그 사업 시설에 대한 대중의 이용·접근가능성도 아울러 고려하여야 한다. 그리고 '필요성'이 인정되기 위해서는 공용수용을 통하여 달성하려는 공익과 그로 인하여 재산권을 침해당하는 사인의 이익 사이의 형량에서 사인의 재산권침해를 정당화할 정도의 공익의 우월성이 인정되어야 하며, 사업시행자가 사인인 경우에는 그 사업 시행으로 획득할 수 있는 공익이 현저히 해태되지 않도록 보장하는 제도적 규율도 갖추어져 있어야 한다.

지구개발사업의 하나인 '관광휴양지 조성사업' 중에는 고급골프장, 고급리조트 등의 사업과 같이 입법목적에 대한 기여도가 낮을 뿐만 아니라, 대중의 이용·접근가능성이 작아 공익성이 낮은 사업도 있다. 또한 고급골프장 등 사업은 그 특성상 사업 운영 과정에서 발생하는 지방세수 확보와 지역경제 활성화는 부수적인 공익일 뿐이고, 이 정도의 공익이 그 사업으로 인하여 강제수용 당하는 주민들의 기본권침해를 정당화할 정도로 우월하다고 볼 수는 없다. 이 사건 법률조항은 공익적 필요성이 인정되기 어려운 민간개발자의 지구개발사업을 위해서까지 공공수용이 허용될 수 있는 가능성을 열어두고 있어 헌법 제23조 제3항에 위반된다.

판례4 **공연관람자들에게 문예진흥기금을 징수하도록 규정하고 있는 「문화예술진흥법」은 재산권을 침해하는가?**

(헌재 2003. 12. 18. 2002헌가2) 위헌

사건개요 : 문예진흥기금으로 수금한 금액을 횡령한 혐의로 재판을 받던 공연기획사 직원이 문예진흥기금의 근거법률인 문화예술진흥법에 대하여 위헌법률심판제청신청을 하였고 법원은 이를 받아들여 헌법재판소에 위헌제청을 하였다.

전체 논점 : ① 재산권 침해(적극) ② 포괄적 위임입법금지 원칙 위반(적극)

①의 결정요지 : 문예진흥기금의 모금대상인 시설을 이용하는 자를 공연 등을 관람한다는 이유만으로, 역사적·사회적으로 나아가 법적으로, 다른 사람들과 구분할 만한 동질성 있는 특별한 집단으로 인정하는 것은 대단히 무리이다. 또한 공연 등을 관람하는 일부의 국민들만이 문화예술의 진흥에 집단적으로 특별한 책임을 부담하여야 할 아무런 합리적인 이유도 없다. 따라서, 문예진흥기금의 납입금 자체가 특별부담금의 헌법적 허용한계를 벗어나서 국민의 재산권을 침해하므로 위헌이다.

토지공개념

토지의 공공성을 강조하여, 토지의 소유권과 처분권을 공익을 위해 일부 제한할 수 있다는 개념으로, 택지소유상한제, 토지초과이득세, 개발이익환수제, 토지거래허가제 등을 내용으로 한다. 그러나 토지공개념을 우리 법제에 도입하는 것과 관련해서는 찬반론이 극심했다. 1989년에 제정된 토지공개념 3법 가운데 토지초과이득세법은 헌법불합치 결정을 받고, 택지소유상한에 관한 법률은 위헌 결정을 받았으며, 개발이익환수법은 비수도권은 2002년 수도권은 2004년부터 개별부담금의 부과가 중지되면서 거의 사문화되었다.

판례1 **미실현소득에 대하여 과세하는 토지초과이득세는 재산권 등을 침해하는가?**

(헌재 1994. 7. 29. 92헌바49등) 헌법불합치

사건개요 : 유휴토지를 보유하고 있는 사람에 대하여 토지초과이득세를 부과하는 것은 재산권 등을 침해하는 것이라고 주장하며 헌법소원심판이 청구되었다.

결정요지 : 미실현이득에 대한 과세제도가 이론상으로는 조세의 기본원리에 배치되는 것이 아니라고 하더라도, 미실현이득은 용어 그대로 그 이득이 아직 자본과 분리되지 아니하여 현실적으로 지배·관리·처분할 수 있는 상태에 있는 것이 아니라는 특성으로 인하여, 수득세의 형태로 이를 조세로 환수함에 있어서는 과세대상이득의 공정하고도 정

확한 계측 문제, 조세법상의 응능부담 원칙과 모순되지 않도록 납세자의 현실 담세력을 고려하는 문제, 지가변동순환기를 고려한 적정한 과세기간의 설정문제, 지가하락에 대비한 적절한 보충규정 설정문제 등 선결되지 아니하면 아니 될 여러 가지 과제가 있다. 실제 세계의 여러 나라에서 불로소득의 환수와 지가안정을 이유로 부동산상의 미실현이득에 대한 과세의 정당성과 필요성이 오래 전부터 주장되어 왔음에도 불구하고, 오늘날 그러한 과세제도가 성공적으로 정착되고 있는 입법례를 찾아보기가 쉽지 아니하다는 것은, 바로 미실현이득에 대한 과세제도의 이와 같은 난점을 실증적으로 반영하고 있는 것이라 할 수 있다.

특히 토초세는 토지재산, 즉 원본에 대한 과세가 아니라 원본으로부터 파생된 이득에 대하여 과세하는 수득세의 일종이므로, 만약 유휴토지 등 소유자가 가공이득에 대한 토초세를 부담하는 경우가 생긴다면, 이는 원본인 토지 자체를 무상으로 몰수당하는 셈이 되어 수득세의 본질에도 반하는 결과가 될 뿐만 아니라, 결과적으로 헌법상의 재산권 보장원칙에 배치되고 조세원리상의 실질과세, 공평과세의 이념에도 반한다고 하지 아니할 수 없다.

※ 토지초과이득세법은 1994년에 일부 개정되었다가 1998년에 결국 폐지되었다.

판례2 토지거래허가제도는 위헌인가?

(헌재 1989. 12 . 22. 88헌가13) 기각

사건개요 : 토지거래구역내 토지의 미등기 전매로 2,275만원의 전매차익을 취득하여 국토이용관리법 조항을 위반한 혐의로 재판은 받던 사람이 토지거래허가제를 규정하고 있는 법률규정이 헌법에 위배된다고 주장하며 법원에 위헌법률심판제청신청을 하였고, 법원은 헌법재판소에 위헌법률심판을 제청하였다.

결정요지 : ① 사유재산제도의 보장은 타인과 더불어 살아가야 하는 공동체생활과의 조화와 균형을 흐트러뜨리지 않는 범위 내에서의 보장이다. ② 토지재산권의 본질적인 내용이라는 것은 토지재산권의 핵이 되는 실질적 요소 내지 근본요소를 뜻한다. ③ 국토이용관리법 제21조의3 제1항의 토지거래허가제는 사유재산제도의 부정이 아니라 그 제한의 한 형태이고 토지의 투기적 거래의 억제를 위하여 그 처분을 제한함은 부득이한 것이므로 재산권의 본질적인 침해가 아니며, 헌법상의 경제조항에도 위배되지 아니하고 현재의 상황에서 이러한 제한수단의 선택이 헌법상의 비례의 원칙이나 과잉금지의 원칙에 위배된다고 할 수도 없다.

※ 현재 토지거래허가제는 「부동산 거래신고 등에 관한 법률」 제10조(토지거래허가구역의 지정) 이하에 규정되어 있다.

12. 직업의 자유

❖ 헌법 제15조 모든 국민은 직업선택의 자유를 가진다.

직업의 자유란 직업을 선택하고 수행함에 있어서 간섭을 받지 않을 자유를 말한다. 직업의 자유에 의한 보호의 대상이 되는 '직업'은 '생활의 기본적 수요를 충족시키기 위한 계속적 소득활동'을 의미한다.

판례1 **학원강사로 하여금 '대학 졸업 이상의 학력 소지자일 것'을 정하고 있는 「학원의 설립·운영 및 과외교습에 관한 법률」은 대학재학생 등의 직업의 자유를 침해하는가?**

(헌재 2003. 9. 25. 2002헌마519) 기각

사건개요 : 대학 졸업 이상의 학력을 규정한 학원강사의 자격기준으로 규정한 법률 규정으로 인하여 방학에 입시학원 강사로 일하는 것이 불가능한 대학 재학생인 청구인은 헌법소원심판을 청구하였다.

전체 논점 : ① 직업의 자유 침해 ② 평등권 침해 ③ 행복추구권 (모두 소극)

①의 결정요지 : 직업의 자유에 의한 보호의 대상이 되는 '직업'은 '생활의 기본적 수요를 충족시키기 위한 계속적 소득활동'을 의미하며 그러한 내용의 활동인 한 그 종류나 성질을 묻지 아니한다. '계속성'과 관련하여서는 주관적으로 활동의 주체가 어느 정도 계속적으로 해당 소득활동을 영위할 의사가 있고, 객관적으로도 그러한 활동이 계속성을 띨 수 있으면 족하다고 해석되므로 휴가기간 중에 하는 일, 수습직으로서의 활동 따위도 이에 포함된다고 볼 것이고, 또 '생활수단성'과 관련하여서는 단순한 여가활동이나 취미활동은 직업의 개념에 포함되지 않으나 겸업이나 부업은 삶의 수요를 충족하기에 적합하므로 직업에 해당한다. 대학 재학생이 방학이나 휴학 중에 학원강사로서 일하는 행위는 어느 정도 계속성을 띤 소득활동으로서 직업의 자유의 보호영역에 속한다. 그러나 학원강사로 하여금 '대학 졸업 이상의 학력 소지자일 것'을 정하고 있는「학원의 설립·운영 및 과외교습에 관한 법률」이 직업의 자유를 침해하지는 않는다.

※ 이후 동 시행령 별표의 해당 규정은 '전문대학 졸업자 또는 이와 같은 수준 이상의 학력이 있는 사람'으로 개정되었다.

판례2 **의료인은 둘 이상의 의료기관을 운영할 수 없도록 규정한 의료법은 위헌인가?**

(헌재 2019. 8. 29. 2014헌바212) 기각

사건개요 : 둘 이상의 의료기관을 운영하여 재판을 받던 의사는 의료기관 중복운영을 금지하는 의료법에 대하여 위헌법률심판제청신청을 하였으나 기각되자 헌법소원심판을 청구하였다.
전체 논점 : ① 죄형법정주의의 명확성 원칙 ② 직업의 자유 ③ 신뢰보호원칙 ④ 평등원칙 (모두 소극)
결정요지 : ② 이 사건 법률조항은 의료인으로 하여금 하나의 의료기관에서 책임 있는 의료행위를 하게 하여 의료행위의 질을 유지하고, 지나친 영리추구로 인한 의료의 공공성 훼손 및 의료서비스 수급의 불균형을 방지하며, 소수의 의료인에 의한 의료시장의 독과점 및 의료시장의 양극화를 방지하기 위한 것이다. 이 사건 법률조항이 금지하는 중복운영방식은 주로 1인의 의료인이 주도적인 지위에서 여러 개의 의료기관을 지배·관리하는 형태이다. 이러한 형태의 중복운영은 의료행위에 외부적인 요인을 개입하게 하고, 의료기관의 운영주체와 실제 의료행위를 하는 의료인을 분리시켜 실제 의료행위를 하는 의료인이 다른 의료인에게 종속되게 하며, 지나친 영리추구로 나아갈 우려도 크다. 이에 입법자는 기존의 규제들만으로는 효과적으로 규제하기에 부족하다고 보고 이 사건 법률조항을 도입한 것이다. 위반 시의 법정형도 집행유예나 벌금형의 선고가 가능하도록 상한만 제한하고 있어, 형벌의 종류나 형량의 선택폭이 과도하게 제한되어 있다고 보기도 어렵다. 그 외에 의료의 중요성, 우리나라의 취약한 공공의료의 실태, 의료인이 여러 개의 의료기관을 운영할 때 의료계 및 국민건강보험 재정 등 국민보건 전반에 미치는 영향, 국가가 국민의 건강을 보호하고 적정한 의료급여를 보장해야 하는 사회국가적 의무 등을 종합하여 볼 때, 이 사건 법률조항은 과잉금지원칙에 반한다고 할 수 없다.
④ 이 사건 법률조항은 수범자를 의료인으로 한정하여, 의료법인 등은 위 조항의 적용을 받지 않고 둘 이상의 의료기관을 운영할 수 있다. 그러나 의료법인 등은 설립에서부터 국가의 관리를 받고, 이사회나 정관에 의한 통제가 가능하며, 명시적으로 영리추구가 금지된다. 이처럼 의료인 개인과 의료법인 등의 법인은 중복운영을 금지할 필요성에서 차이가 있으므로, 의료인과 의료법인 등을 달리 취급하는 것은 합리적인 이유가 인정된다. 따라서 이 사건 법률조항은 평등원칙에 반하지 않는다.

Ⅲ. 정치적 기본권

1. 선거권

❖ 헌법 제24조 모든 국민은 법률이 정하는 바에 의하여 선거권을 가진다.

선거권이란 공직자를 선출하기 위한 행위에 참여할 수 있는 권리이다. 민주주의 국가에서 국민주권과 대의제 민주주의의 실현수단으로서 선거권이 갖는 중요성으로 인해 입법자는 선거권을 최대한 보장하는 방향으로 입법을 하여야 한다.

공직선거법 제15조(선거권) ① 18세 이상의 국민은 대통령 및 국회의원의 선거권이 있다. 다만, 지역구국회의원의 선거권은 18세 이상의 국민으로서 제37조제1항에 따른 선거인명부작성기준일 현재 다음 각 호의 어느 하나에 해당하는 사람에 한하여 인정된다.
1. 「주민등록법」 제6조제1항제1호 또는 제2호에 해당하는 사람으로서 해당 국회의원지역선거구 안에 주민등록이 되어 있는 사람
2. 「주민등록법」 제6조제1항제3호에 해당하는 사람으로서 주민등록표에 3개월 이상 계속하여 올라 있고 해당 국회의원지역선거구 안에 주민등록이 되어 있는 사람

② 18세 이상으로서 제37조제1항에 따른 선거인명부작성기준일 현재 다음 각 호의 어느 하나에 해당하는 사람은 그 구역에서 선거하는 지방자치단체의 의회의원 및 장의 선거권이 있다.
1. 「주민등록법」 제6조제1항제1호 또는 제2호에 해당하는 사람으로서 해당 지방자치단체의 관할 구역에 주민등록이 되어 있는 사람
2. 「주민등록법」 제6조제1항제3호에 해당하는 사람으로서 주민등록표에 3개월 이상 계속하여 올라 있고 해당 지방자치단체의 관할구역에 주민등록이 되어 있는 사람
3. 「출입국관리법」 제10조에 따른 영주의 체류자격 취득일 후 3년이 경과한 외국인으로서 같은 법 제34조에 따라 해당 지방자치단체의 외국인등록대장에 올라 있는 사람

제18조(선거권이 없는 자) ① 선거일 현재 다음 각 호의 어느 하나에 해당하는 사람은 선거권이 없다.
1. 금치산선고를 받은 자
2. 1년 이상의 징역 또는 금고의 형의 선고를 받고 그 집행이 종료되지 아니하거나 그 집행

을 받지 아니하기로 확정되지 아니한 사람. 다만, 그 형의 집행유예를 선고받고 유예기간 중에 있는 사람은 제외한다.

3. 선거범, 「정치자금법」 제45조(정치자금부정수수죄) 및 제49조(선거비용관련 위반행위에 관한 벌칙)에 규정된 죄를 범한 자 또는 대통령·국회의원·지방의회의원·지방자치단체의 장으로서 그 재임중의 직무와 관련하여 「형법」(「특정범죄가중처벌 등에 관한 법률」 제2조에 의하여 가중처벌되는 경우를 포함한다) 제129조(수뢰, 사전수뢰) 내지 제132조(알선수뢰)·「특정범죄가중처벌 등에 관한 법률」 제3조(알선수재)에 규정된 죄를 범한 자로서, 100만원이상의 벌금형의 선고를 받고 그 형이 확정된 후 5년 또는 형의 집행유예의 선고를 받고 그 형이 확정된 후 10년을 경과하지 아니하거나 징역형의 선고를 받고 그 집행을 받지 아니하기로 확정된 후 또는 그 형의 집행이 종료되거나 면제된 후 10년을 경과하지 아니한 자(형이 실효된 자도 포함한다)

4. 법원의 판결 또는 다른 법률에 의하여 선거권이 정지 또는 상실된 자

② 제1항제3호에서 "선거범"이라 함은 제16장 벌칙에 규정된 죄와 「국민투표법」 위반의 죄를 범한 자를 말한다.

③ 「형법」 제38조에도 불구하고 제1항제3호에 규정된 죄와 다른 죄의 경합범에 대하여는 이를 분리 선고하고, 선거사무장·선거사무소의 회계책임자(선거사무소의 회계책임자로 선임·신고되지 아니한 사람으로서 후보자와 통모(通謀)하여 해당 후보자의 선거비용으로 지출한 금액이 선거비용제한액의 3분의 1 이상에 해당하는 사람을 포함한다) 또는 후보자(후보자가 되려는 사람을 포함한다)의 직계존비속 및 배우자에게 제263조 및 제265조에 규정된 죄와 이 조 제1항제3호에 규정된 죄의 경합범으로 징역형 또는 300만원 이상의 벌금형을 선고하는 때(선거사무장, 선거사무소의 회계책임자에 대하여는 선임·신고되기 전의 행위로 인한 경우를 포함한다)에는 이를 분리 선고하여야 한다.

판례1 구 공직선거법에서 수형자와 집행유예자의 선거권을 제한한 것은 합헌인가?

(헌재 2014. 1. 28. 2012헌마409등) 위헌·헌법불합치

사건개요 : 집행유예와 유기징역 실형을 선고받은 청구인들은 당시의 공직선거법에 의하여 선거권이 없는 자에 해당한다는 이유로 선거권을 행사하지 못하게 되자 선거권 침해를 이유로 헌법소원심판을 청구하였다.

결정요지 : 선거심판대상조항은 집행유예자와 수형자에 대하여 전면적·획일적으로 선거권을 제한하고 있다. 심판대상조항의 입법목적에 비추어 보더라도, 구체적인 범죄의 종류나 내용 및 불법성의 정도 등과 관계없이 일률적으로 선거권을 제한하여야 할 필요성

이 있다고 보기는 어렵다. 범죄자가 저지른 범죄의 경중을 전혀 고려하지 않고 수형자와 집행유예자 모두의 선거권을 제한하는 것은 침해의 최소성원칙에 어긋난다. 특히 집행유예자는 집행유예 선고가 실효되거나 취소되지 않는 한 교정시설에 구금되지 않고 일반인과 동일한 사회생활을 하고 있으므로, 그들의 선거권을 제한해야 할 필요성이 크지 않다. 따라서 심판대상조항은 청구인들의 선거권을 침해하고, 보통선거원칙에 위반하여 집행유예자와 수형자를 차별취급하는 것이므로 평등원칙에도 어긋난다.
심판대상조항 중 수형자에 관한 부분의 위헌성은 지나치게 전면적·획일적으로 수형자의 선거권을 제한한다는 데 있다. 그런데 그 위헌성을 제거하고 수형자에게 헌법합치적으로 선거권을 부여하는 것은 입법자의 형성재량에 속하므로 심판대상조항 중 수형자에 관한 부분에 대하여 헌법불합치결정을 선고한다.

판례2 재외국민의 선거권 행사를 전면적으로 부정하고 있는 「공직선거법」 규정은 재외국민의 선거권을 침해하는가?

(헌재 2007. 6. 28. 2004헌마644) 헌법불합치

사건개요 : 재일 한국인들은 재외국민의 선거권 행사 요건으로 주민등록을 규정하는 공직선거법이 기본권을 침해한다고 주장하며 헌법소원심판을 청구하였다.
전체 논점 : ① 보통선거원칙 위반 ② 선거권 침해 ③ 공무담임권 침해 ④ 국민투표권 침해 (모두 적극)
결정요지 : 선거권의 제한은 불가피하게 요청되는 개별적·구체적 사유가 존재함이 명백할 경우에만 정당화될 수 있고, 막연하고 추상적인 위험이나 국가의 노력에 의해 극복될 수 있는 기술상의 어려움이나 장애 등을 사유로 그 제한이 정당화될 수 없다. 북한주민이나 조총련계 재일동포가 선거에 영향을 미칠 가능성, 선거의 공정성, 선거기술적 이유 등은 재외국민등록제도나 재외국민 거소신고제도, 해외에서의 선거운동방법에 대한 제한이나 투표자 신분확인제도, 정보기술의 활용 등을 통해 극복할 수 있으며, 나아가 납세나 국방의무와 선거권 간의 필연적 견련관계도 인정되지 않는다는 점 등에 비추어 볼 때, 단지 주민등록이 되어 있는지 여부에 따라 선거인명부에 오를 자격을 결정하여 그에 따라 선거권 행사 여부가 결정되도록 함으로써 엄연히 대한민국의 국민임에도 불구하고 주민등록법상 주민등록을 할 수 없는 재외국민의 선거권 행사를 전면적으로 부정하고 있는 법 제37조 제1항은 어떠한 정당한 목적도 찾기 어려우므로 헌법 제37조 제2항에 위반하여 재외국민의 선거권과 평등권을 침해하고 보통선거원칙에도 위반된다.
※ 이후 공직선거법의 개정을 통하여, 재외국민도 대통령선거나 국회의원선거에 투표를 할 수 있게 되었다.

2. 공무담임권

❖ 헌법 제25조 모든 국민은 법률이 정하는 바에 의하여 공무담임권을 가진다.

헌법 제25조는 "모든 국민은 법률이 정하는 바에 의하여 공무담임권을 가진다"고 규정하고 있다. 공무담임권이란 국가나 공공단체의 공무를 맡을 권리이다. 이는 선거에 입후보하여 당선될 수 있는 피선거권과 공직에 임명될 수 있는 공직취임권을 포괄하는 개념이다. 헌법 제25조가 보장하는 비선거직 공무원에 대한 공직취임권은 모든 국민에게 누구나 그 능력과 적성에 따라 공직에 취임할 수 있는 균등한 기회를 보장한다. 따라서 공직자 선발에 있어서 해당 공직이 요구하는 직무수행능력과 무관한 요소인 성별·종교·사회적 신분·출신지역 등을 이유로 하는 차별은 허용되지 않는다. 이러한 능력주의 원칙에는 예외가 있다. 즉, 국가유공자·상이군경, 전몰군경의 유가족에 대한 우선적 근로기회보장, 여자·노인·청소년·장애자 등에 대한 사회보장의무로 인하여 능력주의가 제한될 수 있다.

공직선거법 제16조(피선거권) ① 선거일 현재 5년 이상 국내에 거주하고 있는 40세 이상의 국민은 대통령의 피선거권이 있다. 이 경우 공무로 외국에 파견된 기간과 국내에 주소를 두고 일정기간 외국에 체류한 기간은 국내거주기간으로 본다.
② 18세 이상의 국민은 국회의원의 피선거권이 있다.
③ 선거일 현재 계속하여 60일 이상(공무로 외국에 파견되어 선거일전 60일후에 귀국한 자는 선거인명부작성기준일부터 계속하여 선거일까지) 해당 지방자치단체의 관할구역에 주민등록이 되어 있는 주민으로서 18세 이상의 국민은 그 지방의회의원 및 지방자치단체의 장의 피선거권이 있다. 이 경우 60일의 기간은 그 지방자치단체의 설치·폐지·분할·합병 또는 구역변경(제28조 각 호의 어느 하나에 따른 구역변경을 포함한다)에 의하여 중단되지 아니한다.
④ 제3항 전단의 경우에 지방자치단체의 사무소 소재지가 다른 지방자치단체의 관할 구역에 있어 해당 지방자치단체의 장의 주민등록이 다른 지방자치단체의 관할 구역에 있게 된 때에는 해당 지방자치단체의 관할 구역에 주민등록이 되어 있는 것으로 본다.
제19조(피선거권이 없는 자) 선거일 현재 다음 각 호의 어느 하나에 해당하는 자는 피선거권이 없다.

1. 제18조(選擧權이 없는 者)제1항제1호 · 제3호 또는 제4호에 해당하는 자
2. 금고 이상의 형의 선고를 받고 그 형이 실효되지 아니한 자
3. 법원의 판결 또는 다른 법률에 의하여 피선거권이 정지되거나 상실된 자
4. 「국회법」 제166조(국회 회의 방해죄)의 죄를 범한 자로서 다음 각 목의 어느 하나에 해당하는 자(형이 실효된 자를 포함한다)
가. 500만원 이상의 벌금형의 선고를 받고 그 형이 확정된 후 5년이 경과되지 아니한 자
나. 형의 집행유예의 선고를 받고 그 형이 확정된 후 10년이 경과되지 아니한 자
다. 징역형의 선고를 받고 그 집행을 받지 아니하기로 확정된 후 또는 그 형의 집행이 종료되거나 면제된 후 10년이 경과되지 아니한 자
5. 제230조제6항의 죄를 범한 자로서 벌금형의 선고를 받고 그 형이 확정된 후 10년을 경과하지 아니한 자(형이 실효된 자도 포함한다)

판례1 국가기관이 실시하는 채용시험에 응시하는 국가유공자의 가족에게 10%의 가산점을 주도록 한 「국가유공자등예우및지원에관한법률」은 가산점 비수혜자의 공무담임권을 침해하는가?

(헌재 2006. 2. 23. 2004헌마675) 헌법불합치

사건개요 : 7급과 9급 공무원시험을 준비하는 청구인들은 국가유공자의 가족에게 필기시험 만점의 10% 가산점을 부여하는 「국가유공자 등 예우 및 지원에 관한 법률」이 기본권을 침해한다고 주장하며 헌법소원심판을 청구하였다.

전체 논점 : ① 평등권 침해(적극) ② 공무담임권 침해(적극)

결정요지 : 이 사건 조항의 경우 명시적인 헌법적 근거 없이 국가유공자의 가족들에게 만점의 10%라는 높은 가산점을 부여하고 있는바, 그러한 가산점 부여 대상자의 광범위성과 가산점 10%의 심각한 영향력과 차별효과를 고려할 때, 그러한 입법정책만으로 헌법상의 공정경쟁의 원리와 기회균등의 원칙을 훼손하는 것은 부적절하며, 국가유공자의 가족의 공직 취업기회를 위하여 매년 많은 일반 응시자들에게 불합격이라는 심각한 불이익을 입게 하는 것은 정당화될 수 없다. 이 사건 조항의 차별로 인한 불평등 효과는 입법목적과 그 달성수단 간의 비례성을 현저히 초과하는 것이므로, 이 사건 조항은 청구인들과 같은 일반 공직시험 응시자들의 평등권을 침해한다. 이 사건 조항이 공무담임권의 행사에 있어서 일반 응시자들을 차별하는 것이 평등권을 침해하는 것이라면, 같은 이유에서 이 사건 조항은 그들의 공무담임권을 침해하는 것이다.

판례2 금고 이상의 형의 선고유예를 받고 그 기간 중에 있는 자를 임용결격사유로 삼고, 위 사유에 해당하는 자가 임용되더라도 이를 당연무효로 하는 국가공무원법은 공무담임권을 침해하는가?

(재 2016. 7. 28. 2014헌바437) 합헌

사건개요 : 교육공무원으로 29년을 근무하고 명예퇴직한 후에 공무원퇴직연금을 청구하였으나, 공무원임용 당시 선고유예기간 중이라 공무원임용결격자에 해당한다는 이유로 연금지급을 거절당하고 퇴직급여부지급처분취소 상고심 계속 중에 위헌법률심판제청신청도 기각되자 헌법소원을 청구하였다.

전체 논점 : 공무담임권(소극)

결정요지 : 이 사건 법률조항은 금고 이상의 형의 선고유예의 판결을 받아 그 기간 중에 있는 사람이 공무원으로 임용되는 것을 금지하고 이러한 사람이 공무원으로 임용되더라도 그 임용을 당연무효로 하는 것으로서, 공직에 대한 국민의 신뢰를 보장하고 공무원의 원활한 직무수행을 도모하기 위하여 마련된 조항이다. 청구인과 같이 임용결격사유에도 불구하고 임용된 임용결격공무원은 상당한 기간 동안 근무한 경우라도 적법한 공무원의 신분을 취득하여 근무한 것이 아니라는 이유로 공무원연금법상 퇴직급여의 지급대상이 되지 못하는 등 일정한 불이익을 받기는 하지만, 재직기간 중 사실상 제공한 근로에 대하여는 그 대가에 상응하는 금액의 반환을 부당이득으로 청구하는 등의 민사적 구제수단이 있는 점을 고려하면, 공직에 대한 국민의 신뢰보장이라는 공익과 비교하여 임용결격공무원의 사익 침해가 현저하다고 보기 어렵다. 따라서 이 사건 법률조항은 입법자의 재량을 일탈하여 공무담임권을 침해한 것이라고 볼 수 없다.

3. 국민표결권

❖ 헌법 제72조 대통령은 필요하다고 인정할 때에는 외교·국방·통일 기타 국가안위에 관한 중요정책을 국민투표에 붙일 수 있다.

국민표결권은 특정한 국정사안에 대하여 국민이 직접 그 정책결정에 참가함으로써 주권을 직접 행사할 수 있는 권리이다. 간접민주제적 요소인 대의제를 택하고 있는 현행 헌법질서에서 국민표결권은 직접민주제적인 특징을 지닌 기본권이다. 우리 헌법에는 2가지 경우에만 국민투표를 규정하고 있다. 헌법 제72조는 "대통령은 필요하다고 인정할 때에는 외교·국방·통일 기타 국가안위에 관한 중요정책을 국민투표에 붙일 수 있다"고 규정하고 있으며, 헌법 제130조 제2항은 "헌법개정안은 국회가 의결한 후 30일 이내에 국민투표에 붙여 국회의원선거권자 과반수의 투표와 투표자 과반수의 찬성을 얻어야 한다"고 규정하고 있다.

국민투표법 : 헌법 제72조의 규정에 의한 외교·국방·통일 기타 국가안위에 관한 중요정책과 헌법 제130조의 규정에 의한 헌법개정안에 대한 국민투표에 관한 사항을 규정하고 있다.
제7조(투표권) 19세 이상의 국민은 투표권이 있다.
제8조(연령산정기준) 투표권자의 연령은 국민투표일 현재로 산정한다.
제9조(투표권이 없는 자) 투표일 현재 「공직선거법」 제18조의 규정에 따라 선거권이 없는 자는 투표권이 없다.

판례 **재외선거인에게 국회의원 재보궐 선거권을 부인하는 것은 선거권을 침해하는가? 재외선거인으로 하여금 선거실시 때마다 재외선거인 등록신청을 하도록 한 재외선거인 등록신청조항은 재외국민의 선거권을 침해하는가? 그리고 주민등록과 국내거소신고가 되지 않은 재외국민들에게 국민투표권을 부인하는 것은 국민투표권을 침해하는가?**

(헌재 2014. 7. 24. 2009헌마256) 헌법불합치

사건개요 : 주민등록과 국내거소신고가 되지 않은 재외국민들에게 국회의원선거권 및 국민투표권이 인정되지 않는 공직선거법과 국민투표법은 선거권 및 국민투표권을 침해한다고 주장하며 헌법소원심판을 청구하였다.
전체 논점 : ① 보통선거원칙 위반(소극) ② 선거권 침해(소극) ③ 국민투표권 침해(적극)
결정요지 : ① 입법자는 재외선거제도를 형성하면서, 잦은 재·보궐선거는 재외국민으로 하여금 상시적인 선거체제에 직면하게 하는 점, 재외 재·보궐선거의 투표율이 높지 않을 것으로 예상되는 점, 재·보궐선거 사유가 확정될 때마다 전 세계 해외 공관을 가동하여야 하는 등 많은 비용과 시간이 소요된다는 점을 종합적으로 고려하여 재외선거인에게 국회의원의 재·보궐선거권을 부여하지 않았다고 할 것이고, 이와 같은 선거제도의 형성이 현저히 불합리하거나 불공정하다고 볼 수 없다. 따라서 재외선거인 등록신청조항은 재외선거인의 선거권을 침해하거나 보통선거원칙에 위배된다고 볼 수 없다.
② 재외선거인의 등록신청서에 따라 재외선거인명부를 작성하는 방법은 해당 선거에서 투표할 권리가 있는지 확인함으로써 투표의 혼란을 막고, 선거권이 있는 재외선거인을

재외선거인명부에 등록하기 위한 합리적인 방법이다. 따라서 재외선거인 등록신청조항이 재외선거권자로 하여금 선거를 실시할 때마다 재외선거인 등록신청을 하도록 규정한 것이 재외선거인의 선거권을 침해한다고 볼 수 없다.
③ 헌법 제72조의 중요정책 국민투표와 헌법 제130조의 헌법개정안 국민투표는 대의기관인 국회와 대통령의 의사결정에 대한 국민의 승인절차에 해당한다. 대의기관의 선출주체가 곧 대의기관의 의사결정에 대한 승인주체가 되는 것은 당연한 논리적 귀결이다. 재외선거인은 대의기관을 선출할 권리가 있는 국민으로서 대의기관의 의사결정에 대해 승인할 권리가 있으므로, 국민투표권자에는 재외선거인이 포함된다고 보아야 한다. 또한, 국민투표는 선거와 달리 국민이 직접 국가의 정치에 참여하는 절차이므로, 국민투표권은 대한민국 국민의 자격이 있는 사람에게 반드시 인정되어야 하는 권리이다. 이처럼 국민의 본질적 지위에서 도출되는 국민투표권을 추상적 위험 내지 선거기술상의 사유로 배제하는 것은 헌법이 부여한 참정권을 사실상 박탈한 것과 다름없다. 따라서 국민투표법 조항은 재외선거인의 국민투표권을 침해한다.

Ⅳ. 청구권적 기본권

1. 청원권

❖ 헌법 제26조 ① 모든 국민은 법률이 정하는 바에 의하여 국가기관에 문서로 청원할 권리를 가진다. ② 국가는 청원에 대하여 심사할 의무를 진다.

청원권은 국가기관 등에 의견이나 희망을 진술할 권리이며, 국가는 제출된 청원을 심사하고 청원자에게 그 심사결과를 통지하여야 한다.

청원법 : 청원사항과 절차에 관한 규정을 두고 있으며 반복청원과 이중청원의 처리, 타인에게 해를 줄 목적의 모해청원금지 등에 관해서 규정하고 있다.

제5조(청원사항) 국민은 다음 각 호의 어느 하나에 해당하는 사항에 대하여 청원기관에 청원할 수 있다.
1. 피해의 구제 2. 공무원의 위법·부당한 행위에 대한 시정이나 징계의 요구 3. 법률·명

령·조례·규칙 등의 제정·개정 또는 폐지 4. 공공의 제도 또는 시설의 운영 5. 그 밖에 청원기관의 권한에 속하는 사항

제6조(청원 처리의 예외) 청원기관의 장은 청원이 다음 각 호의 어느 하나에 해당하는 경우에는 처리를 하지 아니할 수 있다. 이 경우 사유를 청원인(제11조제3항에 따른 공동청원의 경우에는 대표자를 말한다)에게 알려야 한다.

1. 국가기밀 또는 공무상 비밀에 관한 사항 2. 감사·수사·재판·행정심판·조정·중재 등 다른 법령에 의한 조사·불복 또는 구제절차가 진행 중인 사항 3. 허위의 사실로 타인으로 하여금 형사처분 또는 징계처분을 받게 하는 사항 4. 허위의 사실로 국가기관 등의 명예를 실추시키는 사항 5. 사인간의 권리관계 또는 개인의 사생활에 관한 사항 6. 청원인의 성명, 주소 등이 불분명하거나 청원내용이 불명확한 사항

국회법 제123조(청원서의 제출) ① 국회에 청원을 하려는 자는 의원의 소개를 받거나 국회규칙으로 정하는 기간 동안 국회규칙으로 정하는 일정한 수 이상의 국민의 동의를 받아 청원서를 제출하여야 한다. ② 청원은 청원자의 주소·성명(법인인 경우에는 그 명칭과 대표자의 성명을 말한다. 이하 같다)을 적고 서명한 문서(「전자정부법」 제2조제7호에 따른 전자문서를 포함한다)로 하여야 한다. ③ 제2항에 따라 전자문서로 제출하는 청원은 본인임을 확인할 수 있는 전자적 방법을 통하여 제출하여야 한다. 이 경우 서명이 대체된 것으로 본다. ④ 청원이 다음 각 호의 어느 하나에 해당하는 경우에는 이를 접수하지 아니한다.

1. 재판에 간섭하는 내용의 청원 2. 국가기관을 모독하는 내용의 청원 3. 국가기밀에 관한 내용의 청원

⑤ 제1항에 따른 국민의 동의 방법·절차 및 청원 제출 등에 필요한 사항, 제3항에 따른 본인임을 확인할 수 있는 전자적 방법에 관한 사항은 국회규칙으로 정한다.

국회청원심사규칙 제2조의2(국민동의청원의 제출) ① 국민동의청원을 하려는 자는 전자청원시스템에 정해진 서식에 따라 청원의 취지와 이유, 내용을 기재한 청원서를 등록하여야 한다. 이 경우 청원서와 관련한 참고자료를 첨부할 수 있다. ② 제1항에 따른 청원서가 등록일부터 30일 이내에 100명 이상의 찬성을 받고 제3조에 따른 불수리사항이 아닌 것으로 결정된 경우 의장은 제3항에 따른 동의절차를 위하여 해당 청원서를 지체 없이 일반인에게 공개한다. 이 경우 의장은 100명 이상의 찬성을 받은 날부터 7일 이내에 제3조에 따른 불수리사항 해당 여부를 판단하여야 한다. ③ 제2항에 따라 공개된 청원서는 공개된 날부터 30일 이내에 5만 명 이상의 동의를 받은 경우 국민동의청원으로 접수된 것으로 본다.

판례1 **국회에 청원을 할 때 의원의 소개를 얻어 청원서를 제출하도록 규정하고 있는 「국회법」은 청원권을 침해하는가?**

(헌재 2006. 6. 29. 2005헌마604) 기각

사건개요 : 대기업 주총결의의 무효를 구하는 상고심의 기각판결과 관련하여 대법관 탄핵청원서를 국회에 제출하려 하였으나, 국회의원의 소개가 없다는 이유로 청원서 접수가 거부되자 헌법소원심판을 청구하였다.

전체 논점 : ① 청원권 침해(소극) ② 평등권 침해(소극)

①의 결정요지 : 청원권의 구체적 내용은 입법활동에 의하여 형성되며, 입법형성에는 폭넓은 재량권이 있으므로 입법자는 청원의 내용과 절차는 물론 청원의 심사·처리를 공정하고 효율적으로 행할 수 있게 하는 합리적인 수단을 선택할 수 있는바, 의회에 대한 청원에 국회의원의 소개를 얻도록 한 것은 청원 심사의 효율성을 확보하기 위한 적절한 수단이다. 또한 청원은 일반의안과 같이 처리되므로 청원서 제출단계부터 의원의 관여가 필요하고, 의원의 소개가 없는 민원의 경우에는 진정으로 접수하여 처리하고 있으며, 청원의 소개의원은 1인으로 족한 점 등을 감안할 때 이 사건 법률조항이 국회에 청원을 하려는 자의 청원권을 침해한다고 볼 수 없다.

※ 의원소개청원 이외에 2019년 4월 16일의「국회법」개정으로 국민동의청원제도가 도입되었다. 청원서 등록일부터 30일 이내에 100명 이상의 찬성을 얻고, 이후 국회의장의 청원서 공개일부터 30일 이내에 5만명 이상의 동의를 받으면, 국회는 청원을 심사할 의무가 있다.

판례2 **'로비스트'를 형사처벌하는 것은 청원권을 침해하는가?**

(헌재 2005. 11. 24. 2003헌바108) 기각

사건개요 : 청구인은, 체육진흥투표권 발행사업과 관련하여 사업자로 선정될 수 있도록 관계기관에 청탁하여 달라는 부탁을 받고 금품을 수수한 혐의 등으로 특정범죄가중처벌등에관한법률 (제3조) 위반으로 공소제기되어 재판을 받던 중 헌법소원심판을 청구하였다.

결정요지 : 특정범죄가중처벌등에관한법률 제3조(알선수재)(공무원의 직무에 속한 사항의 알선에 관하여 금품이나 이익을 수수요구 또는 약속한 자는 5년 이하의 징역 또는 1천만 원 이하의 벌금에 처한다)는 행위자가 공무원의 신분을 가지고 있는지 여부를 불문하고 누구든지 공무원의 직무에 속한 사항에 관해 알선을 명목으로 금품 등을 수수하면 형사처벌을 하고 있다. 그런데 공무원 신분을 가지지 않은 자도 학연이나 지연 또는 개인의 영향력 등을 이용하여 공무원의 직무에 영향력을 미칠 수 있는바, 이러한 자가 공무원의 직무와 관련하여 알선자 내지는 중개자로서 알선을 명목으로 금품 등을 수수하는 등의 행

위를 하게 되면, 현실적으로 담당 공무원에게 알선을 주선했는지 여부와 관계없이 공무원의 직무 집행의 공정성은 의심받게 될 것이므로 이 사건 규정이 공무의 공정성과 그에 대한 사회의 신뢰성 등을 보호하기 위해 알선 명목의 금품수수행위를 형사처벌하고 있다고 하더라도 이것이 입법의 한계를 일탈한 것이라고 볼 수 없다. 다만, 다원화되고 있는 현대사회에서 국가기관 등의 정책결정 및 집행과정에 로비스트와 같은 중개자나 알선자를 통해 자신의 의견이나 자료를 제출할 수 있도록 허용한다면, 국민은 언제나 이러한 의견 전달 통로를 이용해 국정에 참여할 수 있을 것이므로 국민주권의 상시화가 이루어질 수 있을 것이다. 그러나 금전적 대가를 받는 알선 내지 로비활동을 합법적으로 보장할 것인지 여부는 그 시대 국민의 법 감정이나 사회적 상황에 따라 입법자가 판단할 사항으로, 우리의 역사에서 로비가 공익이 아닌 특정 개인이나 집단의 사익을 추구하는 도구로 이용되었다는 점이나 건전한 정보제공보다는 비합리적인 의사결정을 하게 하여 시민사회의 발전을 저해하는 요소가 되었다는 점을 감안하여 청원권 등의 구체적인 내용 형성에 폭넓은 재량을 가진 입법부가 대가를 받는 로비제도를 인정하고 않고, 공무원의 직무에 속한 사항의 알선에 관하여 금품 등을 수수하는 모든 행위를 형사처벌하고 있다고 하더라도 이것이 청원권이나 일반적 행동자유권을 침해하는 것으로 볼 수 없다.

2. 재판청구권

❖ 헌법 제27조 ① 모든 국민은 헌법과 법률이 정한 법관에 의하여 법률에 의한 재판을 받을 권리를 가진다. ② 군인 또는 군무원이 아닌 국민은 대한민국의 영역 안에서는 중대한 군사상 기밀 · 초병 · 초소 · 유독음식물공급 · 포로 · 군용물에 관한 죄중 법률이 정한 경우와 비상계엄이 선포된 경우를 제외하고는 군사법원의 재판을 받지 아니한다. ③ 모든 국민은 신속한 재판을 받을 권리를 가진다. 형사피고인은 상당한 이유가 없는 한 지체없이 공개재판을 받을 권리를 가진다. ④ 형사피고인은 유죄의 판결이 확정될 때까지는 무죄로 추정된다. ⑤ 형사피해자는 법률이 정하는 바에 의하여 당해 사건의 재판절차에서 진술할 수 있다.

재판청구권은 독립이 보장된 법원에서 헌법과 법률이 정한 법관에 의하여 법률에 따라 공정하고 신속한 재판을 받을 권리이다. 헌법 제27조는 헌법과 법률이 정한 법관에 의하여 재판을 받을 권리를 규정하고 있으며, 이 외에도 신속한 재판을 받을 권리, 공개재판을 받을 권리, 무죄추정의 권리, 형사피해자의 재판절차 진술권 등을 규정하고 있다.

판례1 디엔에이감식시료 채취영장에 대한 불복절차를 규정하지 아니한 법률규정은 헌법상 재판청구권을 침해하는가?

(헌재 2018. 8. 31. 2016헌마344) 헌법불합치

사건개요 : 공장을 점거하고 파업하는 과정에서 건조물 침입죄로 유죄판결이 확정된 후 검사의 디엔에이감식시료 채취요구에 불응하자 검사는 영장발부를 통해 디엔에이감식시료를 채취하였다. 이에 청구인은 디엔에이감식시료채취영장에 대한 불복절차를 규정하지 아니한 입법부작위가 재판청구권 등을 침해한다는 이유로 헌법소원심판을 청구하였다.

전체논점 : ① 신체의 자유 침해(소극) ② 개인정보자기결정권 침해(소극) ③ 재판청구권 침해(적극)

결정요지 : (1) 이 사건 영장절차 조항은 이와 같이 신체의 자유를 제한하는 디엔에이감식시료 채취 과정에서 중립적인 법관이 구체적 판단을 거쳐 발부한 영장에 의하도록 함으로써 법관의 사법적 통제가 가능하도록 한 것이므로, 그 목적의 정당성 및 수단의 적합성은 인정된다. (2) 디엔에이감식시료채취영장 발부 여부는 채취대상자에게 자신의 디엔에이감식시료가 강제로 채취당하고 그 정보가 영구히 보관·관리됨으로써 자신의 신체의 자유, 개인정보자기결정권 등의 기본권이 제한될 것인지 여부가 결정되는 중대한 문제이다. 그럼에도 불구하고 이 사건 영장절차 조항은 채취대상자에게 디엔에이감식시료채취영장 발부 과정에서 자신의 의견을 진술할 수 있는 기회를 절차적으로 보장하고 있지 않을 뿐만 아니라, 발부 후 그 영장발부에 대하여 불복할 수 있는 기회를 주거나 채취행위의 위법성 확인을 청구할 수 있도록 하는 구제절차마저 마련하고 있지 않다. 위와 같은 입법상의 불비가 있는 이 사건 영장절차 조항은 채취대상자인 청구인들의 재판청구권을 과도하게 제한하므로, 침해의 최소성 원칙에 위반된다. (3) 이 사건 영장절차 조항에 따라 발부된 영장에 의하여 디엔에이신원확인정보를 확보할 수 있고, 이로써 장래 범죄수사 및 범죄예방 등에 기여하는 공익적 측면이 있으나, 이 사건 영장절차 조항의 불완전 · 불충분한 입법으로 인하여 채취대상자의 재판청구권이 형해화되고 채취대상자가 범죄수사 및 범죄예방의 객체로만 취급받게 된다는 점에서, 양자 사이에 법익의 균형성이 인정된다고 볼 수도 없다. (4) 따라서 이 사건 영장절차 조항은 과잉금지원칙을 위반하여 청구인들의 재판청구권을 침해한다.

판례2 대법원에서 재판을 받을 권리가 헌법상 재판청구권으로서 보장되는가?

(헌재 1997. 10. 30. 97헌바37) 기각

사건개요 : 대법원에 상고를 한 청구인들은 심리불속행 사유에 해당한다는 이유로 아무

런 심리도 없이 상고가 기각되자 헌법소원심판을 청구하였다.
결정요지 : 헌법이 대법원을 최고법원으로 규정하였다고 하여 대법원이 곧바로 모든 사건을 상고심으로서 관할하여야 한다는 결론이 당연히 도출되는 것은 아니며, "헌법과 법률이 정하는 법관에 의하여 법률에 의한 재판을 받을 권리"가 사건의 경중을 가리지 않고 모든 사건에 대하여 대법원을 구성하는 법관에 의한 균등한 재판을 받을 권리를 의미한다거나 또는 상고심 재판을 받을 권리를 의미하는 것이라고 할 수는 없다. 또한 심급제도는 사법에 의한 권리보호에 관한 한정된 법 발견 자원의 합리적인 분배의 문제인 동시에 재판의 적정과 신속이라는 서로 상반되는 두가지의 요청을 어떻게 조화시키느냐의 문제로 돌아가므로 원칙적으로 입법자의 형성의 자유에 속하는 사항이다. 그러므로 상고심절차에관한특례법 제4조 제1항 및 제3항과 제5조 제1항 및 제2항은 비록 국민의 재판청구권을 제약하고 있기는 하지만 위 심급제도와 대법원의 기능에 비추어 볼 때 헌법이 요구하는 대법원의 최고법원성을 존중하면서 민사, 가사, 행정 등 소송사건에 있어서 상고심 재판을 받을 수 있는 객관적인 기준을 정함에 있어 개별적 사건에서의 권리구제보다 법령해석의 통일을 더 우위에 둔 규정으로서 그 합리성이 있다고 할 것이므로 헌법에 위반되지 아니한다.

사법개혁방안의 하나로 제시되었던 배심제가 2008년부터 시행되었다. 배심제 즉 국민들이 재판에 참여할 수 있도록 하기 위하여 제정된 「국민참여재판법」이 2008년부터 시행되고 있다.

국민의 형사재판 참여에 관한 법률 (국민참여재판법) : 국민들이 형사재판에 참여할 수 있도록 대상사건을 규정하고 배심원의 선정과 해임 및 보호조치, 국민참여재판의 절차와 평의·평결·토의·판결선고 등에 관한 사항을 규정하고 있다.

제2조(정의) 이 법에서 사용하는 용어의 정의는 다음과 같다.
1. "배심원"이란 이 법에 따라 형사재판에 참여하도록 선정된 사람을 말한다.
2. "국민참여재판"이란 배심원이 참여하는 형사재판을 말한다.
제46조(재판장의 설명·평의·평결·토의 등) ① 재판장은 변론이 종결된 후 법정에서 배심원에게 공소사실의 요지와 적용법조, 피고인과 변호인 주장의 요지, 증거능력, 그 밖에 유의할 사항에 관하여 설명하여야 한다. 이 경우 필요한 때에는 증거의 요지에 관하여 설명할 수 있다.
② 심리에 관여한 배심원은 제1항의 설명을 들은 후 유·무죄에 관하여 평의하고, 전원의

의견이 일치하면 그에 따라 평결한다. 다만, 배심원 과반수의 요청이 있으면 심리에 관여한 판사의 의견을 들을 수 있다.
③ 배심원은 유·무죄에 관하여 전원의 의견이 일치하지 아니하는 때에는 평결을 하기 전에 심리에 관여한 판사의 의견을 들어야 한다. 이 경우 유·무죄의 평결은 다수결의 방법으로 한다. 심리에 관여한 판사는 평의에 참석하여 의견을 진술한 경우에도 평결에는 참여할 수 없다.
④ 제2항 및 제3항의 평결이 유죄인 경우 배심원은 심리에 관여한 판사와 함께 양형에 관하여 토의하고 그에 관한 의견을 개진한다. 재판장은 양형에 관한 토의 전에 처벌의 범위와 양형의 조건 등을 설명하여야 한다.
⑤ 제2항부터 제4항까지의 평결과 의견은 법원을 기속하지 아니한다.
⑥ 제2항 및 제3항의 평결결과와 제4항의 의견을 집계한 서면은 소송기록에 편철한다.
제47조(평의 등의 비밀) 배심원은 평의·평결 및 토의 과정에서 알게 된 판사 및 배심원 각자의 의견과 그 분포 등을 누설하여서는 아니 된다.

판례 **「국민의 형사재판 참여에 관한 법률」이 정하는 국민의 참여재판(배심재판)을 받을 권리가 헌법상 재판청구권으로서 보장되는가?**

(헌재 2015. 7. 30. 2014헌바447) 기각

사건개요 : 합의부관할사건이 아니라는 이유로 국민참여재판 대상에서 배제된 참여재판법에 대하여 위헌법률심판제청신청을 하였으나 기각되자 헌법소원심판을 청구하였다.
전체 논점 : ① 무죄추정 원칙 침해(소극) ② 재판을 받을 권리(소극) ③ 평등권 침해(소극)
결정요지 : ① 기소된 범죄가 합의부 관할사건인 경우에만 피고인에게 국민참여재판 신청권을 부여한 이 사건 법률조항은 피고인에 대한 범죄사실 인정이나 유죄판결을 전제로 하여 불이익을 과하는 것이 아니므로 무죄추정의 원칙과 무관하다.
② 헌법과 법률이 정한 법관에 의한 재판을 받을 권리는 직업법관에 의한 재판을 주된 내용으로 하는 것이므로, 국민참여재판을 받을 권리가 헌법 제27조 제1항에서 규정한 재판을 받을 권리의 보호범위에 속한다고 볼 수 없다.
③ 형사사건의 다수를 차지하는 단독판사 관할사건까지 국민참여재판의 대상사건으로 할 경우, 한정된 인적·물적 자원만으로는 현실적으로 제도 운영에 어려움이 있는 점, 합의부 관할사건이 일반적으로 단독판사 관할사건보다 사회적 파급력이 큰 점 등에 비추어 보면, 이 사건 법률조항이 단독판사 관할사건으로 재판받는 피고인과 합의부 관할사건으로 재판받는 피고인을 다르게 취급하고 있는 것은 합리적인 이유가 있으므로 이 사건 법률조항은 평등권을 침해하지 않는다.

판결을 선고받고 형이 확정 · 집행 중에 있는 수형자를 포함한 미결수용자 등 수용자에게도 민사재판이나 재심을 위한 재판청구권이 보장된다.

형의 집행 및 수용자의 처우에 관한 법률 (형집행법) : 137조까지 시설에의 수용, 물품지급, 금품관리, 위생과 의료, 접견 · 편지수수 · 전화통화, 종교활동 · 도서 · 신문 · TV · 집필, 수형자의 작업과 직업훈련, 교육 등 수용자의 처우와 권리 및 교정시설의 운영에 관한 사항을 규정하고 있다.

제2조(정의) 이 법에서 사용하는 용어의 뜻은 다음과 같다.
1. "수용자"란 수형자 · 미결수용자 · 사형확정자 등 법률과 적법한 절차에 따라 교도소 · 구치소 및 그 지소(이하 "교정시설"이라 한다)에 수용된 사람을 말한다.
2. "수형자"란 징역형 · 금고형 또는 구류형의 선고를 받아 그 형이 확정되어 교정시설에 수용된 사람과 벌금 또는 과료를 완납하지 아니하여 노역장 유치명령을 받아 교정시설에 수용된 사람을 말한다.
3. "미결수용자"란 형사피의자 또는 형사피고인으로서 체포되거나 구속영장의 집행을 받아 교정시설에 수용된 사람을 말한다.
4. "사형확정자"란 사형의 선고를 받아 그 형이 확정되어 교정시설에 수용된 사람을 말한다.

제3조(적용범위) 이 법은 교정시설의 구내와 교도관이 수용자를 계호(戒護)하고 있는 그 밖의 장소로서 교도관의 통제가 요구되는 공간에 대하여 적용한다.

제11조(구분수용) ① 수용자는 다음 각 호에 따라 구분하여 수용한다.
1. 19세 이상 수형자: 교도소
2. 19세 미만 수형자: 소년교도소
3. 미결수용자: 구치소
4. 사형확정자: 교도소 또는 구치소. 이 경우 구체적인 구분 기준은 법무부령으로 정한다.

제41조(접견) ① 수용자는 교정시설의 외부에 있는 사람과 접견할 수 있다. 다만, 다음 각 호의 어느 하나에 해당하는 사유가 있으면 그러하지 아니하다.
1. 형사 법령에 저촉되는 행위를 할 우려가 있는 때
2. 「형사소송법」이나 그 밖의 법률에 따른 접견금지의 결정이 있는 때
3. 수형자의 교화 또는 건전한 사회복귀를 해칠 우려가 있는 때
4. 시설의 안전 또는 질서를 해칠 우려가 있는 때

② 수용자의 접견은 접촉차단시설이 설치된 장소에서 하게 한다. 다만, 다음 각 호의 어느 하나에 해당하는 경우에는 접촉차단시설이 설치되지 아니한 장소에서 접견하게 한다.

1. 미결수용자(형사사건으로 수사 또는 재판을 받고 있는 수형자와 사형확정자를 포함한다)가 변호인(변호인이 되려는 사람을 포함한다. 이하 같다)과 접견하는 경우
2. 수용자가 소송사건의 대리인인 변호사와 접견하는 경우 등 수용자의 재판청구권 등을 실질적으로 보장하기 위하여 대통령령으로 정하는 경우로서 교정시설의 안전 또는 질서를 해칠 우려가 없는 경우 (중략)
⑥ 접견의 횟수·시간·장소·방법 및 접견내용의 청취·기록·녹음·녹화 등에 관하여 필요한 사항은 대통령령으로 정한다.

형집행법 시행령 제58조(접견) ① 수용자의 접견은 매일(공휴일 및 법무부장관이 정한 날은 제외한다) 「국가공무원 복무규정」 제9조에 따른 근무시간 내에서 한다. ② 변호인(변호인이 되려고 하는 사람을 포함한다. 이하 같다)과 접견하는 미결수용자를 제외한 수용자의 접견 시간은 회당 30분 이내로 한다. ③ 수형자의 접견 횟수는 매월 4회로 한다.

판례 **수형자의 민사소송을 대리하는 변호사와의 접견시간을 일반접견과 동일하게 회당30분·월4회로 제한하는 「형의 집행 및 수용자의 처우에 관한 법률 시행령」 규정은 재판청구권을 침해하는가?**

(헌재 2015. 11. 26. 2012헌마858) 헌법불합치

사건개요 : 자신의 항소심 사건 상담을 위해서 변호인과의 일반 접견만으로 충분하지 않다고 생각한 청구인은 구치소 변호인 접견실에서의 접견 신청을 하였으나, 구치소장은 민사소송사건의 대리인인 변호사와의 접견에는 일반접견규정을 적용하였다. 이에 청구인은 해당 근거규정에 대하여 헌법소원심판을 청구하였다.
전체 논점 : 재판청구권 침해(적극)
결정요지 : 수형자의 접견 시간 및 횟수를 제한하는 것은 교정시설 내의 수용질서 및 규율을 유지하기 위한 것으로서 목적의 정당성이 인정되고, 소송대리인인 변호사와의 접견을 일반 접견에 포함시켜 그 시간 및 횟수를 제한하는 것은 이러한 입법목적의 달성에 기여하므로 수단의 적절성 또한 인정된다. 수형자와 소송대리인인 변호사가 접견 이외에 서신, 전화통화를 통해 소송준비를 하는 것이 가능하다고 하더라도, 서신, 전화통화는 검열, 청취 등을 통해 그 내용이 교정시설 측에 노출되어 상담과정에서 위축되거나 공정한 재판을 받을 권리가 훼손될 가능성이 있으며, 서신은 접견에 비해 의견교환이 효율적이지 않고 전화통화는 시간이 원칙적으로 3분으로 제한되어 있어 소송준비의 주된 수단으로 사용하기에는 한계가 있다. 따라서 수형자의 재판청구권을 실효적으로 보장하

기 위해서는 소송대리인인 변호사와의 접견 시간 및 횟수를 적절하게 보장하는 것이 필수적이다. 변호사 접견 시 접견 시간의 최소한을 정하지 않으면 접견실 사정 등 현실적 문제로 실제 접견 시간이 줄어들 가능성이 있고, 변호사와의 접견 횟수와 가족 등과의 접견 횟수를 합산함으로 인하여 수형자가 필요한 시기에 변호사의 조력을 받지 못할 가능성도 높아진다. 접견의 최소시간을 보장하되 이를 보장하기 어려운 특별한 사정이 있는 경우에는 예외적으로 일정한 범위 내에서 이를 단축할 수 있도록 하고, 횟수 또한 별도로 정하면서 이를 적절히 제한한다면, 교정시설 내의 수용질서 및 규율의 유지를 도모하면서도 수형자의 재판청구권을 실효적으로 보장할 수 있을 것이다. 이와 같이 심판대상조항들은 법률전문가인 변호사와의 소송상담의 특수성을 고려하지 않고 소송대리인인 변호사와의 접견을 그 성격이 전혀 다른 일반 접견에 포함시켜 접견 시간 및 횟수를 제한함으로써 청구인의 재판청구권을 침해한다.

※ 종전에 수형자와 변호사의 접견을 일반접견에 포함시켜 월 4회로 접견횟수를 제한하는 것은 수형자의 재판청구권을 침해하지 않는다고 한 결정(헌재 2004. 12. 16. 2002헌마478)은 변경되었다.

3. 국가배상청구권

❖ 헌법 제29조 ① 공무원의 직무상 불법행위로 손해를 받은 국민은 법률이 정하는 바에 의하여 국가 또는 공공단체에 정당한 배상을 청구할 수 있다. 이 경우 공무원 자신의 책임은 면제되지 아니한다. ② 군인·군무원·경찰공무원 기타 법률이 정하는 자가 전투·훈련등 직무집행과 관련하여 받은 손해에 대하여는 법률이 정하는 보상 외에 국가 또는 공공단체에 공무원의 직무상 불법행위로 인한 배상은 청구할 수 없다.

국가배상법 : 국가나 지방자치단체가 손해배상(損害賠償)의 책임을 지는 경우와 배상절차 등에 관한 사항을 규정하고 있다.

제2조(배상책임) ① 국가나 지방자치단체는 공무원 또는 공무를 위탁받은 사인(이하 "공무원"이라 한다)이 직무를 집행하면서 고의 또는 과실로 법령을 위반하여 타인에게 손해를 입히거나, 「자동차손해배상 보장법」에 따라 손해배상의 책임이 있을 때에는 이 법에 따라 그 손해를 배상하여야 한다. 다만, 군인·군무원·경찰공무원 또는 예비군대원이 전투·훈련 등 직무 집행과 관련하여 전사(戰死)·순직(殉職)하거나 공상(公傷)을 입은 경우에 본인이

나 그 유족이 다른 법령에 따라 재해보상금·유족연금·상이연금 등의 보상을 지급받을 수 있을 때에는 이 법 및 「민법」에 따른 손해배상을 청구할 수 없다.
② 제1항 본문의 경우에 공무원에게 고의 또는 중대한 과실이 있으면 국가나 지방자치단체는 그 공무원에게 구상(求償)할 수 있다.
③ 제1항 단서에도 불구하고 전사하거나 순직한 군인·군무원·경찰공무원 또는 예비군대원의 유족은 자신의 정신적 고통에 대한 위자료를 청구할 수 있다.
제5조(공공시설 등의 하자로 인한 책임) ① 도로·하천, 그 밖의 공공의 영조물(營造物)의 설치나 관리에 하자(瑕疵)가 있기 때문에 타인에게 손해를 발생하게 하였을 때에는 국가나 지방자치단체는 그 손해를 배상하여야 한다. 이 경우 제2조제1항 단서, 제3조 및 제3조의2를 준용한다. ② 제1항을 적용할 때 손해의 원인에 대하여 책임을 질 자가 따로 있으면 국가나 지방자치단체는 그 자에게 구상할 수 있다.

헌법 제29조 제1항은 "공무원의 직무상 불법행위로 인한 손해를 받은 국민은 법률이 정하는 바에 의하여 국가 또는 공공단체에 정당한 배상을 청구할 수 있다(후략)"고 규정하고 있다. 국가배상청구권은 위법한 국가작용으로 인한 손해에 대하여 사후적으로 손해의 배상을 받을 권리이다.

판례1 헌병대 영창에서 탈주한 군인들이 민가에 침입하여 저지른 범죄행위에 대하여 국가가 손해배상책임을 지는가?

(대판 2003. 2. 14. 2002다62678)

사건개요 : 영창에서 탈주한 군인들의 강도·추행 등의 범죄피해를 당한 피해자들이 국가에 손해배상을 청구하였다.
전체 논점 : ① 국가가 손해배상책임을 지기 위한 요건 ② 민가에 침입한 탈영병이 저지른 범죄행위에 대한 국가의 손해배상책임의 존부(적극)
결정요지 : 「군행형법」과 「군행형법 시행령」이 군교도소에 대한 경계 감호를 위하여 관련 공무원에게 각종 직무상의 의무를 부과하고 있는 것은, 일차적으로는 수용자들을 격리보호하고 교화함으로써 공공 일반의 이익을 도모하고 교도소 등의 내부 질서를 유지하기 위한 것이라 할 것이지만, 부수적으로는 수용자들이 탈주한 경우에 도주과정에서 일어날 수 있는 2차적 범죄행위로부터 일반 국민의 인명과 재화를 보호하고자 하는 목적도 있다. 국가공무원들이 이와 같은 직무상 의무를 위반한 결과 수용자들이 탈주함으

로써 일반 국민에게 손해를 입히는 사건이 발생하였다면, 국가는 그로 인해 피해자들이 입은 손해를 배상할 책임이 있다.

판례2 보상금 지급결정에 대한 동의를 재판상 화해의 성립으로 간주하는 법률규정은 국가배상청구권을 침해하는가?

(헌재 2018. 8. 30. 2014헌바180) 위헌

사건개요 : 민주화보상법에 의하여 보상금을 지급받은 청구인들은 보상금지급결정에 대한 동의를 재판상 화해의 성립으로 하는 민주화보상법 규정에 대하여 위헌법률심판제청 신청을 하였으나 기각되자 헌법소원심판을 청구하였다.

전체 논점 : ① 명확성 원칙 위반(소극) ② 재판청구권 침해(소극) ③ 국가배상청구권 침해(적극)

③의 결정요지 : 민주화보상법상 보상금 등에는 적극적·소극적 손해에 대한 배상의 성격이 포함되어 있는바, 관련자와 유족이 위원회의 보상금 등 지급결정이 일응 적절한 배상에 해당된다고 판단하여 이에 동의하고 보상금 등을 수령한 경우 보상금 등의 성격과 중첩되는 적극적·소극적 손해에 대한 국가배상청구권의 추가적 행사를 제한하는 것은, 동일한 사실관계와 손해를 바탕으로 이미 적절한 배상을 받았음에도 불구하고 다시 동일한 내용의 손해배상청구를 금지하는 것이므로, 이를 지나치게 과도한 제한으로 볼 수 없다. 다음 심판대상조항 중 정신적 손해에 관한 부분이 국가배상청구권을 침해하는지 여부를 본다. 민주화보상법상 보상금 등에는 정신적 손해에 대한 배상이 포함되어 있지 않은바, 이처럼 정신적 손해에 대해 적절한 배상이 이루어지지 않은 상태에서 적극적·소극적 손해에 상응하는 배상이 이루어졌다는 사정만으로 정신적 손해에 대한 국가배상청구마저 금지하는 것은, 해당 손해에 대한 적절한 배상이 이루어졌음을 전제로 하여 국가배상청구권 행사를 제한하려 한 민주화보상법의 입법목적에도 부합하지 않으며, 국가의 기본권 보호의무를 규정한 헌법 제10조 제2문의 취지에도 반하는 것으로서, 국가배상청구권에 대한 지나치게 과도한 제한에 해당한다. 따라서 심판대상조항 중 정신적 손해에 관한 부분은 민주화운동 관련자와 유족의 국가배상청구권을 침해한다.

4. 형사보상청구권

❖ 헌법 제28조 형사피의자 또는 형사피고인으로서 구금되었던 자가 법률이 정하는 불기소처분을 받거나 무죄판결을 받은 때에는 법률이 정하는 바에 의하여 국가에 정당한 보상을 청구할 수 있다.

헌법 제28조는 "형사피의자 또는 형사피고인으로서 구금되었던 자가 법률이 정하는 불기소처분을 받거나 무죄판결을 받은 때에는 법률이 정하는 바에 의하여 국가에 정당한 보상을 청구할 수 있다"고 규정하고 있다. 형사보상청구권은 형사피의자 또는 형사피고인으로서 구금되었던 자가 법률이 정하는 불기소처분을 받거나 무죄판결을 받은 때에 국가에 보상을 청구할 권리이다.

형사보상 및 명예회복에 관한 법률 (형사보상법) : 형사소송 절차에서 무죄재판 등을 받은 자에 대한 형사보상 및 명예회복을 위한 방법과 절차 등을 규정함으로써 무죄재판 등을 받은 자에 대한 정당한 보상과 실질적 명예회복에 이바지함을 목적으로 형사보상의 요건과 보상내용, 보상절차, 명예회복을 위한 무죄재판서 게재 청구 절차 등을 규정하고 있다.

<u>제2조(보상 요건)</u> ①「형사소송법」에 따른 일반 절차 또는 재심(再審)이나 비상상고(非常上告) 절차에서 무죄재판을 받아 확정된 사건의 피고인이 미결구금(未決拘禁)을 당하였을 때에는 이 법에 따라 국가에 대하여 그 구금에 대한 보상을 청구할 수 있다.
② 상소권회복에 의한 상소, 재심 또는 비상상고의 절차에서 무죄재판을 받아 확정된 사건의 피고인이 원판결(原判決)에 의하여 구금되거나 형 집행을 받았을 때에는 구금 또는 형의 집행에 대한 보상을 청구할 수 있다.
③「형사소송법」 제470조제3항에 따른 구치(拘置)와 같은 법 제473조부터 제475조까지의 규정에 따른 구속은 제2항을 적용할 때에는 구금 또는 형의 집행으로 본다.
<u>제8조(보상청구의 기간)</u> 보상청구는 무죄재판이 확정된 사실을 안 날부터 3년, 무죄재판이 확정된 때부터 5년 이내에 하여야 한다.
<u>제20조(불복신청)</u> ① 제17조제1항에 따른 보상결정에 대하여는 1주일 이내에 즉시항고(卽時抗告)를 할 수 있다. ② 제17조제2항에 따른 청구기각 결정에 대하여는 즉시항고를 할 수 있다.
<u>제30조(무죄재판서 게재 청구)</u> 무죄재판을 받아 확정된 사건(이하 "무죄재판사건"이라 한

다)의 피고인은 무죄재판이 확정된 때부터 3년 이내에 확정된 무죄재판사건의 재판서(이하 "무죄재판서"라 한다)를 법무부 인터넷 홈페이지에 게재하도록 해당 사건을 기소한 검사가 소속된 지방검찰청(지방검찰청 지청을 포함한다)에 청구할 수 있다.

판례1 형사보상청구에 대한 보상결정에 대하여는 불복을 할 수 없도록 하여 형사보상을 단심재판으로 규정한 「형사보상법」 조항은 형사보상청구권 및 재판청구권을 침해하는가?

(헌재 2010. 10. 28. 2008헌마514) 위헌

사건개요 : 구속기소되어 재판을 받았으나 무죄를 받은 청구인들은 형사보상법의 불복금지규정 등에 대하여 헌법소원심판을 청구하였다.

심판대상 : 구 형사보상법(1958. 8. 13. 법률 제494호로 제정된 것) 제19조(불복신청) ① 보상의 결정에 대하여는 불복을 신청할 수 없다.

전체 논점 : ① 형사보상금 제한(소극) ② 형사보상 결정에 대한 불복 금지(적극)

결정요지 : ① 형사보상청구권은 헌법 제28조에 따라 '법률이 정하는 바에 의하여' 행사되므로 그 내용은 법률에 의해 정해지는바, 형사보상의 구체적 내용과 금액 및 절차에 관한 사항은 입법자가 정하여야 할 사항이다. 이 사건 보상금조항 및 이 사건 보상금 시행령조항은 보상금을 일정한 범위 내로 한정하고 있는데, 형사보상은 형사사법절차에 내재하는 불가피한 위험으로 인한 피해에 대한 보상으로서 국가의 위법·부당한 행위를 전제로 하는 국가배상과는 그 취지 자체가 상이하므로 형사보상절차로서 인과관계 있는 모든 손해를 보상하지 않는다고 하여 반드시 부당하다고 할 수는 없으며, 보상금액의 구체화·개별화를 추구할 경우에는 개별적인 보상금액을 산정하는데 상당한 기간의 소요 및 절차의 지연을 초래하여 형사보상제도의 취지에 반하는 결과가 될 위험이 크고 나아가 그로 인하여 형사보상금의 액수에 지나친 차등이 발생하여 오히려 공평의 관념을 저해할 우려가 있는바, 이 사건 보상금조항 및 이 사건 보상금시행령조항은 청구인들의 형사보상청구권을 침해한다고 볼 수 없다.

② 보상액의 산정에 기초되는 사실인정이나 보상액에 관한 판단에서 오류나 불합리성이 발견되는 경우에도 그 시정을 구하는 불복신청을 할 수 없도록 하는 것은 형사보상청구권 및 그 실현을 위한 기본권으로서의 재판청구권의 본질적 내용을 침해하는 것이라 할 것이고, 나아가 법적 안정성만을 지나치게 강조함으로써 재판의 적정성과 정의를 추구하는 사법제도의 본질에 부합하지 아니하는 것이다. 또한, 불복을 허용하더라도 즉시항고는 절차가 신속히 진행될 수 있고 사건수도 과다하지 아니한데다 그 재판내용도 비교

적 단순하므로 불복을 허용한다고 하여 상급심에 과도한 부담을 줄 가능성은 별로 없다고 할 것이어서, 이 사건 불복금지조항은 형사보상청구권 및 재판청구권을 침해한다.
※ 이후 불복신청이 가능하도록 형사보상법이 개정되었다. 위 현행 형사보상법 제20조 참조.

판례2 형사보상의 청구를 무죄재판이 확정된 때로부터 1년 이내에 하도록 규정하고 있는 형사보상법 제7조는 헌법 제28조에 위반되는가?

(헌재 2010. 7. 29. 2008헌가4) 헌법불합치

사건개요 : 구속기소되어 재판을 받고 무기징역이 선고된 이후에 형집행정지로 석방되었고, 재심재판에서 무죄를 받은 청구인이 보상청구기간을 1년으로 제한하는 형사보상법 규정에 대하여 위헌법률제청신청을 하였고, 법원은 헌법재판소에 위헌법률심판제청을 하였다.
심판대상 : 구 형사보상법 제7조(보상청구의 기간) 보상의 청구는 무죄재판이 확정된 때로부터 1년 이내에 하여야 한다.
결정요지 : 권리의 행사가 용이하고 일상 빈번히 발생하는 것이거나 권리의 행사로 인하여 상대방의 지위가 불안정해지는 경우 또는 법률관계를 보다 신속히 확정하여 분쟁을 방지할 필요가 있는 경우에는 특별히 짧은 소멸시효나 제척기간을 인정할 필요가 있으나, 이 사건 법률조항은 위의 어떠한 사유에도 해당하지 아니하는 등 달리 합리적인 이유를 찾기 어렵고, 일반적인 사법상의 권리보다 더 확실하게 보호되어야 할 권리인 형사보상청구권의 보호를 저해하고 있다. 또한, 이 사건 법률조항은 형사소송법상 형사피고인이 재정하지 아니한 가운데 재판할 수 있는 예외적인 경우를 상정하고 있는 등 형사피고인은 당사자가 책임질 수 없는 사유에 의하여 무죄재판의 확정사실을 모를 수 있는 가능성이 있으므로, 형사피고인이 책임질 수 없는 사유에 의하여 제척기간을 도과할 가능성이 있는바, 이는 국가의 잘못된 형사사법작용에 의하여 신체의 자유라는 중대한 법익을 침해받은 국민의 기본권을 사법상의 권리보다도 가볍게 보호하는 것으로서 부당하다.
※ 이후에 무죄재판이 확정된 사실을 안 날부터 3년, 무죄재판이 확정된 때부터 5년 이내에 보상청구를 할 수 있도록 형사보상법이 개정되었다. 위 현행 형사보상법 제8조 참조.

5. 범죄피해자구조청구권

❖ 헌법 제30조 타인의 범죄행위로 인하여 생명·신체에 대한 피해를 받은 국민은 법률이 정하는 바에 의하여 국가로부터 구조를 받을 수 있다.

범죄피해자구조청구권은 타인의 범죄행위로 인하여 생명·신체에 대한 피해를 받은 국민이 범죄피해의 전부나 일부를 배상받지 못한 경우에 국가로부터 구조를 받을 수 있는 권리이다.

범죄피해자보호법 : 범죄피해자 보호·지원의 기본 정책 등을 정하고 타인의 범죄행위로 인하여 생명·신체에 피해를 받은 사람에 대한 구조(救助)에 관한 사항을 규정하고 있다.

제2조(기본이념) ① 범죄피해자는 범죄피해 상황에서 빨리 벗어나 인간의 존엄성을 보장받을 권리가 있다. ② 범죄피해자의 명예와 사생활의 평온은 보호되어야 한다. ③ 범죄피해자는 해당 사건과 관련하여 각종 법적 절차에 참여할 권리가 있다.
제16조(구조금의 지급요건) 국가는 구조대상 범죄피해를 받은 사람(이하 "구조피해자"라 한다)이 다음 각 호의 어느 하나에 해당하면 구조피해자 또는 그 유족에게 범죄피해 구조금(이하 "구조금"이라 한다)을 지급한다.
1. 구조피해자가 피해의 전부 또는 일부를 배상받지 못하는 경우
2. 자기 또는 타인의 형사사건의 수사 또는 재판에서 고소·고발 등 수사단서를 제공하거나 진술, 증언 또는 자료제출을 하다가 구조피해자가 된 경우
제17조(구조금의 종류 등) ① 구조금은 유족구조금·장해구조금 및 중상해구조금으로 구분한다. ② 유족구조금은 구조피해자가 사망하였을 때 제18조에 따라 맨 앞의 순위인 유족에게 지급한다. 다만, 순위가 같은 유족이 2명 이상이면 똑같이 나누어 지급한다. ③ 장해구조금 및 중상해구조금은 해당 구조피해자에게 지급한다. 다만, 장해구조금 또는 중상해구조금의 지급을 신청한 구조피해자가 장해구조금 또는 중상해구조금을 지급받기 전에 사망(해당 구조대상 범죄피해의 원인이 된 범죄행위로 사망한 경우는 제외한다)한 경우에는 제18조에 따라 맨 앞의 순위인 유족에게 지급하되, 순위가 같은 유족이 2명 이상이면 똑같이 나누어 지급한다. ④ 구조금은 일시금으로 지급한다. 다만, 구조피해자 또는 그 유족이 연령, 장애, 질병이나 그 밖에 대통령령으로 정하는 사유로 구조금을 관리할 능력이 부족하다고 인정되는 경우로서 다음 각 호의 어느 하나에 해당하는 경우에는 대통령령으로 정하는 바에 따라 구조금을 분할하여 지급할 수 있다. <신설 2024. 9. 20.>

1. 구조피해자나 그 유족이 구조금의 분할 지급을 청구하여 제24조제1항에 따른 범죄피해구조심의회가 구조금의 분할 지급을 결정한 경우
2. 제24조제1항에 따른 범죄피해구조심의회가 직권으로 구조금의 분할 지급을 결정한 경우

범죄피해자보호기금법 (범죄피해자기금법) : 범죄피해자 보호·지원에 필요한 자금을 확보·공급하기 위하여 만들어진 범죄피해자보호기금의 관리와 운용에 관해서 규정하고 있다.

제4조(기금의 조성) ① 기금은 다음의 재원으로 조성한다.
1. 제2항에 따른 벌금 수납액
2. 「범죄피해자 보호법」 제21조제2항에 따라 대위하여 취득한 구상금
3. 정부 외의 자가 출연 또는 기부하는 현금, 물품, 그 밖의 재산
4. 기금의 운용으로 인하여 생기는 수익금

② 정부는 「형사소송법」 제477조제1항에 따라 집행된 벌금에 100분의 6 이상의 범위에서 대통령령으로 정한 비율을 곱한 금액을 기금에 납입하여야 한다.
③ 제1항제3호에 따라 정부 외의 자가 출연 또는 기부하는 경우 그 용도를 지정하여 출연 또는 기부할 수 있다.
제5조(기금의 관리·운용) ① 기금은 법무부장관이 관리·운용한다. ② 기금의 관리·운용에 관하여 그 밖에 필요한 사항은 대통령령으로 정한다.
제6조(기금의 용도) 기금은 다음 각 호의 어느 하나에 해당하는 용도에 사용한다.
1. 「범죄피해자 보호법」 제16조제1항에 따른 범죄피해 구조금 지급
2. 「범죄피해자 보호법」 제34조제1항에 따른 보조금의 교부
3. 다른 법률에 따른 범죄피해자의 보호·지원에 관련된 사업이나 활동으로서 대통령령으로 정하는 것
4. 기금의 조성·관리 및 운영을 위한 경비의 지출
5. 그 밖에 범죄피해자의 보호·지원을 목적으로 하는 것으로서 대통령령으로 정하는 사업이나 활동

판례 **범죄피해자구조청구권의 행사대상을 국내로 한정한 것은 평등원칙에 위배되는가?**

(헌재 2011. 12. 29. 2009헌마354) 기각

사건개요 : 범죄피해의 대상을 국내로 한정하고 범죄피해 발생한 날부터 5년 이내에 구조금을 신청하도록 규정하고 있는 구 범죄피해자구조법 규정에 대하여 2003년 뉴질랜드

배낭여행 중 살해된 한국인의 자녀가 2009년에 헌법소원심판을 청구하였다.
전체 논점 : ① 범죄피해자구조청구권의 대상이 되는 범죄피해의 범위에 해외 발생 범죄피해 불포함의 평등원칙 위배 여부(소극) ② 범죄피해가 발생한 날부터 5년이 경과한 경우에는 구조금의 지급신청을 할 수 없다고 규정한 것의 평등원칙 위배 여부(소극)
결정요지 : ① 범죄피해자 구조청구권을 인정하는 이유는 크게 국가의 범죄방지책임 또는 범죄로부터 국민을 보호할 국가의 보호의무를 다하지 못하였다는 것과 그 범죄피해자들에 대한 최소한의 구제가 필요하다는데 있다. 그런데 국가의 주권이 미치지 못하고 국가의 경찰력 등을 행사할 수 없거나 행사하기 어려운 해외에서 발생한 범죄에 대하여는 국가에 그 방지책임이 있다고 보기 어렵고, 상호보증이 있는 외국에서 발생한 범죄피해에 대하여는 국민이 그 외국에서 피해구조를 받을 수 있으며, 국가의 재정에 기반을 두고 있는 구조금에 대한 청구권 행사대상을 우선적으로 대한민국의 영역 안의 범죄피해에 한정하고, 향후 해외에서 발생한 범죄피해의 경우에도 구조를 하는 방향으로 운영하는 것은 입법형성의 재량의 범위 내라고 할 것이다. 따라서 범죄피해자구조청구권의 대상이 되는 범죄피해에 해외에서 발생한 범죄피해의 경우를 포함하고 있지 아니한 것이 현저하게 불합리한 자의적인 차별이라고 볼 수 없어 평등원칙에 위배되지 아니한다.
② 오늘날 현대사회에서 인터넷의 보급 등 교통·통신수단이 상대적으로 매우 발달하여 여러 정보에 대한 접근이 용이해진 점과 일반 국민의 권리의식이 신장된 점 등에 비추어 보면, 범죄피해가 발생한 날부터 5년이라는 청구기간이 지나치게 단기라든지 불합리하여 범죄피해자의 구조청구권 행사를 현저히 곤란하게 하거나 사실상 불가능하게 하는 것으로는 볼 수 없고. 합리적인 이유가 있다고 할 것이어서 평등원칙에 위반되지 아니한다.

Ⅴ. 사회적 기본권

1. 인간다운 생활을 할 권리

❖ 헌법 제34조 ①모든 국민은 인간다운 생활을 할 권리를 가진다. ② 국가는 사회보장·사회복지의 증진에 노력할 의무를 진다. ③ 국가는 여자의 복지와 권익의 향상을 위하여 노력하여야 한다. ④ 국가는 노인과 청소년의 복지향상을 위한 정책을 실시할 의무를 진다. ⑤ 신체장애자 및 질병·노령 기타의 사유로 생활능력이 없는 국민은 법률이 정하는 바에 의하여 국가의 보호를 받는다. ⑥ 국가는 재해를 예방하고 그 위험으로부터 국민을 보호하기 위하여 노력하여야 한다.

헌법 제34조에 규정된 인간다운 생활을 할 권리는 인간으로서의 가치와 인격을 유지하고 인간의 존엄성이 보장되는 수준의 육체적 건강과 정신적 생활을 영위할 수 있도록 물질적·정신적 급부를 국가에 대하여 요구할 수 있는 권리이다. 인간다운 생활을 할 권리는 사회적 기본권에 관한 헌법규범들의 이념적 목표를 제시하는 규정이다.

사회보장수급권은 인간다운 생활을 위한 보장하기 위한 사회적 기본권의 핵심적인 것이며, 국가에 대하여 적극적인 급부를 요구하는 것을 내용으로 한다. 사회보장수급권은 국가가 위 각 급여의 범위, 내용, 방법 등을 정함에 있어서는 각 제도의 취지, 국가예산 내지 재정능력, 전체적인 사회보장 수준 등과 같은 제반사정을 고려할 필요가 있다. 따라서 국가가 노후 소득보장에 기여하는 기초연금 및 기초생활보장제도의 내용과 체계를 형성함에 있어서는 광범위한 입법재량이 인정된다.

국민기초생활보장법 (**기초생활보장법**) : 생활이 어려운 사람에게 필요한 급여를 실시하여 이들의 최저생활을 보장하고 자활을 돕는 것을 목적으로 하여, 생계급여, 주거급여, 의료급여, 교육급여, 해산급여(解産給與), 장제급여(葬祭給與), 자활급여 등의 지급에 관한 사항을 규정하고 있다.

<u>제21조(급여의 신청)</u> ① 수급권자와 그 친족, 그 밖의 관계인은 관할 시장·군수·구청장에게 수급권자에 대한 급여를 신청할 수 있다. 차상위자가 급여를 신청하려는 경우에도 같으며, 이 경우 신청방법과 절차 및 조사 등에 관하여는 제2항부터 제5항까지, 제22조, 제23조 및 제23조의2를 준용한다.
② 사회복지 전담공무원은 이 법에 따른 급여를 필요로 하는 사람이 누락되지 아니하도록 하기 위하여 관할지역에 거주하는 수급권자에 대한 급여를 직권으로 신청할 수 있다. 이 경우 수급권자의 동의를 구하여야 하며 수급권자의 동의는 수급권자의 신청으로 볼 수 있다.
③ 제1항에 따라 급여신청을 할 때나 제2항에 따라 사회복지 전담공무원이 급여신청을 하는 것에 수급권자가 동의하였을 때에는 수급권자와 부양의무자는 다음 각 호의 자료 또는 정보의 제공에 대하여 동의한다는 서면을 제출하여야 한다.
1. 「금융실명거래 및 비밀보장에 관한 법률」 제2조제2호 및 제3호에 따른 금융자산 및 금융거래의 내용에 대한 자료 또는 정보 중 예금의 평균잔액과 그 밖에 대통령령으로 정하는

자료 또는 정보(이하 "금융정보"라 한다)
2. 「신용정보의 이용 및 보호에 관한 법률」 제2조제1호에 따른 신용정보 중 채무액과 그 밖에 대통령령으로 정하는 자료 또는 정보(이하 "신용정보"라 한다)
3. 「보험업법」 제4조제1항 각 호에 따른 보험에 가입하여 낸 보험료와 그 밖에 대통령령으로 정하는 자료 또는 정보(이하 "보험정보"라 한다)
제34조(급여 변경의 금지) 수급자에 대한 급여는 정당한 사유 없이 수급자에게 불리하게 변경할 수 없다.
제35조(압류금지) ①수급자에게 지급된 수급품(제4조제4항에 따라 지방자치단체가 실시하는 급여를 포함한다)과 이를 받을 권리는 압류할 수 없다.
② 제27조의2제1항에 따라 지정된 급여수급계좌의 예금에 관한 채권은 압류할 수 없다.
제36조(양도금지) 수급자는 급여를 받을 권리를 타인에게 양도할 수 없다.

의료급여법 : 국민기초생활법에 따른 수급권자 등에게 주어지는 진찰 · 검사, 약제(藥劑) · 치료재료의 지급, 처치 · 수술과 그 밖의 치료, 예방 · 재활, 입원, 간호, 이송 등의 의료급여에 관한 사항을 규정하고 있다.

제3조(수급권자) ① 이 법에 따른 수급권자는 다음 각 호와 같다.
1. 「국민기초생활 보장법」에 따른 의료급여 수급자
2. 「재해구호법」에 따른 이재민으로서 보건복지부장관이 의료급여가 필요하다고 인정한 사람
3. 「의사상자 등 예우 및 지원에 관한 법률」에 따라 의료급여를 받는 사람
4. 「국내입양에 관한 특별법」에 따라 입양된 18세 미만의 아동
5. 「독립유공자예우에 관한 법률」, 「국가유공자 등 예우 및 지원에 관한 법률」 및 「보훈보상대상자 지원에 관한 법률」의 적용을 받고 있는 사람과 그 가족으로서 국가보훈부장관이 의료급여가 필요하다고 추천한 사람 중에서 보건복지부장관이 의료급여가 필요하다고 인정한 사람
6. 「무형유산의 보전 및 진흥에 관한 법률」에 따라 지정된 국가무형유산의 보유자(명예보유자를 포함한다)와 그 가족으로서 국가유산청장이 의료급여가 필요하다고 추천한 사람 중에서 보건복지부장관이 의료급여가 필요하다고 인정한 사람
7. 「북한이탈주민의 보호 및 정착지원에 관한 법률」의 적용을 받고 있는 사람과 그 가족으로서 보건복지부장관이 의료급여가 필요하다고 인정한 사람
8. 「5 · 18민주화운동 관련자 보상 등에 관한 법률」 제8조에 따라 보상금등을 받은 사람과

그 가족으로서 보건복지부장관이 의료급여가 필요하다고 인정한 사람

9. 「노숙인 등의 복지 및 자립지원에 관한 법률」에 따른 노숙인 등으로서 보건복지부장관이 의료급여가 필요하다고 인정한 사람

10. 그 밖에 생활유지 능력이 없거나 생활이 어려운 사람으로서 대통령령으로 정하는 사람

② 제1항제2호 및 제5호부터 제9호까지의 규정에 따른 수급권자의 인정 기준 등에 관한 사항은 보건복지부장관이 정하는 바에 따른다.

③ 제1항에 따른 수급권자에 대한 의료급여의 내용과 기준은 대통령령으로 정하는 바에 따라 구분하여 달리 정할 수 있다.

④ 제1항에 따른 수급권자에 대한 의료급여의 개시일 등에 관하여 필요한 사항은 대통령령으로 정한다.

<u>제23조(부당이득의 징수)</u> ① 시장 · 군수 · 구청장은 속임수나 그 밖의 부당한 방법으로 의료급여를 받은 사람(제8조제5항을 위반하여 의료급여를 받은 사람을 포함한다. 이하 같다), 제12조제1항에 따라 의료급여를 실시한 기관, 제13조제1항의 보조기기를 판매한 자 또는 급여비용을 받은 의료급여기관에 대하여는 그 급여 또는 급여비용에 상당하는 금액을 부당이득금으로 징수한다.

② 시장 · 군수 · 구청장은 수급권자의 거짓 보고나 거짓 증명(제8조제4항을 위반하여 의료급여증, 의료급여증명서 또는 신분증명서를 다른 사람에게 양도 · 대여하여 의료급여를 받게 하는 것을 포함한다)에 따라 의료급여가 실시된 경우 그 수급권자에게 의료급여를 받은 사람과 연대하여 제1항에 따른 부당이득금을 납부하게 할 수 있다.

③ 시장 · 군수 · 구청장은 의료급여기관, 제12조제1항에 따라 의료급여를 실시하는 기관 또는 제13조제1항의 보조기기를 판매하는 자와 의료급여를 받으려는 사람이 공모하여 속임수나 그 밖의 부당한 방법으로 제1항에 따른 의료급여가 이루어진 경우에는 해당 의료급여기관, 제12조제1항에 따라 의료급여를 실시한 기관 또는 제13조제1항의 보조기기를 판매한 자에 대하여 의료급여를 받은 사람과 연대하여 제1항의 부당이득금을 납부하게 할 수 있다.

④ 시장 · 군수 · 구청장은 제1항에 따라 속임수나 그 밖의 부당한 방법으로 급여비용을 받은 의료급여기관이 다음 각 호의 어느 하나에 해당하는 경우에는 해당 의료급여기관을 개설한 자에게 그 의료급여기관과 연대하여 제1항의 부당이득금을 납부하게 할 수 있다.

1. 「의료법」 제33조제2항을 위반하여 의료기관을 개설할 수 없는 자가 의료인의 면허나 의료법인 등의 명의를 대여받아 개설 · 운영하는 의료기관

2. 「약사법」 제20조제1항을 위반하여 약국을 개설할 수 없는 자가 약사 등의 면허를 대여받아 개설 · 운영하는 약국 (후략)

판례1 **보건복지부장관이 최저생계비를 고시함에 있어 장애로 인한 추가지출비용을 반영한 별도의 최저생계비를 결정하지 않은 채 가구별 인원수만을 기준으로 최저생계비를 결정한 2002년도 최저생계비고시가 생활능력 없는 장애인가구 구성원의 인간다운 생활을 할 권리를 침해하였는가?**

(헌재 2004. 10. 28. 2002헌마328) 기각

사건개요 : 최저생계비 고시에 있어서 장애로 인한 추가지출비용을 반영하지 않은 것은 장애인가구 구성원인 청구인의 기본권을 침해한 것이라고 주장하며 헌법소원심판을 청구하였다.

전체 논점 : ① 인간다운 생활을 할 권리 침해 ② 인간의 존엄과 가치 및 행복추구권 침해 ③ 평등권 침해 (모두 소극)

①의 결정요지 : 인간다운 생활이란 그 자체가 추상적이고 상대적인 개념으로서 그 나라의 문화의 발달, 역사적·사회적·경제적 여건에 따라 어느 정도는 달라질 수 있는 것이다. 국가가 인간다운 생활을 보장하기 위한 생계급여의 수준을 구체적으로 결정함에 있어서는 국민 전체의 소득수준과 생활수준, 국가의 재정규모와 정책, 국민 각 계층의 상충하는 갖가지 이해관계 등 복잡 다양한 요소를 함께 고려해야 하므로, 생활이 어려운 장애인의 최저생활보장의 구체적 수준을 결정하는 것은 입법부 또는 입법에 의하여 다시 위임을 받은 행정부 등 해당 기관의 광범위한 재량에 맡겨져 있다. 가구별 인원수만을 기준으로 최저생계비를 결정하였다고 하여, 장애인 가구 구성원의 인간다운 생활을 할 권리가 침해되었다고 할 수 없다.

판례2 **대학원 재학생과 고아를 생계급여 수급을 위한 자활사업 유예대상으로 규정하지 않은 것은 기본권을 침해하는가?**

(헌재 2017. 11. 30. 2016헌마448) 기각

사건개요 : 생계급여를 받기 위해서는 자활사업에 참가할 것을 조건으로 하는데, 대학원 재학생과 고아를 이러한 조건 유예대상에 규정하지 않은 것은 기본권을 침해한다고 주장하며 헌법소원심판을 청구하였다.

전체 논점 : ① 평등권 침해 ② 인간다운 생활을 할 권리 침해 (모두 소극)

②의 결정요지 : 이 사건 시행령조항은 조건 부과 유예 대상자로 '대학원에 재학 중인 사람'과 '부모에게 버림받아 부모를 알 수 없는 사람'을 규정하고 있지 않다. 그런데 국민기초생활 보장법은 조건 부과 유예 대상자에 해당하지 않는다고 하더라도, 수급자의 개인적 사정을 고려하여 근로조건의 제시를 유예할 수 있는 제도를 별도로 두고 있으므로, '대학원에 재학 중인 사람' 또는 '부모에게 버림받아 부모를 알 수 없는 사람'이 조건 제

시 유예사유에 해당하면 자활사업 참여 없이 생계급여를 받을 수 있다. 여기에, 고등교육법과 '법학전문대학원 설치·운영에 관한 법률'이 장학금제도를 규정하고 있는 점, 생계급여제도 이외에도 의료급여와 같은 각종 급여제도 등을 통하여서도 인간의 존엄에 상응하는 생활에 필요한 '최소한의 물질적인 생활'을 유지하는 데 도움을 받을 수 있는 점 등을 종합하여 보면, 이 사건 시행령조항은 청구인의 인간다운 생활을 할 권리도 침해하지 않는다.

2. 교육에 관한 권리

❖ 헌법 제31조 ① 모든 국민은 능력에 따라 균등하게 교육을 받을 권리를 가진다. ② 모든 국민은 그 보호하는 자녀에게 적어도 초등교육과 법률이 정하는 교육을 받게 할 의무를 진다. ③ 의무교육은 무상으로 한다. ④ 교육의 자주성·전문성·정치적 중립성 및 대학의 자율성은 법률이 정하는 바에 의하여 보장된다. ⑤ 국가는 평생교육을 진흥하여야 한다. ⑥ 학교교육 및 평생교육을 포함한 교육제도와 그 운영, 교육재정 및 교원의 지위에 관한 기본적인 사항은 법률로 정한다.

헌법 제31조 제1항은 "모든 국민은 능력에 따라 균등하게 교육을 받을 권리를 가진다"고 하여 교육을 받을 권리를 규정하고 있다. 제2항에서는 교육을 받게 할 의무, 무상의무교육, 교육의 자주성·전문성·정치적 중립성과 대학의 자율성, 국가의 평생교육진흥의무, 교육제도의 법정주의 등을 규정하고 있다.

교육기본법 : 교육에 관한 국민의 권리·의무 및 국가·지방자치단체의 책임을 정하고 교육제도와 그 운영에 관한 기본적 사항을 규정하고 있다.

제6조(교육의 중립성) ① 교육은 교육 본래의 목적에 따라 그 기능을 다하도록 운영되어야 하며, 정치적·파당적 또는 개인적 편견을 전파하기 위한 방편으로 이용되어서는 아니 된다. ② 국가와 지방자치단체가 설립한 학교에서는 특정한 종교를 위한 종교교육을 하여서는 아니 된다.
제8조(의무교육) ① 의무교육은 6년의 초등교육과 3년의 중등교육으로 한다. ② 모든 국민은 제1항에 따른 의무교육을 받을 권리를 가진다.

제9조(학교교육) ① 유아교육·초등교육·중등교육 및 고등교육을 하기 위하여 학교를 둔다. ② 학교는 공공성을 가지며, 학생의 교육 외에 학술 및 문화적 전통의 유지·발전과 주민의 평생교육을 위하여 노력하여야 한다. ③ 학교교육은 학생의 창의력 계발 및 인성(人性) 함양을 포함한 전인적(全人的) 교육을 중시하여 이루어져야 한다. ④ 학교의 종류와 학교의 설립·경영 등 학교교육에 관한 기본적인 사항은 따로 법률로 정한다.

유아교육법 : 교육기본법 제9조에 따라 유치원의 설립, 유치원의 교직원, 유아교육정보시스템, 유치원운영위원회 등 유아교육에 관한 사항을 규정하고 있다.

제2조(정의) 이 법에서 사용하는 용어의 뜻은 다음 각 호와 같다.
1. "유아"란 만 3세부터 초등학교 취학전까지의 어린이를 말한다.
2. "유치원"이란 유아의 교육을 위하여 이 법에 따라 설립·운영되는 학교를 말한다.
3. "보호자"란 친권자·후견인 그 밖의 자로서 유아를 사실상 보호하는 자를 말한다.

제7조(유치원의 구분) 유치원은 다음 각호와 같이 구분한다.
1. 국립유치원 : 국가가 설립·경영하는 유치원
2. 공립유치원 : 지방자치단체가 설립·경영하는 유치원(설립주체에 따라 시립유치원과 도립유치원으로 구분할 수 있다)
3. 사립유치원 : 법인 또는 사인(私人)이 설립·경영하는 유치원

제9조(유치원의 병설) 유치원은 「초·중등교육법」 제2조에 따른 초등학교·중학교 및 고등학교에 병설될 수 있다.

제21조의2(유아의 인권 보장) ① 유치원의 설립자·경영자와 원장은 헌법과 국제인권조약에 명시된 유아의 인권을 보장하여야 한다. ② 교직원은 제21조에 따라 유아를 교육하거나 사무를 담당할 때에는 도구, 신체 등을 이용하여 유아의 신체에 고통을 가하거나 고성, 폭언 등으로 유아에게 정신적 고통을 가해서는 아니 된다.

제21조의3(원장 등 교원의 유아생활지도) ① 원장 등 교원은 유아의 인권을 보호하고 교원의 교육활동과 돌봄활동을 위하여 필요한 경우에는 법령과 유치원규칙으로 정하는 바에 따라 유아를 지도할 수 있다. ② 제1항에 따른 교원의 정당한 유아생활지도에 대해서는 「아동복지법」 제17조제3호, 제5호 및 제6호의 금지행위 위반으로 보지 아니한다.

제21조의4(보호자의 의무 등) ① 보호자는 교직원 또는 다른 유아의 인권을 침해하는 행위를 하여서는 아니 된다. ② 보호자는 제21조의3제1항에 따른 교원의 유아생활지도를 존중하고 지원하여야 한다. ③ 보호자는 교육활동과 돌봄활동의 범위에서 교원과 유치원의 전문적인 판단을 존중하고 교육활동과 돌봄활동이 원활히 이루어질 수 있도록 적극 협력하여야 한다.

초중등교육법 : 교육기본법 제9조에 따라 초·중등학교의 설립, 학생과 교직원, 초등학교·중학교·고등학교, 특수학교·외국인학교·대안학교, 학교운영위원회 등 초·중등교육에 관한 사항을 규정하고 있다.

제2조(학교의 종류) 초·중등교육을 실시하기 위하여 다음 각 호의 학교를 둔다.
1. 초등학교 2. 중학교·고등공민학교 3. 고등학교·고등기술학교 4. 특수학교 5. 각종학교
제3조(국립·공립·사립 학교의 구분) 제2조 각 호의 학교(이하 "학교"라 한다)는 설립주체에 따라 다음 각 호와 같이 구분한다.
1. 국립학교: 국가가 설립·경영하는 학교 또는 국립대학법인이 부설하여 경영하는 학교
2. 공립학교: 지방자치단체가 설립·경영하는 학교(설립주체에 따라 시립학교·도립학교로 구분할 수 있다)
3. 사립학교: 법인이나 개인이 설립·경영하는 학교(국립대학법인이 부설하여 경영하는 학교는 제외한다)
제10조의2(고등학교 등의 무상교육) ① 제2조제3호에 따른 고등학교·고등기술학교 및 이에 준하는 각종학교의 교육에 필요한 다음 각 호의 비용은 무상(無償)으로 한다.
1. 입학금 2. 수업료 3. 학교운영지원비 4. 교과용 도서 구입비
② 제1항 각 호의 비용은 국가 및 지방자치단체가 부담하고, 학교의 설립자·경영자는 학생과 보호자로부터 이를 받을 수 없다. ③ 제1항 및 제2항에도 불구하고 대통령령으로 정하는 사립학교의 설립자·경영자는 학생과 보호자로부터 제1항 각 호의 비용을 받을 수 있다.
제12조(의무교육) ① 국가는 「교육기본법」 제8조제1항에 따른 의무교육을 실시하여야 하며, 이를 위한 시설을 확보하는 등 필요한 조치를 강구하여야 한다. ② 지방자치단체는 그 관할 구역의 의무교육대상자를 모두 취학시키는 데에 필요한 초등학교, 중학교 및 초등학교·중학교의 과정을 교육하는 특수학교를 설립·경영하여야 한다. ③ 지방자치단체는 지방자치단체가 설립한 초등학교·중학교 및 특수학교에 그 관할 구역의 의무교육대상자를 모두 취학시키기 곤란하면 인접한 지방자치단체와 협의하여 합동으로 초등학교·중학교 또는 특수학교를 설립·경영하거나, 인접한 지방자치단체가 설립한 초등학교·중학교 또는 특수학교나 국립 또는 사립의 초등학교·중학교 또는 특수학교에 일부 의무교육대상자에 대한 교육을 위탁할 수 있다. ④ 국립·공립 학교의 설립자·경영자와 제3항에 따라 의무교육대상자의 교육을 위탁받은 사립학교의 설립자·경영자는 의무교육을 받는 사람으로부터 제10조의2제1항 각 호의 비용을 받을 수 없다.
제13조(취학 의무) ① 모든 국민은 보호하는 자녀 또는 아동이 6세가 된 날이 속하는 해의 다음 해 3월 1일에 그 자녀 또는 아동을 초등학교에 입학시켜야 하고, 초등학교를 졸업할

때까지 다니게 하여야 한다. ② 모든 국민은 제1항에도 불구하고 그가 보호하는 자녀 또는 아동이 5세가 된 날이 속하는 해의 다음 해 또는 7세가 된 날이 속하는 해의 다음 해에 그 자녀 또는 아동을 초등학교에 입학시킬 수 있다. 이 경우에도 그 자녀 또는 아동이 초등학교에 입학한 해의 3월 1일부터 졸업할 때까지 초등학교에 다니게 하여야 한다. ③ 모든 국민은 보호하는 자녀 또는 아동이 초등학교를 졸업한 학년의 다음 학년 초에 그 자녀 또는 아동을 중학교에 입학시켜야 하고, 중학교를 졸업할 때까지 다니게 하여야 한다. ④ 제1항부터 제3항까지의 규정에 따른 취학 의무의 이행과 이행 독려 등에 필요한 사항은 대통령령으로 정한다.

제18조(학생의 징계) ① 학교의 장은 교육을 위하여 필요한 경우에는 법령과 학칙으로 정하는 바에 따라 학생을 징계할 수 있다. 다만, 의무교육을 받고 있는 학생은 퇴학시킬 수 없다. ② 학교의 장은 학생을 징계하려면 그 학생이나 보호자에게 의견을 진술할 기회를 주는 등 적정한 절차를 거쳐야 한다.

제18조의4(학생의 인권보장 등) ① 학교의 설립자·경영자와 학교의 장은 「헌법」과 국제인권조약에 명시된 학생의 인권을 보장하여야 한다. ② 학생은 교직원 또는 다른 학생의 인권을 침해하는 행위를 하여서는 아니 된다.

제18조의5(보호자의 의무 등) ① 보호자는 교직원 또는 다른 학생의 인권을 침해하는 행위를 하여서는 아니 된다. ② 보호자는 제20조의2제1항에 따른 교원의 학생생활지도를 존중하고 지원하여야 한다. ③ 보호자는 교육활동의 범위에서 교원과 학교의 전문적인 판단을 존중하고 교육활동이 원활히 이루어질 수 있도록 적극 협력하여야 한다.

제20조의2(학교의 장 및 교원의 학생생활지도) ① 학교의 장과 교원은 학생의 인권을 보호하고 교원의 교육활동을 위하여 필요한 경우에는 법령과 학칙으로 정하는 바에 따라 학생을 지도할 수 있다. ② 제1항에 따른 교원의 정당한 학생생활지도에 대해서는 「아동복지법」 제17조제3호, 제5호 및 제6호의 금지행위 위반으로 보지 아니한다. ③ 교육부장관과 교육감은 제1항에 따른 학생생활지도에 필요한 인력 및 시설 등에 소요되는 경비를 예산의 범위에서 지원할 수 있다.

제20조의3(교원 개인정보의 보호) 학교와 학교의 장은 교원의 전화번호, 주민등록번호 등 개인정보가 「개인정보 보호법」 및 「공공기관의 정보공개에 관한 법률」 등 관계 법률에 따라 보호될 수 있도록 필요한 조치를 하여야 한다.

제29조(교과용 도서의 사용) ① 학교에서는 국가가 저작권을 가지고 있거나 교육부장관이 검정하거나 인정한 교과용 도서를 사용하여야 한다. ② 교과용 도서의 범위·저작·검정·인정·발행·공급·선정 및 가격 사정(査定) 등에 필요한 사항은 대통령령으로 정한다.

고등교육법 : 교육기본법 제9조에 따라 학생과 교직원, 대학평의원회의, 인권센터, 대학의 종류별 대학운영 등 고등교육(대학)에 관한 사항을 규정하고 있다.

제2조(학교의 종류) 고등교육을 실시하기 위하여 다음 각 호의 학교를 둔다.
1. 대학 2. 산업대학 3. 교육대학 4. 전문대학 5. 방송대학 · 통신대학 · 방송통신대학 및 사이버대학(이하 "원격대학"이라 한다) 6. 기술대학 7. 각종학교
제3조(국립 · 공립 · 사립 학교의 구분) 제2조 각 호의 학교(이하 "학교"라 한다)는 국가가 설립 · 경영하거나 국가가 국립대학 법인으로 설립하는 국립학교, 지방자치단체가 설립 · 경영하는 공립학교(설립주체에 따라 시립학교 · 도립학교로 구분할 수 있다), 학교법인이 설립 · 경영하는 사립학교로 구분한다.
제4조(학교의 설립 등) ① 학교를 설립하려는 자는 시설 · 설비 등 대통령령으로 정하는 설립기준을 갖추어야 한다. ② 국가 외의 자가 학교를 설립하려는 경우에는 교육부장관의 인가를 받아야 한다. ③ 공립학교나 사립학교의 설립자 · 경영자가 학교를 폐지하거나 대통령령으로 정하는 중요 사항을 변경하려는 경우에는 교육부장관의 인가를 받아야 한다.
제14조(교직원의 구분) ① 학교(각종학교는 제외한다. 이하 이 조에서 같다)에는 학교의 장으로서 총장 또는 학장을 둔다. ② 학교에 두는 교원은 제1항에 따른 총장이나 학장 외에 교수 · 부교수 · 조교수 및 강사로 구분한다. ③ 학교에는 학교운영에 필요한 행정직원 등 직원과 조교를 둔다. ④ 각종학교에는 제1항부터 제3항까지의 규정에 준하여 필요한 교원, 직원 및 조교(이하 "교직원"이라 한다)를 둔다.
제32조(학생의 정원) 대학(산업대학 · 교육대학 · 전문대학 · 원격대학 · 기술대학 및 각종학교를 포함한다)의 학생 정원에 관한 사항은 대통령령으로 정하는 범위에서 학칙으로 정한다.

사립학교법 : 사립유치원, 사립초등학교, 사립중학교, 사립고등학교, 사립대학교 등 사립학교의 특수성을 고려하여 사립학교법인의 설립, 임원과 이사회, 재산과 회계, 해산과 합병, 지원과 감독, 사립학교 교원(총장과 교수)의 자격 · 임용 · 복무 · 신분보장 · 징계 등에 관한 사항을 규정하고 있다.

제2조(정의) 이 법에서 사용하는 용어의 뜻은 다음과 같다.
1. "사립학교"란 학교법인, 공공단체 외의 법인 또는 그 밖의 사인(私人)이 설치하는 「유아교육법」 제2조제2호, 「초 · 중등교육법」 제2조 및 「고등교육법」 제2조에 따른 학교를 말한다.
2. "학교법인"이란 사립학교만을 설치 · 경영할 목적으로 이 법에 따라 설립되는 법인을 말한다.

3. "사립학교경영자"란 「유아교육법」, 「초·중등교육법」, 「고등교육법」 및 이 법에 따라 사립학교를 설치·경영하는 공공단체 외의 법인(학교법인은 제외한다) 또는 사인을 말한다.
4. "임용"이란 신규채용, 승진, 전보(轉補), 겸임, 파견, 강임(降任), 휴직, 직위해제, 정직(停職), 강등, 복직, 면직, 해임 및 파면을 말한다.
제3조(학교법인이 아니면 설립할 수 없는 사립학교 등) 학교법인이 아닌 자는 다음 각 호의 어느 하나에 해당하는 사립학교를 설치·경영할 수 없다. 다만, 「초·중등교육법」 제52조제2항에 따라 산업체가 그 고용근로청소년의 교육을 위하여 중학교 또는 고등학교를 설치·경영하는 경우에는 그러하지 아니하다.
1. 초등학교·중학교·고등학교·특수학교·대학
2. 산업대학·사이버대학·전문대학·기술대학
3. 대학·산업대학·전문대학 또는 기술대학에 준하는 각종학교
제10조(설립허가) ① 학교법인을 설립하려는 자는 일정한 재산을 출연하고, 다음 각 호의 사항을 적은 정관을 작성하여 대통령령으로 정하는 바에 따라 교육부장관의 허가를 받아야 한다. 이 경우 기술대학을 설치·경영하는 학교법인을 설립할 때에는 대통령령으로 정하는 바에 따라 미리 산업체가 일정한 재산을 출연하여야 한다. (후략)

학원의 설립·운영 및 과외교습에 관한 법률 (학원법) : 학원의 설립·운영·폐원 및 과외교습에 관한 사항을 규정하고 있다.

제2조(정의) 이 법에서 사용하는 용어의 뜻은 다음과 같다.
1. "학원"이란 사인(私人)이 대통령령으로 정하는 수 이상의 학습자 또는 불특정다수의 학습자에게 30일 이상의 교습과정(교습과정의 반복으로 교습일수가 30일 이상이 되는 경우를 포함한다. 이하 같다)에 따라 지식·기술(기능을 포함한다. 이하 같다)·예능을 교습(상급학교 진학에 필요한 컨설팅 등 지도를 하는 경우와 정보통신기술 등을 활용하여 원격으로 교습하는 경우를 포함한다. 이하 같다)하거나 30일 이상 학습장소로 제공되는 시설을 말한다. 다만, 다음 각 목의 어느 하나에 해당하는 시설은 제외한다.
가. 「유아교육법」, 「초·중등교육법」, 「고등교육법」, 그 밖의 법령에 따른 학교
나. 도서관·박물관 및 과학관
다. 사업장 등의 시설로서 소속 직원의 연수를 위한 시설
라. 「평생교육법」에 따라 인가·등록·신고 또는 보고된 평생교육시설
마. 「국민 평생 직업능력 개발법」에 따른 직업능력개발훈련시설이나 그 밖에 평생교육에

관한 다른 법률에 따라 설치된 시설
바.「도로교통법」에 따른 자동차운전학원
사.「주택법」 제2조제3호에 따른 공동주택에 거주하는 자가 공동으로 관리하는 시설로서「공동주택관리법」 제14조에 따른 입주자대표회의의 의결을 통하여 영리를 목적으로 하지 아니하고 입주민을 위한 교육을 하기 위하여 설치하거나 사용하는 시설
2. "교습소"란 제4호에 따른 과외교습을 하는 시설로서 학원 및 제1호 각 목의 시설이 아닌 시설을 말한다.
3. "개인과외교습자"란 다음 각 목의 시설에서 교습비등을 받고 과외교습을 하는 자를 말한다
가. 학습자의 주거지 또는 교습자의 주거지로서「건축법」 제2조제2항에 따른 단독주택 또는 공동주택 나. 제1호사목에 따른 시설
4. "과외교습"이란 초등학교 · 중학교 · 고등학교 또는 이에 준하는 학교의 학생이나 학교 입학 또는 학력 인정에 관한 검정을 위한 시험 준비생에게 지식 · 기술 · 예능을 교습하는 행위를 말한다. 다만, 다음 각 목의 어느 하나에 해당하는 행위는 제외한다.
가. 제1호가목부터 바목까지의 시설에서 그 설치목적에 따라 행하는 교습행위 나. 같은 등록기준지 내의 친족이 하는 교습행위 다. 대통령령으로 정하는 봉사활동에 속하는 교습행위
5. "학습자"란 다음 각 목의 자를 말한다. 가. 학원이나 교습소에서 교습을 받는 자 나. 30일 이상 학습장소로 제공되는 시설을 이용하는 자 다. 개인과외교습자로부터 교습을 받는 자
6. "교습비등"이란 학습자가 다음 각 목의 자에게 교습이나 학습장소 이용의 대가로 납부하는 수강료 · 이용료 또는 교습료 등(이하 "교습비"라 한다)과 그 외에 추가로 납부하는 모든 경비(이하 "기타경비"라 한다)를 말한다. 가. 학원을 설립 · 운영하는 자(이하 "학원설립 · 운영자"라 한다) 나. 교습소를 설립 · 운영하는 자(이하 "교습자"라 한다) 다. 개인과외교습자
제3조(교원의 과외교습 제한)「초 · 중등교육법」 제2조,「고등교육법」 제2조, 그 밖의 법률에 따라 설립된 학교에 소속된 교원(「고등교육법」 제14조제2항에 따른 강사는 제외한다)은 과외교습을 하여서는 아니 된다. <개정 2012. 1. 26.>

판례1 과외를 전면적으로 금지하는 법률은 위헌인가?

(헌재 2000. 4. 27. 98헌가16등) 위헌

사건개요 : 학생들에게 과외교습을 금지하고 위반시 처벌하는「학원의 설립·운영에 관한 법률」이 청구인들의 기본권을 침해한다고 주장하면서 이 사건 위헌법률심판과 헌법소원 심판을 청구하였다.

전체 논점 : ① 부모의 자녀교육권 ② 교육에 대한 국가의 책임 ③ 부모의 자녀교육권과

국가의 교육책임과의 관계

결정요지 : ① 자녀의 양육과 교육은 일차적으로 부모의 천부적인 권리인 동시에 부모에게 부과된 의무이기도 하다. '부모의 자녀에 대한 교육권'은 비록 헌법에 명문으로 규정되어 있지는 아니하지만, 이는 모든 인간이 누리는 불가침의 인권으로서 혼인과 가족생활을 보장하는 헌법 제36조 제1항, 행복추구권을 보장하는 헌법 제10조 및 "국민의 자유와 권리는 헌법에 열거되지 아니한 이유로 경시되지 아니한다"고 규정하는 헌법 제37조 제1항에서 나오는 중요한 기본권이다. 부모는 자녀의 교육에 관하여 전반적인 계획을 세우고 자신의 인생관·사회관·교육관에 따라 자녀의 교육을 자유롭게 형성할 권리를 가지며, 부모의 교육권은 다른 교육의 주체와의 관계에서 원칙적인 우위를 가진다.

② 헌법 제31조 제1항은 "모든 국민은 능력에 따라 균등하게 교육을 받을 권리를 가진다"고 규정하여 국민의 교육을 받을 권리를 보장하고 있다. '교육을 받을 권리'란, 모든 국민에게 저마다의 능력에 따른 교육이 가능하도록 그에 필요한 설비와 제도를 마련해야 할 국가의 과제와 아울러 이를 넘어 사회적·경제적 약자도 능력에 따른 실질적 평등교육을 받을 수 있도록 적극적인 정책을 실현해야 할 국가의 의무를 뜻한다. 특히 같은 조 제6항은 "학교교육 및 평생교육을 포함한 교육제도와 그 운영, 교육재정 및 교원의 지위에 관한 기본적인 사항은 법률로 정한다"고 함으로써 학교교육에 관한 국가의 권한과 책임을 규정하고 있다. 위 조항은 국가에게 학교제도를 통한 교육을 시행하도록 위임하였고, 이로써 국가는 학교제도에 관한 포괄적인 규율권한과 자녀에 대한 학교교육의 책임을 부여받았다.

③ 자녀의 양육과 교육에 있어서 부모의 교육권은 교육의 모든 영역에서 존중되어야 하며, 다만, 학교교육에 관한 한, 국가는 헌법 제31조에 의하여 부모의 교육권으로부터 원칙적으로 독립된 독자적인 교육권한을 부여받음으로써 부모의 교육권과 함께 자녀의 교육을 담당하지만, 학교 밖의 교육영역에서는 원칙적으로 부모의 교육권이 우위를 차지한다.

판례2 고등학교에서 퇴학된 날로부터 6월이 지나지 아니한 자를 고등학교 졸업학력 검정고시를 볼 수 있는 범위에서 제외하고 있는 「고등학교 졸업학력 검정고시 규칙」 은 교육을 받을 권리를 침해하는가?

(헌재 2008. 4. 24. 2007헌마1456) 기각

사건개요 : 고졸검정고시를 통해 대학진학을 원하는 고교생이 고교퇴학일로부터 6개월 이내에 응시가 불가능하도록 정한 고졸검정고시규칙이 기본권을 침해한다고 주장하며 헌법소원심판을 청구하였다.

전체 논점 : ① 위임입법 한계 일탈(소극) ② 교육받을 권리 침해(소극) ③ 평등권 침해 (소극)

결정요지 : ② 헌법 제31조 제1항의 교육을 받을 권리는, 국민이 능력에 따라 균등하게 교육받을 것을 공권력에 의하여 부당하게 침해받지 않을 권리와, 국민이 능력에 따라 균등하게 교육받을 수 있도록 국가가 적극적으로 배려하여 줄 것을 요구할 수 있는 권리로 구성된다. 전자는 자유권적 기본권의 성격이, 후자는 사회권적 기본권의 성격이 강하다고 할 수 있다. 검정고시응시자격을 제한하는 것은, 국민의 교육받을 권리 중 그 의사와 능력에 따라 균등하게 교육받을 것을 국가로부터 방해받지 않을 권리, 즉 자유권적 기본권을 제한하는 것이므로, 그 제한에 대하여는 헌법 제37조 제2항의 비례원칙에 의한 심사, 즉 과잉금지원칙에 따른 심사를 받아야 한다. 이 조항의 입법목적은 고등학교 퇴학자의 응시 증가를 줄이고 정규 학교교육과정의 이수를 유도하기 위함이므로 그 입법목적이 정당하고 방법의 적절성이 인정된다. 고등학교 퇴학자에 대하여 검정고시의 응시기회를 영구히 박탈하는 것이 아니고, 고등학교 졸업학력 검정고시는 연 2회 이상 시행되며, 장애인복지법에 따라 등록한 장애인으로서 신체적·정신적 장애로 학업을 계속하는 것이 불가능하여 고등학교에서 퇴학된 자는 이 사건 규칙조항의 제한을 받지 않는 것, 이 사건 규칙조항에 의하여 제한받는 사익은 자신이 원하는 시기에 검정고시에 응시하여 학력인정을 취득하려는 것에 불과한 점, 그에 반하여 이 사건 규칙조항으로 달성하려는 공익은 고등학교 퇴학자의 응시 증가를 줄이고 정규 학교교육과정의 이수 유도라는 점 등을 감안하면, 피해의 최소성 및 법익 균형성 원칙에도 위배되지 않는다.

판례3 초등학교에서의 영어교육 제한은 기본권을 침해하는가?

(헌재 2016. 2. 25. 2013헌마838) 기각

사건개요 : 초등학생과 학부모인 청구인은 초등 1−2학년의 정규교과에서 영어를 배제하고 3−6학년의 영어교육 시수를 제한하는 초중등학교 교육과정에 관한 교육부 고시가 기본권을 침해한다고 주장하며 헌법소원심판을 청구하였다.

전체 논점 : ① 교육제도 법정주의 위반 ② 인격의 자유로운 발현권 침해 ③ 자녀교육권 침해 (모두 소극)

결정요지 : ②·③ 이 사건 고시 부분은 초등학생의 전인적 성장을 도모하고, 영어 사교육 시장의 과열을 방지하기 위한 것으로, 그 목적의 정당성이 인정되고, 이 사건 고시 부분으로 영어교육의 편제와 시간 배당을 통제하는 것은 위 목적을 달성하기 위한 적절한 수단이다. 초등학교 시기는 인격 형성의 토대를 마련하는 중요한 시기이므로, 한정된 시간에 교육과정을 고르게 구성하여 초등학생의 전인적 성장을 도모하기 위해서는 초등

학생의 영어교육이 일정한 범위로 제한되는 것이 불가피하다. 또한, 초등학교 1, 2학년은 공교육 체계 하에서 한글을 처음 접하는 시기로, 이 시기에 영어를 배우게 되면 한국어 발달과 영어 교육에 문제점이 발생하게 될 가능성이 높다는 전문가의 의견이 있고, 이러한 의견을 반영한 해당 부처의 판단이 명백히 잘못되었다고 할 수 없다. 한편, 사립학교에게 그 특수성과 자주성이 인정된다고 하더라도, 자율적인 교육과정의 편성은 국가 수준의 교육과정 내에서 허용될 수 있는 것이지, 이를 넘어 허용한다면 교육의 기회에 불평등을 조장하는 결과를 초래하여, 종국에는 사회적 양극화를 초래하는 주요한 요소가 될 것이다. 따라서 이 사건 고시 부분은 청구인들의 인격의 자유로운 발현권과 자녀교육권을 침해하지 않는다.

3. 근로의 권리

❖ 헌법 제32조 ① 모든 국민은 근로의 권리를 가진다. 국가는 사회적·경제적 방법으로 근로자의 고용의 증진과 적정임금의 보장에 노력하여야 하며, 법률이 정하는 바에 의하여 최저임금제를 시행하여야 한다. ② 모든 국민은 근로의 의무를 진다. 국가는 근로의 의무의 내용과 조건을 민주주의원칙에 따라 법률로 정한다. ③ 근로조건의 기준은 인간의 존엄성을 보장하도록 법률로 정한다. ④ 여자의 근로는 특별한 보호를 받으며, 고용·임금 및 근로조건에 있어서 부당한 차별을 받지 아니한다. ⑤ 연소자의 근로는 특별한 보호를 받는다. ⑥ 국가유공자·상이군경 및 전몰군경의 유가족은 법률이 정하는 바에 의하여 우선적으로 근로의 기회를 부여받는다.

헌법 제32조 제1항은 "모든 국민은 근로의 권리를 가진다. 국가는 사회적·경제적 방법으로 근로자의 고용의 증진과 적정임금의 보장에 노력하여야 하며 …"라고 규정하여 근로의 권리를 보장하고 있다. 근로의 권리란 근로의 기회를 제공받고 보장받을 권리를 말한다. 근로의 권리의 보장은 생활의 기본적인 수요를 충족시킬 수 있는 생활수단을 확보해 주며, 나아가 인격의 자유로운 발현과 인간의 존엄성을 보장해 주는 의미를 지닌다. 근로의 권리에는 고용증진을 통한 근로기회의 보장, 고용의 안정, 최저임금제의 시행과 적정임금의 보장, 근로조건 기준의 법정주의, 여자·연소자의 근로에 대한 특별보호, 국가유공자 등에 대한 우선적 근로기회부여 등이 포함된다.

근로기준법 : 임금, 근로시간과 휴식 · 휴가, 여성과 15세 미만 연소자의 보호, 직장내 괴롭힘 금지, 재해보상, 취업규칙, 근로감독관 등 근로자의 근로조건의 최저기준에 관한 사항 등을 규정하고 있다.

제3조(근로조건의 기준) 이 법에서 정하는 근로조건은 최저기준이므로 근로 관계 당사자는 이 기준을 이유로 근로조건을 낮출 수 없다.
제4조(근로조건의 결정) 근로조건은 근로자와 사용자가 동등한 지위에서 자유의사에 따라 결정하여야 한다.
제5조(근로조건의 준수) 근로자와 사용자는 각자가 단체협약, 취업규칙과 근로계약을 지키고 성실하게 이행할 의무가 있다.
제6조(균등한 처우) 사용자는 근로자에 대하여 남녀의 성(性)을 이유로 차별적 대우를 하지 못하고, 국적 · 신앙 또는 사회적 신분을 이유로 근로조건에 대한 차별적 처우를 하지 못한다.
제7조(강제 근로의 금지) 사용자는 폭행, 협박, 감금, 그 밖에 정신상 또는 신체상의 자유를 부당하게 구속하는 수단으로써 근로자의 자유의사에 어긋나는 근로를 강요하지 못한다.
제8조(폭행의 금지) 사용자는 사고의 발생이나 그 밖의 어떠한 이유로도 근로자에게 폭행을 하지 못한다.
제9조(중간착취의 배제) 누구든지 법률에 따르지 아니하고는 영리로 다른 사람의 취업에 개입하거나 중간인으로서 이익을 취득하지 못한다.
제10조(공민권 행사의 보장) 사용자는 근로자가 근로시간 중에 선거권, 그 밖의 공민권(公民權) 행사 또는 공(公)의 직무를 집행하기 위하여 필요한 시간을 청구하면 거부하지 못한다. 다만, 그 권리 행사나 공(公)의 직무를 수행하는 데에 지장이 없으면 청구한 시간을 변경할 수 있다.
제11조(적용 범위) ① 이 법은 상시 5명 이상의 근로자를 사용하는 모든 사업 또는 사업장에 적용한다. 다만, 동거하는 친족만을 사용하는 사업 또는 사업장과 가사(家事) 사용인에 대하여는 적용하지 아니한다. ② 상시 4명 이하의 근로자를 사용하는 사업 또는 사업장에 대하여는 대통령령으로 정하는 바에 따라 이 법의 일부 규정을 적용할 수 있다. ③ 이 법을 적용하는 경우에 상시 사용하는 근로자 수를 산정하는 방법은 대통령령으로 정한다.
제50조(근로시간) ① 1주 간의 근로시간은 휴게시간을 제외하고 40시간을 초과할 수 없다. ② 1일의 근로시간은 휴게시간을 제외하고 8시간을 초과할 수 없다. ③ 제1항 및 제2항에 따라 근로시간을 산정하는 경우 작업을 위하여 근로자가 사용자의 지휘 · 감독 아래에 있는 대기시간 등은 근로시간으로 본다.

제54조(휴게) ① 사용자는 근로시간이 4시간인 경우에는 30분 이상, 8시간인 경우에는 1시간 이상의 휴게시간을 근로시간 도중에 주어야 한다.
② 휴게시간은 근로자가 자유롭게 이용할 수 있다.
제55조(휴일) ① 사용자는 근로자에게 1주에 평균 1회 이상의 유급휴일을 보장하여야 한다.
② 사용자는 근로자에게 대통령령으로 정하는 휴일을 유급으로 보장하여야 한다. 다만, 근로자대표와 서면으로 합의한 경우 특정한 근로일로 대체할 수 있다.
제60조(연차 유급휴가) ① 사용자는 1년간 80퍼센트 이상 출근한 근로자에게 15일의 유급휴가를 주어야 한다. ② 사용자는 계속하여 근로한 기간이 1년 미만인 근로자 또는 1년간 80퍼센트 미만 출근한 근로자에게 1개월 개근 시 1일의 유급휴가를 주어야 한다. ④ 사용자는 3년 이상 계속하여 근로한 근로자에게는 제1항에 따른 휴가에 최초 1년을 초과하는 계속 근로 연수 매 2년에 대하여 1일을 가산한 유급휴가를 주어야 한다. 이 경우 가산휴가를 포함한 총 휴가 일수는 25일을 한도로 한다.
제76조의2(직장 내 괴롭힘의 금지) 사용자 또는 근로자는 직장에서의 지위 또는 관계 등의 우위를 이용하여 업무상 적정범위를 넘어 다른 근로자에게 신체적·정신적 고통을 주거나 근무환경을 악화시키는 행위(이하 "직장 내 괴롭힘"이라 한다)를 하여서는 아니 된다.

판례1 **한국식품위생연구원과 한국보건의료관리연구원이 한국보건산업진흥원으로 통폐합되면서 일부 직원들의 고용이 승계되지 아니하였다. 고용이 승계되지 아니한 직원들은 의사에 반하여 해고됨으로 근로의 기회를 박탈받았는가?**

(헌재 2002. 11. 28. 2001헌바50) 합헌

사건개요 : 연구원이 통폐합되면서 고용이 승계되지 않은 청구인들은 통폐합 근거법률의 위헌법률심판제청신청을 하였으나 기각되자 헌법소원심판을 청구하였다.
전체 논점 : 국가에 대한 직접적인 직장존속보장청구권 인정 여부(소극)
결정요지 : 근로의 권리는 사회적 기본권으로서, 국가에 대하여 직접 일자리(직장)를 청구하거나 일자리에 갈음하는 생계비의 지급청구권을 의미하는 것이 아니라, 고용증진을 위한 사회적·경제적 정책을 요구할 수 있는 권리에 그친다. 마찬가지로 근로의 권리로부터 국가에 대한 직접적인 직장존속청구권을 도출할 수도 없다. 단지 사용자의 처분에 따른 직장 상실에 대하여 최소한의 보호를 제공하여야 할 의무를 국가에 지우는 것이다.

판례2 **근로연도 중도퇴직자의 연차유급휴가 미보장은 근로의 권리를 침해하는가?**

(헌재 2015. 5. 28. 2013헌마619) 기각

사건개요 : 연말 이전에 퇴직한 청구인은 근로연도 중도퇴직자에게 연차휴가를 보장하지 않는 것이 근로의 권리 등을 침해하는 것이라고 주장하며 헌법소원심판을 청구하였다.
전체 논점 : ① 근로의 권리 침해(소극) ② 평등권 침해(소극)
결정요지 : ① 근로기준법 제60조 제1항이 15일의 연차유급휴가를 부여함에 있어 근로연도 1년간 재직과 출근율 80% 이상일 것을 요건으로 정한 것은 근로자의 정신적·육체적 휴양의 필요성이 기본적으로는 상당기간 계속되는 근로의무의 이행과 불가분의 관계에 있다는 점을 고려한 것이다. 연차유급휴가의 판단기준으로 근로연도 1년간의 재직 요건을 정한 이상, 이 요건을 충족하지 못한 근로연도 중도퇴직자의 중도퇴직 전 근로에 관하여 반드시 그 근로에 상응하는 등의 유급휴가를 보장하여야 하는 것은 아니므로, 근로연도 중도퇴직자의 중도퇴직 전 근로에 대해 1개월 개근 시 1일의 유급휴가를 부여하지 않더라도 이것이 청구인의 근로의 권리를 침해한다고 볼 수 없다.
② 계속근로기간 1년 미만인 근로자에 대해 근로기간 1개월 개근 시 1일의 휴가를 보장한 것은 계속근로기간 1년 미만인 근로자는 연차유급휴가 보장 대상에서 완전히 배제되어 있기 때문인데, 이와 달리 근로연도 중도퇴직자는 중도퇴직한 근로연도에 직전 근로연도의 근로에 따른 연차유급휴가를 보장받을 수 있으므로 이로써 충분히 휴양의 기회를 가질 수 있고, 별도로 이 사건 법률조항이 정한 형태의 휴가를 보장받을 필요성이 적다는 점에서 이 사건 법률조항이 청구인의 평등권을 침해한다고 볼 수 없다.

4. 근로3권

❖ 헌법 제33조 ① 근로자는 근로조건의 향상을 위하여 자주적인 단결권·단체교섭권 및 단체행동권을 가진다. ② 공무원인 근로자는 법률이 정하는 자에 한하여 단결권·단체교섭권 및 단체행동권을 가진다. ③ 법률이 정하는 주요방위산업체에 종사하는 근로자의 단체행동권은 법률이 정하는 바에 의하여 이를 제한하거나 인정하지 아니할 수 있다.

헌법 제33조 제1항은 "근로자는 근로조건의 향상을 위하여 자주적인 단결권·단체교섭권 및 단체행동권을 가진다"고 규정하고 있다. 단결권, 단체교섭권, 단체행동권을 포함하는 근로3권은 근로자의 개선과 복지증진 등 근로자의 경제적·사회적 지위를 향상시키기 위하여 사용자와 대등한 지위에서 단결하고 교섭하며 단체로 행동할 수 있게 하는 권리이다.

노동조합 및 노동관계조정법 (노동조합법) : 헌법에 의한 근로자의 단결권·단체교섭권 및 단체행동권을 보장하여 근로조건의 유지·개선과 근로자의 경제적·사회적 지위의 향상을 도모하고, 노동관계를 공정하게 조정하기 위한 목적으로 노동조합, 단체교섭 및 단체협약, 노동쟁의, 부당노동행위 등에 관한 사항을 규정하고 있다.

제5조(노동조합의 조직·가입·활동) ① 근로자는 자유로이 노동조합을 조직하거나 이에 가입할 수 있다. 다만, 공무원과 교원에 대하여는 따로 법률로 정한다. ② 사업 또는 사업장에 종사하는 근로자(이하 "종사근로자"라 한다)가 아닌 노동조합의 조합원은 사용자의 효율적인 사업 운영에 지장을 주지 아니하는 범위에서 사업 또는 사업장 내에서 노동조합 활동을 할 수 있다. ③ 종사근로자인 조합원이 해고되어 노동위원회에 부당노동행위의 구제신청을 한 경우에는 중앙노동위원회의 재심판정이 있을 때까지는 종사근로자로 본다.
제29조(교섭 및 체결권한) ①노동조합의 대표자는 그 노동조합 또는 조합원을 위하여 사용자나 사용자단체와 교섭하고 단체협약을 체결할 권한을 가진다. ② 제29조의2에 따라 결정된 교섭대표노동조합(이하 "교섭대표노동조합"이라 한다)의 대표자는 교섭을 요구한 모든 노동조합 또는 조합원을 위하여 사용자와 교섭하고 단체협약을 체결할 권한을 가진다. ③ 노동조합과 사용자 또는 사용자단체로부터 교섭 또는 단체협약의 체결에 관한 권한을 위임받은 자는 그 노동조합과 사용자 또는 사용자단체를 위하여 위임받은 범위안에서 그 권한을 행사할 수 있다. ④ 노동조합과 사용자 또는 사용자단체는 제3항에 따라 교섭 또는 단체협약의 체결에 관한 권한을 위임한 때에는 그 사실을 상대방에게 통보하여야 한다.
제29조의2(교섭창구 단일화 절차) ① 하나의 사업 또는 사업장에서 조직형태에 관계없이 근로자가 설립하거나 가입한 노동조합이 2개 이상인 경우 노동조합은 교섭대표노동조합(2개 이상의 노동조합 조합원을 구성원으로 하는 교섭대표기구를 포함한다. 이하 같다)을 정하여 교섭을 요구하여야 한다. 다만, 제3항에 따라 교섭대표노동조합을 자율적으로 결정하는 기한 내에 사용자가 이 조에서 정하는 교섭창구 단일화 절차를 거치지 아니하기로 동의한 경우에는 그러하지 아니하다.
② 제1항 단서에 해당하는 경우 사용자는 교섭을 요구한 모든 노동조합과 성실히 교섭하여야 하고, 차별적으로 대우해서는 아니 된다. (후략)
제37조(쟁의행위의 기본원칙) ① 쟁의행위는 그 목적·방법 및 절차에 있어서 법령 기타 사회질서에 위반되어서는 아니된다. ② 조합원은 노동조합에 의하여 주도되지 아니한 쟁의행위를 하여서는 아니된다. ③ 노동조합은 사용자의 점유를 배제하여 조업을 방해하는 형태로 쟁의행위를 해서는 아니 된다.

노동위원회법 : 노동관계에 관한 판정 및 조정(調整) 업무를 신속·공정하게 수행하기 위하여 만들어진 노동위원회의 설치·운영에 관한 사항을 규정하고 있다.

제2조의2(노동위원회의 소관 사무) 노동위원회의 소관 사무는 다음 각 호와 같다.
1. 「노동조합 및 노동관계조정법」, 「근로기준법」, 「근로자참여 및 협력증진에 관한 법률」, 「교원의 노동조합 설립 및 운영 등에 관한 법률」, 「공무원의 노동조합 설립 및 운영 등에 관한 법률」, 「기간제 및 단시간근로자 보호 등에 관한 법률」, 「파견근로자 보호 등에 관한 법률」, 「산업현장 일학습병행 지원에 관한 법률」 및 「남녀고용평등과 일·가정 양립 지원에 관한 법률」에 따른 판정·결정·의결·승인·인정 또는 차별적 처우 시정 등에 관한 업무
2. 「노동조합 및 노동관계조정법」, 「교원의 노동조합 설립 및 운영 등에 관한 법률」 및 「공무원의 노동조합 설립 및 운영 등에 관한 법률」에 따른 노동쟁의 조정(調停)·중재 또는 관계 당사자의 자주적인 노동쟁의 해결 지원에 관한 업무
3. 제1호 및 제2호의 업무수행과 관련된 조사·연구·교육 및 홍보 등에 관한 업무
4. 그 밖에 다른 법률에서 노동위원회의 소관으로 규정된 업무

판례1 유니언샵(Union Shop) 규정은 위헌인가?

(헌재 2005. 11. 24. 2002헌바95) 합헌

사건개요 : '회사는 종업원이 노동조합 가입을 거부하거나 탈퇴할 때는 즉시 해고하여야 한다'는 유니언 샵(Union Shop) 협정에 따라 해고된 청구인들은 그 근거가 되는 노동조합법에 대하여 위헌법률심판제청신청을 하였으나 기각되자 헌법소원심판을 청구하였다.
전체 논점 : ① 근로자의 단결권 침해 ② 평등원칙 위배 (모두 소극)
결정요지 : ① 근로자의 단결하지 아니할 자유와 노동조합의 적극적 단결권(조직강제권)이 충돌하게 되나, 근로자에게 보장되는 적극적 단결권이 단결하지 아니할 자유보다 특별한 의미를 갖고 있고, 노동조합의 조직강제권도 이른바 자유권을 수정하는 의미의 생존권(사회권)적 성격을 함께 가지는 만큼 근로자 개인의 자유권에 비하여 보다 특별한 가치로 보장되는 점 등을 고려하면, 노동조합의 적극적 단결권은 근로자 개인의 단결하지 않을 자유보다 중시된다고 할 것이고, 또 노동조합에게 위와 같은 조직강제권을 부여한다고 하여 이를 근로자의 단결하지 아니할 자유의 본질적인 내용을 침해하는 것으로 단정할 수는 없다. 또한 단체협약을 매개로 하여 특정 노동조합에의 가입을 강제함으로써 근로자의 단결선택권과 노동조합의 집단적 단결권(조직강제권)이 충돌하는 측면이 있으나, 이러한 조직강제를 적법·유효하게 할 수 있는 노동조합의 범위를 엄격하게 제한하고 지배적 노동조합의 권한남용으로부터 개별근로자를 보호하기 위한 규정을 두고

있는 등 전체적으로 상충되는 두 기본권 사이에 합리적인 조화를 이루고 있고 그 제한에 있어서도 적정한 비례관계를 유지하고 있으며, 또 근로자의 단결선택권의 본질적인 내용을 침해하는 것으로도 볼 수 없으므로, 근로자의 단결권을 보장한 헌법 제33조 제1항에 위반되지 않는다.

판례2 공항·항만 등 국가중요시설의 경비업무를 담당하는 특수경비원에게 경비업무의 정상적인 운영을 저해하는 일체의 쟁의행위를 금지하는 「경비업법」 조항이 특수경비원의 단체행동권을 박탈하여 헌법 제33조 제1항에 위배되는가?

(헌재 2009. 10. 29. 2007헌마1359) 기각

사건개요 : 인천공항 경비업체의 노동조합원인 특수경비원은 단체행동권을 과도하게 제한하는 경비업법이 기본권을 침해한다고 주장하며 헌법소원심판을 청구하였다.

전체 논점 : 단체행동권 침해(소극)

결정요지 : 헌법 제33조 제1항에서는 근로자의 단결권·단체교섭권 및 단체행동권을 보장하고 있는바, 현행 헌법에서 공무원 및 법률이 정하는 주요방위산업체에 종사하는 근로자와는 달리 특수경비원에 대해서는 단체행동권 등 근로3권의 제한에 관한 개별적 제한규정을 두고 있지 않다고 하더라도, 헌법 제37조 제2항의 일반유보조항에 따른 기본권제한의 원칙에 의하여 특수경비원의 근로3권 중 하나인 단체행동권을 제한할 수 있다. (중략) 특수경비원 업무의 강한 공공성과 특히 특수경비원은 소총과 권총 등 무기를 휴대한 상태로 근무할 수 있는 특수성 등을 감안할 때, 특수경비원의 신분이 공무원이 아닌 일반근로자라는 점에만 치중하여 특수경비원에게 근로3권 즉 단결권, 단체교섭권, 단체행동권 모두를 인정하여야 한다고 보기 어렵다. 특수경비원에 대하여 단결권, 단체교섭권에 대한 제한은 전혀 두지 아니하면서 단체행동권 중 '경비업무의 정상적인 운영을 저해하는 일체의 쟁위행위'만을 금지하는 것은 입법목적 달성에 필요불가결한 최소한의 수단이다. 특수경비원의 단체행동권 제한은 헌법에 위반되지 아니한다.

5. 환경권

❖ 헌법 제35조 ① 모든 국민은 건강하고 쾌적한 환경에서 생활할 권리를 가지며, 국가와 국민은 환경보전을 위하여 노력하여야 한다. ② 환경권의 내용과 행사에 관하여는 법률로 정한다. ③ 국가는 주택개발정책등을 통하여 모든 국민이 쾌적한 주거생활을 할 수 있도록 노력하여야 한다.

환경권은 건강하고 쾌적한 환경에서 생활할 권리이다. 환경권의 보호대상이 되는 환경에는 자연환경뿐만 아니라 인공적 환경과 같은 생활환경도 포함된다.

자연환경보전법 : 자연환경을 인위적 훼손으로부터 보호하고, 생태계와 자연경관을 보전하는 등 자연환경을 체계적으로 보전·관리함으로써 자연환경의 지속가능한 이용을 도모하고, 국민이 쾌적한 자연환경에서 여유있고 건강한 생활을 할 수 있도록 함을 목적으로 생태·경관 보전지역, 생물다양성의 보전, 자연자산의 관리, 자연환경복원사업, 생태개보전부담금 등에 관한 사항을 규정하고 있다.

제15조(생태·경관보전지역에서의 행위제한 등) ① 누구든지 생태·경관보전지역안에서는 다음 각호의 어느 하나에 해당하는 자연생태 또는 자연경관의 훼손행위를 하여서는 아니된다. 다만, 생태·경관보전지역안에 「자연공원법」에 따라 지정된 공원구역, 「자연유산의 보존 및 활용에 관한 법률」에 따른 자연유산(보호구역을 포함한다) 또는 「문화유산의 보존 및 활용에 관한 법률」에 따른 문화유산(보호구역을 포함한다)이 포함된 경우에는 「자연공원법」, 「자연유산의 보존 및 활용에 관한 법률」 또는 「문화유산의 보존 및 활용에 관한 법률」에서 정하는 바에 따른다.

1. 핵심구역안에서 야생동·식물을 포획·채취·이식(移植)·훼손하거나 고사(枯死)시키는 행위 또는 포획하거나 고사시키기 위하여 화약류·덫·올무·그물·함정 등을 설치하거나 유독물·농약 등을 살포·주입(注入)하는 행위
2. 건축물 그 밖의 공작물(이하 "건축물등"이라 한다)의 신축·증축(생태·경관보전지역 지정 당시의 건축연면적의 2배 이상 증축하는 경우에 한정한다) 및 토지의 형질변경
3. 하천·호소 등의 구조를 변경하거나 수위 또는 수량에 증감을 가져오는 행위
4. 토석의 채취
5. 그 밖에 자연환경보전에 유해하다고 인정되는 행위로서 대통령령으로 정하는 행위 (후략)

제16조(생태·경관보전지역에서의 금지행위) 누구든지 생태·경관보전지역안에서 다음 각호의 어느 하나에 해당하는 행위를 하여서는 아니된다. 다만, 군사목적을 위하여 필요한 경우, 천재·지변 또는 이에 준하는 대통령령으로 정하는 재해가 발생하여 긴급한 조치가 필요한 경우에는 그러하지 아니하다.

1. 「물환경보전법」 제2조에 따른 특정수질유해물질, 「폐기물관리법」 제2조에 따른 폐기물 또는 「화학물질관리법」 제2조에 따른 유독물질을 버리는 행위
2. 환경부령으로 정하는 인화물질을 소지하거나 환경부장관이 지정하는 장소외에서 취사 또는 야영을 하는 행위(핵심구역 및 완충구역에 한정한다)

3. 자연환경보전에 관한 안내판 그 밖의 표지물을 오손 또는 훼손하거나 이전하는 행위
4. 그 밖에 생태·경관보전지역의 보전을 위하여 금지하여야 할 행위로서 풀·나무의 채취 및 벌채 등 대통령령으로 정하는 행위

대기환경보전법 : 대기오염으로 인한 국민건강이나 환경에 관한 위해(危害)를 예방하고 대기환경을 적정하고 지속가능하게 관리·보전하기 위하여 사업장 등의 대기오염물질 배출규제, 생활환경상의 대기오염물질 배출규제, 자동차·선박 등의 배출가스 규제, 자동차 온실가스 배출관리, 냉매의 관리 등에 관한 사항들을 규정하고 있다.

물환경보전법 : 수질오염으로 인한 국민건강 및 환경상의 위해(危害)를 예방하고 하천·호소(湖沼) 등 공공수역의 물환경을 적정하게 관리·보전하기 위하여 하천 등 공공수역의 물환경 보전과 관리, 산업폐수의 배출규제, 생활하수 및 가축분뇨의 관리, 공공폐수 처리시설, 폐수처리업 등에 관한 사항을 규정하고 있다.

기후위기 대응을 위한 탄소중립·녹색성장 기본법 (탄소중립기본법) : 온실가스 감축 및 기후위기 적응대책을 강화하고 탄소중립 사회로의 이행 과정에서 발생할 수 있는 경제적·환경적·사회적 불평등을 해소하며 녹색기술과 녹색산업의 육성·촉진·활성화를 통하여 경제와 환경의 조화로운 발전을 도모하기 위하여 온실가스 감축목표, 온실가스 감축시책, 기후위기 적응시책, 기후대응기금의 설치 및 운용 등에 관한 사항을 규정하고 있다.

토양환경보전법 : 토양오염으로 인한 국민건강 및 환경상의 위해(危害)를 예방하고, 오염된 토양을 정화하는 등 토양을 적정하게 관리·보전함으로써 토양생태계를 보전하고, 자원으로서의 토양가치를 높이기 위하여 토양오염의 규제, 토양보전대책지역의 지정 및 관리, 토양관련 전문기관 및 토양정화업 등에 관한 사항을 규정하고 있다.

해양환경 보전 및 활용에 관한 법률 (해양환경보전법) : 해양환경 보전 및 활용에 관한 정책의 기본방향과 그 수립 및 추진체계에 관한 사항을 규정함으로써 해양을 체계적이며 지속가능하게 관리하기 위하여 해양생태계의 보전 및 관리, 해양환경종합계획의 수립, 해양환경정보의 통합관리 등에 관한 사항을 규정하고 있다.

판례 **선거운동시 확성장치의 소음기준이 규정되지 않은 것은 환경권의 침해인가?**

(헌재 2019. 12. 27. 2018헌마730) 헌법불합치

사건개요 : 선거운동 확성장치 소음으로 고통을 받은 청구인은 소음에 대한 규제기준을 두지 아니한 미비한 공직선거법에 의하여 기본권을 침해당했다고 주장하며 헌법소원심판을 청구하였다.

전체 논점 : 건강하고 쾌적한 환경에서 생활할 권리 침해(적극)

결정요지 : 공직선거법에는 주거지역과 같이 정온한 생활환경을 유지할 필요성이 높은 지역에 대한 규제기준이 마련되어 있지 아니하다. 예컨대 소음·진동관리법, '집회 및 시위에 관한 법률' 등에서 대상지역 및 시간대별로 구체적인 소음기준을 정한 것과 같이, 공직선거법에서도 이에 준하는 규정을 둘 수 있다. 따라서 심판대상조항이 선거운동의 자유를 감안하여 선거운동을 위한 확성장치를 허용할 공익적 필요성이 인정된다고 하더라도 정온한 생활환경이 보장되어야 할 주거지역에서 출근 또는 등교 이전 및 퇴근 또는 하교 이후 시간대에 확성장치의 최고출력 내지 소음을 제한하는 등 사용시간과 사용지역에 따른 수인한도 내에서 확성장치의 최고출력 내지 소음 규제기준에 관한 규정을 두지 아니한 것은, 국민이 건강하고 쾌적하게 생활할 수 있는 양호한 주거환경을 위하여 노력하여야 할 국가의 의무를 부과한 헌법 제35조 제3항에 비추어 보면, 적절하고 효율적인 최소한의 보호조치를 취하지 아니하여 국가의 기본권 보호의무를 과소하게 이행한 것으로서, 청구인의 건강하고 쾌적한 환경에서 생활할 권리를 침해하므로 헌법에 위반된다.

※ 이 사건은 특히 심사기준에 주목할 필요가 있음 : 심판대상조항에 대한 헌법재판소의 선례(헌재 2008. 7. 31. 2006헌마711)가 선고된 이후 11년이 지났음에도 불구하고 확성장치로 인한 선거운동의 소음은 개선되지 아니하였다. 건강하고 쾌적한 환경에서 생활할 권리는 현대사회에서 전보다 더욱 중요한 가치를 가지며, 공직선거 때마다 발생하는 확성장치 사용에 따른 선거소음 문제는 더 이상 간과하기 어렵다. 출근 또는 등교 이전 및 퇴근 또는 하교 이후 시간대의 주거지역에서 확성장치의 최고출력 또는 소음을 제한하는 등 사용시간과 사용지역에 따른 수인한도 내에서 확성장치의 최고출력 내지 소음 규제기준에 관한 구체적인 규정을 두어야 할 것이다. 그러므로 심판대상조항이 이러한 규정을 두고 있지 아니한 것은 관련 법익을 형량하여 보더라도 적절하고 효율적인 최소한의 보호조치를 취하지 아니함으로써 국가의 기본권 보호의무를 과소하게 이행하였다고 평가되고, 이는 청구인의 건강하고 쾌적한 환경에서 생활할 권리의 침해를 가져온다.

6. 혼인과 가족생활·모성보호·국민보건

❖ 헌법 제36조 ① 혼인과 가족생활은 개인의 존엄과 양성의 평등을 기초로 성립되고 유지되어야 하며, 국가는 이를 보장한다. ② 국가는 모성의 보호를 위하여 노력하여야 한다. ③ 모든 국민은 보건에 관하여 국가의 보호를 받는다.

헌법 제36조에 규정된 기본권은 국가에 대하여 혼인과 가족생활의 적극적 보호를 요구할 권리이며, 모성권과 보건권도 기본권으로 규정하고 있다.

남녀고용평등과 일·가정 양립 지원에 관한 법률 (남녀고용평등법) : 헌법의 평등이념에 따라 고용에서 남녀의 평등한 기회와 대우를 보장하고 모성보호와 여성고용을 촉진하여 남녀고용평등을 실현하고 일과 가정의 양립을 지원하기 위한 사항들을 규정하고 있다.

제2조(정의) 이 법에서 사용하는 용어의 뜻은 다음과 같다.
1. "차별"이란 사업주가 근로자에게 성별, 혼인, 가족 안에서의 지위, 임신 또는 출산 등의 사유로 합리적인 이유 없이 채용 또는 근로의 조건을 다르게 하거나 그 밖의 불리한 조치를 하는 경우[사업주가 채용조건이나 근로조건은 동일하게 적용하더라도 그 조건을 충족할 수 있는 남성 또는 여성이 다른 한 성(性)에 비하여 현저히 적고 그에 따라 특정 성에게 불리한 결과를 초래하며 그 조건이 정당한 것임을 증명할 수 없는 경우를 포함한다]를 말한다. 다만, 다음 각 목의 어느 하나에 해당하는 경우는 제외한다.
가. 직무의 성격에 비추어 특정 성이 불가피하게 요구되는 경우
나. 여성 근로자의 임신·출산·수유 등 모성보호를 위한 조치를 하는 경우
다. 그 밖에 이 법 또는 다른 법률에 따라 적극적 고용개선조치를 하는 경우
2. "직장 내 성희롱"이란 사업주·상급자 또는 근로자가 직장 내의 지위를 이용하거나 업무와 관련하여 다른 근로자에게 성적 언동 등으로 성적 굴욕감 또는 혐오감을 느끼게 하거나 성적 언동 또는 그 밖의 요구 등에 따르지 아니하였다는 이유로 근로조건 및 고용에서 불이익을 주는 것을 말한다.
3. "적극적 고용개선조치"란 현존하는 남녀 간의 고용차별을 없애거나 고용평등을 촉진하기 위하여 잠정적으로 특정 성을 우대하는 조치를 말한다.
4. "근로자"란 사업주에게 고용된 사람과 취업할 의사를 가진 사람을 말한다.
제7조(모집과 채용) ① 사업주는 근로자를 모집하거나 채용할 때 남녀를 차별하여서는 아니 된다.

② 사업주는 근로자를 모집 · 채용할 때 그 직무의 수행에 필요하지 아니한 용모 · 키 · 체중 등의 신체적 조건, 미혼 조건, 그 밖에 고용노동부령으로 정하는 조건을 제시하거나 요구하여서는 아니 된다.

제8조(임금) ① 사업주는 동일한 사업 내의 동일 가치 노동에 대하여는 동일한 임금을 지급하여야 한다.

② 동일 가치 노동의 기준은 직무 수행에서 요구되는 기술, 노력, 책임 및 작업 조건 등으로 하고, 사업주가 그 기준을 정할 때에는 제25조에 따른 노사협의회의 근로자를 대표하는 위원의 의견을 들어야 한다.

③ 사업주가 임금차별을 목적으로 설립한 별개의 사업은 동일한 사업으로 본다.

제9조(임금 외의 금품 등) 사업주는 임금 외에 근로자의 생활을 보조하기 위한 금품의 지급 또는 자금의 융자 등 복리후생에서 남녀를 차별하여서는 아니 된다.

제10조(교육 · 배치 및 승진) 사업주는 근로자의 교육 · 배치 및 승진에서 남녀를 차별하여서는 아니 된다.

제11조(정년 · 퇴직 및 해고) ① 사업주는 근로자의 정년 · 퇴직 및 해고에서 남녀를 차별하여서는 아니 된다.

② 사업주는 여성 근로자의 혼인, 임신 또는 출산을 퇴직 사유로 예정하는 근로계약을 체결하여서는 아니 된다.

제37조(벌칙) ① 사업주가 제11조를 위반하여 근로자의 정년 · 퇴직 및 해고에서 남녀를 차별하거나 여성 근로자의 혼인, 임신 또는 출산을 퇴직사유로 예정하는 근로계약을 체결하는 경우에는 5년 이하의 징역 또는 3천만원 이하의 벌금에 처한다.

② 사업주가 다음 각 호의 어느 하나에 해당하는 위반행위를 한 경우에는 3년 이하의 징역 또는 3천만원 이하의 벌금에 처한다.

1. 제8조제1항을 위반하여 동일한 사업 내의 동일 가치의 노동에 대하여 동일한 임금을 지급하지 아니한 경우

2. 제14조제6항을 위반하여 직장 내 성희롱 발생 사실을 신고한 근로자 및 피해근로자 등에게 불리한 처우를 한 경우

2의2. 제18조의2제5항을 위반하여 배우자 출산휴가를 이유로 해고나 그 밖의 불리한 처우를 한 경우

3. 제19조제3항을 위반하여 육아휴직을 이유로 해고나 그 밖의 불리한 처우를 하거나, 같은 항 단서의 사유가 없는데도 육아휴직 기간동안 해당 근로자를 해고한 경우

4. 제19조의2제5항을 위반하여 육아기 근로시간 단축을 이유로 해당 근로자에 대하여 해고

나 그 밖의 불리한 처우를 한 경우

5. 제19조의3제1항을 위반하여 육아기 근로시간 단축을 하고 있는 근로자에 대하여 근로시간에 비례하여 적용하는 경우 외에 육아기 근로시간 단축을 이유로 그 근로조건을 불리하게 한 경우

6. 제22조의2제6항을 위반하여 가족돌봄휴직 또는 가족돌봄휴가(같은 조 제4항제3호에 따라 기간이 연장된 경우를 포함한다)를 이유로 해당 근로자를 해고하거나 근로조건을 악화시키는 등 불리한 처우를 한 경우

7. 제22조의3제5항을 위반하여 근로시간 단축을 이유로 해당 근로자에게 해고나 그 밖의 불리한 처우를 한 경우

8. 제22조의4제1항을 위반하여 근로시간 단축을 하고 있는 근로자에게 근로시간에 비례하여 적용하는 경우 외에 가족돌봄 등을 위한 근로시간 단축을 이유로 그 근로조건을 불리하게 한 경우

9. 제29조의7을 위반하여 근로자에게 해고나 그 밖의 불리한 처우를 한 경우

③ 사업주가 제19조의3제3항 또는 제22조의4제3항을 위반하여 해당 근로자가 명시적으로 청구하지 아니하였는데도 육아기 또는 가족돌봄 등을 위한 근로시간 단축을 하고 있는 근로자에게 단축된 근로시간 외에 연장근로를 요구한 경우에는 1천만원 이하의 벌금에 처한다.

④ 사업주가 다음 각 호의 어느 하나에 해당하는 위반행위를 한 경우에는 500만원 이하의 벌금에 처한다.

1. 제7조를 위반하여 근로자의 모집 및 채용에서 남녀를 차별하거나, 근로자를 모집·채용할 때 그 직무의 수행에 필요하지 아니한 용모·키·체중 등의 신체적 조건, 미혼 조건 등을 제시하거나 요구한 경우

2. 제9조를 위반하여 임금 외에 근로자의 생활을 보조하기 위한 금품의 지급 또는 자금의 융자 등 복리후생에서 남녀를 차별한 경우

3. 제10조를 위반하여 근로자의 교육·배치 및 승진에서 남녀를 차별한 경우

4. 제19조제1항·제4항을 위반하여 근로자의 육아휴직 신청을 받고 육아휴직을 허용하지 아니하거나, 육아휴직을 마친 후 휴직 전과 같은 업무 또는 같은 수준의 임금을 지급하는 직무에 복귀시키지 아니한 경우

5. 제19조의2제6항을 위반하여 육아기 근로시간 단축기간이 끝난 후에 육아기 근로시간 단축 전과 같은 업무 또는 같은 수준의 임금을 지급하는 직무에 복귀시키지 아니한 경우

6. 제24조제3항을 위반하여 명예감독관으로서 정당한 임무 수행을 한 것을 이유로 해당 근로자에게 인사상 불이익 등의 불리한 조치를 한 경우

제38조(양벌규정) 법인의 대표자나 법인 또는 개인의 대리인, 사용인, 그 밖의 종업원이 그 법인 또는 개인의 업무에 관하여 제37조의 위반행위를 하면 그 행위자를 벌하는 외에 그 법인 또는 개인에게도 해당 조문의 벌금형을 과(科)한다. 다만, 법인 또는 개인이 그 위반행위를 방지하기 위하여 해당 업무에 관하여 상당한 주의와 감독을 게을리하지 아니한 경우에는 그러하지 아니하다.

판례1 동성동본끼리의 혼인금지는 위헌인가?

(헌재 1997. 7. 16. 95헌가6등) 헌법불합치

사건개요 : 남계혈족을 바탕으로 하는 동성동본 혼인금지는 오랫동안 유지되어왔고, 많은 사람들이 이를 내용으로 하는 민법 규정에 의하여 아무리 먼 친척이라고 하더라도 혼인신고를 하지 못하는 고통을 겪었으며, 1977년과 1987년 그리고 1995년에 「혼인에 관한 특례법」을 만들어 44,827쌍을 혼인신고를 할 수 있도록 구제하였다. 1995년에는 동성동본 금혼규정에 대한 위헌법률심판이 헌재에 접수되었다.

결정요지 : 중국의 동성금혼 사상에서 유래하여 조선시대를 거치면서 법제화되고 확립된 동성동본금혼제는 그 제도 생성 당시의 국가정책, 국민의식이나 윤리관 및 경제구조와 가족제도 등이 혼인제도에 반영된 것으로서, 충효정신을 기반으로 한 농경중심의 가부장적, 신분적 계급사회에서 사회질서를 유지하기 위한 수단의 하나로서의 기능을 하였다. 그러나 자유와 평등을 근본이념으로 하고 남녀평등의 관념이 정착되었으며 경제적으로 고도로 발달한 산업사회인 현대의 자유민주주의사회에서 동성동본금혼을 규정한 민법 제809조 제1항은 이제 사회적 타당성 내지 합리성을 상실하고 있음과 아울러 "인간으로서의 존엄과 가치 및 행복추구권"을 규정한 헌법이념 및 "개인의 존엄과 양성의 평등"에 기초한 혼인과 가족생활의 성립·유지라는 헌법규정에 정면으로 배치될 뿐 아니라 남계혈족에만 한정하여 성별에 의한 차별을 함으로써 헌법상의 평등의 원칙에도 위반되며, 또한 그 입법목적이 이제는 혼인에 관한 국민의 자유와 권리를 제한할 "사회질서"나 "공공복리"에 해당될 수 없다는 점에서 헌법 제37조 제2항에도 위반된다 할 것이다.

판례2 남성 단기복무장교를 육아휴직 허용 대상에서 제외하고 있는 「군인사법」 조항이 남성 단기복무장교의 양육권을 침해하는가?

(헌재 2008. 10. 30. 2005헌마1156) 기각

사건개요 : 甲은 남성 단기복무장교에게 육아휴직을 불허하는 군인사법 규정이 양육권

과 교육권, 인격권과 행복추구권, 평등권을 침해한다고 주장하며 헌법소원심을 청구하였다.

전체 논점 : ① 기본권으로서의 양육권의 성격 ② 육아휴직신청권의 법적 성격 ③ 남성 단기복무장교를 육아휴직 허용대상에서 제외하고 있는 규정은 양육권을 침해하는지(소극) ④ 직업군인에게만 육아휴직을 허용하는 것이 의무복무군인인 남성 단기복무장교의 평등권을 침해하는지(소극) ⑤ 단기복무 여성군인에게만 육아휴직을 허용하는 것이 성별에 의한 차별인지(소극)

③의 결정요지 : 양육권은 공권력으로부터 자녀의 양육을 방해받지 않을 권리라는 점에서는 자유권적 기본권으로서의 성격을, 자녀의 양육에 관하여 국가의 지원을 요구할 수 있는 권리라는 점에서는 사회권적 기본권으로서의 성격을 아울러 가진다. 그러나 육아휴직신청권은 헌법 제36조 제1항 등으로부터 개인에게 직접 주어지는 헌법적 차원의 권리라고 볼 수는 없고, 입법자가 입법의 목적, 수혜자의 상황, 국가예산, 전체적인 사회보장수준, 국민정서 등 여러 요소를 고려하여 제정하는 입법에 적용요건, 적용대상, 기간 등 구체적인 사항이 규정될 때 비로소 형성되는 법률상의 권리이다. 직업군인과 의무복무군인을 구분하여 청구인과 같은 남성 단기복무장교에게 육아휴직을 허용하지 아니하는 것이 헌법상 용인될 수 있는 재량의 범위를 명백히 일탈하여 청구인의 양육권을 침해한다고 볼 수 없다.

판례3 사실혼 배우자의 상속권 제한은 위헌인가?

(헌재 2014. 8. 28. 2013헌바119) 합헌

사건개요 : 사실혼 배우자를 상속권자로 인정하지 아니하는 민법 규정이 위헌이라는 위헌법률심판제청신청이 기각되자 헌법소원심판을 청구하였다.

전체 논점 : ① 상속권 침해 ② 평등권 침해 ③ 헌법 제36조 제1항 위반 (모두 소극)

결정요지 : ① 이 사건 법률조항이 사실혼 배우자에게 상속권을 인정하지 아니하는 것은 상속인에 해당하는지 여부를 객관적인 기준에 의하여 파악할 수 있도록 함으로써 상속을 둘러싼 분쟁을 방지하고, 상속으로 인한 법률관계를 조속히 확정시키며, 거래의 안전을 도모하기 위한 것이다. 사실혼 배우자는 혼인신고를 함으로써 상속권을 가질 수 있고, 증여나 유증을 받는 방법으로 상속에 준하는 효과를 얻을 수 있으며, 근로기준법, 국민연금법 등에 근거한 급여를 받을 권리 등이 인정된다. 따라서 이 사건 법률조항이 사실혼 배우자의 상속권을 침해한다고 할 수 없다.

② 법률혼주의를 채택한 취지에 비추어 볼 때 제3자에게 영향을 미쳐 명확성과 획일성이 요청되는 상속과 같은 법률관계에서는 사실혼을 법률혼과 동일하게 취급할 수 없으

므로, 이 법률조항이 사실혼 배우자의 평등권을 침해한다고 보기 어렵다.
③ 법적으로 승인되지 아니한 사실혼은 헌법 제36조 제1항의 보호범위에 포함되지 아니하므로, 이 사건 법률조항은 헌법 제36조 제1항에 위반되지 않는다.

Ⅵ. 국민의 기본적 의무

1. 납세의 의무

❖ 헌법 제38조 모든 국민은 법률이 정하는 바에 의하여 납세의 의무를 진다.

2. 국방의 의무

❖ 헌법 제39조 ① 모든 국민은 법률이 정하는 바에 의하여 국방의 의무를 진다. ② 누구든지 병역의무의 이행으로 인하여 불이익한 처우를 받지 아니한다.

3. 교육을 받게 할 의무

❖ 헌법 제31조 ② 모든 국민은 그 보호하는 자녀에게 적어도 초등교육과 법률이 정하는 교육을 받게 할 의무를 진다.

4. 근로의 의무

❖ 헌법 제32조 ② 모든 국민은 근로의 의무를 진다. 국가는 근로의 의무의 내용과 조건을 민주주의원칙에 따라 법률로 정한다.

5. 환경보전의 의무

❖ 헌법 제35조 ① 모든 국민은 건강하고 쾌적한 환경에서 생활할 권리를 가지며, 국가와 국민은 환경보전을 위하여 노력하여야 한다.

통치구조론

통치구조의 구성원리는 자기목적적인 것이 아니라
국민의 기본권과 헌법이 추구하는 가치를 보장하고
실현하기 위한 수단의 성격을 가지는 것이다.
(헌재 2020. 5. 27. 2019헌라1)

Ⅰ. 일반론

1. 권력분립

권력분립원칙은 입법권·행정권·사법권의 분리와 상호 견제와 균형을 통하여 권력의 남용가능성을 방지하여 국민의 자유와 기본적 권리를 보장하기 위한 헌법원칙이다. 입법권은 국회에, 행정권은 대통령을 수반으로 하는 행정부에, 사법권은 법원에 속한다. 고전적인 권력분립은 삼권의 엄격한 분리와 독립을 특징으로 하지만, 현대적 권력분립은 권력의 융합현상을 보이면서 상호 견제와 균형을 특징으로 한다. 우리 헌법은 입법권은 국회에 속하고, 행정권은 정부에 속하며, 사법권은 법원에 속한다는 규정을 통해서 권력분립원칙을 반영하고 있다.

❖ 헌법 제40조 입법권은 국회에 속한다.
❖ 헌법 제66조 ④ 행정권은 대통령을 수반으로 하는 정부에 속한다.
❖ 헌법 제101조 ① 사법권은 법관으로 구성된 법원에 속한다.

판례1 사립대학 법인의 분쟁을 조정하는 사학분쟁조정위원회(교육부장관 소속) 구성에 있어서 대법원장에게 위원 추천권을 부여하는 것은 위헌인가?

(헌재 2015. 11. 26. 2012헌바300) 합헌

사건개요 : 학교법인의 정상화를 위해 구성되는 '사학분쟁조정위원회'의 설치·기능 및 구성에 관하여 규정한 사립학교법에 관한 문제이다. '사학분쟁조정위원회'의 설치·기능 조항 및 구성 조항은 대법원장이 조정위원회 위원 중 5인을 추천하고, 위원장은 대법원장이 추천하는 인사 중에서 호선하며, 조정위원회는 심의기구임에도 불구하고 관할청은 그 심의결과를 따르도록 규정하고 있는데, 이 규정에 대하여 권력분립원칙 위반 등을 이유로 위헌법률심판제청신청을 하였으나 기각되자 헌법소원심판을 청구하였다.

전체논점 : ① 권력분립 원칙 위반(소극) ② 대학 자율성 침해(소극) ③ 교육제도 법정주의 위배(소극)

①의 결정요지 : 헌법상 권력분립의 원칙이란 국가권력의 기계적 분립과 엄격한 절연을 의미하는 것이 아니라, 권력 상호 간의 견제와 균형을 통한 국가권력의 통제를 의미하는

것이다. 따라서 특정한 국가기관을 구성함에 있어 입법부, 행정부, 사법부가 그 권한을 나누어 가지거나 기능적인 분담을 하는 것은 권력분립의 원칙에 반하는 것이 아니라 권력분립의 원칙을 실현하는 것으로 볼 수 있다. 이러한 원리에 따라 우리 헌법은 대통령이 국무총리, 대법원장, 헌법재판소장을 임명할 때에 국회의 동의를 얻도록 하고 있고(제86조 제1항, 제104조 제1항, 제111조 제4항), 헌법재판소와 중앙선거관리위원회의 구성에 대통령, 국회 및 대법원장이 공동으로 관여하도록 하고 있는 것이다(제111조 제3항, 제114조 제2항). 위에서 본 바와 같이 조정위원회는 행정·입법·사법부에서 추천한 인사들로 구성되고, 임기제를 취함으로써 고도의 정치적 중립성을 가지며, 위원의 자격을 법률과 회계, 그리고 교육에 전문적 지식을 갖추고 일정한 경력을 가진 자로 제한함으로써 그 인적 구성의 면에서 공정성 및 전문성을 갖추고 있다고 볼 수 있다. 또한 정치적 중립성을 엄격하게 지켜야 할 대법원장의 지위에 비추어 대법원장이 더 많은 위원을 추천하고, 대법원장이 추천한 위원 중에서 위원장을 호선하도록 한 것은 오히려 중립성이 강조되는 조정위원회의 성격을 반영한 것이다. 따라서 설치·기능 조항 및 구성 조항이 권력분립의 원칙을 위반한다고 볼 수는 없다.

판례2 대통령후보 이명박의 주가조작 등 진상규명을 위한 특검법에 따른, 대법원장의 특검후보 2인 추천권이 권력분립원칙에 위배되는가?

(헌재 2008. 1. 10. 2007헌마1468) 기각

사건개요 : 2007년에 제정된 대통령후보 이명박의 주가조작 등 진상규명을 위한 특검법이 평등권, 신체의 자유, 공정한 재판을 받을 권리 등을 침해한다는 주장으로 헌법소원심판이 청구되었다.

전체논점 : ① 권력분립원칙 위배(소극) ② 동행명령조항의 영장주의 위배(적극) ③ 평등권 등 위배(소극)

결정요지 : 본질적으로 권력통제의 기능을 가진 특별검사제도의 취지와 기능에 비추어 볼 때, 특별검사제도의 도입 여부를 입법부가 독자적으로 결정하고 특별검사 임명에 관한 권한을 헌법기관 간에 분산시키는 것이 권력분립원칙에 반한다고 볼 수 없다. 한편 정치적 중립성을 엄격하게 지켜야 할 대법원장의 지위에 비추어 볼 때 정치적 사건을 담당하게 될 특별검사의 임명에 대법원장을 관여시키는 것이 과연 바람직한 것인지에 대하여 논란이 있을 수 있으나, 그렇다고 국회의 이러한 정치적·정책적 판단이 헌법상 권력분립원칙에 어긋난다거나 입법재량의 범위에 속하지 않는다고는 할 수 없다. 그렇다면 이 사건 법률 제3조는 적법절차원칙에 위반되거나 권력분립원칙에 위반되지 아니하므로 청구인들의 기본권을 침해하지 않는다.

2. 대의제

현대민주주의 국가의 주권의 행사방식에는 직접민주제와 간접민주제가 있다. 간접민주제적 요소인 대의제도는 국민이 직접 주권을 행사하지 않고 대표자를 선출하여 이들로 하여금 주권을 행사하게 하는 국가운영의 방식을 의미한다. 대의제도의 핵심기관인 의회는 국민을 대표하여 법률을 만들고, 행정권 및 사법권은 헌법과 법률에 근거하여 권한을 행사한다. 현대 민주주의 국가에서는 간접민주제인 대의제를 원칙으로 하면서, 직접민주제적 요소(국민투표, 국민소환, 국민발안)를 예외적으로 도입하고 있다. 우리 헌법은 선거를 통해 국회의원을 선출하고, 국회의원들로 하여금 국민을 대신하여 주권을 행사하도록 하는 대의제를 택하고 있다. 직접민주제적 요소 중에서 국민소환과 국민발안은 채택하지 않고 헌법 제72조(외교·국방·통일 등 중요정책에 대한 국민투표)와 헌법 제130조(헌법개정안에 대한 국민투표)에서 국민투표제도를 채택하고 있다.

판례 **선거범죄로 인한 당선무효시 비례대표국회의원직의 승계를 금지하는 것은 위헌인가?**

(헌재 2009. 10. 29. 2009헌마350등) 위헌

사건개요 : 2008년 제18대 국회의원선거에서 친박연대와 민주당의 선순위 비례대표국회의원 당선자가 공직선거법 위반으로 징역형과 벌금형 등의 유죄판결이 확정되어 비례대표국회의원직을 상실하였음에도, 선거범죄로 인한 당선무효시 비례대표국회의원직 승계를 금지하는 공직선거법 규정으로 인하여 의원직을 승계하지 못하였다. 청구인들은 공직선거법 해당 조항이 대의제 민주주의 원리, 지기책임의 원치에 반하여 공무담임권 등 기본권을 침해하여 위헌이라고 주장하면서 헌법소원심판을 청구하였다.

전체논점 : ① 대의제 민주주의원리 위반(적극) ② 자기책임의 원리 위반(적극) ③ 공무담임권 침해(적극)

결정요지 : ① 선거권자들의 정치적 의사표명에 의하여 직접 결정되는 것은 비례대표국회의원의석을 할당받을 정당에 배분되는 비례대표국회의원의 의석수라고 할 수 있다. 그런데, 심판대상조항은 선거범죄를 범한 비례대표국회의원 당선인 본인의 의원직 박탈로 그치지 아니하고 그로 인하여 궐원된 의석의 승계를 인정하지 아니함으로써 결과적으로 그 정당에 비례대표국회의원의석을 할당받도록 한 선거권자들의 정치적 의사표명을 무시하고 왜곡하는 결과를 초래한다는 점에서 헌법의 기본원리인 대의제 민주주의의

원리에 부합되지 않는다고 할 것이다. ② 또한 심판대상조항이 정하고 있는 위와 같은 승계의 예외사유는 심판대상조항으로 인하여 불이익을 입게 되는 소속 정당이나 후보자명부상의 차순위 후보자의 귀책사유에서 비롯된 것이 아니라 당선인의 선거범죄에서 비롯된 것이라는 점에서 자기책임의 범위를 벗어나는 제재라고 할 것이다. ③ 심판대상조항은 비례대표국회의원 후보자명부상의 차순위 후보자의 승계까지 부인함으로써 선거를 통하여 표출된 선거권자들의 정치적 의사표명을 무시·왜곡하는 결과를 초래하고, 선거범죄에 관하여 귀책사유도 없는 정당이나 차순위 후보자에게 불이익을 주는 것은 필요 이상의 지나친 제재를 규정한 것이라고 보지 않을 수 없으므로, 과잉금지원칙에 위배하여 청구인들의 공무담임권을 침해한 것이다.

3. 정부형태

현대국가들이 채택하고 있는 가장 기본적인 정부형태는 대통령제와 의원내각제이고 이를 혼합한 정부형태인 혼합정부제(이원정부제)로 구분된다. 대통령제는 행정부와 의회의 분리와 견제가 특징이고, 의원내각제는 내각(행정부)과 의회의 융합과 협조가 특징이다. 혼합정부제는 대통령제와 의원내각제를 혼합한 형태로서, 일반적으로 대통령은 외치를 담당하고 수상은 내치를 담당한다. 우리 헌법은 선거를 통해 대통령을 직접 선출하고, 대통령에게 국정에 관한 많은 권한을 부여하는 방식으로 대통령제를 채택하고 있으며, 국무총리제나 정부의 법안제출권 등 의원내각제적 요소를 도입하고 있다.

판례 **국무총리의 통할을 받지 않는, 대통령 직속으로 설치된 국가안전기획부가 위헌적인 정부기구라 주장한 헌법소원심판 사건(기각)에서 설명된 우리나라의 정부형태**

(헌재 1994. 4. 28. 89헌마221)

결정문 일부 : 우리 헌법은 자유민주적 기본질서의 보호를 그 최고의 가치로 하여, 이를 구현할 통치기구로서 입법권은 국회(헌법 제40조)에, 행정권은 대통령을 수반으로 하는 정부(헌법 제66조 제4항)에, 사법권은 법관으로 구성된 법원(헌법 제101조 제1항)에 각각 속하게 하는 권력분립의 원칙을 취하는 한편, 대통령은 국가의 원수로서 외국에 대하여 국가를 대표하며(헌법 제66조 제1항), 그에게 국가의 독립·영토의 보전, 국가의 계속

성과 헌법을 수호할 책무를 부여하고(같은 조 제2항), 조국의 평화적 통일을 위한 성실한 의무를 지우고 있는(같은 조 제3항)등 이른바 대통령중심제의 통치기구를 채택하고 있다. 또한 헌법은 대통령중심제를 취하면서도 전형적인 부통령제를 두지 아니하고, 국무총리제를 두고 있는 점이 특징이다(헌법 제86조).

Ⅱ. 한국헌법의 기본제도

1. 정당제도(복수정당제)

현대민주국가에 있어서 정당은 분산된 국민의 정치적 의사를 일정한 방향으로 유도하고 결집하여 상향적으로 국가의사결정에 반영하는 매개체 또는 중개자 역할을 담당한다. 현대민주국가에서 정당이 수행하는 공적 기능을 제도적으로 보장하고 반의회주의적 정당의 폐해를 방지하기 위하여 제2차대전 이후에는 정당제도를 헌법에 수용하는 국가들이 증가하고 있다. 우리나라는 헌법 제8조에서 복수정당제도를 보장하고 있다.

❖ 헌법 제8조 ① 정당의 설립은 자유이며, 복수정당제는 보장된다. ② 정당은 그 목적·조직과 활동이 민주적이어야 하며, 국민의 정치적 의사형성에 참여하는데 필요한 조직을 가져야 한다. ③ 정당은 법률이 정하는 바에 의하여 국가의 보호를 받으며, 국가는 법률이 정하는 바에 의하여 정당운영에 필요한 자금을 보조할 수 있다. ④ 정당의 목적이나 활동이 민주적 기본질서에 위배될 때에는 정부는 헌법재판소에 그 해산을 제소할 수 있고, 정당은 헌법재판소의 심판에 의하여 해산된다.

정당법 : 정당의 창당과 등록, 합당, 등록취소와 해산, 정당의 입당과 탈당, 당원의 자격, 정당의 운영과 활동, 정책연구소 등에 관한 사항을 규정하고 있다.

제22조(발기인 및 당원의 자격) ① 16세 이상의 국민은 공무원 그 밖에 그 신분을 이유로 정당가입이나 정치활동을 금지하는 다른 법령의 규정에 불구하고 누구든지 정당의 발기인 및 당원이 될 수 있다. 다만, 다음 각 호의 어느 하나에 해당하는 자는 그러하지 아니하다.
1. 「국가공무원법」 제2조(공무원의 구분) 또는 「지방공무원법」 제2조(공무원의 구분)에 규

정된 공무원. 다만, 대통령, 국무총리, 국무위원, 국회의원, 지방의회의원, 선거에 의하여 취임하는 지방자치단체의 장, 국회 부의장의 수석비서관·비서관·비서·행정보조요원, 국회 상임위원회·예산결산특별위원회·윤리특별위서관·비서, 국회 교섭단체대표의원의 행정비서관, 국회 교섭단체의 정책연구위원·행정보조요원과 「고등교육법」 제14조(교직원의 구분) 제1항·제2항에 따른 교원은 제외한다. 원회 위원장의 행정보조요원, 국회의원의 보좌관·비
2. 「고등교육법」 제14조제1항·제2항에 따른 교원을 제외한 사립학교의 교원
3. 법령의 규정에 의하여 공무원의 신분을 가진 자
4. 「공직선거법」 제18조제1항에 따른 선거권이 없는 사람
② 대한민국 국민이 아닌 자는 당원이 될 수 없다.
제42조(강제입당 등의 금지) ① 누구든지 본인의 자유의사에 의하는 승낙 없이 정당가입 또는 탈당을 강요당하지 아니한다. 다만, 당원의 제명처분은 그러하지 아니하다.
② 누구든지 2 이상의 정당의 당원이 되지 못한다.
제54조(입당강요죄 등) 제42조(강제입당 등의 금지)제1항의 규정을 위반하여 정당가입 또는 탈당을 강요한 자는 2년 이하의 징역 또는 200만원 이하의 벌금에 처한다.
제55조(위법으로 정당에 가입한 죄) 제42조(강제입당 등의 금지)제2항의 규정을 위반하여 2 이상의 정당의 당원이 된 자는 1년 이하의 징역 또는 100만원 이하의 벌금에 처한다.

판례1 정당등록의 요건으로서 5개 이상의 시·도당이 있을 것 및 각 시·도당마다 1,000명 이상의 당원을 갖출 것을 요구하는 것은 정당설립자유에 위반되는가?

(헌재 2006. 3. 30. 2004헌마246) 기각

사건개요 : 정당의 등록요건으로 정당법 제25조에 "정당은 5 이상의 시·도당을 가져야 한다." 제27조에 "시·도당은 1천 인 이상의 당원을 가져야 한다."는 규정의 위헌 여부
전체 논점 : 정당설립의 자유(결사의 자유와 평등권 침해 여부는 문제되지 않음)
결정요지 : 우리 헌법의 대의민주적 기본질서가 제 기능을 수행하기 위해서는 의회 내의 안정된 다수세력의 확보를 필요로 한다는 점에서, 군소정당의 배제는 그 목적의 정당성이 인정될 수 있다. 또한 지역적 연고에 지나치게 의존하는 정당정치풍토가 우리의 정치현실에서 자주 문제시되고 있다는 점에서 볼 때, 단지 특정 지역의 정치적 의사만을 반영하려는 지역정당을 배제하려는 취지가 헌법에 어긋난 입법목적이라고 단정하기 어렵다. 이 사건 법률조항이 정당설립의 자유에 어느 정도 제한을 가하는 점이 있는 것은 사실이나, 이러한 제한은 "상당한 기간 또는 계속해서", "상당한 지역에서" 국민의 정치적 의사형성 과정에 참여해야 한다는 헌법상 정당의 개념표지를 구현하기 위한 합리적인

제한이라고 할 것이므로, 그러한 제한은 헌법적으로 정당화된다.

판례2 정당내 경선절차에도 선거원칙이 적용되는가?

(대판 2013. 11. 28. 2013도5117) 업무방해

사건개요 : 피고인들은 A정당의 19대 국회 비례대표의원 추천을 위한 당내경선에서 특정 후보를 당선시키기 위하여 당원들의 인증번호를 받은 후 인터넷에서 대리투표를 하였고, 위계에 의한 업무방해죄로 기소되어 징역 1년에 집행유예 3년을 선고받았다.
전체 논점 : ① 당내 경선에도 당원들의 직접·평등·비밀투표 등 일반적인 선거의 원칙이 적용되는지 ② 업무방해 성립 여부(적극)
결정요지 : ① 직접투표는 선거권을 가진 당원이 투표소에 직접 방문하여 선거인명부에 등재되었는지 여부를 확인한 후 투표한다'라고 규정하여 직접투표(현장투표)의 경우 대리투표가 금지됨을 명시적으로 선언하고 있는 점, 이 사건 인터넷 전자투표시스템을 이용한 전자투표를 하려면 시스템에 접속하는 과정과 후보자를 선택하여 클릭하는 과정에서 당원명부에 등록된 휴대전화로 전송받은 고유인증번호를 2차례 시스템에 입력하여야 하는데 이는 한 사람이 여러 번 투표권을 행사하거나 대리투표하는 것을 방지하려는 데 그 목적이 있는 점, 선거권자가 특정 후보자에 대한 투표를 위임하는 대리투표에서도 선거권자의 진정한 의사를 왜곡할 위험성은 여전히 존재하는 점 등 원심이 유지한 제1심이 적법하게 채택한 증거들에 의하여 알 수 있는 사정을 종합하여 보면, 이 사건 당내 경선에도 선거권을 가진 당원들의 직접·평등·비밀투표 등 일반적인 선거의 원칙이 그대로 적용되고, 대리투표는 허용되지 않는다고 할 것이다.

판례3 기초의회 선거에서의 정당표방금지는 위헌인가?

(헌재 2003. 1. 30. 2001헌가4) 위헌

사건개요 : 당시의 공직선거법에서는 기초의회선거에서 정당의 지지 또는 추천받음을 표방하지 못하도록 정당표방금지를 규정하고 있었는데, 청구인은 이에 위반하여 현수막을 게시하였다는 이유로 기소되었다. 이에 청구인은 정치적 표현의 자유와 평등원칙 위반을 주장하며 법원에 위헌법률심판 제청신청을 하였고, 법원은 이를 받아들여 헌법재판소에 위헌법률심판을 제청하였다.
전체 논점 : ① 정치적 표현의 자유(적극) ② 평등권(적극)
결정요지 : ① 선거에 당하여 정당이냐 아니면 인물이냐에 대한 선택은 궁극적으로 주권자인 국민의 몫이고, 입법자가 후견인적 시각에서 입법을 통하여 그러한 국민의 선택을 대신하거나 간섭하는 것은 민주주의 이념에 비추어 바람직하지 않기 때문에, 기초의회

의원선거에서 정당의 영향을 배제하고 인물 본위의 투표가 이루어지도록 하겠다는 구체적 입법의도는 그 정당성이 의심스럽다.
그리고, 후보자가 정당의 지지·추천을 받았는지 여부를 유권자들이 알았다고 하여 이것이 곧 지방분권 및 지방의 자율성 저해를 가져올 것이라고 보기에는 그 인과관계가 지나치게 막연하므로, 법 제84조의 규율내용이 과연 지방분권 및 지방의 자율성 확보라는 목적의 달성에 실효성이 있는지도 매우 의심스럽다. (중략) 현실적으로 후보자에 대한 정당의 지지·추천 여부는 유권자들이 선거권을 행사함에 있어서 중요한 참고사항이 될 수밖에 없는데도 불구하고, 무리하게 후보자의 정당표방을 금지하는 경우에는 유권자들은 누가 누구이고 어느 후보가 어떠한 정치적 성향을 가졌는지도 모르는 상태에서 투표를 하거나 아니면 선거에 무관심하게 되어 아예 투표 자체를 포기할 수도 있다. 이러한 점들을 종합할 때, 정당표방을 금지함으로써 얻는 공익적 성과와 그로부터 초래되는 부정적인 효과 사이에 합리적인 비례관계를 인정하기 어려워, 법익의 균형성을 현저히 잃고 있다고 판단된다.
법 제84조는 불확실한 입법목적을 실현하기 위하여 그다지 실효성도 없고 불분명한 방법으로 과잉금지원칙에 위배하여 후보자의 정치적 표현의 자유를 과도하게 침해하고 있다고 할 것이다.
② 법 제84조의 의미와 목적이 정당의 영향을 배제하고 인물 본위의 선거가 이루어지도록 하여 지방분권 및 지방의 자율성을 확립시키겠다는 것이라면, 이는 기초의회의원선거뿐만 아니라 광역의회의원선거, 광역자치단체장선거 및 기초자치단체장선거에서도 함께 통용될 수 있다. 그러나, 기초의회의원선거를 그 외의 지방선거와 다르게 취급을 할 만한 본질적인 차이점이 있는가를 볼 때 그러한 차별성을 발견할 수 없다. 그렇다면, 위 조항은 아무런 합리적 이유 없이 유독 기초의회의원 후보자만을 다른 지방선거의 후보자에 비해 불리하게 차별하고 있으므로 평등원칙에 위배된다.

2. 선거제도

선거라 함은 국민적 합의에 바탕한 대의제 민주정치를 구현하기 위하여 주권자인 국민이 그들을 대표할 국가기관을 선임하는 행위를 말한다. 선거는 법적으로 유권자의 집단인 선거인단이 국회의원이나 대통령 등 국민을 대표할 국가기관을 선임하는 집합적 합성행위라는 성질을 가진 것이다. 현대민주국가는 대의제를 기반으로 하고 있는 까닭에 선거제도와 그 운용은 대의제 민주주의의 성패를 가름하는 관건이 된다. 그러나 현대 정당제 민주국가에서는 선거의 의미가 변질되어 선거가 인물선정이라는 성격 외에 여러 가능한 정부 중에서 그 하나를 선택한다고 하는 정부선택적 국민투표의 성격도 아울러 가지고 있다.

❖ 헌법 제41조 ① 국회는 국민의 보통·평등·직접·비밀선거에 의하여 선출된 국회의원으로 구성한다.

❖ 헌법 제67조 ① 대통령은 국민의 보통·평등·직접·비밀선거에 의하여 선출한다.

보통선거 원칙

보통선거 원칙이란 특정한 국민을 사회적 신분·인종·성별·종교·교육 등 정치적·경제적 또는 사회적인 이유로 선거권의 행사로부터 배제하는 것을 금지하는 것으로, 일정한 연령에 달한 모든 국민에게 선거권을 인정하는 제도를 의미한다. 과거 개인의 납세액이나 소유하는 재산 등을 선거권의 요건으로 한 제한선거에 대응하는 원칙이다.

평등선거 원칙

평등선거 원칙은 평등의 원칙이 선거제도에 적용된 것으로서 투표의 수적인 평등을 의미할 뿐만 아니라 투표의 성과가치의 평등, 즉 1표의 투표가치가 대표자선정이라는 선거의 결과에 대하여 기여한 정도에 있어서도 평등하여야 함을 의미한다. 차등선거 또는 불평등선거에 대응하는 선거원칙이다.

직접선거 원칙

직접선거 원칙이란 선거결과가 선거권자의 투표에 의하여 직접적으로 결정될 것을 요구하는 원칙이다. 국회의원의 선출이나 정당의 의석획득이 중간선거인이나 정당 등에 의하는 간접선거에 대응하는 원칙으로, 선거는 선거권자의 의사에 따라 직접 이루어져야 함을 의미한다.

비밀선거 원칙

비밀선거 원칙이란 선거권의 행사로 인하여 선거인이 불이익을 입는 것을 방지하기 위해서 선거인의 의사결정이 타인에게 알려지지 않도록 하는 선거를 의미한다. 공개선거에 대응하는 것으로, 유권자의 정치적 의사결정을 국가의 강제와 사회의 압력으로부터 보호하기 위한 선거원칙이다.

자유선거 원칙

자유선거 원칙이란 타인의 간섭이나 강제를 받지 않고 자신의 선거권을 자유롭게 행사할 수 있는 원칙으로서 강제선거나 의무선거에 대응하는 원칙이다. 보통·평등·직접·비밀선거 원칙처럼 헌법에 명시적으로 규정되어 있지는 않지만, 자유민주주의 국가의 선거에서 당연히 인정되는 선거원칙이다.

공직선거법 : 279조까지의 많은 규정을 두고 있으며 각종 공직선거에 관한 사항을 통합하여 규율하고 있다. 선거권과 피선거권, 선거구역, 국회·지방의회의 의원정수, 선거기간과 선거일, 선거인명부, 정당의 후보자 추천과 당내경선 및 후보자 결정에 관한 사항, 선거운동, 선거비용, 투표와 개표에 관한 사항, 재선거와 보궐선거, 재외선거, 선거에 관한 쟁송, 위반에 관한 벌칙 등이 규정되어 있다.

제20조(선거구) ① 대통령 및 비례대표국회의원은 전국을 단위로 하여 선거한다. ② 비례대표시·도의원은 당해 시·도를 단위로 선거하며, 비례대표자치구·시·군의원은 당해 자치구·시·군을 단위로 선거한다. ③ 지역구국회의원, 지역구지방의회의원(지역구시·도의원 및 지역구자치구·시·군의원을 말한다. 이하 같다)은 당해 의원의 선거구를 단위로 하여 선거한다. ④ 지방자치단체의 장은 당해 지방자치단체의 관할구역을 단위로 하여 선거한다.
제21조(국회의 의원정수) ① 국회의 의원정수는 지역구국회의원 254명과 비례대표국회의원 46명을 합하여 300명으로 한다.
② 하나의 국회의원지역선거구(이하 "국회의원지역구"라 한다)에서 선출할 국회의원의 정수는 1인으로 한다.
제25조(국회의원지역구의 획정) ① 국회의원지역구는 시·도의 관할구역 안에서 인구·행정구역·지리적 여건·교통·생활문화권 등을 고려하여 다음 각 호의 기준에 따라 획정한다.
1. 국회의원지역구 획정의 기준이 되는 인구는 선거일 전 15개월이 속하는 달의 말일 현재 「주민등록법」 제7조제1항에 따른 주민등록표에 따라 조사한 인구로 한다.
2. 하나의 자치구·시·군의 일부를 분할하여 다른 국회의원지역구에 속하게 할 수 없다. 다만, 인구범위(인구비례 2:1의 범위를 말한다. 이하 이 조에서 같다)에 미달하는 자치구·시·군으로서 인접한 하나 이상의 자치구·시·군의 관할구역 전부를 합하는 방법으로는 그 인구범위를 충족하는 하나의 국회의원지역구를 구성할 수 없는 경우에는 그 인접한 자치구·시·군의 일부를 분할하여 구성할 수 있다.
② 국회의원지역구의 획정에 있어서는 제1항제2호의 인구범위를 벗어나지 아니하는 범위에

서 농산어촌의 지역대표성이 반영될 수 있도록 노력하여야 한다.
③ 국회의원지역구의 명칭과 그 구역은 별표 1과 같이 한다.
제33조(선거기간) ① 선거별 선거기간은 다음 각호와 같다.
1. 대통령선거는 23일
2. 국회의원선거와 지방자치단체의 의회의원 및 장의 선거는 14일
③ "선거기간"이란 다음 각 호의 기간을 말한다.
1. 대통령선거: 후보자등록마감일의 다음 날부터 선거일까지
2. 국회의원선거와 지방자치단체의 의회의원 및 장의 선거: 후보자등록마감일 후 6일부터 선거일까지

판례1 1년 이상의 징역의 형의 선고를 받고 그 집행이 종료되지 아니한 사람의 선거권을 제한하는 공직선거법이 위헌이라 주장한 헌법소원심판 사건(기각)에서, 보통선거 원칙을 설명함

(헌재 2017. 5. 25. 2016헌마292)

결정문 일부 : 선거권을 제한하는 입법은 모든 국민은 "법률이 정하는 바에 의하여" 선거권을 가진다고 규정한 헌법 제24조에 따라 곧바로 정당화될 수는 없고, 헌법 제37조 제2항의 규정에 따라 국가안전보장·질서유지·공공복리를 위하여 필요하고 불가피한 예외적인 경우에만 그 제한이 정당화될 수 있으며, 그 경우에도 선거권의 본질적인 내용을 침해할 수 없다. 더욱이 보통선거의 원칙은 선거권자의 능력, 재산, 사회적 지위 등의 실질적인 요소를 배제하고, 성년자이면 누구라도 당연히 선거권을 갖는 것을 요구하므로, 보통선거의 원칙에 반하는 선거권 제한의 입법을 하기 위해서는 헌법 제37조 제2항의 규정에 따른 한계가 한층 엄격히 지켜져야 한다. 선거권을 제한하는 입법을 심사함에 있어서는 선거권 제한 여부 및 적용범위의 타당성에 관하여 보통선거원칙에 입각한 선거권 보장과 그 제한의 관점에서 헌법 제37조 제2항에 따라 엄격한 비례심사를 하여야 한다.

판례2 국회의원 지역선거구 간의 과도한 인구수 차이는 투표가치의 불평등을 초래하여 평등선거원칙을 침해하는가? (국회의원 지역구의 인구편차 허용기준)

(헌재 2014. 10. 30. 2012헌마192 등) 헌법불합치

사건개요 : 청구인들은 자기들의 선거구가 다른 선거구에 비하여 투표가치의 불평등이 발생하여 선거권과 평등권을 침해한다고 주장하며 선거구구역표의 위헌확인을 구하는 헌법소원심판을 청구하였다.

전체 논점 : ① 국회의원지역선거구구역표가 국회의원 지역선거구들 사이에 허용되는 인구편차의 범위를 벗어나서 청구인들의 선거권 및 평등권을 침해하는지 여부(일부 적극) ② 행정구의 일부를 분할하여 다른 구와 통합하여 선거구를 획정한 것이 입법재량의 범위를 일탈한 자의적인 선거구획정인지 여부(소극)

결정요지 : 인구편차 상하 33⅓%(인구비례 2:1)(인구편차 0% 인구비례 1:1은 모든 선거구의 인구가 동일하다는 것이나 이는 현실적으로 불가능함)를 넘어 인구편차를 완화하는 것은 지나친 투표가치의 불평등을 야기하는 것으로, 이는 대의민주주의의 관점에서 바람직하지 아니하고, 국회를 구성함에 있어 국회의원의 지역대표성이 고려되어야 한다고 할지라도 이것이 국민주권주의의 출발점인 투표가치의 평등보다 우선시 될 수는 없다.

판례3 시 · 도의원 지역선거구 간의 과도한 인구수 차이는 투표가치의 불평등을 초래하여 평등선거원칙을 침해하는가? (시 · 도의원 지역구의 인구편차 허용기준)

(헌재 2021. 6. 24. 2018헌마405) 헌법불합치

사건개요 : 서울시민인 청구인들은 서울시의회의원 선거구와 선거구별 의원정수 조례가 선거구 사이의 인구편차로 인하여 선거권과 평등권이 침해하였다고 주장하며 헌법소원심판을 청구하였다.

전체 논점 : ① 자신이 주소를 둔 선거구가 아닌 선거구에 대한 심판청구에 관하여 기본권 침해의 자기관련성이 인정되는지(소극) ② 서울시의회의원 선거구와 선거구별 의원정수 조례가 지역구 획정에 요구되는 인구편차 허용기준을 벗어나 선거권 및 평등권 침해(일부 적극)

결정요지 : 헌재는 2018. 6. 28. 2014헌마166 결정에서 자치구 · 시 · 군의원 선거구 획정에 관하여 헌법상 허용되는 인구편차의 한계를 인구편차 상하 50%(인구비례 3:1)로 판단하였다. 그러므로 이 사건 선거구란 중 인구편차 상하 50%를 넘지 않는 이 사건 동대문구 “사”선거구란, 중랑구 “사”선거구란 및 송파구 “차”선거구란은 각 입법재량의 범위 내에 있는 것으로, 헌법상 허용되는 인구편차의 한계를 일탈하여 청구인의 각 선거권과 평등권을 침해한다고 볼 수 없다. 그러나 이 사건 선거구란 중 위 기준을 넘어선 이 사건 마포구 “아”선거구란, 강서구 “라”선거구란 및 강남구 “바”선거구란은 각 헌법상 허용되는 인구편차의 한계를 일탈하였으므로, 청구인의 각 선거권과 평등권을 침해한다.

연동형 비례대표제

병립형 비례대표제는 지역구의석과 비례대표의석을 구분한 가운데 지역구선거와 비례대표를 위한 정당선거를 각기 치르는 방식이다.
반면, 연동형 비례대표제는 정당의 전체 의석을 비례대표선거에서 얻은 정당 투표를 통해 결정하되, 지역구선거를 통해 획득한 의석을 우선 배정하는 방식으로 지역구선거와 비례대표선거를 연동시키는 제도이다. 연동형 비례대표제는 각 정당의 전체 의석수를 비례대표선거에서 각 정당이 획득한 득표율에 따라 결정하고, 정당의 지역구의석수가 정당득표율에 미치지 못할 경우 그 부족분을 비례대표의석으로 보정함으로써 정당의 득표율과 총 의석 사이의 비례성을 높이는 방법이다. 이러한 방법은 지역구선거에서 승리한 후보자에게 의석을 우선 배분하여 지역대표성을 살리면서도 정당의 전체 의석을 정당의 득표율에 따라 배분하도록 하여 의석 배분의 비례성을 확보할 수 있다는 장점이 있다.
우리나라가 채택한 '준연동형 비례대표제'란 연동형 비례대표제로 배분되는 의석수를 총 의석수(300석)가 아님은 물론이고, 비례대표의석수(47석) 전부가 아닌 일부(30석)으로 한정하였고 나머지 17석은 기존과 같이 병립형으로 배분하도록 하였기 때문이다.

판례 준연동형 비례대표제는 위헌적인 제도인가?

(헌재 2023. 7. 20. 2019헌마1443) 기각

사건개요 : 선거권자와 피선거권자 등으로 구성된 청구인들은 2020년 1월에 공포된 공직선거법 개정법률의 준연동형 비례대표제 조항이 선거권, 피선거권, 평등권을 침해하였다고 주장하며 헌법소원심판을 청구하였다.
전체 논점 : ① 직접선거 원칙(소극) ② 평등선거 원칙(소극)
결정요지 : ① 이 사건 의석배분조항은 선거권자의 정당투표결과가 비례대표의원의 의석으로 전환되는 방법을 확정하고 있고, 선거권자의 투표 이후에 의석배분방법을 변경하는 것과 같은 사후개입을 허용하고 있지 않다. 따라서 이 사건 의석배분조항은 직접선거원칙에 위배되지 않는다. ② 대의제민주주의에 있어서 선거제도는 정치적 안정의 요청이나 나라마다의 정치적·사회적·역사적 상황 등을 고려하여 각기 그 나라의 실정에 맞도록 결정되는 것이고 거기에 논리 필연적으로 요청되는 일정한 형태가 있는 것은 아니다. <u>소선거구 다수대표제나 비례대표제 등 어느 특정한 선거제도가 다른 선거제도와 비교하여 반드시 우월하거나 열등하다고 단정할 수 없다</u>. 이 사건 의석배분조항은 지역구의석과 비례대표의석을 연동하여 정당의 득표율에 비례한 의석배분이 이루어지도록

하고 있다. 다만, 지역구의석과 비례대표의석의 연동률을 50%로 제한하고, 초과의석이 발생한 정당에게도 잔여의석이 배분될 수 있도록 하고 있으나, 이는 우리나라의 정치·사회적 상황을 고려하여 국회의원정수를 늘리거나 지역구의석을 줄이지 않는 범위 내에서 기존의 병립형 제도보다 선거의 비례성을 향상시키기 위한 것이다. 또한 이 사건 의석배분조항은 위성정당 창당과 같은 지역구의석과 비례대표의석의 연동을 차단시키기 위한 선거전략을 통제하는 제도를 마련하고 있지 않으나, 이 사건 의석배분조항이 개정 전 공직선거법상의 병립형 선거제도보다 선거의 비례성을 향상시키고 있고, 이러한 방법이 헌법상 선거원칙에 명백히 위반된다는 사정이 발견되지 않으므로, 정당의 투표전략으로 인하여 실제 선거에서 양당체제를 고착화시키는 결과를 초래하였다는 이유만으로, 이 사건 의석배분조항이 투표가치를 왜곡하거나 선거의 대표성의 본질을 침해할 정도로 현저히 비합리적인 입법이라고 보기는 어렵다. 따라서 이 사건 의석배분조항은 평등선거원칙에 위배되지 않는다.

선거공영제

선거공영제는 선거 자체가 국가의 공적 업무를 수행할 국민의 대표자를 선출하는 행위이므로 이에 소요되는 비용은 원칙적으로 국가가 부담하는 것이 바람직하다는 점과 선거경비를 개인에게 모두 부담시키는 것은 경제적으로 넉넉하지 못한 자의 입후보를 어렵거나 불가능하게 하여 국민의 공무담임권을 부당하게 제한하는 결과를 초래할 수 있다는 점을 고려하여, 선거의 관리·운영에 필요한 비용을 후보자 개인에게 부담시키지 않고 국민 모두의 공평부담으로 하고자 하는 원칙이다. 이러한 선거공영제의 내용은 우리의 선거문화와 풍토, 정치문화 및 국가의 재정상황과 국민의 법감정 등 여러 가지 요소를 종합적으로 고려하여 입법자가 정책적으로 결정할 사항으로서 넓은 입법형성권이 인정되는 영역이다.

기탁금

후보자의 무분별한 난립 및 그로 인한 선거관리업무의 가중이나 비용의 증가를 방지하고 공직선거의 신뢰성 및 후보자의 진지성을 담보하는 한편, 선거과정에서 발생한 불법행위에 대한 과태료 및 행정대집행비용을 사전 확보하기 위하여 후보자 등록신청시에 관할 선거관리위원회에 납부하는 돈이다. 장애인과 29세 이하 후보자는 50% 할인, 30세 이상 39세 이하 후보자에게는 30% 할인이 적용된다.

후보자가 당선되거나 사망한 경우와 유효투표총수의 15% 이상을 득표하면 기탁금을 전액 반환하고 10% 이상 15% 미만을 득표하면 기탁금의 반액을 반환한다.
기탁금의 액수 등과 관련하여 수 많은 헌법재판소 결정이 있었으며, 피선거권을 사실상 제한하는 정도의 지나친 기탁금 액수에 대해서는 위헌 결정이 내려진 바 있다. 현재 공직선거법 제56조(기탁금)에 대통령선거는 3억원, 지역구국회의원선거는 1천500만원, 비례대표국회의원선거는 500만원, 시·도의회의원선거는 300만원, 시·도지사선거는 5천만원, 자치구·시·군의 장 선거는 1천만원, 자치구·시·군의원선거는 200만원으로 규정되어 있다.

3. 공무원제도

공무원이라 함은 직접 또는 간접으로 국민에 의하여 선출되거나 임용권자에 의하여 임용되어 국가 또는 공공단체와 공법상의 근무관계를 맺고 공공적 업무를 담당하고 있는 자를 말한다. 제도로서 직업공무원제를 보장한다 함은 공무원근무관계가 공법상의 근무관계, 종신제, 정치적 중립성, 능력주의, 경력과 직렬의 구분, 국가에 의한 생활보장, 신분관계의 법적 보호 등을 내용으로 하는 공직제도라야 함을 의미한다. 우리나라는 헌법 제7조에서 공무원의 법적 지위·책임·신분과 정치적 중립성 등에 관하여 규정하고 있다.

❖ 헌법 제7조 ① 공무원은 국민전체에 대한 봉사자이며, 국민에 대하여 책임을 진다. ② 공무원의 신분과 정치적 중립성은 법률이 정하는 바에 의하여 보장된다.

국가공무원법 : 공무원의 구분, 소청심사위원회, 임용과 시험, 근무성적 평정과 보수, 복무와 신분보장, 징계와 벌칙 등에 관해 규정하고 있다.

제2조(공무원의 구분) ① 국가공무원(이하 “공무원”이라 한다)은 경력직공무원과 특수경력직공무원으로 구분한다.
② “경력직공무원”이란 실적과 자격에 따라 임용되고 그 신분이 보장되며 평생 동안(근무기간을 정하여 임용하는 공무원의 경우에는 그 기간 동안을 말한다) 공무원으로 근무할 것이 예정되는 공무원을 말하며, 그 종류는 다음 각 호와 같다.
1. 일반직공무원: 기술·연구 또는 행정 일반에 대한 업무를 담당하는 공무원

2. 특정직공무원: 법관, 검사, 외무공무원, 경찰공무원, 소방공무원, 교육공무원, 군인, 군무원, 헌법재판소 헌법연구관, 국가정보원의 직원, 경호공무원과 특수 분야의 업무를 담당하는 공무원으로서 다른 법률에서 특정직공무원으로 지정하는 공무원
③ "특수경력직공무원"이란 경력직공무원 외의 공무원을 말하며, 그 종류는 다음 각 호와 같다.
1. 정무직공무원
가. 선거로 취임하거나 임명할 때 국회의 동의가 필요한 공무원
나. 고도의 정책결정 업무를 담당하거나 이러한 업무를 보조하는 공무원으로서 법률이나 대통령령(대통령비서실 및 국가안보실의 조직에 관한 대통령령만 해당한다)에서 정무직으로 지정하는 공무원
2. 별정직공무원: 비서관·비서 등 보좌업무 등을 수행하거나 특정한 업무 수행을 위하여 법령에서 별정직으로 지정하는 공무원
<u>제6조(중앙인사관장기관)</u> ① 인사행정에 관한 기본 정책의 수립과 이 법의 시행·운영에 관한 사무는 다음 각 호의 구분에 따라 관장(管掌)한다. 1. 국회는 국회사무총장 2. 법원은 법원행정처장 3. 헌법재판소는 헌법재판소사무처장 4. 선거관리위원회는 중앙선거관리위원회 사무총장 5. 행정부는 인사혁신처장
<u>제65조(정치 운동의 금지)</u> ① 공무원은 정당이나 그 밖의 정치단체의 결성에 관여하거나 이에 가입할 수 없다.
② 공무원은 선거에서 특정 정당 또는 특정인을 지지 또는 반대하기 위한 다음의 행위를 하여서는 아니 된다.
1. 투표를 하거나 하지 아니하도록 권유 운동을 하는 것
2. 서명 운동을 기도(企圖)·주재(主宰)하거나 권유하는 것
3. 문서나 도서를 공공시설 등에 게시하거나 게시하게 하는 것
4. 기부금을 모집 또는 모집하게 하거나, 공공자금을 이용 또는 이용하게 하는 것
5. 타인에게 정당이나 그 밖의 정치단체에 가입하게 하거나 가입하지 아니하도록 권유 운동을 하는 것
③ 공무원은 다른 공무원에게 제1항과 제2항에 위배되는 행위를 하도록 요구하거나, 정치적 행위에 대한 보상 또는 보복으로서 이익 또는 불이익을 약속하여서는 아니 된다.
④ 제3항 외에 정치적 행위의 금지에 관한 한계는 대통령령 등으로 정한다.
<u>제68조(의사에 반한 신분 조치)</u> 공무원은 형의 선고, 징계처분 또는 이 법에서 정하는 사유에 따르지 아니하고는 본인의 의사에 반하여 휴직·강임 또는 면직을 당하지 아니한다. 다

만, 1급 공무원과 제23조에 따라 배정된 직무등급이 가장 높은 등급의 직위에 임용된 고위공무원단에 속하는 공무원은 그러하지 아니하다.
제79조(징계의 종류) 징계는 파면·해임·강등·정직·감봉·견책(譴責)으로 구분한다.

판례1 공무원에게 책임이 있는지의 유무를 묻지 않고 면직시킨 규정인 「국가보위입법회의법」 부칙 제4항 후단은 직업공무원제도에 위반되는가?

(헌재 1989. 12. 18. 89헌마32 등) 위헌

사건개요 : 1980년 국가보위입법회의법 제정 및 시행으로 면직된 공무원들이 직업공무원제도의 침해를 이유로 헌법소원심판을 청구하였다.
결정요지 : 우리나라는 직업공무원제도를 채택하고 있다. 이는 공무원이 집권세력의 논공행상의 제물이 되는 엽관제도(獵官制度)를 지양하고 정권교체에 따른 국가작용의 중단과 혼란을 예방하고 일관성 있는 공무수행의 독자성을 유지하기 위하여, 헌법과 법률에 의하여 공무원의 신분이 보장되는 제도이다. 「국가보위입법회의법」 부칙 제4항은 공무원에게 아무런 과실이나 책임이 없음에도 불구하고 면직시키는 것으로 규정하고 있기 때문에 헌법상 보장되고 있는 공무원의 신분보장에 위배된다. 이 규정은 직업공무원제도에 반하는 위헌적인 규정이다.

판례2 공무원들이 국가인권위 앞에서 1인 시위를 한 행위가 국가공무원법이 정하는 품위유지의무 등에 위반된다는 이유로 징계를 한 것은 정당한가? (인권위 1인 시위 징계 사건)

(대판 2017. 4. 13. 2014두8469[정직처분등취소]) 파기환송

사건개요 : 국가인권위 앞에서 차례로 1인 시위를 한 공무원 11명에 대하여 정직 또는 감봉 1-3개월의 처분이 내려졌으며, 해당 공무원은 정직처분 등을 취소하라는 소송을 제기하였다.
전체 논점 : ① 국가공무원법 제66조 제1항이 금지하는 '공무 외의 일을 위한 집단행위'의 의미 및 위 규정이 명확성의 원칙과 과잉금지의 원칙에 반하는지 여부(소극) ② 국가공무원법 제63조에서 정한 품위 유지의 의무에서 '품위'의 의미 및 이 규정이 명확성의 원칙과 과잉금지의 원칙에 위배되는지 여부(소극) ③ 공무원들의 어느 행위가 국가공무원법 제66조 제1항에 규정된 '집단행위'에 해당하기 위한 요건 ④ 공무원이 외부에 자신의 상사 등을 비판하는 의견을 발표하는 행위가 공무원으로서의 체면이나 위신을 손상시키는 행위에 해당하는지 여부(적극)

판결요지 : ① 구 국가공무원법 제66조 제1항은 "공무원은 노동운동이나 그 밖에 공무 외의 일을 위한 집단 행위를 하여서는 아니 된다. 다만, 사실상 노무에 종사하는 공무원은 예외로 한다."라고 규정하고 있다. 국가공무원법이 위와 같이 '공무 외의 일을 위한 집단행위'라고 다소 포괄적이고 광범위하게 규정하고 있다 하더라도, 이는 공무가 아닌 어떤 일을 위하여 공무원들이 하는 모든 집단행위를 의미하는 것이 아니라, 언론·출판·집회·결사의 자유를 보장하고 있는 헌법 제21조 제1항, 공무원에게 요구되는 헌법상의 의무 및 이를 구체화한 국가공무원법의 취지, 국가공무원법상의 성실의무 및 직무전념의무 등을 종합적으로 고려하여 '공익에 반하는 목적을 위한 행위로서 직무전념의무를 해태하는 등의 영향을 가져오는 집단적 행위'라고 해석된다. 위 규정을 위와 같이 해석한다면 수범자인 공무원이 구체적으로 어떠한 행위가 여기에 해당하는지를 충분히 예측할 수 없을 정도로 적용 범위가 모호하다거나 불분명하다고 할 수 없으므로 위 규정이 명확성의 원칙에 반한다고 볼 수 없고, 또한 위 규정이 적용 범위가 지나치게 광범위하거나 포괄적이어서 공무원의 표현의 자유를 과도하게 제한한다고 볼 수 없으므로, 과잉금지의 원칙에 반한다고 볼 수도 없다.

③ 공무원들의 어느 행위가 국가공무원법 제66조 제1항에 규정된 '집단행위'에 해당하려면, 그 행위가 반드시 같은 시간, 장소에서 행하여져야 하는 것은 아니지만, 공익에 반하는 어떤 목적을 위한 다수인의 행위로서 집단성이라는 표지를 갖추어야만 한다고 해석함이 타당하다. 따라서 여럿이 같은 시간에 한 장소에 모여 집단의 위세를 과시하는 방법으로 의사를 표현하거나 여럿이 단체를 결성하여 그 단체 명의로 의사를 표현하는 경우, 실제 여럿이 모이는 형태로 의사표현을 하는 것은 아니지만 발표문에 서명날인을 하는 등의 수단으로 여럿이 가담한 행위임을 표명하는 경우 또는 일제 휴가나 집단적인 조퇴, 초과근무 거부 등과 같이 정부활동의 능률을 저해하기 위한 집단적 태업 행위로 볼 수 있는 경우에 속하거나 이에 준할 정도로 행위의 집단성이 인정되어야 국가공무원법 제66조 제1항에 해당한다고 볼 수 있다.

④ 공무원이 외부에 자신의 상사 등을 비판하는 의견을 발표하는 행위는 그것이 비록 행정조직의 개선과 발전에 도움이 되고, 궁극적으로 행정청의 권한행사의 적정화에 기여하는 면이 있다고 할지라도, 국민들에게는 그 내용의 진위나 당부와는 상관없이 그 자체로 행정청 내부의 갈등으로 비춰져, 행정에 대한 국민의 신뢰를 실추시키는 요인으로 작용할 수 있고, 특히 발표 내용 중에 진위에 의심이 가는 부분이 있거나 표현이 개인적인 감정에 휩쓸려 지나치게 단정적이고 과장된 부분이 있는 경우에는 그 자체로 국민들로 하여금 공무원 본인은 물론 행정조직 전체의 공정성, 중립성, 신중성 등에 대하여 의문을 갖게 하여 행정에 대한 국민의 신뢰를 실추시킬 위험성이 더욱 크므로, 그러한 발표

행위는 공무원으로서의 체면이나 위신을 손상시키는 행위에 해당한다.
※ 1·2심은 집단행위금지의무 위반과 품위유지의무 위반을 인정해 원고패소 판결을 하였지만 대법원은 파기환송하였고, 서울고법의 파기환송심에서는 공무원의 품위유지 의무를 위반해 징계사유는 인정되지만 정직 1개월 또는 감봉 1~3개월의 징계는 지나치게 가혹한 것으로 재량권을 일탈·남용한 것으로 위법하다고 보아 징계처분을 취소하였다.

판례3 국가공무원법 제65조 중에서 '정당가입권유 금지조항'은 공무원의 정치적 표현의 자유를 침해하는가?

(헌재 2018. 8. 31. 2018헌바149) 합헌

사건개요 : 지방국토관리청장으로 재직하던 청구인이 2015년경 제20대 국회의원선거에 출마하여 당선되었는데, 청장 재직 중 소속정당의 경선에서 경선선거운동과 기부행위 및 타인으로 하여금 정당에 가입하도록 권유운동을 하는 등으로 징역 8월에 집행유예 2년을 선고받고 항소심 계속중에 위헌법률심판 제정신청을 하였으나 기각되자 헌법소원심판을 청구하였다.
결정요지 : ① 정당가입권유금지조항은 선거에서 특정정당·특정인을 지지하기 위하여 정당가입을 권유하는 적극적·능동적 의사에 따른 행위만을 금지함으로써 공무원의 정치적 표현의 자유를 최소화하고 있고, 이러한 행위는 단순한 의견개진의 수준을 넘어 선거운동에 해당하므로 입법자는 헌법 제7조 제2항이 정한 공무원의 정치적 중립성 보장을 위해 이를 제한할 수 있다. 그러므로 정당가입권유금지조항은 과잉금지원칙에 반하여 정치적 표현의 자유를 침해하지 아니한다.
② 정당가입권유금지조항의 '선거'에는 공직선거는 물론 공직선거에 후보자를 추천하기 위한 당내경선도 포함되고, '권유운동'은 타인에게 정당에 가입하도록 권하고 힘쓰는 것으로 해석되므로, 명확성원칙에 위반되지 아니한다.
③ 정당가입권유금지조항이 수범자를 공무원에 한정한 것은 헌법이 정하고 있는 공무원의 정치적 중립성을 보장하기 위한 것으로 합리적 이유가 있어 평등원칙에 위반되지 아니하고, 관련규정의 행위태양과 죄질을 고려할 때 정당가입권유금지조항의 법정형은 형벌체계의 균형을 상실하지 아니하여 평등원칙에 위반되지 아니한다.

4. 지방자치제도

헌법 제117조, 제118조에 규정된 지방자치제도는 일정한 지역을 단위로 하여, 일정한 지역의 주민이 지방에 관한 여러 가지 사무를 그들 자신의 책임하에, 자신들이 선출한 기관을 통하여 직접 처리하게 함으로써, 지방자치행정의 민주성과 능률성을 제고하고, 지방의 균형 있는 발전과 아울러 국가의 민주적 발전을 도모하는 제도를 말한다. 지방자치제는 풀뿌리민주주의를 강화하고 직접민주주제의 요소를 정착시키며 중앙집권주의를 견제할 수 있는 지방분권주의 실현을 이념으로 한다.

❖ 헌법 제117조 ① 지방자치단체는 주민의 복리에 관한 사무를 처리하고 재산을 관리하며, 법령의 범위 안에서 자치에 관한 규정을 제정할 수 있다. ② 지방자치단체의 종류는 법률로 정한다.

❖ 헌법 제118조 ① 지방자치단체에 의회를 둔다. ② 지방의회의 조직·권한·의원선거와 지방자치단체의 장의 선임방법 기타 지방자치단체의 조직과 운영에 관한 사항은 법률로 정한다.

지방자치법 : 211조까지 지방자치단체의 종류와 조직 및 운영, 주민의 지방자치행정 참여에 관한 사항, 조례와 규칙, 지방의회와 지방자치단체의 장(특별시장, 광역시장, 도지사, 시장, 군수, 구청장)국가와 지방자치단체 사이의 관계 등에 관해서 규정하고 있다.

제18조(주민투표) ① 지방자치단체의 장은 주민에게 과도한 부담을 주거나 중대한 영향을 미치는 지방자치단체의 주요 결정사항 등에 대하여 주민투표에 부칠 수 있다. ② 주민투표의 대상·발의자·발의요건, 그 밖에 투표절차 등에 관한 사항은 따로 법률로 정한다.
제19조(조례의 제정과 개정·폐지 청구) ① 주민은 지방자치단체의 조례를 제정하거나 개정하거나 폐지할 것을 청구할 수 있다. ② 조례의 제정·개정 또는 폐지 청구의 청구권자·청구대상·청구요건 및 절차 등에 관한 사항은 따로 법률로 정한다.
제25조(주민소환) ① 주민은 그 지방자치단체의 장 및 지방의회의원(비례대표 지방의회의원은 제외한다)을 소환할 권리를 가진다. ② 주민소환의 투표 청구권자·청구요건·절차 및 효력 등에 관한 사항은 따로 법률로 정한다.
제28조(조례) ① 지방자치단체는 법령의 범위에서 그 사무에 관하여 조례를 제정할 수 있다. 다만, 주민의 권리 제한 또는 의무 부과에 관한 사항이나 벌칙을 정할 때에는 법률의 위임이 있어야 한다. ② 법령에서 조례로 정하도록 위임한 사항은 그 법령의 하위 법령에서 그 위임의 내용과 범위를 제한하거나 직접 규정할 수 없다.
제29조(규칙) 지방자치단체의 장은 법령 또는 조례의 범위에서 그 권한에 속하는 사무에 관하여 규칙을 제정할 수 있다.
제30조(조례와 규칙의 입법한계) 시·군 및 자치구의 조례나 규칙은 시·도의 조례나 규칙을 위반해서는 아니 된다.

제37조(의회의 설치) 지방자치단체에 주민의 대의기관인 의회를 둔다.
제38조(지방의회의원의 선거) 지방의회의원은 주민이 보통·평등·직접·비밀선거로 선출한다.
제39조(의원의 임기) 지방의회의원의 임기는 4년으로 한다.
제106조(지방자치단체의 장) 특별시에 특별시장, 광역시에 광역시장, 특별자치시에 특별자치시장, 도와 특별자치도에 도지사를 두고, 시에 시장, 군에 군수, 자치구에 구청장을 둔다.
제107조(지방자치단체의 장의 선거) 지방자치단체의 장은 주민이 보통·평등·직접·비밀선거로 선출한다.
제108조(지방자치단체의 장의 임기) 지방자치단체의 장의 임기는 4년으로 하며, 3기 내에서만 계속 재임(在任)할 수 있다.

주민소환제와 국민소환제

주민소환은 지방자치단체의 주민들이 해당 지방자치단체의 장이나 지방의회의원을 임기만료 전에 해임시키는 제도이다. 지방자치법 제25조에 "주민은 그 지방자치단체의 장 및 지방의회의원(비례대표 지방의회의원은 제외한다)을 소환할 권리를 가진다"고 규정되어 있으며, 별도로 주민소환에 관한 법률(주민소환법)에 상세한 사항이 규정되어 있다. 국민소환은 일정한 수의 국민들이 국회의원 등을 임기만료 전에 해임시키는 제도이다. 우리는 주민소환제는 채택하고 있으나, 국민소환제는 채택하고 있지 않다.

지방자치분권 및 지역균형발전에 관한 특별법 (지방분권균형발전법) : 지역 간 불균형 해소, 지역의 특성에 맞는 자립적 발전 및 지방자치분권을 통하여 지역이 주도하는 지역균형발전을 추진하기 위한 목적으로 통합지방자치단체 설치와 특례 부여, 인구 50만과 100만 이상의 대도시에 대한 특례 부여, 국가사무의 지방이양, 인구감소지역에 대한 지원, 혁신도시 지정, 지방시대위원회와 지역균형발전을 위한 특별회계의 설치 등에 관해 규정하고 있다.

제44조(통합 지방자치단체의 설치) ① 통합 지방자치단체는 「지방자치법」 제2조제1항제2호에서 정한 지방자치단체로 설치한다. ② 통합 지방자치단체는 통합으로 인하여 폐지되는 지방자치단체의 구역에 관계 법령에서 정하는 바에 따라 자치구가 아닌 구 또는 출장소 등을 둘 수 있다. ③ 통합 지방자치단체에는 도시의 형태를 갖춘 지역에는 동을 두고, 그 밖의 지역에는 읍·면을 두되, 「지방자치법」 제3조제3항에도 불구하고 자치구가 아닌 구에 읍·면·동을 둘 수 있다.

제58조(대도시에 대한 사무 특례) ① 특별시와 광역시가 아닌 다음 각 호의 어느 하나에 해당하는 대도시의 행정·재정 운영 및 지도·감독에 대해서는 그 특성을 고려하여 관계 법률에서 정하는 바에 따라 특례를 둘 수 있다. 다만, 인구 30만 이상인 지방자치단체로서 면적이 1천제곱킬로미터 이상인 지방자치단체의 경우 이를 인구 50만 이상 대도시로 본다.
1. 인구 50만 이상 대도시
2. 인구 100만 이상 대도시(이하 "특례시"라 한다)
② 지방시대위원회는 제1항에 따른 특례를 발굴하고 그 이행방안을 마련하여야 한다.

판례1 지방자치단체 장의 계속 재임을 3기로 제한하는 것은 지방자치단체 장들의 공무담임권을 침해하여 헌법에 위반되는가?

(헌재 2006. 2. 23. 2005헌마403) 기각

사건개요 : 구청장 등은 자치단체장의 3기 초과 연임제한 규정이 헌법상 보장된 공무담임권, 선거권, 평등권 등의 기본권을 침해한다고 주장하면서 헌법소원심판을 청구하였다.
전체 논점 : ① 공무담임권(소극) ② 평등권(소극) ③ 주민들의 선거권(소극),
결정요지 : 지방자치단체 장의 계속 재임을 3기로 제한한 규정의 입법취지는 장기집권으로 인한 지역발전저해 방지와 유능한 인사의 자치단체장 진출을 확대하고자 하는 것이다. 지방자치단체 장의 계속 재임을 3기로 제한하더라도 그것만으로는 주민의 자치권을 심각하게 훼손한다고 볼 수 없다.

판례2 중앙행정기관인 행정자치부가 지방자치단체인 서울시의 자치사무에 대하여 정부합동감사를 하는 것은 지방자치권을 침해하는가?

(헌재 2009. 5. 28. 2006헌라6) 권한침해

사건개요 : 2006년 9월에 행정자치부장관은 서울시장에 대하여 정부합동감사를 실시하였다. 이에 서울시장은 서울시 고유사무인 자치사무에 대하여 사전적·포괄적으로 정부합동감사를 실시하는 것은 헌법과 지방자치법이 청구인에게 부여한 자치행정권, 자치재정권 등 지방자치권을 침해하였다고 주장하며 이 사건 권한쟁의심판을 청구하였다.
결정요지 : 지방자치제 실시를 유보하던 개정전 헌법 부칙 제10조를 삭제한 현행헌법 및 이에 따라 자치사무에 관한 감사규정은 존치하되 '위법성 감사'라는 단서를 추가하여 자치사무에 대한 감사를 축소한 구 지방자치법 제158조 신설경위, 자치사무에 관한 한 중앙행정기관과 지방자치단체의 관계가 상하의 감독관계에서 상호보완적 지도·지원의 관계로 변화된 지방자치법의 취지, 중앙행정기관의 감독권 발동은 지방자치단체의 구체적

법위반을 전제로 하여 작동되도록 제한되어 있는 점, 그리고 국가감독권 행사로서 지방자치단체의 자치사무에 대한 감사원의 사전적·포괄적 합목적성 감사가 인정되므로 국가의 중복감사의 필요성이 없는 점 등을 종합하여 보면, 중앙행정기관의 지방자치단체의 자치사무에 대한 구 지방자치법 제158조 단서 규정의 감사권은 사전적·일반적인 포괄감사권이 아니라 그 대상과 범위가 한정적인 제한된 감사권이라 해석함이 마땅하다.

중앙행정기관이 구 지방자치법 제158조 단서 규정상의 감사에 착수하기 위해서는 자치사무에 관하여 특정한 법령위반행위가 확인되었거나 위법행위가 있었으리라는 합리적 의심이 가능한 경우이어야 하고, 또한 그 감사대상을 특정해야 한다. 따라서 전반기 또는 후반기 감사와 같은 포괄적·사전적 일반감사나 위법사항을 특정하지 않고 개시하는 감사 또는 법령위반사항을 적발하기 위한 감사는 모두 허용될 수 없다.

행정안전부장관 등이 감사실시를 통보한 사무는 서울특별시의 거의 모든 자치사무를 감사대상으로 하고 있어 사실상 피감사대상이 특정되지 아니하였고 행정안전부장관 등은 합동감사 실시계획을 통보하면서 구체적으로 어떠한 자치사무가 어떤 법령에 위반되는지 여부를 밝히지 아니하였는바, 그렇다면 행정안전부장관 등의 합동감사는 구 지방자치법 제158조 단서 규정상의 감사개시요건을 전혀 충족하지 못하였다 할 것이므로 헌법 및 지방자치법에 의하여 부여된 서울특별시의 지방자치권을 침해한 것이다.

판례3 금고 이상의 형의 선고를 받고 형이 확정되지 않은 지방자치단체장의 권한을 대행하도록 하는「지방자치법」조항은 지자체장의 공무담임권을 침해하는가?

(헌재 2010. 9. 2. 2010헌마418) 헌법불합치

사개요 : 2010년 지방선거에서 당선되어 강원도지사에 취임한 청구인은 '금고 이상의 형을 선고받고 형이 확정되지 않은 경우 부단체장이 단체장의 권한을 대행'하도록 하는 지방자치법 조항에 의하여 도지사직을 수행하지 못하였다. 이에 청구인은 해당 지방자치법 조항이 무죄추정의 원칙과 공무담임권 등을 침해한다는 이유로 헌법소원심판을 청구하였다.

전체 논점 : ① 무죄추정의 원칙(적극) ② 공무담임권(적극)

②의 결정요지 : 자치단체장직에 대한 공직기강을 확립하고 주민의 복리와 자치단체행정의 원활한 운영에 초래될 수 있는 위험을 예방하기 위한 입법목적을 달성하기 위하여 자치단체장을 직무에서 배제하는 수단을 택하였다 하더라도, 금고 이상의 형을 선고받은 자치단체장을 다른 추가적 요건없이 직무에서 배제하는 것이 위 입법목적을 달성하기 위한 최선의 방안이라고 단정하기는 어렵고. 특히 이 사건 청구인의 경우처럼, 금고 이상의 형의 선고를 받은 이후 선거에 의하여 자치단체장으로 선출된 경우에는 '자치단

체행정에 대한 주민의 신뢰유지'라는 입법목적은 자치단체장의 공무담임권을 제한할 적정한 논거가 되기 어렵다.
또한, 금고 이상의 형을 선고받았더라도 불구속상태에 있는 이상 자치단체장이 직무를 수행하는 데는 아무런 지장이 없으므로 부단체장으로 하여금 그 권한을 대행시킬 직접적 필요가 없다는 점, 혹시 그러한 직무정지의 필요성이 인정된다 하더라도, 형이 확정될 때까지 기다리게 되면 자치단체행정의 원활한 운영에 상당한 위험이 초래될 것으로 명백히 예상된다거나 회복할 수 없는 공익이 침해될 우려가 있는 제한적인 경우로 한정되어야 한다는 점, 금고 이상의 형을 선고받은 범죄가 해당 자치단체장에 선출되는 과정에서 또는 선출된 이후 자치단체장의 직무에 관련하여 발생하였는지 여부, 고의범인지 과실범인지 여부 등 해당 범죄의 유형과 죄질에 비추어 형이 확정되기 전이라도 미리 직무를 정지시켜야 할 이유가 명백한 범죄를 저질렀을 경우로만 한정할 필요도 있는 점 등에 비추어 볼 때, 이 사건 법률조항은 필요최소한의 범위를 넘어선 기본권제한에 해당할 뿐 아니라, 이 사건 법률조항으로 인하여 해당 자치단체장은 불확정한 기간 동안 직무를 정지당함은 물론 주민들에게 유죄가 확정된 범죄자라는 선입견까지 주게 되고, 더욱이 장차 무죄판결을 선고받게 되면 이미 침해된 공무담임권은 회복될 수도 없는 등의 심대한 불이익을 입게 되므로, 법익균형성 요건 또한 갖추지 못하였다. 따라서, 이 사건 법률조항은 자치단체장인 청구인의 공무담임권을 침해한다.

판례4 공소 제기후 구금상태에 있는 지방자치단체장의 권한을 대행하도록 하는「지방자치법」조항은 지자체장의 공무담임권을 침해하는가?

(헌재 2011. 4. 28. 2010헌마474) 기각

사건개요 : 2010년 지방선거에서 당선되어 서울시의 구청장에 취임한 청구인은 '공소 제기된 후 구금상태에 있는 경우 부단체장이 단체장의 권한을 대행'하도록 하는 지방자치법 조항에 의하여 구금상태에 있는 동안에 구청장직을 수행하지 못하였다. 이에 청구인은 해당 지방자치법 조항이 무죄추정의 원칙과 공무담임권 등을 침해한다는 이유로 헌법소원심판을 청구하였다.
전체 논점 : ① 무죄추정의 원칙(소극) ② 공무담임권(소극)
결정요지 : ① 이 사건 법률조항이 가하고 있는 직무정지가 유죄인정을 전제로 한 불이익임에는 틀림없으나 그 불이익이 비례의 원칙을 존중한 것으로서 필요최소한도에 그친다면 예외적으로 무죄추정의 원칙에 저촉되지 않는다 할 것인바, 이 사건 법률조항이 직무정지를 부과하는 목적이 검사의 공소제기결정이나 법원의 구속영장발부에 근거한 비난이나 제재에 있는 것이 아니라 자치단체장의 물리적 부재상태로 말미암아 자치단체행

정의 원활한 운영에 생길 수 있는 위험을 제거하고 주민의 신뢰를 회복하는 데 있다는 점, 그 불이익의 정도도 필요 최소한의 범위에 그치고 있다는 점 등에 비추어 볼 때, 비례의 원칙을 준수하였다고 할 것이어서, 무죄추정의 원칙에 위반되지 않는다.
② 이 사건 법률조항은, '공소 제기된 후 구금상태에 있는' 자치단체장을 직무에서 배제시킴으로써, 주민의 복리와 자치단체행정의 정상적인 운영에 초래될 수 있는 위험을 미연에 방지함과 아울러, 고위공직자인 자치단체장에게 요구되는 윤리성과 성실성 및 자치단체장직에 대한 지역주민의 신뢰를 회복하고 공직기강을 확립하려는, 두가지 입법목적을 가지고 있다. 자치단체장이 공소 제기된 후 구금상태에 있다면 사회적 비난가능성이 결코 작다고 볼 수 없고, 구금상태가 언제 해소될지 불확실하여 자치단체행정이 장기간 표류할 가능성도 있으므로 위 입법목적을 달성하기 위해서는 해당 자치단체장을 그 때로부터 직무에서 배제시키는 방법 외에는 달리 의미있는 대안이 없고, '공소 제기된 후 구금상태에 있는' 그 자체로 주민의 복리와 자치단체행정의 정상적인 운영에 위험을 초래하고 자치단체장직에 요구되는 윤리성과 성실성, 지역주민의 신뢰를 훼손시키기에 충분하므로 소명의 기회를 부여하거나, 해당 범죄의 죄질이나 성격 또는 사안의 경중에 따라 직무정지의 필요성을 달리 판단할 여지도 없다. 또한 위 입법목적 달성에 방해되는 사정은 구금상태가 계속되는 한 지속될 수밖에 없으므로 필요 최소한의 침해만 가하고 있는 것으로 평가할 수 있고, 이 사건 법률조항이 달성하려는 위와 같은 공익은 그로 말미암아 자치단체장이 입게 되는 불이익보다 훨씬 커서 법익균형성의 요건도 충족하므로 과잉금지원칙에 위반되지 아니한다.

Ⅲ. 국회

국회법 : 169조까지 국회의 조직, 회기와 회의의 운영, 의장·부의장 등의 선거, 의원의 의무와 이해충돌 방지, 교섭단체와 위원회, 국회 소속의 기관과 공무원, 국회 회의에서의 발언과 표결, 청원과 탄핵소추의 절차, 질서와 경호, 징계 등에 관해 규정하고 있다.

국회선진화법

'국회선진화법'은 2012년 5월 2일에 국회 본회의를 통과하여 2012년 5월 25일에 공포되어 시행되고 있는 「국회법」 개정법률을 지칭하는 것이다. '국회선진화법'에는 다수당에 의한 날치기 통과를 어렵게 하는 내용이 포함되어 있는 한편, 소수당에 의한 의안처리 지연이나 물리력 행사를 어렵게 하기 위한 내용이 포함되어 있다. 다수당이 단순히 다수의 힘에만 의지하여 소수당에 대한 설득이나 합의 없이 의안을 처리하지 못하도록 하려는 내용과, 소수당이 회의장 점거나 폭력 행사를 통하여 회의진행을 저지하지 않도록 하려는 내용을 지녔다. 즉, 다수당을 위해서는 예산안 자동부의제도, 안건신속처리제도(Fast Track), 의안자동상정제도, 의장석 위원장석 점거 등 의사진행방해에 대한 징계 강화 등을 도입하였고, 소수당을 위해서는 국회의장 직권상정 요건의 강화, 무제한 토론제도(Filibuster), 위원회에서의 안건조정제도 등을 도입하였다.

직권상정

직권상정은 국회의장의 권한으로서 국회법 제85조(심사기간)에 규정되어 있으며 '심사기간 지정제도'라고도 한다. 통상 법안은 상임위원회와 법제사법위원회의 심사를 거쳐 본회의에서 심의·의결되는데, 국회의장은 상임위원회에 회부된 안건에 대하여 심사기간을 지정할 수 있고 심사기간 내에 심사를 마치지 않으면 바로 본회의에 안건을 회부할 수 있다. 과거에는 종종 여야간 합의가 되지 않은 법안이 본회의에 직권상정되었고 이를 막기 위하여 소수당에 의한 의장석 점거와 폭력사태가 발생하기도 하였다. 2015년의 국회법 개정을 통해 직권상정이 엄격히 제한(천재지변의 경우, 전시·사변 또는 이에 준하는 국가비상사태의 경우, 의장이 각 교섭단체 대표의원과 합의하는 경우)된 이후에는 직권상정으로 인한 의사당내 폭력사태가 발생하지 않는 효과가 있다.

무제한 토론

무제한토론 제도는 '국회선진화법'의 하나로 2012년 5월에 개정된 국회법 제106조의2(무제한토론의 실시 등)에 규정되어 있는데, 미국 의회의 의사진행방해(Filibuster)제도를 도입한 것이다. 현행 국회법 제106조의2(무제한토론의 실시 등)에 따르면, 의원은 재적의원 3분의 1 이상의 요구가 있는 경우 본회의 심의 안건에 대하여 시간의 제한을 받지 않고 무제한토론을 할 수 있다. 무제한토론을 실시하는 본회의는 '1일 1차 회의'의 원칙에도 불구하고 무제한토론 종결선포 전까지 산회하지 아니하도록 하며, 더 이상 토론할 의원이 없거나, 재적의원 3분의 1 이상이 제출한 토론종결 동의를 재적의원 5분의 3 이상의 찬성으로 의결한 경우 또는 무제한토론 중 회기가 종료된 경우에 무제한토론이 종결된다. 간단히 정리하면, 의사진행방해 제도는 재적의원 3분의 1 이상이 요구하면 본회의에서 무제한토론을 시작할 수 있고, 재적의원 5분의 3이상이 찬성하거나 회기가 종료되면 무제한 토론은 종료된다.

안건신속처리

안건신속처리(Fast Track)제도는 소관 위원회와 법제사법위원회에서 심사를 마치지 않거나 회의에 상정하지 않는 경우에 법안이 사장(死藏)되는 문제를 개선하기 위하여 위원회와 본회의에서의 심사기간을 제한하는 제도이다.
국회에서 법안을 포함한 안건은 소관위원회－법제사법위원회－본회의 순으로 심의·의결이 이루어지기 때문에, 신속처리대상안건으로 지정되면 소관위원회 180일, 법제사법위원회 90일, 본회의 60일의 기간 내에 심사를 종료하여야 한다. 따라서 신속처리대상안건의 경우 최장 330일의 기간이 경과한 후에는 본회의에 상정된다. 국회법 제85조의 2(안건의 신속처리)에 근거를 두고 있다.

1. 국회의 구성

국민이 선거를 통하여 직접 선출한 국회의원들로 구성되는 헌법기관으로서 입법권을 행사하고 정부를 통제한다. 의회는 상하양원제 또는 단원제로 구성할 수 있는데, 우리나라는 단원제를 채택하고 있다. 국회의원의 정원은 300명이고 임기는 4년이다.

❖ 헌법 제41조 ① 국회는 국민의 보통·평등·직접·비밀선거에 의하여 선출된 국회의원으로 구성한다. ② 국회의원의 수는 법률로 정하되, 200인 이상으로 한다. ③ 국회의원의 선거구와 비례대표제 기타 선거에 관한 사항은 법률로 정한다.
❖ 헌법 제42조 국회의원의 임기는 4년으로 한다.

판례 **'국회구성권'이 기본권으로 인정될 수 있는가?**

(헌재 1998. 10. 29. 96헌마186) 각하

사건개요 : 15대 총선 결과 139석을 획득하여 여소야대 상황의 신한국당이 무소속 및 다른 정당 소속 국회의원 11명을 입당시켰는데, 청구인들은 대통령을 피청구인으로 하여 국회구성권, 국민주권주의, 복수정당제도의 침해를 주장하며 헌법소원심판을 청구하였다.
전체 논점 : 국회내 정당간의 의석분포를 결정할 권리 내지 국회구성권이 헌법소원으로 다툴 수 있는 국민의 기본권인지 여부(소극)
결정요지 : "국회구성권"이라는 기본권은 헌법의 명문규정으로도 해석상으로도 인정할

수 없다. 헌법의 기본원리인 대의제 민주주의하에서 국회의원 선거권이란 것은 국회의원을 보통·평등·직접·비밀선거에 의하여 국민의 대표자인 국회의원을 선출하는 권리에 그치고, 개별 유권자 혹은 집단으로서의 국민의 의사를 선출된 국회의원이 그대로 대리하여 줄 것을 요구할 수 있는 권리까지 포함하는 것은 아니다. 또한 대의제도에 있어서 국민과 국회의원은 명령적 위임관계에 있는 것이 아니라 자유위임관계에 있기 때문에 일단 선출된 후에는 국회의원은 국민의 의사와 관계없이 독자적인 양식과 판단에 따라 정책결정에 임할 수 있다. 그런데 "국회구성권"이란 유권자가 설정한 국회의석분포에 국회의원들을 기속시키고자 하는 것이고, 이러한 내용의 "국회구성권"이라는 것은 오늘날 이해되고 있는 대의제도의 본질에 반하는 것이므로 헌법상 인정될 여지가 없다. 따라서 국회구성권의 침해를 주장하는 부분은 존재하지도 않는 기본권의 침해를 주장하는 것으로서 기본권침해성 및 청구인적격을 흠결한 것이다.

교섭단체

교섭단체(Negotiation Group)는 국회에 일정수 이상의 의석을 가진 정당에 소속된 의원들로 구성되는 원내의 정당 또는 정파를 말한다. 국회법 제33조(교섭단체) 제1항에 "국회에 20명 이상의 소속 의원을 가진 정당은 하나의 교섭단체가 된다. 다만, 다른 교섭단체에 속하지 아니하는 20명 이상의 의원으로 따로 교섭단체를 구성할 수 있다."고 규정되어 있다.

2. 국회의 운영

국회에는 상임위원회와 특별위원회, 소위원회가 있다. 국회의 본회의는 항상 개회하는 것이 아니라 매년 9월에 소집되는 정기회와 대통령이나 재적의원 1/4 이상의 요구로 소집되는 임시회가 있다. 정기회는 100일을 초과할 수 없고, 임시회는 30일을 초과할 수 없다. 국회는 다수결의 원칙과 의사공개의 원칙에 의하여 운영되고 있다.

❖ 헌법 제47조 ① 국회의 정기회는 법률이 정하는 바에 의하여 매년 1회 집회되며, 국회의 임시회는 대통령 또는 국회재적의원 4분의 1 이상의 요구에 의하여 집회된다. ② 정기회의 회기는 100일을, 임시회의 회기는 30일을 초과할 수 없다. ③ 대통령이 임시회의 집회를 요구할 때에

는 기간과 집회요구의 이유를 명시하여야 한다.

❖ 헌법 제48조 국회는 의장 1인과 부의장 2인을 선출한다.

❖ 헌법 제49조 국회는 헌법 또는 법률에 특별한 규정이 없는 한 재적의원 과반수의 출석과 출석의원 과반수의 찬성으로 의결한다. 가부동수인 때에는 부결된 것으로 본다.

❖ 헌법 제50조 ① 국회의 회의는 공개한다. 다만, 출석의원 과반수의 찬성이 있거나 의장이 국가의 안전보장을 위하여 필요하다고 인정할 때에는 공개하지 아니할 수 있다. ② 공개하지 아니한 회의내용의 공표에 관하여는 법률이 정하는 바에 의한다.

❖ 헌법 제51조 국회에 제출된 법률안 기타의 의안은 회기 중에 의결되지 못한 이유로 폐기되지 아니한다. 다만, 국회의원의 임기가 만료된 때에는 그러하지 아니하다.

❖ 헌법 제64조 ① 국회는 법률에 저촉되지 아니하는 범위 안에서 의사와 내부규율에 관한 규칙을 제정할 수 있다. ② 국회는 의원의 자격을 심사하며, 의원을 징계할 수 있다. ③ 의원을 제명하려면 국회재적의원 3분의 2 이상의 찬성이 있어야 한다. ④ 제2항과 제3항의 처분에 대하여는 법원에 제소할 수 없다.

판례1 국회 정보위원회를 비공개하도록 규정한 국회법 조항은 위헌인가?

(헌재 2022. 1. 27. 2018헌마1162) 인용

사건개요 : 국회 정보위원회 방청을 거부당한 청구인들이 정보위 회의는 공개하지 않는다고 규정한 국회법 조항이 헌법 제50조에 규정된 의사공개원칙에 위배되고 알권리 등을 침해한다고 주장하며 헌법소원심판을 청구하였다.

전체 논점 : ① 헌법 제50조 제1항의 의사공개원칙의 의미 ② 정보위원회 회의는 공개하지 아니한다고 정하고 있는 국회법 제54조의2 제1항 본문이 의사공개원칙에 위배되어 청구인들의 알 권리를 침해하는지 여부(적극)

결정요지 : ① 헌법 제50조 제1항은 본문에서 국회의 회의를 공개한다는 원칙을 규정하면서, 단서에서 '출석의원 과반수의 찬성이 있거나 의장이 국가의 안전보장을 위하여 필요하다고 인정할 때'에는 이를 공개하지 아니할 수 있다는 예외를 두고 있다. 이러한 헌법 제50조 제1항의 구조에 비추어 볼 때, 헌법상 의사공개원칙은 모든 국회의 회의를 항상 공개하여야 하는 것은 아니나, 이를 공개하지 아니할 경우에는 헌법에서 정하고 있는 일정한 요건을 갖추어야 함을 의미한다. 또한 헌법 제50조 제1항 단서가 정하고 있는 회의의 비공개를 위한 절차나 사유는 그 문언이 매우 구체적이어서, 이에 대한 예외는 엄격하게 인정되어야 한다. 이러한 점에 비추어 보면 헌법 제50조 제1항으로부터 일체의 공개를 불허하는 절대적인 비공개가 허용된다고 볼 수는 없는바, 특정한 내용의 국회의

회의나 특정 위원회의 회의를 일률적으로 비공개한다고 정하면서 공개의 여지를 차단하는 것은 헌법 제50조 제1항에 부합하지 아니한다.
② 심판대상조항은 정보위원회의 회의 일체를 비공개하도록 정함으로써 정보위원회 활동에 대한 국민의 감시와 견제를 사실상 불가능하게 하고 있다. 또한 헌법 제50조 제1항 단서에서 정하고 있는 비공개사유는 각 회의마다 충족되어야 하는 요건으로 입법과정에서 재적의원 과반수의 출석과 출석의원 과반수의 찬성으로 의결되었다는 사실만으로 헌법 제50조 제1항 단서의 '출석위원 과반수의 찬성'이라는 요건이 충족되었다고 볼 수도 없다. 따라서 심판대상조항은 헌법 제50조 제1항에 위배되는 것으로 과잉금지원칙 위배 여부에 대해서는 더 나아가 판단할 필요 없이 청구인들의 알 권리를 침해한다.

판례2 회의장 출입문이 봉쇄된 상태에서 진행된 상임위 회의는 상임위원회 의원들의 심의권을 침해하는가?

(헌재 2010. 12. 28. 2008헌라7) 심의권 침해, 효력은 유효

사건개요 : 피청구인 국회 외교통상통일위원회 위원장이 2008. 12. 18. 국회 외통위 회의실 출입문을 폐쇄한 상태로 외통위 전체회의를 개의하여 한미 FTA 비준동의안을 상정한 행위 및 위 비준동의안을 법안심사소위원회로 회부한 행위에 대하여 회의장 폐쇄로 입장하지 못한 국회의원들이 권한쟁의심판을 청구하였다.
전체 논점 : ① 국회의장의 피청구인 적격(각하) ② 국회의원의 심의권 침해 여부(적극) ③ 심의권이 침해된 안건의 효력이 무효인지 여부(소극)
결정요지 : ② 한미 FTA 비준동의안은 헌법 제60조 제1항의 국회의 동의를 필요로 하는 조약에 해당하므로 소수당 소속 외통위 위원인 청구인들 각자에게 이 사건 동의안에 대한 심의·표결권이 인정되며, 상임위원회 위원장의 질서유지권은 상임위원회에서 위원들을 폭력으로부터 보호하고 안건이 원활하게 토의되게 하기 위하여 발동되는 것이므로, 위와 같은 목적을 위하여 행사되어야 하는 한계를 지닌다. 외통위 위원장인 피청구인이 소수당 소속 외통위 위원들의 회의장 출석을 봉쇄한 상태에서 회의를 개의하여 한미 FTA 비준동의안을 상정한 행위 및 동의안을 법안심사소위원회에 심사회부한 행위는 헌법 제49조의 다수결의 원리, 헌법 제50조 제1항의 의사공개의 원칙과 이를 구체적으로 구현하는 국회법 제54조, 제75조 제1항에 반하는 위헌, 위법한 행위이다. 청구인들은 동의안 심의과정(대체토론)에 참여하지 못하게 됨으로써, 헌법에 의하여 부여받은 비준동의안에 대한 심의권을 침해당하였다.
③ 이 사건 상정·회부행위가 청구인들의 이 사건 동의안 심의권을 침해하는 중대한 하자를 지니고 있지만, 이 사건 동의안에 대한 사후의 진행경과, 현재의 제반 상황, 이 사

건 상정·회부행위에 존재하는 하자가 본회의 심사에서 치유될 가능성 등을 감안하여, 이 부분 청구는 기각함이 상당하다.

판례3 국회의 의사절차에 위헌이나 위법이 있는 경우에도 국회의 자율권이 인정되는가?

(헌재 1997. 7. 16. 96헌라2) 심의·표결권 침해, 효력은 유효

사건개요 : 1996. 12. 26. 피청구인 국회의장이 야당 국회의원인 청구인들에게 변경된 개의시간을 통지하지도 않은 채 비공개로 본회의를 개의하는 등 헌법 및 국회법이 정한 절차를 위반하여, 노동관련 4개 법률과 안기부법 개정안을 가결시킴으로써 국회의원들의 법률안 심의·표결권을 침해하였다고 주장하면서 그 권한침해의 확인과 아울러 가결선포행위에 대한 위헌확인을 구하는 권한쟁의심판을 청구하였다.

전체 논점 : ① 국회의원과 국회의장이 권한쟁의심판의 당사자가 될 수 있는지(적극) ② 야당의원들에게 개의일시를 통지하지 않음으로써 출석의 기회를 박탈한 채 본회의를 개의, 법률안을 가결처리한 경우 야당의원들의 법률안 심의·표결권의 침해 여부(적극) ③ 위와 같은 법률안 가결선포행위의 위헌 여부(인용의견이 과반수에 이르지 아니하여 기각)

결정요지 : ② 국회의원은 국민에 의하여 직접 선출되는 국민의 대표로서 여러 가지 헌법상·법률상의 권한이 부여되어 있지만 그 중에서도 가장 중요하고 본질적인 것은 입법에 대한 권한임은 두 말할 나위가 없고, 이 권한에는 법률안제출권(헌법 제52조)과 법률안 심의·표결권이 포함된다. 국회의원의 법률안 심의·표결권은 비록 헌법에는 이에 관한 명문의 규정이 없지만 의회민주주의의 원리, 입법권을 국회에 귀속시키고 있는 헌법 제40조, 국민에 의하여 선출되는 국회의원으로 국회를 구성한다고 규정하고 있는 헌법 제41조 제1항으로부터 당연히 도출되는 헌법상의 권한이다. 그리고 이러한 국회의원의 법률안 심의·표결권은 국회의 다수파의원에게만 보장되는 것이 아니라 소수파의원과 특별한 사정이 없는 한 국회의원 개개인에게 모두 보장되는 것임도 당연하다. (중략) 피청구인이 주장하는 바와 같이 사건 법률안의 의결처리 과정에서 청구인들의 일부가 포함된 야당의원들이 위력을 행사하여 본회의 개의를 저지함으로써 국회운영의 정상적인 진행을 봉쇄하였다는 이유만으로 이 사건 피청구인의 위법행위가 정당화된다고 할 수 없다. 그렇다면 피청구인이 국회법 제76조 제3항을 위반하여 청구인들에게 본회의 개의일시를 통지하지 않음으로써 청구인들은 이 사건 본회의에 출석할 기회를 잃게 되었고 그 결과 이 사건 법률안의 심의·표결과정에도 참여하지 못하게 되었다. 따라서 나머지 국회법 규정의 위반여부를 더 나아가 살필 필요도 없이 피청구인의 그러한 행위로 인하여 청구인들이 헌법에 의하여 부여받은 권한인 법률안 심의·표결권이 침해되었음이 분명하다.

판례4 국회의장이 국회의원을 위원회에서 사임 및 보임시킨 행위가 국회의원의 법률안 심의·표결권을 침해한 것인가?

(헌재 2003. 10. 30. 2002헌라1) 기각

사건개요 : 건강보험재정통합 문제에 관하여 당론과 다른 의견을 가진 국회의원이 보건복지위원회에서 강제 사임됨으로 인하여 관련 법안에 대한 국회의원으로서의 심의·표결권이 침해되었다고 주장하면서 권한쟁의심판을 청구하였다.

전체 논점 : ① 국회의장인 피청구인이 국회의원인 청구인을 그 의사에 반하여 국회 보건복지위원회에서 사임시키고 환경노동위원회로 보임한 행위(사·보임행위)가 권한쟁의 심판의 대상이 되는지(적극) ② 제16대 국회의 제2기 원구성이 완료되고 청구인이 보건복지위원회에 다시 배정된 상태이지만 헌법적 해명의 필요성이 있어 심판의 이익이 있다고 판시한 사례 ③ 피청구인의 이 사건 사·보임행위가 헌법과 법률의 규정에 위반하여 청구인의 법률안 심의·표결 권한을 침해한 것인지(소극)

결정요지 : ① 국회의장인 피청구인이 국회의원인 청구인을 그 의사에 반하여 국회 보건복지위원회에서 사임시키고 환경노동위원회로 보임한 행위는 권한쟁의심판의 대상이 된다.

③ 국회의원의 원내활동을 기본적으로 각자에 맡기는 자유위임은 자유로운 토론과 의사형성을 가능하게 함으로써 당내민주주의를 구현하고 정당의 독재화 또는 과두화를 막아주는 순기능을 갖는다. 그러나 <u>자유위임은 의회내에서의 정치의사형성에 정당의 협력을 배척하는 것이 아니며, 의원이 정당과 교섭단체의 지시에 기속되는 것을 배제하는 근거가 되는 것도 아니다</u>. 또한 국회의원의 <u>국민대표성을 중시하는 입장에서도 특정 정당에 소속된 국회의원이 정당기속 내지는 교섭단체의 결정(소위 '당론')에 위반하는 정치활동을 한 이유로 제재를 받는 경우, 국회의원 신분을 상실하게 할 수는 없으나 "정당내부의 사실상의 강제" 또는 소속 "정당으로부터의 제명"은 가능</u>하다고 보고 있다. 그렇다면, <u>당론과 다른 견해를 가진 소속 국회의원을 당해 교섭단체의 필요에 따라 다른 상임위원회로 전임(사·보임)하는 조치는 특별한 사정이 없는 한 헌법상 용인될 수 있는 "정당내부의 사실상 강제"의 범위 내에 해당</u>한다. 국회의장이 국회의원에 대한 사·보임행위는 소속 정당 내부의 사실상 강제에 터 잡아 교섭단체 대표의원이 상임위원회 사·보임 요청을 하고, 이에 따라 국회의장의 의사정리권한의 일환으로 이를 받아들인 것이다. 그 절차·과정에 헌법이나 법률의 규정을 명백하게 위반하여 재량권의 한계를 현저히 벗어나 국회의원의 권한을 침해한 것으로는 볼 수 없다.

판례5 국회 본회의에서의 질의·토론절차가 위법한 경우, 국회의원의 심의·표결권이 침해되었는가? 국회의원의 심의·표결권이 침해된 경우, 해당 법안의 가결선포행위는 무효인가?

(헌재 2009. 10. 29. 2009헌라8) 심의·표결권 침해, 효력은 유효

사건개요 : 국회의원 89인은 신문법안, 방송법안, 인터넷멀티미디어법안 및 금융지주회사법안의 본회의 입법절차에서 심의표결권에 대한 침해가 있으며 법안가결선포행위의 무효확인을 구하는 권한쟁의심판을 청구하였다.

전체 논점 : ① 국회의원이 법률안 심의·표결권을 포기할 수 있는지 여부(소극) ② 신문법안의 질의·토론절차가 위법하여 국회의원의 심의·표결권을 침해하였는지(적극) ③ 방송법안의 표결절차에서 일사부재의의 원칙에 위배하여 국회의원의 심의·표결권을 침해하였는지(적극) ④ 신문법안과 방송법안 가결선포행위에 대한 무효확인 청구의 인용 여부(소극)

결정요지 : ① 국회의원의 법률안 심의·표결권은 국민에 의하여 선출된 국가기관으로서 국회의원이 그 본질적 임무인 입법에 관한 직무를 수행하기 위하여 보유하는 권한으로서의 성격을 갖고 있으므로 국회의원의 개별적인 의사에 따라 포기할 수 있는 것은 아니다.

② 국회 본회의에서 국회의원들에게 질의· 토론 신청을 할 수 있는 기회를 사전에 부여하였다고 볼 수 없다면, 이러한 상태에서 질의·토론 절차를 생략한 국회의장의 의사진행은 국회법 제93조(안건심의)를 위배하여 국회의원들의 심의·표결권을 침해한 것이다.

③ 전자투표에 의한 표결의 경우 국회의장의 투표종료선언에 의하여 투표 결과가 집계됨으로써 안건에 대한 표결 절차는 실질적으로 종료되므로, 투표의 집계 결과 출석의원 과반수의 찬성에 미달한 경우는 물론 재적의원 과반수의 출석에 미달한 경우에도 국회의 의사는 부결로 확정되었다고 볼 수밖에 없다. 결국 <u>방송법 수정안에 대한 1차 투표가 종료되어 재적의원 과반수의 출석에 미달되었음이 확인된 이상, 방송법 수정안에 대한 국회의 의사는 부결로 확정되었다고 보아야 하므로, 피청구인이 이를 무시하고 재표결을 실시하여 그 표결 결과에 따라 방송법안의 가결을 선포한 행위는 일사부재의 원칙(국회법 제92조)에 위배하여 청구인들의 표결권을 침해</u>한 것이다.

④ 법률안의 가결선포행위의 효력은 입법 절차상 위 헌법규정을 명백히 위반한 하자가 있었는지에 따라 결정되어야 할 것이다. 비록 국회법을 위반하여 청구인들의 심의·표결권을 침해한 것이지만, 그 하자가 입법 절차에 관한 헌법규정을 위반하는 등 가결선포행위를 취소 또는 무효로 할 정도에 해당한다고 보기 어렵다.

판례6 적법하게 신청된 반대토론을 무시하고 표결절차를 진행한 경우, 국회의원의 심의·표결권이 침해되었는가? 국회의원의 심의·표결권이 침해된 경우, 해당 법안의 가결선포행위는 무효인가?

(헌재 2011. 8. 30. 2009헌라7) 심의·표결권 침해, 효력은 유효

사건개요 : 국회의원이 신용정보이용법안 등에 대한 반대토론을 신청하였음에도 토론신청 유무확인이나 토론의 허가 없이 표결을 진행하였으며, 이에 대하여 권한쟁의심판을 청구하였다.

전체 논점 : ① 국회의장이 적법한 반대토론 신청이 있었음에도 반대토론을 허가하지 않고 토론절차를 생략하기 위한 의결을 거치지도 않은 채 법률안들에 대한 표결절차를 진행한 것이 국회의원의 법률안 심의·표결권을 침해한 것인지 여부(적극) ② 입법절차가 위법하여 국회의원의 법률안 심의·표결권을 침해하였으나, 그것이 법률안 가결선포행위를 취소 또는 무효로 할 정도의 하자에 해당하지는 않는다고 본 사례

결정요지 : ① 청구인으로부터 적법한 반대토론 신청이 있었으므로 원칙적으로 피청구인이 그 반대토론 절차를 생략하기 위해서는 반드시 본회의 의결을 거쳐야 할 것인데 (국회법 제93조 단서), <u>피청구인은 청구인의 반대토론 신청이 적법하게 이루어졌음에도 이를 허가하지 않고 나아가 토론절차를 생략하기 위한 의결을 거치지도 않은 채 이 사건 법률안들에 대한 표결절차를 진행하였으므로, 이는 국회법 제93조 단서를 위반하여 청구인의 법률안 심의·표결권을 침해</u>하였다.

② 국회의 입법과 관련하여 일부 국회의원들의 권한이 침해되었다 하더라도 그것이 다수결의 원칙(헌법 제49조)과 회의공개의 원칙(헌법 제50조)과 같은 입법절차에 관한 헌법의 규정을 명백히 위반한 흠에 해당하는 것이 아니라면 그 법률안의 가결 선포행위를 곧바로 무효로 볼 것은 아닌데, <u>피청구인의 이 사건 법률안들에 대한 가결 선포행위는 그것이 입법절차에 관한 헌법규정을 위반하였다는 등 가결 선포행위를 취소 또는 무효로 할 정도의 하자에 해당한다고 보기는 어렵다</u>.

국회규칙

국회의 의사와 내부규율 등에 관하여 국회 스스로 정하는 자율적인 내부규칙이다. "국회는 법률에 저촉되지 아니하는 범위 안에서 의사와 내부규율에 관한 규칙을 제정할 수 있다"고 하는 헌법 제64조 제1항에 근거를 두고 있다. 국회인사규칙, 국회방청규칙, 국회정보공개규칙, 국회청원심사규칙, 국회기록물관리규칙 등이 있다.

3. 국회의 권한

(1) 입법에 관한 권한

❖ 헌법 제40조 입법권은 국회에 속한다.

❖ 헌법 제52조 국회의원과 정부는 법률안을 제출할 수 있다.

❖ 헌법 제53조 ① 국회에서 의결된 법률안은 정부에 이송되어 15일 이내에 대통령이 공포한다. ② 법률안에 이의가 있을 때에는 대통령은 제1항의 기간내에 이의서를 붙여 국회로 환부하고, 그 재의를 요구할 수 있다. 국회의 폐회 중에도 또한 같다. ③ 대통령은 법률안의 일부에 대하여 또는 법률안을 수정하여 재의를 요구할 수 없다. ④ 재의의 요구가 있을 때에는 국회는 재의에 붙이고, 재적의원 과반수의 출석과 출석의원 3분의 2 이상의 찬성으로 전과 같은 의결을 하면 그 법률안은 법률로서 확정된다. ⑤ 대통령이 제1항의 기간 내에 공포나 재의의 요구를 하지 아니한 때에도 그 법률안은 법률로서 확정된다. ⑥ 대통령은 제4항과 제5항의 규정에 의하여 확정된 법률을 지체없이 공포하여야 한다. 제5항에 의하여 법률이 확정된 후 또는 제4항에 의한 확정법률이 정부에 이송된 후 5일 이내에 대통령이 공포하지 아니할 때에는 국회의장이 이를 공포한다. ⑦ 법률은 특별한 규정이 없는 한 공포한 날로부터 20일을 경과함으로써 효력을 발생한다.입법권은 국회에 속한다.

헌법 제40조에 규정된 입법권은 국회의 가장 본질적인 권한이다. 여기서 입법권이란 법률을 의미하는 것으로, 법률의 입법권은 국민의 대표기관인 국회에 속한다는 의미이다. 법률안 제출권은 국회와 정부에 있고 법률을 공포하는 권한은 대통령에게 있지만, 법률안을 심의·의결하는 권한은 오직 국회에만 있다. 시행령·시행규칙 등의 행정입법은 대통령과 행정각부에 입법권이 있고, 조례·규칙 등의 자치입법은 지방자치의회와 지방자치단체장에게 입법권이 있다. 그러나 국민의 권리·의무에 관한 사항을 규정하거나 중요사항은 법률에 규정하여야 한다.

명확성 원칙

명확성 원칙이란 법률을 명확하게 규정하여 적용대상자에게는 규제내용을 명확하게 알 수 있도록 하여 장래의 행동지침을 제공하고, 동시에 법집행자에게는 객관적 판단지침을 주어 차별적이거나 자의적인 법해석을 예방하도록 하기 위한 원칙이다.
명확성의 원칙은 모든 법률에 있어서 동일한 정도로 요구되는 것은 아니고 개개의 법률이나 법조항의 성격에 따라 요구되는 정도에 차이가 있을 수 있으며 각각의 구성요건의 특수성과 그러한 법률이 제정되게 된 배경이나 상황에 따라 달라질 수 있다. 일반론으로는 어떠한 규정이 부담적 성격을 가지는 경우에는 수익적 성격을 가지는 경우에 비하여 명확성의 원칙이 더욱 엄격하게 요구된다. 특히, 죄형법정주의에서 파생되는 명확성 원칙은 법률이 처벌하고자 하는 행위가 무엇이며 그에 대한 형벌이 어떤 것인지를 누구나 예견할 수 있고, 그에 따라 자신의 행위를 결정할 수 있도록 구성요건을 명확하게 규정하여야 하는 것을 의미한다.

판례1 공공의 안녕질서 또는 미풍양속을 해하는 내용의 통신을 금하는 전기통신사업법 제53조 제1항이 명확성의 원칙에 위배되는가?

(헌재 2002. 6. 27. 99헌마480) 위헌

사건개요 : 인터넷 게시판에 올린 글 때문에 정보통신부장관의 명령에 의하여 게시글이 삭제되고 게시판 이용을 1개월 정지당한 대학생이 장관조치의 근거가 되는 전기통신사업법 조항이 기본권을 침해하여 위헌이라고 주장하며 헌법소원심판이 청구하였다.
심판대상조항 : 제53조 (불온통신의 단속) ① 전기통신을 이용하는 자는 공공의 안녕질서 또는 미풍량속을 해하는 내용의 통신을 하여서는 아니된다. ② 제1항의 규정에 의한 공공의 안녕질서 또는 미풍량속을 해하는 것으로 인정되는 통신의 대상등은 대통령령으로 정한다. ③ 정보통신부장관은 제2항의 규정에 의한 통신에 대하여는 전기통신사업자로 하여금 그 취급을 거부·정지 또는 제한하도록 명할 수 있다.
전체 논점 : ① 명확성 원칙 위배(적극) ② 과잉금지 원칙 위배(적극) ③ 포괄위임입법금지원칙 위배(적극)
①의 결정요지 : 표현의 자유를 규제하는 입법에 있어서 명확성의 원칙은 특별히 중요한 의미를 지닌다. 무엇이 금지되는 표현인지가 불명확한 경우에, 자신이 행하고자 하는 표현이 규제의 대상이 아니라는 확신이 없는 기본권주체는 대체로 규제를 받을 것을 우려해서 표현행위를 스스로 억제하게 될 가능성이 높기 때문에 표현의 자유를 규제하는 법률은 규제되는 표현의 개념을 세밀하고 명확하게 규정할 것이 헌법적으로 요구된다. 그

런데, "공공의 안녕질서 또는 미풍양속을 해하는"이라는 불온통신의 개념은 너무나 불명확하고 애매하다. 여기서의 "공공의 안녕질서"는 위 헌법 제37조 제2항의 "국가의 안전보장·질서유지"와, "미풍양속"은 헌법 제21조 제4항의 "공중도덕이나 사회윤리"와 비교하여 볼 때 동어반복이라 해도 좋을 정도로 전혀 구체화되어 있지 아니하다. 이처럼, "공공의 안녕질서", "미풍양속"은 매우 추상적인 개념이어서 어떠한 표현행위가 과연 "공공의 안녕질서"나 "미풍양속"을 해하는 것인지, 아닌지에 관한 판단은 사람마다의 가치관, 윤리관에 따라 크게 달라질 수밖에 없고, 법집행자의 통상적 해석을 통하여 그 의미내용을 객관적으로 확정하기도 어렵다.

※ 이후 2002년 12월에 이 조항은 개정되어 '불온통신의 단속'에서 '불법통신의 단속'이라는 제목으로 바뀌고 금지되는 사유가 9가지(청소년유해 매체물, 사행행위, 국가기밀 누설, 해킹, 비방목적 허위사실, 음란한 내용, 공포심 · 불안감 유발 내용 등)로 상세히 규정되었다. 그리고 이후 2007년 1월에 이 조항은 삭제되고, 정보통신망법이 개정되면서 제44조의2(정보의 삭제요청 등) 규정이 신설되었다. 현재는 정보통신망법 제44조의4(자율규제) 등 규정을 통하여 (장관의 삭제명령 등 국가에 의한 규제방식이 아닌) 인터넷운영자에 의한 자율규제방식으로 운영되고 있다.

판례2 '앞지르기 금지장소'로 '도로의 구부러진 곳'이라고만 규정된 도로교통법 규정은 명확성의 원칙에 위배되는가?

(헌재 2000. 2. 24. 99헌가4) 합헌

사건개요 : 버스운전사인 청구인은 도로의 구부러진 곳에서 다른 차를 앞지르기 하였다는 도로교통법 위반죄로 즉결심판 벌금 7만원에 불복하여 정식재판을 받던 중에 '도로의 구부러진 곳'이라는 금지행위가 명확성 원칙에 위반된다고 주장하며 위헌법률심판제청을 신청하였으며, 법원은 이를 받아들여 헌법재판소에 위헌법률심판을 제청하였다.

심판대상조항 : 제20조의2(앞지르기 금지장소)모든 차의 운전자는 다음 각호의 1에 해당하는 곳에서는 다른 차를 앞지르지 못한다. 1. 교차로·터널 안 또는 다리 위 2. 도로의 구부러진 곳 3. 비탈길의 고개마루 부근 또는 가파른 비탈길의 내리막 4. 지방경찰청장이 도로에서의 위험을 방지하고 교통의 안전과 원활한 소통을 확보하기 위하여 필요하다고 인정하여 안전표지에 의하여 지정한 곳

결정요지 : ① 부단히 변화하는 다양한 생활관계를 제대로 규율하기 위하여 처벌법규에서 어느 정도의 보편적이거나 일반적인 뜻을 지닌 용어를 사용하는 것은 부득이하다고 할 수밖에 없고, 당해 법률이 제정된 목적과 다른 법률조항과의 연관성을 고려하여 합리적인 해석이 가능한지의 여부에 따라 명확성의 요건을 갖추었는지의 여부를 가릴 수밖

에 없다. ② 도로교통법 제20조의2 제2호 "도로의 구부러진 곳"이라는 규정에 "위험을 초래할 정도로" 또는 "시야가 가린" 내지 "전망할 수 없는" 등의 내용을 추가하는 입법형식이 이 사건 법률규정의 명확성을 더욱 담보할 수 있는 바람직한 입법으로 생각되지만, 위와 같은 내용은 입법목적에서 어느 정도 도출될 수 있는 것이어서 이 사건 법률규정에 관하여 보다 구체적인 입법이 가능하다는 이유만으로 곧바로 이 사건 법률규정이 죄형법정주의에 위반된다고 할 수는 없다. 결국 이 사건 법률규정은 입법목적과 다른 조항과의 관련하에서의 합리적인 해석의 가능성, 입법기술상의 한계 등을 고려할 때, 어떠한 행위가 이에 해당하는지 의심을 가질 정도로 불명확한 개념이라고 볼 수 없으므로 죄형법정주의의 한 내용인 형벌법규의 명확성의 원칙에 반한다고 할 수는 없다.

※ 이후 앞지르기 금지에 관한 도로교통법 조항은 여러 차례 개정되었다. 도로의 구부러진 곳에서의 앞지르기 금지와 관련하여 현재는 도로교통법 제22조(앞지르기 금지의 시기 및 장소) ③ 4. "도로의 구부러진 곳, 비탈길의 고갯마루 부근 또는 가파른 비탈길의 내리막 등 시·도경찰청장이 도로에서의 위험을 방지하고 교통의 안전과 원활한 소통을 확보하기 위하여 필요하다고 인정하는 곳으로서 안전표지로 지정한 곳"이라고 규정되어 있다.

소급입법금지 원칙

소급입법금지 원칙이란 기존의 법에 따라 형성된 법적 지위를 사후입법을 통하여 박탈하는 것 등을 내용으로 하는 소급입법은 금지된다는 원칙이다. 소급입법은 신법이 이미 종료된 사실관계에 작용하는지(과거에 완성된 사실 또는 법률관계를 규율대상으로 하는지), 아니면 과거에 시작되었으나 아직 완성되지 아니하고 현재 진행 중에 있는 사실관계에 작용하는지에 따라 '진정소급입법'과 '부진정소급입법'으로 구분된다.

'진정소급입법'은 헌법적으로 허용되지 않는 것이 원칙이며 특단의 사정이 있는 경우에만 예외적으로 허용될 수 있는 반면, '부진정소급입법'은 원칙적으로 허용되지만 소급효를 요구하는 공익상의 사유와 신뢰보호의 요청 사이의 교량과정에서 신뢰보호의 관점이 입법자의 형성권에 제한을 가하게 된다.

판례 이미 과거에 일어난 일을 새로운 법률로 규율할 수 있는가?

(헌재 2011. 3. 31. 2008헌바141등) 기각

사건개요 : 친일반민족행위자 재산을 국가에 귀속시키는 법률을 만들어서 친일반민족행위를 하였다고 인정된 자의 재산을 국가에 귀속시키자, 이러한 법률이 소급입법금지원

칙에 위반되고 재산권을 침해한다는 등의 이유로 위헌법률심판이 제기되었는데 기각되자 헌법소원심판이 청구되었다.
전체 논점 : ① 명확성 원칙 ② 적법절차 원칙 ③ 소급입법금지 원칙 ④ 재산권 ⑤ 평등원칙 ⑥ 연좌제금지 원칙 (모두 소극)
결정요지 : 이 사건 귀속조항은 진정소급입법에 해당하지만, 진정소급입법이라 할지라도 예외적으로 국민이 소급입법을 예상할 수 있었던 경우와 같이 소급입법이 정당화되는 경우에는 허용될 수 있다. 친일재산의 취득 경위에 내포된 민족배반적 성격, 대한민국임시정부의 법통 계승을 선언한 헌법 전문 등에 비추어 친일반민족행위자측으로서는 친일재산의 소급적 박탈을 충분히 예상할 수 있었고, 친일재산 환수 문제는 그 시대적 배경에 비추어 역사적으로 매우 이례적인 공동체적 과업이므로 이러한 소급입법의 합헌성을 인정한다고 하더라도 이를 계기로 진정소급입법이 빈번하게 발생할 것이라는 우려는 충분히 불식될 수 있다. 따라서 이 사건 귀속조항은 진정소급입법에 해당하나 헌법 제13조 제2항에 반하지 않는다.

입법부작위

입법부작위란 입법을 하지 않는 것을 의미하는데, 모든 입법부작위가 문제되는 것은 아니고 '헌법상 입법의무가 인정되는 입법부작위'의 위헌 여부가 문제된다.
입법부작위에는 입법자가 헌법상 입법의무 있는 어떠한 사항에 관하여 전혀 입법을 하지 아니함으로써 입법행위에 흠결이 있는 '진정 입법부작위', 입법자가 어떤 사항에 관하여 입법은 하였으나 그 입법의 내용·범위·절차 등의 사항을 불완전·불충분 또는 불공정하게 규율함으로써 입법행위에 결함이 있는 '부진정 입법부작위'로 나눌 수 있다.
'진정 입법부작위'는 입법을 하지 않은 것 자체가 헌법소원의 대상이 될 수 있지만, '부진정 입법부작위'는 그 불완전한 법규정 자체를 대상으로 하여 그것이 헌법위반이라는 적극적인 헌법소원을 청구할 수 있을 뿐 이를 입법부작위라 하여 헌법소원을 제기할 수 없다.

판례 **어떠한 입법을 하지 않았다는 것이 위헌이 될 수 있는가?**

(헌재 1994. 12. 29. 89헌마2) 인용(위헌확인)

사건개요 : 해방 후 미군정청 법령에 의하여 사설철도회사의 전 재산이 국가에 수용되었는데, 이후 동 재산수용의 보상을 위한 법률이 제정하지 아니하였다는 '입법부작위'가 위

헌임을 확인하는 헌법소원심판이 청구되었다.
결정요지 : 우리 헌법은 제헌 이래 현재까지 일관하여 재산의 수용(收用), 사용(使用) 또는 제한(制限)에 대한 보상금을 지급하도록 규정하면서 이를 법률이 정하도록 위임함으로써 국가에게 명시적으로 수용 등의 경우 그 보상에 관한 입법의무를 부과하여 왔는바, 해방 후 사설철도회사의 전 재산을 수용하면서 그 보상절차를 규정한 군정법령 제75호에 따른 보상절차가 이루어지지 않은 단계에서 조선철도의통일폐지법률에 의하여 위 군정법령이 폐지됨으로써 대한민국의 법령에 의한 수용은 있었으나 그에 대한 보상을 실시할 수 있는 절차를 규정하는 법률이 없는 상태가 현재까지 계속되고 있으므로, 대한민국은 위 군정법령에 근거한 수용에 대하여 보상에 관한 법률을 제정하여야 하는 입법자의 헌법상 명시된 입법의무가 발생하였으며, 위 폐지법률이 시행된 지 30년이 지나도록 입법자가 전혀 아무런 입법조치를 취하지 않고 있는 것은 입법재량의 한계를 넘는 입법의무불이행(立法義務不履行)으로서 보상청구권이 확정된 자의 헌법상 보장된 재산권을 침해하는 것이므로 위헌이다.

처분적 법률

처분적 법률이란 일반적·추상적 사항을 규율하는 일반적 법률과는 달리, 사법·행정을 매개로 하지 아니하고 직접 구체적인 사건을 규율하거나 특정인에게만 적용되어 직접 국민에게 권리나 의무를 발생하게 하는 법률을 의미한다. 처분적 법률의 유형으로는 일정 범위의 사람을 대상으로 하는 '개별인 법률', 특정사건을 대상으로 하는 '개별사건 법률', 시행기간이 한정된 '한시적 법률'이 있다.
과거에는 처분적 법률이 법규범의 일반성·추상성이라는 본질에 어긋나기 때문에 권력분립 원칙과 평등원칙에 위배되어 위헌이라고 보았으나, 현재는 처분적 법률을 합리적인 범위 안에서 비교적 폭넓게 인정하고 있다.

판례 **5·18민주화운동 등 개별사건을 규율하기 위한 법률을 만들 수 있는가?**

(헌재 1996. 2. 16. 96헌가2등) 합헌

사건개요 : 친일반민족행위자 재산을 국가에 귀속시키는 법률을 만들어서 친일반민족행위를 하였다고 인정된 자의 재산을 국가에 귀속시키자, 이러한 법률이 소급입법금지원칙에 위반되고 재산권을 침해한다는 등의 이유로 위헌법률심판이 제기되었는데 기각되자 헌법소원심판이 청구되었다.

전체 논점 : ① 개별사건법률의 평등원칙 위반 ② 소급입법금지원칙 ③ 형벌불소급의 원칙 ④ 신뢰보호원칙 (모두 소극)

결정요지 : ① 개별사건법률은 원칙적으로 평등원칙에 위배되는 자의적 규정이라는 강한 의심을 불러 일으키는 것이지만, 개별법률금지의 원칙이 법률제정에 있어서 입법자가 평등원칙을 준수할 것을 요구하는 것이기 때문에 특정규범이 개별사건법률에 해당한다 하여 곧바로 위헌을 뜻하는 것은 아니며, 이러한 차별적 규율이 합리적인 이유로 정당화될 수 있는 경우에는 합헌적일 수 있다. 이른바 12·12 및 5·18 사건의 경우 그 이전에 있었던 다른 헌정질서파괴범과 비교해 보면, 공소시효의 완성 여부에 관한 논의가 아직 진행중이고, 집권과정에서의 불법적 요소나 올바른 헌정사의 정립을 위한 과거청산의 요청에 미루어 볼 때 비록 특별법이 개별사건법률이라고 하더라도 입법을 정당화할 수 있는 공익이 인정될 수 있으므로 위 법률조항은 헌법에 위반되지 않는다. ② 특별법 제2조는 법 및 법집행의 왜곡에 따르는 소추의 장애사유가 존재하여 헌정질서파괴 행위자들에 대한 검찰의 소추권행사가 불가능하였으므로 당연히 공소시효의 진행이 정지된 것으로 보아야 한다는 법리를 확인하여 입법한 데 불과하므로 소급입법에 해당하지 않는다. ③ 형벌불소급의 원칙은 "행위의 가벌성" 즉 형사소추가 "언제부터 어떠한 조건하에서" 가능한가의 문제에 관한 것이고, "얼마동안" 가능한가의 문제에 관한 것은 아니므로, 과거에 이미 행한 범죄에 대하여 공소시효를 정지시키는 법률이라 하더라도 그 사유만으로 헌법 제12조 제1항 및 제13조 제1항에 규정한 죄형법정주의의 파생원칙인 형벌불소급의 원칙에 언제나 위배되는 것으로 단정할 수는 없다. ④ 공소시효가 아직 완성되지 않은 경우 위 법률조항은 단지 진행중인 공소시효를 연장하는 법률로서 이른바 부진정소급효를 갖게 되나, 공소시효제도에 근거한 개인의 신뢰와 공시시효의 연장을 통하여 달성하려는 공익을 비교형량하여 공익이 개인의 신뢰보호이익에 우선하는 경우에는 소급효를 갖는 법률도 헌법상 정당화될 수 있다. 위 법률조항의 경우에는 왜곡된 한국 반세기 헌정사의 흐름을 바로 잡아야 하는 시대적 당위성과 아울러 집권과정에서의 헌정질서파괴범죄를 범한 자들을 응징하여 정의를 회복하여야 한다는 중대한 공익이 있는 반면, 공소시효는 행위자의 의사와 관계없이 정지될 수도 있는 것이어서 아직 공소시효가 완성되지 않은 이상 예상된 시기에 이르러 반드시 시효가 완성되리라는 것에 대한 보장이 없는 불확실한 기대일 뿐이므로 공소시효에 대하여 보호될 수 있는 신뢰보호이익은 상대적으로 미약하여 위 법률조항은 헌법에 위반되지 아니한다. ⑤ 진정소급입법이라 하더라도 기존의 법을 변경하여야 할 공익적 필요는 심히 중대한 반면에 그 법적 지위에 대한 개인의 신뢰를 보호하여야 할 필요가 상대적으로 적어 개인의 신뢰이익을 관철하는 것이 객관적으로 정당화될 수 없는 경우에는 예외적으로 허용될 수 있다. 진정

소급입법이 허용되는 예외적인 경우로는 일반적으로, 국민이 소급입법을 예상할 수 있었거나, 법적 상태가 불확실하고 혼란스러웠거나 하여 보호할 만한 신뢰의 이익이 적은 경우와 소급입법에 의한 당사자의 손실이 없거나 아주 경미한 경우, 그리고 신뢰보호의 요청에 우선하는 심히 중대한 공익상의 사유가 소급입법을 정당화하는 경우를 들 수 있다.

법제사법위원회의 체계 · 자구 심사

체계·자구 심사는 국회 법제사법위원회에서 법안의 체계와 자구를 심사하는 것을 말한다. 법제사법위원회는 국회법 제37조에 근거하여 '법률안·국회규칙안의 체계·형식과 자구의 심사에 관한 사항'이 소관사항으로 규정되어 있고, 국회법 제86조에 따르면 위원회에서 법안의 심사를 마치거나 입안을 하였을 때에는 법사위에 회부하여 체계와 자구에 대한 심사를 거쳐야 한다고 규정되어 있다.
이러한 법사위의 체계·자구 심사권에 관해서는 법안의 '체계·자구'에 대한 심사라고 하는 권한을 넘어 법안의 위헌 여부 등 '내용'에 관한 심사를 한다는 비판과 이러한 과정에서 법사위의 체계·자구 심사권이 입법을 지연시키는 제도로서 기능한다는 비판이 있다.

2) 재정에 관한 권한

❖ 헌법 제54조 ① 국회는 국가의 예산안을 심의·확정한다. ② 정부는 회계연도마다 예산안을 편성하여 회계연도 개시 90일 전까지 국회에 제출하고, 국회는 회계연도 개시 30일 전까지 이를 의결하여야 한다. ③ 새로운 회계연도가 개시될 때까지 예산안이 의결되지 못한 때에는 정부는 국회에서 예산안이 의결될 때까지 다음의 목적을 위한 경비는 전년도 예산에 준하여 집행할 수 있다.

1. 헌법이나 법률에 의하여 설치된 기관 또는 시설의 유지·운영
2. 법률상 지출의무의 이행
3. 이미 예산으로 승인된 사업의 계속

❖ 헌법 제55조 ① 한 회계연도를 넘어 계속하여 지출할 필요가 있을 때에는 정부는 연한을 정하여 계속비로서 국회의 의결을 얻어야 한다. ② 예비비는 총액으로 국회의 의결을 얻어야 한다. 예비비의 지출은 차기국회의 승인을 얻어야 한다.

❖ 헌법 제56조 정부는 예산에 변경을 가할 필요가 있을 때에는 추가경정예산안을 편성하여 국회에 제출할 수 있다.

❖ 헌법 제57조 국회는 정부의 동의 없이 정부가 제출한 지출예산 각항의 금액을 증가하거나 새 비목을 설치할 수 없다.
❖ 헌법 제58조 국채를 모집하거나 예산 외에 국가의 부담이 될 계약을 체결하려 할 때에는 정부는 미리 국회의 의결을 얻어야 한다.
❖ 헌법 제59조 조세의 종목과 세율은 법률로 정한다.

헌법 제59조에 규정된 '조세법률주의'는 법률의 근거 없이 조세를 징수할 수 없다는 원칙이다. 이는 또한 국민의 대표기관인 국회가 만든 법률에 의해서만 조세징수의 정당성이 부여된다는 의미이다. 헌법 제54조 제1항은 "국회는 국가의 예산안을 심의·확정한다"고 규정하고 있는데, 예산안의 편성은 정부가 하지만 이를 확정하는 것은 국회의 권한임을 명시하고 있다. 이 외에도 예비비나 국채모집 등에 국회의 의결을 요하는 이유도 국민의 대표기관인 국회가 국가재정에 관한 결정권을 지닌다는 의미를 지니고 있다.

국세기본법 : 국세에 관한 기본적이고 공통적인 사항을 규정한 법률로, 국세의 종류로 소득세, 법인세, 상속세와 증여세, 부가가치세, 개별소비세, 주세, 인지세, 증권거래세, 교육세, 농어촌특별세, 종합부동산세 등을 열거하고 있다. 그리고 기간의 계산과 기한의 특례, 서류의 송달에 관한 사항, 국세의 부과와 세법의 적용, 납세의무에 관한 사항, 일반채권에 대한 국세의 우선권, 과세와 가산세 및 국세환급, 과세처분에 대한 이의신청·심사청구, 과세심판원의 심판, 납세자의 권리, 벌칙 등에 관해 규정되어 있다.

판례1 전기요금은 세금인가?

(헌재 2021. 4. 29. 2017헌가25) 합헌

사건개요 : 한국전력공사에서 전기를 공급받는 전기사용자는 부과된 전기요금이 전기사업법령을 위반하고 계약의 자유를 침해하여 무효라고 주장하면서, 일정액을 초과하는 전기요금채무가 존재하지 아니한다는 확인을 구하는 재판 중에 전기사업법 조항에 대한 위헌법률심판제청을 신청하였고 법원이 이를 받아들여 헌법재판소에 위헌법률심판을 제청하였다.

전체 논점 : ① 의회유보원칙 위반 여부(소극) ② 포괄위임금지원칙 위반 여부(소극)

결정요지 : ① 전기가 국민의 생존과 직결되어 있어 전기의 사용이 일상생활을 정상적으

로 영위하는 데에 필수불가결한 요소라 하더라도, 전기요금은 전기판매사업자가 전기사용자와 체결한 전기공급계약에 따라 전기를 공급하고 그에 대한 대가로 전기사용자에게 부과되는 것으로서, 조세 내지 부담금과는 구분된다. 즉 한국전력공사가 전기사용자에게 전기요금을 부과하는 것이 국민의 재산권에 제한을 가하는 행정작용에 해당한다고 볼 수 없다.

전기요금의 결정에는 전기를 공급하기 위하여 실제 소요된 비용과 투입된 자산에 대한 적정 보수, 전기사업의 기업성과 공익성을 조화시킬 수 있는 유인들, 산업구조나 경제상황 등이 종합적으로 고려되어야 하는바, 전기요금의 산정이나 부과에 필요한 세부적인 기준을 정하는 것은 전문적이고 정책적인 판단을 요할 뿐 아니라 기술의 발전이나 환경의 변화에 즉각적으로 대응할 필요가 있다. 전기요금의 결정에 관한 내용을 반드시 입법자가 스스로 규율해야 하는 부분이라고 보기 어려우므로, 심판대상조항은 의회유보원칙에 위반되지 아니한다.

② 전기요금약관에 대한 인가의 구체적인 기준은 전문적·정책적 판단이 가능한 행정부가 수시로 변화하는 상황에 탄력적으로 대응할 수 있도록 하위법령에 위임할 필요성이 인정되고, 관련 규정을 종합하면 하위법령에서는 전기의 보편적 공급과 전기사용자의 보호, 물가의 안정이라는 공익을 고려하여 전기요금의 산정 원칙이나 산정 방법 등을 정할 것이라고 충분히 예측할 수 있다. 따라서 심판대상조항은 포괄위임금지원칙에 위반되지 아니한다.

판례2 금융소득종합과세제도를 폐지하고 금융소득분리과세제도를 도입하면서, 소득계층에 관계없이 동일한 세율을 적용하여 과세하는 것이 위헌인가?

(헌재 1999. 11. 25. 98헌마55) 합헌

사건개요 : 청구인들은 은행 예금주들인데, 금융실명거래및비밀보장에관한법률 부칙 제12조가 종래 부분적으로 실시되던 금융소득종합과세제도를 폐지하고 금융소득에 대한 분리과세제도를 도입하면서 세율을 15%에서 20%로 상향조정하자, 저소득층과 중산층의 금융소득에 대한 세부담이 증가함으로써 자신들의 기본권이 침해되었다고 주장하면서 헌법소원심판을 청구하였다.

결정요지 : 조세평등주의가 요구하는 담세능력에 따른 과세의 원칙(또는 응능부담의 원칙)은 한편으로 동일한 소득은 원칙적으로 동일하게 과세될 것을 요청하며(이른바 '수평적 조세정의'), 다른 한편으로 소득이 다른 사람들간의 공평한 조세부담의 배분을 요청한다(이른바 '수직적 조세정의').

담세능력의 원칙은 소득이 많으면 그에 상응하여 많이 과세되어야 한다는 것, 즉 담세능력이 큰 자는 담세능력이 작은 자에 비하여 더 많은 세금을 낼 것과, 최저생계를 위하여 필요한 경비는 과세로부터 제외되어야 한다는 최저생계를 위한 공제를 요청할 뿐 입법자로 하여금 소득세법에 있어서 반드시 누진세율을 도입할 것까지 요구하는 것은 아니다. 소득에 단순비례하여 과세할 것인지 아니면 누진적으로 과세할 것인지는 입법자의 정책적 결정에 맡겨져 있다. 그러므로 이 사건 법률조항이 소득계층에 관계없이 동일한 세율을 적용한다고 하여 담세능력의 원칙에 어긋나는 것이라 할 수 없다.
분리과세하에서는 저소득층의 경우 동일한 소득계층에 속하는 납세자간에도 금융소득의 비중이 많은 납세자가 상대적으로 더 많은 세금을 부담하게 된다. 그러나 입법자는 IMF라는 절박한 경제위기를 극복하여야 한다는 국민경제적 관점에서 금융소득에 대한 분리과세를 시행하기로 정책적 결단을 내린 것이고 이 결정이 명백히 잘못되었다고 볼 수 없으므로, 금융소득의 비중이 많은 납세자가 상대적으로 불이익을 받게 된다 하더라도 이를 정당화하는 합리적인 이유가 있다고 할 것이다.
이 사건 법률조항은 "적정한 소득의 분배"만이 아니라 "균형있는 국민경제의 성장과 안정"이라는, 경우에 따라 상충할 수 있는 법익을 함께 고려하여 당시의 경제상황에 적절하게 대처하기 위하여 내린 입법적 결정의 산물로서, 그 결정이 현저히 불합리하다거나 자의적이라고 할 수 없으므로 이를 두고 헌법상의 경제질서에 위반되는 것이라고 볼 수 없다.

종합부동산세

종합부동산세는 일정한 기준액수를 초과하는 부동산(토지와 주택)의 소유자에게 부과되는 세금이다. 지방세로서 부동산에 부과되는 재산세가 있지만, 국세인 종합부동산세는 일정한 기준액수를 초과하는 부동산에 부과되는 것이다.
2005년에 종합부동산세법이 제정되면서부터 과세되었으나 기준액수와 개인별·세대별 합산 여부, 세율과 세부담 상한제 등과 관련하여 대통령이 바뀌거나 국회의 다수당이 바뀔 때 마다 법률은 수차례 개정되었으며, 종합부동산세는 특히 사회적인 논란과 법적 분쟁이 많았던 세제이다. 현재 시점에서도 논란이 계속되고 있다.

판례1 2008년 종부세 결정

(헌재 2008. 11. 13. 2006헌바112등)

주택분 종부세는 헌법불합치, 토지분 종부세는 합헌, 세대별 합산규정은 위헌

전체 논점 : ① 주택분 종부세(적극, 헌법불합치) ② 토지분 종부세(소극) ③ 세대별 합산

규정(적극, 위헌)
결정요지 : ① 주택분 종합부동산세 부과규정은, 납세의무자 중 적어도 주거 목적으로 한 채의 주택만을 보유하고 있는 자로서, 그 중에서도 특히 일정한 기간 이상 이를 보유하거나 또는 그 보유기간이 이에 미치지 않는다 하더라도 과세 대상 주택 이외에 별다른 재산이나 수입이 없어 조세지불 능력이 낮거나 사실상 거의 없는 자 등에 대하여 주택분 종합부동산세를 부과함에 있어서는 그 보유의 동기나 기간, 조세 지불능력 등과 같이 정책적 과세의 필요성 및 주거생활에 영향을 미치는 정황 등을 고려하여 납세의무자의 예외를 두거나 과세표준 또는 세율을 조정하여 납세의무를 감면하는 등의 과세 예외조항이나 조정장치를 두어야 할 것임에도 이와 같은 주택 보유의 정황을 고려하지 아니한 채 다른 일반 주택 보유자와 동일하게 취급하여 일률적 또는 무차별적으로, 그것도 재산세에 비하여 상대적으로 고율인 누진세율을 적용하여 결과적으로 다액의 종합부동산세를 부과하는 것이므로, 그 입법 목적의 달성에 필요한 정책수단의 범위를 넘어 과도하게 주택 보유자의 재산권을 제한하는 것으로서 피해의 최소성 및 법익 균형성의 원칙에 어긋난다고 보지 않을 수 없다.
② 주택분 종합부동산세 부과규정은, 납세의무자 중 적어도 주거 목적으로 한 채의 주택만을 보유하고 있는 자로서, 그 중에서도 특히 일정한 기간 이상 이를 보유하거나 또는 그 보유기간이 이에 미치지 않는다 하더라도 과세 대상 주택 이외에 별다른 재산이나 수입이 없어 조세지불 능력이 낮거나 사실상 거의 없는 자 등에 대하여 주택분 종합부동산세를 부과함에 있어서는 그 보유의 동기나 기간, 조세 지불능력 등과 같이 정책적 과세의 필요성 및 주거생활에 영향을 미치는 정황 등을 고려하여 납세의무자의 예외를 두거나 과세표준 또는 세율을 조정하여 납세의무를 감면하는 등의 과세 예외조항이나 조정장치를 두어야 할 것임에도 이와 같은 주택 보유의 정황을 고려하지 아니한 채 다른 일반 주택 보유자와 동일하게 취급하여 일률적 또는 무차별적으로, 그것도 재산세에 비하여 상대적으로 고율인 누진세율을 적용하여 결과적으로 다액의 종합부동산세를 부과하는 것이므로, 그 입법 목적의 달성에 필요한 정책수단의 범위를 넘어 과도하게 주택 보유자의 재산권을 제한하는 것으로서 피해의 최소성 및 법익 균형성의 원칙에 어긋난다고 보지 않을 수 없다.
이와 달리, 이 사건 종합토지분 종합부동산세 부과규정은, 매년 종합합산 과세대상인 토지에 대한 종합부동산세가 반복적으로 부과되어 재산권에 대한 제한이 있다 하더라도 종합부동산세 납세의무자의 세부담의 정도 및 주택과는 또 다른 토지의 특수성 등을 종합하면, 부동산에 대한 과도한 보유 및 투기적 수요 등을 억제함으로써 부동산의 가격안정을 꾀하며, 징수한 종합부동산세의 지방양여를 통하여 지방재정의 균형발전과 국민경

제의 건전한 발전을 도모함으로써 얻을 수 있는 공익이 보다 크다고 할 것이므로, 피해의 최소성 및 법익 균형성의 원칙에 어긋난다고 보기는 어렵다 할 것이다.
③ 특정한 조세 법률조항이 혼인이나 가족생활을 근거로 부부 등 가족이 있는 자를 혼인하지 아니한 자 등에 비하여 차별 취급하는 것이라면 비례의 원칙에 의한 심사에 의하여 정당화되지 않는 한 헌법 제36조 제1항에 위반된다 할 것인데, 이 사건 세대별 합산규정은 생활실태에 부합하는 과세를 실현하고 조세회피를 방지하고자 하는 것으로 그 입법목적의 정당성은 수긍할 수 있으나, 가족 간의 증여를 통하여 재산의 소유 형태를 형성하였다고 하여 모두 조세회피의 의도가 있었다고 단정할 수 없고, 정당한 증여의 의사에 따라 가족 간에 소유권을 이전하는 것도 국민의 권리에 속하는 것이며, 우리 민법은 부부별산제를 채택하고 있고 배우자를 제외한 가족의 재산까지 공유로 추정할 근거 규정이 없고, 공유재산이라고 하여 세대별로 합산하여 과세할 당위성도 없으며, 부동산 가격의 앙등은 여러 가지 요인이 복합적으로 작용하여 발생하는 것으로서 오로지 세제의 불비 때문에 발생하는 것만이 아니며, 이미 헌법재판소는 자산소득에 대하여 부부간 합산과세에 대하여 위헌 선언한바 있으므로 적절한 차별취급이라 할 수 없다. 또한 부동산실명법상의 명의신탁 무효 조항이나 과징금 부과 조항, 상속세 및 증여세법상의 증여추정규정 등에 의해서도 조세회피의 방지라는 입법목적을 충분히 달성할 수 있어 반드시 필요한 수단이라고 볼 수 없다. 이 사건 세대별 합산규정으로 인한 조세부담의 증가라는 불이익은 이를 통하여 달성하고자 하는 조세회피의 방지 등 공익에 비하여 훨씬 크고, 조세회피의 방지와 경제생활 단위별 과세의 실현 및 부동산 가격의 안정이라는 공익은 입법정책상의 법익인데 반해 혼인과 가족생활의 보호는 헌법적 가치라는 것을 고려할 때 법익균형성도 인정하기 어렵다. 따라서 이 사건 세대별 합산규정은 혼인한 자 또는 가족과 함께 세대를 구성한 자를 비례의 원칙에 반하여 개인별로 과세되는 독신자, 사실혼 관계의 부부, 세대원이 아닌 주택 등의 소유자 등에 비하여 불리하게 차별하여 취급하고 있으므로, 헌법 제36조 제1항에 위반된다.

판례2 2024년 종부세 결정

(헌재 2024. 5. 30. 2022헌바189등) 합헌

전체 논점 : ① 조세법률주의 위반 여부 ② 과세요건명확주의 위반 여부 ③ 포괄위임금지 위반 여부 ④ 재산권 침해 여부 ⑤ 조세평등주의 위반 여부 ⑥ 신뢰보호원칙 위배 여부 (모두 소극)
결정요지 : ① 종부세법 및 지방세법 등에서 정하고 있는 '공시가격'의 의미, '부동산 가격공시에 관한 법률'에서 정하고 있는 표준주택가격·공동주택가격의 조사·산정 절차

및 개별주택가격의 결정 절차, 중앙부동산가격공시위원회 및 시·군·구부동산가격공시위원회의 심의 절차, 토지 및 주택 소유자 등에 대한 의견청취 및 이의신청절차 등에 관한 규정들의 내용을 종합하여 보면, 법률이 직접 공시가격의 산정기준, 절차 등을 정하고 있지 않다고 보기 어렵고, 국토교통부장관 등에 의해 공시가격이 자의적으로 결정되도록 방치하고 있다고 볼 수 없다. 따라서 종부세법 제7조 제1항 중 '공시가격' 부분은 조세법률주의에 위반되지 아니한다.

② 주택법 및 주거기본법 등에서 정하고 있는 '조정대상지역'의 의미, 주거정책심의위원회의 구성 등에 관한 사항 등을 종합하여 보면, '조정대상지역'은 주택분양 등이 과열되거나 과열될 우려 등이 있는 경우 주택시장안정 및 부동산 가격의 형평성 제고 등을 위해 국토교통부장관이 주거정책 관련 전문가들로 구성된 주거정책심의위원회의 심의를 거쳐 지정하는 지역이라고 해석된다. 따라서 종부세법 제9조 제1항 각호 중 '조정대상지역' 부분은 과세요건명확주의에 위반되지 아니한다.

③ 주택의 종류는 매우 다양하고, '주택 수 계산'의 문제는 주택이 갖는 고유의 특성, 주택시장의 동향 등을 고려하여 탄력적으로 규율할 필요성이 크므로, '주택 수 계산'에 관한 사항을 하위법령에 위임할 필요성이 인정된다. '주택'의 의미 및 주택분 종부세의 과세표준 합산대상에서 제외되는 주택의 범위를 규정한 종부세법 조항들과 더불어 지방세법 및 주택법상의 관련조항들에 비추어 보면, 하위법령에 규정될 주택 수 계산의 범위도 충분히 예측할 수 있다. 따라서 종부세법 제9조 제4항 중 '주택 수 계산' 부분은 포괄위임금지원칙에 위반되지 아니한다.

④ 종부세는 일정 가액 이상의 부동산 보유에 대한 과세 강화를 통해 부동산 가격안정을 도모하고 실수요자를 보호하려는 정책적 목적을 위해 부과되는 것으로서, 2020년 귀속 종부세 과세의 근거조항들인 심판대상조항의 입법목적은 정당하다. 주택분 종부세와 관련하여, 그 세율은 소유주택 수 및 조정대상지역 내에 주택이 소재하는지 여부에 따라 1천분의 5부터 1천분의 27까지, 1천분의 6부터 1천분의 32까지로 구분되는데 이는 총 6개의 과세표준 구간별로 점차 세율이 높아지는 초과누진세율 체계인 점, 2020년 공시가격 현실화율은 공동주택의 경우 69%, 단독주택의 경우 53.6%였던 점, 일정요건을 갖춘 임대주택, 사원용 주택, 미분양주택, 가정어린이집용 주택 등은 과세표준 합산대상에서 제외되는 점, 종부세액에서 재산세가 공제되고 세부담 상한도 정해져 있는 점, 1세대 1주택자는 과세표준 추가공제 및 고령자·장기보유 공제를 받을 수 있는 점 등을 종합하여 보면, 주택분 종부세로 인한 납세의무자의 세부담 정도가 그 입법목적에 비추어 지나치다고 보기는 어렵다. 토지분 종부세와 관련하여, 종합합산과세대상 토지에 대해서는 1천분의 10부터 1천분의 30까지의 세율, 별도합산과세대상 토지에 대해서는 1천분의 5부

터 1천분의 7까지의 세율이 각 적용되고 이 역시 초과누진세율 체계를 갖추고 있는 점, 가용토지면적이 절대적으로 부족한 우리나라의 현실에 비추어 볼 때 토지분 종부세의 세율 그 자체가 지나치게 높다고 보기는 어려운 점, 재산세 공제 및 세부담 상한에 관한 규정 등을 고려해 볼 때, 토지분 종부세로 인한 납세의무자의 세부담 정도 역시 과도하다고 보기는 어렵다. 심판대상조항에 의한 종부세 부담의 정도와, 부동산 가격안정을 도모하여 실수요자를 보호하고 국민경제의 발전을 도모한다는 공익을 비교해 보면, 이와 같은 공익은 제한되는 사익에 비하여 더 크다고 할 것이므로, 심판대상조항은 과잉금지원칙을 위반하여 재산권을 침해하지 아니한다.

⑤ 주택과 토지의 사회적 기능, 특히 주택은 개인이 행복을 추구하고 인격을 실현할 기본적인 주거공간인 점 등을 고려해 보면, 심판대상조항이 주택 및 토지 소유자와 그 이외의 재산소유자를 달리 취급하는 것에는 합리적 이유가 있다. 또한 일정한 수를 넘는 주택보유는 투기적이거나 투자에 비중을 둔 수요로 간주될 수 있는 점, 조정대상지역은 주택분양 등이 과열되어 있거나 과열될 우려가 있는 지역인 점 등을 고려해 보면, 심판대상조항이 2주택 이하 소유자와 3주택 이상 또는 조정대상지역 내 2주택 소유자를 달리 취급하는 데에도 합리적 이유가 있다. 따라서 심판대상조항은 조세평등주의에 위반되지 아니한다.

⑥ 2005. 1. 5. 종부세법이 제정된 이래 종부세의 세율 및 주택분 종부세의 세부담 상한은 여러 차례 조정되어 온 점, 변동성이 큰 부동산 가격 등 우리나라의 경제상황, 조세우대조치로 납세의무자가 한 번 혜택을 보았다고 하여 그것이 지속되어야 한다고 볼 수도 없는 점 등에 비추어 볼 때, 청구인들이 종전과 같은 내용의 세율과 세부담 상한이 적용될 것이라고 신뢰하였다고 하더라도, 이는 특별한 보호가치가 있는 신뢰이익으로 보기 어려운 반면, 부동산 투기수요의 차단을 통한 부동산 시장의 안정 및 실수요자의 보호라는 정책적 목적의 실현은 중대한 공익에 해당한다. 따라서 종부세법 제9조 제1항, 제10조, 제14조 제1항, 제4항은 신뢰보호원칙에 위반되지 아니한다.

특별부담금

특별부담금은 반대급부가 보장되지 않는 금전납부의무이며, 이러한 점에서 조세와 유사하다. 그러나 특별부담금은 특별한 과제를 위하여 부과된다는 점에서 일반적인 국가재정수요의 충당을 위하여 부과되는 조세와는 구분되고, 특별부담금은 특정집단으로부터 징수된다는 점에서 일반국민으로부터 그 담세능력에 따라 징수되는 조세와 다르다. 특별부담금에는 재정조달 목적만을 가지는 '재정조달목적 특별부담금'과 정책을 유도하기 위한 목적을 가지는 '정책실현목적 특별부담금'이 있다.
특별부담금 납부의무자는 그 부과를 통해 추구하는 공적 과제에 대하여 '특별히 밀접한 관련성'이 있어야 한다. ① 일반인과 구별되는 동질성을 지녀 특정집단이라고 이해할 수 있는 사람들이어야 하고 (집단적 동질성) ② 부담금의 부과를 통하여 수행하고자 하는 특정한 경제적·사회적 과제와 특별히 객관적으로 밀접한 관련성이 있어야 하며 (객관적 근접성) ③ 그러한 과제의 수행에 관하여 조세외적 부담을 져야 할 책임이 인정될만한 집단이어야 하고 (집단적 책임성) ④ 만약 부담금의 수입이 부담금 납부의무자의 집단적 이익을 위하여 사용될 경우에는 그 부과의 정당성이 더욱 제고된다. (집단적 효용성)

판례1 관광을 목적으로 출국하는 국외여행자에게 부과되는 국외여행자 납부금은 위헌인가?

(헌재 2003. 1. 30. 2002헌바5) 합헌

사건개요 : 관광진흥개발기금법을 통해 국외여행을 하는 내국인에게 부과되는 국외여행자납부금 만원을 납부한 청구인은 기금부과처분의 취소를 구하는 행정소송을 제기하였고, 재판 중에 해당 조항에 대한 위헌법률심판제청신청을 하였으나 기각되자 헌법소원심판을 청구하였다.

결정요지 : ① 국외여행자납부금은 관광사업의 효율적 발전 및 관광외화수입의 증대라는 과제를 위한 관광진흥개발기금의 재원을 마련하는 동시에, 내국인의 국외여행을 간접적으로 규제함으로써 관광수지 적자를 억제하고 국내 관광사업의 활성화를 유도하기 위하여 내국인 중 국외여행자라는 특정집단으로부터 재정충당 및 유도적 성격을 지닌 특별부담금이다. ② 헌법은 제37조 제2항에서 일반적 법률유보 조항을 두고 있으므로, 그 형식을 법률로 규정하고 입법목적이 정당한 경우, 재정충당 및 유도적 성격을 지닌 특별부담금제도의 도입자체는 허용된다. 다만, 그 구체적 내용이 과잉금지원칙이나 평등원칙과 같은 헌법상의 원칙들을 준수해야 한다. ③ 국외여행자납부금의 재정충당 및 유도적 성격에 비추어 볼 때, '내국인 국외여행자'는 일반인과 구별되는 사회적으로 동질성을 가지는 특정집단으로서 관련된 공익적 과제 등에 관하여 집단적 책임이 있을 뿐만 아니라, 기금의 운용을 통한 관광시설의 개선 등 국내 관광사업의 발전과도 객관적인 관련성이 있다. 한편, 전체 인구 중 20%를 넘지 않는 상대적으로 소수(少數)인 내국인 국외여행자가 관광수지적자에 대한 직접적 원인을 제공하고 있다는 점에 비추어 보면, 입법자가 관광진흥개발기금의 재원확대를 위하여 일반 국민을 대상으로 한 조세의 방법을 선택하지 아니하고, 내국인 국외여행자만을 부과대상으로 한정한 현행 납부금제도를 선택한 것은 나름대로 합리성을 가진다. 한편, 이 사건 납부금이 일반적인 재정수입에 포

함되는 것이 아니라 각종 관광시설의 건설 등 한정된 용도에만 사용된다. 또한 일반적으로 국제선 항공료 등이 이 사건 납부금보다 훨씬 고액이라는 점등 여러 가지 사정에 비추어 볼 때, 이 사건 납부금이 이른바 '침해의 최소성의 원칙'이나 '법익균형성의 원칙'에 위배된다고 볼 수도 없다. 따라서, 이 사건 법률조항이 과잉금지의 원칙에 위배하여 내국인 국외여행자의 재산권 등의 본질적인 내용을 침해하였다고 볼 수 없다.

판례2 회원제 골프장 이용자에게 부과되는 골프장 부과금은 위헌인가?

(헌재 2019. 12. 27. 2017헌가21) 위헌

사건개요 : 국민체육진흥법을 통해 회원제골프장 이용자에게 부과되는 골프장 부과금을 납부한 청구인 골프장은 부과금의 납부와 관련한 재판 중에 해당 조항에 대한 위헌법률심판제청신청을 하였으나 기각되자 헌법소원심판을 청구하였다.

결정요지 : ① 심판대상조항이 규정한 회원제로 운영하는 골프장 시설의 입장료에 대한 부가금(이하 '골프장 부가금'이라 한다)은 국민체육진흥법상 국민체육진흥기금(2018. 1. 1. 이후에는 국민체육진흥계정, 이하 '2018. 1. 1. 이전의 국민체육진흥기금'과 '2018. 1. 1. 이후의 국민체육진흥계정'을 합하여 '국민체육진흥계정'이라 한다)을 조성하는 재원이다. 골프장 부가금은 시설의 이용 대가와 별개의 금전으로서, 회원제로 운영하는 골프장 시설의 이용자(이하 '골프장 부가금 납부의무자'라 한다)라는 특정 부류의 집단에만 강제적·일률적으로 부과된다. 골프장 부가금은 국민체육진흥계정으로 포함되어 국민체육진흥법에서 열거한 용도로 사용되며, 진흥공단은 국민체육진흥계정을 독립된 회계로 관리·운용하여야 한다. 이를 종합하면, 골프장 부가금은 조세와 구별되는 것으로서 부담금에 해당한다. 골프장 부가금은 국민체육진흥계정의 재원을 마련하는 데에 그 목적이 있을 뿐, 그 부과 자체로써 골프장 부가금 납부의무자의 행위를 특정한 방향으로 유도하거나 골프장 부가금 납부의무자 이외의 다른 집단과의 형평성 문제를 조정하고자 하는 등의 목적이 있다고 보기 어렵다는 점 등을 고려할 때, 재정조달목적 부담금에 해당한다. ② 심판대상조항으로 말미암아 골프장 부가금 납부의무자는 골프장 부가금 징수 대상 체육시설을 이용하지 않는 그 밖의 국민과 달리 심판대상조항에 따른 골프장 부가금을 부담해야만 하는 차별 취급을 받는다. 심판대상조항이 규정한 골프장 부가금은 국민체육진흥법의 목적 등을 바탕으로 한 국민체육진흥계정의 재원이라는 점 등을 고려할 때, 골프장 부가금을 통해 수행하려는 공적 과제는 국민체육진흥계정의 안정적 재원 마련을 토대로 한 '국민체육의 진흥'이라고 할 수 있다. 그런데 국민체육진흥법상 '체육'의 의미와 그 범위, 국민체육진흥계정의 사용용도 등에 비추어보면, '국민체육의 진흥'은 국민체육진흥법이 담고 있는 체육정책 전반에 관한 여러 규율사항을 상당히 폭넓게 아우르는 것으로서 이를 특별한 공적 과제로 보기에는 무리가 있다. 심판대상조항에 의한 부가금의 납부의무

자는 골프장 부가금 징수 대상 시설의 이용자로 한정된다. 이들은 여러 체육시설 가운데 회원제로 운영되는 골프장을 이용하는 집단이라는 점에서 동질적인 특정 요소를 갖추고 있다. 그러나 광범위한 목표를 바탕으로 다양한 규율 내용을 수반하는 '국민체육의 진흥'이라는 공적 과제에 국민 중 어느 집단이 특별히 더 근접한다고 자리매김하는 것은 무리한 일이다. 수영장 등 다른 체육시설의 입장료에 대한 부가금제도를 국민부담 경감 차원에서 폐지하면서 골프장 부가금 제도를 유지한 것은 이른바 고소득 계층이 회원제로 운영하는 골프장을 주로 이용한다는 점이 고려된 것으로 보인다. 하지만 골프 이외에도 많은 비용이 필요한 체육 활동이 적지 않을뿐더러, 체육시설 이용비용의 다과(多寡)에 따라 '국민체육의 진흥'이라는 공적 과제에 대한 객관적 근접성의 정도가 달라진다고 단정할 수도 없다. <u>골프장 부가금 납부의무자와 '국민체육의 진흥'이라는 골프장 부가금의 부과 목적 사이에는 특별히 객관적으로 밀접한 관련성이 인정되지 않는다.</u> 수많은 체육시설 중 유독 골프장 부가금 징수 대상 시설의 이용자만을 국민체육진흥계정 조성에 관한 조세 외적 부담을 져야 할 책임이 있는 집단으로 선정한 것에는 합리성이 결여되어 있다. 골프장 부가금 등을 재원으로 하여 조성된 국민체육진흥계정의 설치 목적이 국민체육의 진흥에 관한 사항 전반을 아우르고 있다는 점에 비추어 볼 때, 국민 모두를 대상으로 하는 광범위하고 포괄적인 수준의 효용성을 놓고 부담금의 정당화 요건인 집단적 효용성을 갖추었다고 단정하기도 어렵다. 심판대상조항이 규정하고 있는 <u>골프장 부가금은 일반 국민에 비해 특별히 객관적으로 밀접한 관련성을 가진다고 볼 수 없는 골프장 부가금 징수 대상 시설 이용자들을 대상으로 하는 것으로서 합리적 이유가 없는 차별을 초래하므로, 헌법상 평등원칙에 위배</u>된다.

3) 국정통제에 관한 권한

❖ 헌법 제60조 ① 국회는 상호원조 또는 안전보장에 관한 조약, 중요한 국제조직에 관한 조약, 우호통상항해조약, 주권의 제약에 관한 조약, 강화조약, 국가나 국민에게 중대한 재정적 부담을 지우는 조약 또는 입법사항에 관한 조약의 체결·비준에 대한 동의권을 가진다. ② 국회는 선전포고, 국군의 외국에의 파견 또는 외국군대의 대한민국 영역 안에서의 주류에 대한 동의권을 가진다.

❖ 헌법 제61조 ① 국회는 국정을 감사하거나 특정한 국정사안에 대하여 조사할 수 있으며, 이에 필요한 서류의 제출 또는 증인의 출석과 증언이나 의견의 진술을 요구할 수 있다. ② 국정감사 및 조사에 관한 절차 기타 필요한 사항은 법률로 정한다.

❖ 헌법 제62조 ① 국무총리·국무위원 또는 정부위원은 국회나 그 위원회에 출석하여 국정처리상황을 보고하거나 의견을 진술하고 질문에 응답할 수 있다. ② 국회나 그 위원회의 요구가 있을 때에는 국무총리·국무위원 또는 정부위원은 출석·답변하여야 하며, 국무총리 또는 국무위원이 출석요구를 받은 때에는 국무위원 또는 정부위원으로 하여금 출석·답변하게 할 수 있다.

❖ 헌법 제63조 ① 국회는 국무총리 또는 국무위원의 해임을 대통령에게 건의할 수 있다. ② 제1항의 해임건의는 국회재적의원 3분의 1 이상의 발의에 의하여 국회재적의원 과반수의 찬성이 있어야 한다.

❖ 헌법 제65조 ① 대통령·국무총리·국무위원·행정각부의 장·헌법재판소 재판관·법관·중앙선거관리위원회 위원·감사원장·감사위원 기타 법률이 정한 공무원이 그 직무집행에 있어서 헌법이나 법률을 위배한 때에는 국회는 탄핵의 소추를 의결할 수 있다. ② 제1항의 탄핵소추는 국회재적의원 3분의 1 이상의 발의가 있어야 하며, 그 의결은 국회재적의원 과반수의 찬성이 있어야 한다. 다만, 대통령에 대한 탄핵소추는 국회재적의원 과반수의 발의와 국회재적의원 3분의 2 이상의 찬성이 있어야 한다. ③ 탄핵소추의 의결을 받은 자는 탄핵심판이 있을 때까지 그 권한행사가 정지된다. ④ 탄핵결정은 공직으로부터 파면함에 그친다. 그러나, 이에 의하여 민사상이나 형사상의 책임이 면제되지는 아니한다..

국회는 국민의 대표기관으로서 전반적인 국정을 통제할 수 있는 권한이 부여되어 있다. 즉, 탄핵소추권, 국정감사·조사권, 국무총리·국무위원 해임건의권, 국무총리·국무위원 등의 국회출석요구 및 질문권, 대통령의 긴급명령과 긴급재정경제명령 등에 대한 승인권, 대통령의 계엄선포에 대한 해제요구권 등을 통하여 국정 전반에 대한 통제를 할 수 있다. 이 중에서도 특히 매년 정기회 기간인 9월에 실시되는 국정감사제도는 국회의 상임위원회별로 국정 전반에 걸친 감사를 시행하는데, 행정부를 포함한 권력작용의 활동을 감시하고 견제하는 제도이다. 국정조사는 특정사안에 대한 조사를 목적으로 재적의원 1/4 이상의 요구가 있는 경우에 본회의의 의결을 얻어 시행하는 것이므로, 연례적인 국정감사제도와는 다른 특징을 지닌다.

국정감사 및 조사에 관한 법률 (국감국조법) : 국정감사와 국정조사의 대상과 절차 및 한계, 활동기간, 방법과 절차 등에 관하여 규정하고 있다.

제2조(국정감사) ① 국회는 국정전반에 관하여 소관 상임위원회별로 매년 정기회 집회일 이전에 국정감사(이하 "감사"라 한다) 시작일부터 30일 이내의 기간을 정하여 감사를 실시한다. 다만, 본회의 의결로 정기회 기간 중에 감사를 실시할 수 있다.
② 제1항의 감사는 상임위원장이 국회운영위원회와 협의하여 작성한 감사계획서에 따라 한다. 국회운영위원회는 상임위원회 간에 감사대상기관이나 감사일정의 중복 등 특별한 사정이 있는 때에는 이를 조정할 수 있다.
③ 제2항에 따른 감사계획서에는 감사반의 편성, 감사일정, 감사요령 등 감사에 필요한 사항을 기재하여야 한다.
④ 제2항에 따른 감사계획서는 매년 처음 집회되는 임시회에서 작성하고 제7조에 따른 감사대상기관에 이를 통지하여야 한다. 다만, 국회의원 총선거가 실시되는 연도에는 국회의원 총선거 후 새로 구성되는 국회의 임시회 또는 정기회에서 감사계획서를 작성·통지할 수 있다.
⑤ 제4항에 따른 감사계획서의 감사대상기관이나 감사일정 등을 변경하는 경우에는 그 내용을 감사실시일 7일 전까지 감사대상기관에 통지하여야 한다.
제3조(국정조사) ① 국회는 재적의원 4분의 1 이상의 요구가 있는 때에는 특별위원회 또는 상임위원회로 하여금 국정의 특정사안에 관하여 국정조사(이하 "조사"라 한다)를 하게 한다.
② 제1항에 따른 조사 요구는 조사의 목적, 조사할 사안의 범위와 조사를 할 위원회 등을 기재하여 요구의원이 연서(連署)한 서면(이하 "조사요구서"라 한다)으로 하여야 한다.
③ 의장은 조사요구서가 제출되면 지체 없이 본회의에 보고하고 각 교섭단체 대표의원과 협의하여 조사를 할 특별위원회를 구성하거나 해당 상임위원회(이하 "조사위원회"라 한다)에 회부하여 조사를 할 위원회를 확정한다. 이 경우 국회가 폐회 또는 휴회 중일 때에는 조사요구서에 따라 국회의 집회 또는 재개의 요구가 있는 것으로 본다.
④ 조사위원회는 조사의 목적, 조사할 사안의 범위와 조사방법, 조사에 필요한 기간 및 소요경비 등을 기재한 조사계획서를 본회의에 제출하여 승인을 받아 조사를 한다.
⑤ 본회의는 제4항의 조사계획서를 검토한 다음 의결로써 이를 승인하거나 반려한다.
⑥ 조사위원회는 본회의에서 조사계획서가 반려된 경우에는 이를 그대로 본회의에 다시 제출할 수 없다.
제8조(감사 또는 조사의 한계) 감사 또는 조사는 개인의 사생활을 침해하거나 계속 중인 재판 또는 수사 중인 사건의 소추(訴追)에 관여할 목적으로 행사되어서는 아니 된다.

국회에서의 증언·감정 등에 관한 법률 (국회증언감정법) : 국회에서의 안건심의 또는 국정감사나 국정조사와 관련하여 하는 보고와 서류제출의 요구, 증언·감정 등에 관한 절차를 규정하고 있다.

제2조(증인출석 등의 의무) 국회에서 안건심의 또는 국정감사나 국정조사와 관련하여 보고와 서류 및 해당 기관이 보유한 사진·영상물(이하 "서류등"이라 한다)의 제출 요구를 받거나, 증인·참고인으로서 출석이나 감정의 요구를 받은 때에는 이 법에 특별한 규정이 있는 경우를 제외하고는 다른 법률에도 불구하고 누구든지 이에 따라야 한다.

제5조(증인 등의 출석요구 등) ① 본회의 또는 위원회(국정감사나 국정조사를 위하여 구성된 소위원회 또는 반을 포함한다)가 이 법에 따른 보고나 서류등의 제출 요구 또는 증인·감정인·참고인의 출석요구를 할 때에는 본회의의 경우에는 의장이, 위원회의 경우에는 위원장이 해당자나 기관의 장에게 요구서를 발부한다. (후략)

제6조(증인에 대한 동행명령) ① 국정감사나 국정조사를 위한 위원회(이하 "위원회"라 한다)는 증인이 정당한 이유 없이 출석하지 아니하는 때에는 그 의결로 해당 증인에 대하여 지정한 장소까지 동행할 것을 명령할 수 있다.

② 제1항의 동행명령을 할 때에는 위원회의 위원장이 동행명령장을 발부한다.

③ 제2항의 동행명령장에는 해당 증인의 성명·주거, 동행명령을 하는 이유, 동행할 장소, 발부연월일, 그 유효기간과 그 기간을 경과하면 집행하지 못하며 동행명령장을 반환하여야 한다는 취지와 동행명령을 받고 거부하면 처벌된다는 취지를 기재하고 위원장이 서명·날인하여야 한다. 이 경우 해당 증인의 성명이 분명하지 아니한 때에는 인상, 체격, 그 밖에 해당 증인을 특정할 수 있는 사항으로 표시할 수 있으며, 주거가 분명하지 아니한 때에는 주거기재를 생략할 수 있다.

④ 동행명령장의 집행은 동행명령장을 해당 증인에게 제시함으로써 한다.

⑤ 동행명령장은 국회사무처 소속 공무원으로 하여금 이를 집행하도록 한다.

⑥ 교도소 또는 구치소(군교도소 또는 군구치소를 포함한다)에 수감 중인 증인에 대한 동행명령장의 집행은 국회사무처 소속 공무원의 위임에 따라 교도관리가 한다.

⑦ 현역군인인 증인이 영내(營內)에 있을 때에는 소속 부대장은 국회사무처 소속 공무원의 동행명령장 집행에 협력할 의무가 있다.

판례1 국무위원에 대한 해임건의는 법적 구속력이 있는가?

(헌재 2004. 5. 14. 2004헌나1) 없음

사건개요 : 노무현 대통령 탄핵사건에서 탄핵사유의 하나로 제시된 국무위원에 대한 해임건의는 법적 구속력이 있는가에 관한 문제이다.

결정요지 : 국회는 국무총리나 국무위원의 해임을 건의할 수 있으나(헌법 제63조), 국회의 해임건의는 대통령을 기속하는 해임결의권이 아니라, 아무런 법적 구속력이 없는 단순한 해임건의에 불과하다. 우리 헌법 내에서 '해임건의권'의 의미는, 임기 중 아무런 정치적 책임을 물을 수 없는 대통령 대신에 그를 보좌하는 국무총리·국무위원에 대하여 정치적 책임을 추궁함으로써 대통령을 간접적이나마 견제하고자 하는 것에 지나지 않는다. 헌법 제63조의 해임건의권을 법적 구속력 있는 해임결의권으로 해석하는 것은 법문과 부합할 수 없을 뿐만 아니라, 대통령에게 국회해산권을 부여하고 있지 않는 현행 헌법상의 권력분립질서와도 조화될 수 없다. 결국, 대통령이 국회인사청문회의 결정이나 국회의 해임건의를 수용할 것인지의 문제는 대의기관인 국회의 결정을 정치적으로 존중할 것인지의 문제이지 법적인 문제가 아니다. 따라서 대통령의 이러한 행위는 헌법이 규정하는 권력분립구조 내에서의 대통령의 정당한 권한행사에 해당하거나 또는 헌법규범에 부합하는 것으로서 헌법이나 법률에 위반되지 아니한다.

판례2 이태원 사고와 관련하여 행정안전부 장관은 탄핵되어야 하는가?

(헌재 2023. 7. 25. 2023헌나1) 기각

사건개요 : 2022년 10월에 이태원에서 발생한 다중인명피해사고와 관련하여 행정안전부 장관에 대한 탄핵소추안이 가결되어 헌재에 탄핵심판이 청구되었다.

전체논점 : ① 행정각부 장의 탄핵요건 ② 행안부 장관의 사전예방조치의 헌법과 법률 위반 여부(소극) ③ 행안부 장관의 사후 대응조치의 헌법과 법률 위반 여부(소극) ④ 품위유지의무 위반 여부(소극)

결정요지 : ① 헌법재판소법 제53조 제1항이 규정한 '탄핵심판 청구가 이유 있는 경우'란 피청구인의 파면을 정당화할 수 있을 정도로 중대한 헌법이나 법률 위반이 있는 경우를 말한다. 행정각부의 장에 대한 파면 결정이 가져오는 국가적 손실이 경미하다고 보기는 어렵다. 다만 대통령과 비교할 때, 파면의 효과에 근본적인 차이가 있으므로, '법 위반 행위의 중대성'과 '파면 결정으로 인한 효과' 사이의 법익형량을 함에 있어 이 점이 고려되어야 한다.

② 재난안전법 시행령은 재난관리주관기관이 없는 경우 행정안전부장관이 사후에 이를 지정할 수 있도록 한 것으로, 재난관리주관기관을 이 사건 참사 발생 전에 미리 지정하지 않았다고 하여 재난안전법을 위반한 것으로 보기 어렵다. 또 이 사건 참사 당시 적용된 '제4차 국가안전관리기본계획'과 '2022년 행정안전부 집행계획'은 법령에 따라 피청구인이 행정안전부장관으로 임명되기 전에 이미 작성된 것으로, 피청구인이 위 계획을 수정 · 변경하지 않았다는 이유로 위법하다고 볼 수 없다. 나아가 피청구인은 이 사건 참사

발생 전부터 재난안전법 제66조의11에 근거해 대규모·고위험 축제에 대해 예방·대비를 하였으므로, 다중밀집사고 자체에 대한 예방·대비가 전혀 없었다고 보기 어렵고, 세계 각국의 압사 사고 양상이나 다중밀집사고 예방 지침과 매뉴얼도 주최자 있는 행사나 직접적 관리자가 있는 구조물 내지 시설물 등과 관련되어 있으며, 다중밀집사고의 위험성이나 참사 당일 위험징후에 대하여 행정안전부나 피청구인에게 별도로 보고되지 않았으므로 피청구인에게 사전에 중앙재난안전대책본부(중대본), 중앙사고수습본부(중수본)를 설치하는 등 예방조치를 취할 것을 요구하기는 어렵다.

③ 중대본과 중수본의 설치·운영에 관한 피청구인의 판단이 현저히 불합리하여 사회적 타당성을 잃은 정도에 이르렀다고 보기 어렵다. 한편 긴급구조통제단장에 의한 현장지휘 및 긴급구조지원기관과의 협력이 법령이 정한 바에 따라 원활하게 이루어지지 않았다고 하더라도, 피청구인이 소방청장 직무대리 등으로부터 특별한 협력요청을 받은 사실이 없었던 이상, 보다 적극적·구체적인 현장지휘·감독에 나아가지 않았다는 이유로 총괄·조정의무를 이행하지 않은 것으로 볼 수 없다. 나아가 중앙재난안전상황실의 설치·운영 및 국가재난관리시스템의 구축·운영에 관한 재난안전법을 위반하였다고 보기도 어렵다. 또 이 사건 참사 발생 당시 주최자 있는 지역축제에 적용되는 안전관리계획의 수립·점검, 매뉴얼 등을 유추 적용할 수 있는지에 관한 확립된 기준이 없어 체계적 대응이 어려웠으며, 피청구인이 참사 현장으로 이동하는 과정에서 지시 및 협력요청을 계속한 점을 고려할 때, 피청구인이 성실의무를 위반하였다고 보기 어렵다. 그 밖에 국민의 생명·신체의 안전을 보호하기 위한 조치가 필요한 상황이었음에도 피청구인이 아무런 보호조치를 취하지 않거나, 적절하고 효율적인 보호조치가 분명히 존재하는 상황에서 피청구인이 이를 이행하지 않은 것이 명백한 경우에 해당하지 않으므로, 헌법상 기본권 보호의무를 위반하였다고 볼 수도 없다.

④ 표현행위가 품위손상행위로서 탄핵사유가 되는지 여부는 신중한 판단이 필요하다. 피청구인의 발언 중 참사 원인과 골든타임에 관한 발언이 부적절한 점은 인정되나, 이러한 발언들은 수동적 답변으로서, 참사 원인이나 경과를 왜곡할 의도가 있었던 것이라고 보기 어렵고, 피청구인이 해명·사과한 점 등을 종합하면, 그로 인해 재난 및 안전관리 업무에 관한 국민의 신뢰가 현저히 실추되었다거나 파면을 정당화할 정도로 재난 및 안전관리 행정의 기능이 훼손되었다고 보기 어려우므로 탄핵사유가 인정되지 않는다.

4) 인사에 관한 권한

대통령이 국무총리, 대법원장, 대법관, 헌법재판소 소장, 감사원장을 임명하려면 국회의 동의를 얻어야 한다. 이러한 국회의 권한은 대통령의 고위직 공무원 임명권에 대한 견제작용을 하며, 국민이 선출하지 않은 고위직 공무원에 대하여 간접적으로 민주적 정당성을 부여하는 효과가 있다. 헌법재판소의 재판관 3인과 중앙선거관리위원회 위원 3인은 국회에서 직접 선출한다. 인사청문회도 국회의 인사에 관한 권한을 제도화한 것이다. 국가정보원장·국세청장·검찰청장·경찰청장을 포함하여 국무위원과 합동참모의장 등등 중요 고위공직자의 공직적격 여부에 관한 인사청문회가 시행되고 있다.

인사청문회법 : 국회의 인사청문특별위원회의 구성·운영과 인사청문회의 절차·운영 등에 관한 사항을 규정하고 있다.

제2조(정의) 이 법에서 사용하는 용어의 정의는 다음과 같다.
1. "공직후보자"라 함은 국회법 제46조의3제1항의 규정에 의하여 임명을 위하여 동의요청된 자, 선출을 위하여 추천된 자, 대통령당선인으로부터 국무총리후보자로 인사청문이 요청된 자와 동법 제65조의2제2항의 규정에 의하여 다른 법률에서 대통령·대통령당선인 또는 대법원장으로부터 국회에 인사청문이 요청된 자를 말한다.
2. "임명동의안등"이라 함은 국회법 제46조의3제1항의 규정에 의한 임명동의안, 선출안, 대통령당선인으로부터 요청된 국무총리후보자에 대한 인사청문요청안과 동법 제65조의2제2항의 규정에 의하여 다른 법률에서 국회의 인사청문을 거치도록 한 공직후보자에 대한 인사청문요청안을 말한다.

제3조(인사청문특별위원회) ① 국회법 제46조의3의 규정에 의한 인사청문특별위원회는 임명동의안등(국회법 제65조의2제2항의 규정에 의하여 다른 법률에서 국회의 인사청문을 거치도록 한 공직후보자에 대한 인사청문요청안을 제외한다)이 국회에 제출된 때에 구성된 것으로 본다. ② 인사청문특별위원회의 위원정수는 13인으로 한다. ③ 인사청문특별위원회의 위원은 교섭단체 등의 의원수의 비율에 의하여 각 교섭단체대표의원의 요청으로 국회의장(이하 "의장"이라 한다)이 선임 및 개선(改選)한다. 이 경우 각 교섭단체대표의원은 인사청문특별위원회가 구성된 날부터 2일 이내에 의장에게 위원의 선임을 요청하여야 하며, 이 기한내에 요청이 없는 때에는 의장이 위원을 선임할 수 있다. ④ 어느 교섭단체에도 속하지 아니하는 의원의 위원선임은 의장이 이를 행한다. ⑤ 인사청문특별위원회는 위원장 1인과 각 교섭단체별로 간사 1인을 호선하고 본회의에 보고한다.
⑥ 인사청문특별위원회는 임명동의안등이 본회의에서 의결될 때 또는 인사청문경과가 본회의에 보고 될 때까지 존속한다

판례 **대통령은 국회 인사청문회의 의견을 수용해야 할 의무가 있는가?**

(헌재 2004. 5. 14. 2004헌나1) 없음

사건개요 : 노무현 대통령 탄핵사건에서 탄핵사유의 하나로 제시된, 국가정보원장에 대한 인사청문회 결과를 수용해야 할 의무를 지는가에 관한 문제이다.

결정요지 : 대통령이 2003. 4. 25. 국회 인사청문회가 국가정보원장에 대하여 부적격 판정을 하였음에도 이를 수용하지 아니한 사실, 2003. 9. 3. 국회가 행정자치부장관 해임결의안을 의결하였음에도 이를 즉시 수용하지 아니한 사실이 인정된다. 대통령은 그의 지휘·감독을 받는 행정부 구성원을 임명하고 해임할 권한(헌법 제78조)을 가지고 있으므로, 국가정보원장의 임명행위는 헌법상 대통령의 고유권한으로서 법적으로 국회 인사청문회의 견해를 수용해야 할 의무를 지지는 않는다. 따라서 대통령은 국회 인사청문회의 판정을 수용하지 않음으로써 국회의 권한을 침해하거나 헌법상 권력분립원칙에 위배되는 등 헌법에 위반한 바가 없다.

4. 국회의원의 지위·특권·의무

1) 국회의원의 지위

국회의원은 국민의 대표자로서의 지위를 지닌다. 그러나 국민들이 국회의원에게 특별한 요구를 할 경우 국회의원은 그를 선출한 국민의 의사에 구속되느냐 하는 문제가 제기된다. 국회의원은 개개 국민이나 선거구민·특정 이익집단을 대표하는 것이 아니고 국민 전체의 대표자이기 때문에 특정인이나 특정 요구에 구속되지 않는다. 이를 국회의원과 국민 간에는 명령적 위임이 아닌 자유위임관계가 있다고 한다. 즉 "대의제도에 있어서 국민과 국회의원은 명령적 위임관계에 있는 것이 아니라 자유위임관계에 있기 때문에 일단 선출된 후에는 국회의원은 국민의 의사와 관계없이 독자적인 양식과 판단에 따라 정책결정에 임할 수 있다." (헌재 1998. 10. 29. 96헌마186) 이러한 자유위임은 정당국가적 경향으로 인하여 사실상 약화되고 있다. 즉, 정당의 당론에 따르지 않는 경우에 정당은 당원권 정지 혹은 제명 등 정당내에서의 징계의 방법으로 정당강제를 관철하려고 한다.

자유위임 원칙

국회의원의 자유위임원칙이란 다른 사람의 지시나 명령에 구속되지 않고 국회의원 스스로의 판단에 의하여 활동한다는 원칙이며, 이는 대의민주주의의 기본적 요소이다. 자유위임의 반대개념은 기속위임이며, 기속위임이란 유권자의 의사나 소속 정당의 의사에 구속된다는 의미이다. 우리 헌법에서 "공무원은 국민전체에 대한 봉사자이며, 국민에 대하여 책임을 진다."라고 규정한 제7조 제1항, "국회의원은 국회에서 직무상 행한 발언과 표결에 관하여 국회 외에서 책임을 지지 아니한다."라고 규정한 제45조 및 "국회의원은 국가이익을 우선하여 양심에 따라 직무를 행한다."라고 규정한 제46조 제2항을 종합하여 볼 때, 헌법은 국회의원을 자유위임원칙 하에 두었다고 할 것이다. 자유위임원칙 하에서 국회의원은 일단 국민에 의하여 선출된 후에는 개별 유권자 혹은 집단으로서의 국민의 의사를 그대로 대리하는 것이 아니라, 독자적인 양심에 기초한 스스로의 판단에 따라 국가 전체이익을 추구하여야 한다. 그러나 자유위임은 언제나 무제한적으로 보장되는 것이 아니고, 국회의 기능을 수행하기 위해서 또는 정당의 활동을 수행하기 위해서 제한되는 경우가 있다.

판례1 국회의원 활동에 있어서의 자유위임 원칙은 어떻게 적용되는가?

(헌재 2020. 5. 27. 2019헌라1) 자유위임은 무제한적으로 보장되지 않음

사건개요 : 피청구인 국회의장이 2019. 4. 25. 사법개혁 특별위원회의 바른미래당 소속 위원을 청구인 국회의원 오신환에서 국회의원 채이배로 개선한 행위가 청구인의 법률안 심의·표결권을 침해하는지 여부 및 이 사건 개선행위가 무효인지 여부가 문제되었다. 이 사건 헌재 결정에 따르면, 이러한 개선행위는 자유위임원칙에 위배된다고 보기 어렵고 국회법 규정에도 위배되지 않으므로, 청구인의 법률안 심의·표결권을 침해하였다고 볼 수 없으며 따라서 무효로 볼 수 없다.

자유위임 원칙에 관한 결정요지 : 헌법 제46조 제2항은 "국회의원은 국가이익을 우선하여 양심에 따라 직무를 행한다."라고 규정하고 있다. 국회의원은 단독으로 국회의 의사를 결정하여 국회의 권한을 행사하는 것이 아니라 국회의 구성원으로서 국회의 의사절차에 참여하는 것이므로, 국회의원의 직무는 국회의 기능 수행을 위해서 정해진 의사절차와 그에 필요한 내부조직의 구성방법에 의하여 구체화될 수밖에 없다. 이와 같은 의사절차와 내부조직을 정할 때에도 <u>국회의원의 자유위임에 기한 권한을 충분히 보장하여야 하는 것이나, 국회 내 다수형성의 가능성을 높이고 의사결정의 능률성을 확보하는 것 역시 중대한 헌법적 요청이므로 자유위임원칙이 언제나 최우선적으로 고려되어야 하는 것</u>

은 아니다. 나아가 자유위임원칙이 개별 국회의원이 국회 내부에서 구체적으로 어떠한 직무를 담당하는 것까지 보장하는 원리는 아니다.

통치구조의 구성원리는 자기목적적인 것이 아니라 국민의 기본권과 헌법이 추구하는 가치를 보장하고 실현하기 위한 수단의 성격을 가지는 것이다. 따라서 자유위임원칙 역시 무제한적으로 보장되는 것은 아니며, 국회의 기능을 수행하기 위해서 필요한 범위 내에서 불가피하게 제한될 수밖에 없는 것이다.

따라서 자유위임원칙 위배 여부는 국회의 자율권 행사 결과 정해진 의사절차 및 내부조직의 구성이 국회의 기능 수행을 위하여 필요한 정도와 자유위임원칙을 제한하는 정도를 비교형량하여 구체적인 사안에 따라 개별적으로 판단하여야 한다. 또한 권력분립의 원칙 및 국회의 위상과 기능에 비추어 볼 때, 자유위임원칙을 제한하는 정도가 명백히 국회의 기능 수행을 위하여 필요한 정도를 넘어서는 경우가 아닌 한, 국회의 의사절차 및 내부조직의 구성은 국회가 다른 국가기관의 간섭을 받지 아니하고 광범위한 재량에 의하여 자율적으로 정할 수 있는 영역으로 보는 것이 타당하다.

판례2 국회의원의 의사에 반하여 상임위에서 강제사임시키는 것이 가능한가?

(헌재 2003. 10. 30. 2002헌라1) 가능

사건개요 : 지역건강보험과 직장건강보험의 재정통합에 관해서 재정통합을 반대하는 소속 정당과 반대로 찬성의견을 지닌 국회의원을 보건복지위원회에서 사임시키고 반대의견을 지닌 국회의원을 보임시킨 것에 대하여, 위원회에서 본인의 의사에 반하여 사임된 국회의원이 심의·표결권의 침해와 정당의 사임행위의 무효를 주장하며 권한쟁의심판을 청구하였다.

결정요지 : 정당은 국민과 국가의 중개자로서 정치적 도관(導管)의 기능을 수행하여 주체적·능동적으로 국민의 다원적 정치의사를 유도·통합함으로써 국가정책의 결정에 직접 영향을 미칠 수 있는 규모의 정치적 의사를 형성하고 있다. 이와 같은 정당의 기능을 수행하기 위해서는 무엇보다도 먼저 정당의 자유로운 지위가 전제되지 않으면 안 된다. 즉, 정당의 자유는 민주정치의 전제인 자유롭고 공개적인 정치적 의사형성을 가능하게 하는 것이므로 그 자유는 최대한 보장되지 않으면 안 되는 것이다.

현대의 민주주의가 종래의 순수한 대의제 민주주의에서 정당국가적 민주주의의 경향으로 변화하고 있음은 주지하는 바와 같다. 다만, 국회의원의 국민대표성보다는 오늘날 복수정당제하에서 실제적으로 정당에 의하여 국회가 운영되고 있는 점을 강조하려는 견해와, 반대로 대의제 민주주의 원리를 중시하고 정당국가적 현실은 기본적으로 국회의원의 전체국민대표성을 침해하지 않는 범위내에서 인정하려는 입장이 서로 맞서고 있다. 국회의원의 원내활동을 기본적으로 각자에 맡기는 자유위임은 자유로운 토론과 의사형성을 가능하게 함으로써 당내민주주의를 구현하고 정당의 독재화 또는 과두화를 막아주는 순기능을 갖는다. 그러나 자유위임은 의회내에서의 정치의사형성에 정당의 협력을 배척하는 것이 아니며, 의원이 정당과 교섭단체의 지시에 기속되는 것을 배제하는 근거가 되는 것도 아니다. 또한 국회의원의 국민대표성을 중시하는 입장에서도 특정 정당에 소속된 국회의원이 정당기속 내지는 교섭단체의 결정(소위 '당론')에 위반하는 정치활동을 한 이유로 제재를 받는 경우, 국회의원 신분을 상실하게 할 수는 없으나 "정당내부의 사실상의 강제" 또는 소속 "정당으로부터의 제명"은 가능하다고 보고 있다. 그렇다면, 당론과 다른 견해를 가진 소속 국회의원을 당해 교섭단체의 필요에 따라 다른 상임위원회로 전임(사·보임)하는 조치는 특별한 사정이 없는 한 헌법상 용인될 수 있는 "정당내부의 사실상 강제"의 범위내에 해당한다고 할 것이다.

또한 오늘날 교섭단체가 정당국가에서 의원의 정당기속을 강화하는 하나의 수단으로 기능할 뿐만 아니라 정당소속 의원들의 원내 행동통일을 기함으로써 정당의 정책을 의안심의에서 최대한으로 반영하기 위한 기능도 갖는다는 점에 비추어 볼 때, 국회의장이 국회의 의사(議事)를 원활히 운영하기 위하여 상임위원회의 구성원인 위원의 선임 및 개선에 있어 교섭단체대표의원과 협의하고 그의 "요청"에 응하는 것은 국회운영에 있어 본질적인 요소라고 아니할 수 없다. 피청구인은 국회법 제48조 제1항에 규정된 바에 따라 청구인이 소속된 한나라당 "교섭단체대표의원의 요청"을 서면으로 받고 이 사건 사보임행위를 한 것으로서 하등 헌법이나 법률에 위반되는 행위를 한 바가 없다. 요컨대, 피청구인의 이 사건 사·보임행위는 청구인이 소속된 정당내부의 사실상 강제에 터 잡아 교섭단체대표의원이 상임위원회 사·보임 요청을 하고 이에 따라 이른바 의사정리권한의 일환으로 이를 받아들인 것으로서, 그 절차·과정에 헌법이나 법률의 규정을 명백하게 위반하여 재량권의 한계를 현저히 벗어나 청구인의 권한을 침해한 것으로는 볼 수 없다고 할 것이다.

2) 국회의원의 특권

❖ 헌법 제44조 ① 국회의원은 현행범인인 경우를 제외하고는 회기 중 국회의 동의없이 체포 또는 구금되지 아니한다. ② 국회의원이 회기 전에 체포 또는 구금된 때에는 현행범인이 아닌 한 국회의 요구가 있으면 회기 중 석방된다.

❖ 헌법 제45조 국회의원은 국회에서 직무상 행한 발언과 표결에 관하여 국회 외에서 책임을 지지 아니한다.

헌법이 규정하고 있는 대표적인 국회의원의 특권은 면책특권과 불체포특권이다. 이는 국민의 대표인 국회의원이 집행부로부터의 부당한 탄압으로부터 자유롭게 국회의원으로서의 직무수행을 보장하기 위한 특권이다. 그러나 이러한 특권의 남용으로 인하여 면책특권과 불체포특권을 제한하자는 논의가 있다.

판례1 국회의원이 국회본회의에서 질문할 원고를 사전에 배포한 행위가 면책특권의 대상이 되는 직무부수행위에 해당하는가?

(대판 1992. 9. 22. 91도3317) 해당

사건개요 : 제12대 국회의원이 1986. 7.경 정기국회 본회의에서의 정치분야 대정부 질문자로 내정되어 그 질문 원고를 작성함에 있어 우리 나라의 통일정책과 관련하여 '이 나라의 국시는 반공이 아니라 통일이어야 한다' '통일이나 민족이라는 용어는 공산주의나 자본주의보다 그 위에 있어야 한다'는 등 통일을 위해서라면 공산화통일도 용인하여야 한다는 취지 등을 담은 원고를 작성하여 국회의사당 내 기자실에서 30부를 출입기자들에게 배포함으로써 반국가단체인 북괴의 활동에 동조하여 이를 이롭게 하였다고 하여 국가보안법 위반으로 공소가 제기되었다.

판결요지 : 국회의원의 면책특권의 대상이 되는 행위는 직무상의 발언과 표결이라는 의사표현행위 자체에 국한되지 아니하고 이에 통상적으로 부수하여 행하여지는 행위까지 포함하고, 그와 같은 부수행위인지 여부는 결국 구체적인 행위의 목적, 장소, 태양 등을 종합하여 개별적으로 판단할 수밖에 없다.

원고의 내용이 공개회의에서 행할 발언내용이고(회의의 공개성), 원고의 배포시기가 당초 발언하기로 예정된 회의 시작 30분 전으로 근접되어 있으며(시간적 근접성), 원고 배포의 장소 및 대상이 국회의사당 내에 위치한 기자실에서 국회출입기자들만을 상대로 한정적으로 이루어지고(장소 및 대상의 한정성), 원고 배포의 목적이 보도의 편의를 위한 것(목적의 정당성)이라면, 국회의원이 국회본회의에서 질문할 원고를 사전에 배포한 행위는 면책특권의 대상이 되는 직무부수행위에 해당한다.

판례2 국회의원이 예산결산위원회 회의장에서 대정부질의를 하던 중에 대통령 측근에 대한 대선자금 제공 의혹과 관련하여 한 발언이 국회의원의 면책특권의 대상이 되는가?

(대판 2007. 1. 12. 2005다57752) 대상

사건개요 : 국회의원이 국회 예산결산위원회 회의장에서 법무부장관을 상대로 대정부질의를 하던 중 대통령 측근에 대한 대선자금 제공 의혹과 관련하여 이에 대한 수사를 촉

구하는 과정에서 한 발언이 국회의원의 면책특권의 대상이 된다고 본 사례

판결요지 : 헌법 제45조에서 규정하는 국회의원의 면책특권은 국회의원이 국민의 대표자로서 국회 내에서 자유롭게 발언하고 표결할 수 있도록 보장함으로써 국회가 입법 및 국정통제 등 헌법에 의하여 부여된 권한을 적정하게 행사하고 그 기능을 원활하게 수행할 수 있도록 보장하는 데 그 취지가 있다. 이러한 면책특권의 목적 및 취지 등에 비추어 볼 때, 발언 내용 자체에 의하더라도 직무와는 아무런 관련이 없음이 분명하거나, 명백히 허위임을 알면서도 허위의 사실을 적시하여 타인의 명예를 훼손하는 경우 등까지 면책특권의 대상이 될 수는 없지만, 발언 내용이 허위라는 점을 인식하지 못하였다면 비록 발언 내용에 다소 근거가 부족하거나 진위 여부를 확인하기 위한 조사를 제대로 하지 않았다고 하더라도, 그것이 직무 수행의 일환으로 이루어진 것인 이상 이는 면책특권의 대상이 된다.

국회의원인 피고는 국회 예산결산위원회 회의장에서 법무부장관을 상대로 대정부질의를 하던 중, 당시 제기되어 있던 대통령 측근에 대한 대선자금 제공 의혹과 관련하여 이에 대한 수사를 촉구하는 과정에서 이 사건 발언을 하였고, 이 사건 발언 이후 위 의혹에 대하여 특별검사의 수사가 이루어지기도 했던 사실을 알 수 있는바, 이 사건 발언이 이루어진 전후 경위 및 그 내용 등에 비추어 보면, 피고로서는 이 사건 발언 내용이 허위라고 생각하면서도 발언을 하였다기보다는 당시 대통령을 둘러싼 정치자금 의혹이 제기되어 있던 상황에서 이에 대한 수사를 촉구하기 위하여 미처 진위 여부를 정확하게 파악하지 못하거나 다소 근거가 부족한 채로 이 사건 발언을 하였다고 봄이 상당하고, 따라서 이 사건 발언이 면책특권의 범위를 벗어나는 것이라고 보기는 어렵다 할 것이다.

판례3 국회의원이 인터넷 홈페이지에 올린 자료도 면책특권의 대상이 되는가?

(대판 2011. 5. 13. 2009도14442) 비대상

사건개요 : 국회의원이 도청자료인 X파일 녹취록을 국회 법사위 개의 직전에 기자들에게 배포하고 이후 인터넷 홈페이지에 게재하였는데, 통신비밀보호법 위반과 허위사실 적시 명예훼손으로 기소되었다.

전체 논점 : ① 국회에서의 보도자료 배포 ② 인터넷 홈페이지 게재에 의한 통신비밀보호법 위반 여부

판결요지 : ① 헌법 제45조는 "국회의원은 국회에서 직무상 행한 발언과 표결에 관하여 국회 외에서 책임을 지지 아니한다"고 규정하여 국회의원의 면책특권을 인정하고 있다. 그 취지는 국회의원이 국민의 대표자로서 국회 내에서 자유롭게 발언하고 표결할 수 있도록 보장함으로써 국회가 입법 및 국정통제 등 헌법에 의하여 부여된 권한을 적정하게 행

사하고 그 기능을 원활하게 수행할 수 있도록 보장하는 데에 있다. 따라서 면책특권의 대상이 되는 행위는 국회의 직무수행에 필수적인 국회의원의 국회 내에서의 직무상 발언과 표결이라는 의사표현행위 자체에만 국한되지 아니하고 이에 통상적으로 부수하여 행하여지는 행위까지 포함하며, 그와 같은 부수행위인지 여부는 구체적인 행위의 목적·장소·태양 등을 종합하여 개별적으로 판단하여야 한다.
국회 법제사법위원회에서 발언할 내용이 담긴 이 사건 보도자료를 사전에 배포한 행위는 국회의원의 면책특권의 대상이 되는 직무부수행위에 해당한다고 할 것이다. 따라서 이 사건 공소사실 중 보도자료 배포에 의한 허위사실적시 명예훼손 및 통신비밀보호법 위반의 점에 대한 부분은 형사소송법 제327조 제2호의 "공소제기의 절차가 법률의 규정에 위반하여 무효인 때"에 해당되어 그 공소를 기각하여야 한다.
② 검찰의 수사를 촉구할 목적으로 이 사건 보도자료를 자신의 인터넷 홈페이지에 게재하였다고는 하나, 이미 언론매체를 통하여 그 전모가 공개된 데다가 국회의원이라는 피고인의 지위에 기하여 수사기관에 대한 수사의 촉구 등을 통하여 그 취지를 전달함에 어려움이 없었음에도 굳이 전파성이 강한 인터넷 매체를 이용하여 불법 녹음된 대화의 상세한 내용과 관련 당사자의 실명을 그대로 공개한 행위는 그 방법의 상당성을 결여한 것으로 보아야 할 것이다. 나아가 피고인의 이 사건 공개행위가 재계와 검찰의 유착관계를 고발하고 이에 대한 수사를 촉구한다는 점에서 공익적인 측면을 갖고 있다고 하더라도, 이러한 공익적 효과는 이미 언론의 보도를 통하여 상당 부분 달성된 바로서, 위 대화의 내용이 이를 공개하지 아니하면 공익에 중대한 침해가 발생할 가능성이 현저한 경우라고 보기 어려운 터에 굳이 인터넷 홈페이지 게재라고 하는 새로운 방식의 공개를 통하여 위 대화의 직접 당사자나 위 대화에 등장하는 관련자들에게 그로 인한 추가적인 불이익의 감수까지 요구할 수는 없다고 할 것이다. 이와 같은 사정에 앞서 본 이 사건 공개행위의 목적과 방법 등 모든 사정을 종합하여 보면, 이 사건 공개행위에 의하여 얻어지는 이익 및 가치가 통신비밀이 유지됨으로써 얻어지는 이익 및 가치를 초월한다고 볼 수 없다. 그렇다면 설사 피고인이 이 사건 도청자료를 취득하는 과정에 위법한 점이 없었다고 하더라도 이를 내용으로 하는 이 사건 보도자료를 인터넷 홈페이지에 게재함으로써 통신비밀을 공개한 행위는 형법 제20조의 정당행위로서 위법성이 조각되는 경우에 해당한다고 볼 수 없다.
※ 국회의원이 대기업 고위관계자와 중앙일간지 사주 간의 사적 대화를 불법 녹음한 자료를 입수하여, 대화 내용과 전직 검찰간부인 피해자가 위 대기업으로부터 이른바 떡값 명목의 금품을 수수하였다는 내용이 게재된 보도자료를 작성하여 국회 법제사법위원회 개의 당일 국회 의원회관에서 기자들에게 배포한 행위는 국회의원 면책특권의 대상이 되는 직무부수행위에 해당한다. 그러나 국회의원이 동일한 자료를 자신의 인터넷 홈페

이지에 게재한 행위는 통신비밀보호법 위반으로 보아 면책특권의 대상이 되는 행위로 판단하지 않았다.

3) 국회의원의 의무

❖ 헌법 제43조 국회의원은 법률이 정하는 직을 겸할 수 없다.

❖ 헌법 제46조 ① 국회의원은 청렴의 의무가 있다. ② 국회의원은 국가이익을 우선하여 양심에 따라 직무를 행한다. ③ 국회의원은 그 지위를 남용하여 국가·공공단체 또는 기업체와의 계약이나 그 처분에 의하여 재산상의 권리·이익 또는 직위를 취득하거나 타인을 위하여 그 취득을 알선할 수 없다.

헌법이 명시하고 있는 국회의원의 의무는 청렴의무, 국가이익을 우선하여 양심에 따라 직무를 행할 의무, 겸직을 하지 아니할 의무 등이 있다. 그러나 상세한 겸직금지의 대상, 청렴의무 위반에 대한 제재, 국가이익과 양심의 내용 등은 법률규정이나 법원판결에 의하여 구체화된다.

Ⅳ. 행정부

정부조직법 : 45조까지 대통령의 권한과 직속기관(대통령비서실, 국가안보실, 대통령경호처, 국가정보원), 국무총리의 권한과 직속기관(국무조정실, 국무총리비서실, 인사혁신처, 법제처, 식품의약품안전처), 20개 행정각부의 관장사무 등 정부의 조직과 권한에 관해서 규정하고 있다.

국가정보원법 : 국외 및 북한에 관한 정보, 대테러등 정보의 수집·작성·배포, 국가기밀과 관련된 보안업무, 사이버공격에 대한 예방 및 대응 등을 직무로 규정하고 있음. 조직과 정원 등이 비공개되고 무기를 휴대사용할 수 있으며, 정치관여금지·직권남용금지 등이 규정되어 있다.

제2조(지위) 국가정보원(이하 "국정원"이라 한다)은 대통령 소속으로 두며, 대통령의 지시

와 감독을 받는다.
제17조(국가정보원) ① 국가안전보장에 관련되는 정보 및 보안에 관한 사무를 담당하기 위하여 대통령 소속으로 국가정보원을 둔다. ② 국가정보원의 조직 · 직무범위 그 밖에 필요한 사항은 따로 법률로 정한다.

1. 대통령

대통령은 대내외적으로 국가를 대표하며, 행정권의 최고책임을 지는 행정부 수반으로서의 지위를 지닌다. 국민의 직접선거에 의하여 선출되고, 임기는 5년이고 중임할 수 없다. 대통령에게는 내란 또는 외환의 죄를 범한 경우를 제외하고는 재직 중 형사소추를 받지 아니할 형사상 불소추특권이 있다. 대통령에게는 헌법수호의무와 성실한 직책수행의무, 겸직금지의무 등이 헌법에 명시되어 있다.

대통령제 정부형태를 채택하고 있는 현행 헌법 하에서는 대통령에게 많은 권한이 집중되어 있다. ① 집행에 관한 권한은 집행의 최고결정권, 법률집행권, 외교에 관한 권한, 정부구성권과 공무원임면권, 국군통수권, 재정권, 영전수여권 등이 있고, ② 입법에 관한 권한은 헌법개정안제안권, 법률안제출권, 법률안거부권, 법률공포권, 행정입법권 등이 있고, ③ 사법에 관한 권한은 사면권, 위헌정당해산제소권 등이 있고, ④ 국가긴급권은 긴급명령권, 긴급재정경제처분 · 명령권, 계엄선포권 등이 있다.

1) 대통령의 지위, 선거와 취임, 권한대행 등

헌법 대통령은 국민의 직접선거에 의하여 선출되는데, 유효투표의 다수를 얻은 자는 대통령에 당선된다. 대통령의 임기는 전임대통령의 임기만료일의 다음날 0시부터 개시된다. 임기개시전 대통령당선인의 지위와 권한에 관해서는 「대통령직 인수에 관한 법률」이 규정하고 있다.

❖ 헌법 제66조 ① 대통령은 국가의 원수이며, 외국에 대하여 국가를 대표한다. ② 대통령은 국가의 독립·영토의 보전·국가의 계속성과 헌법을 수호할 책무를 진다. ③ 대통령은 조국의 평화적 통일을 위한 성실한 의무를 진다. ④ 행정권은 대통령을 수반으로 하는 정부에 속한다.

❖ 헌법 제67조 ① 대통령은 국민의 보통·평등·직접·비밀선거에 의하여 선출한다. ② 제1항의 선거에 있어서 최고득표자가 2인 이상인 때에는 국회의 재적의원 과반수가 출석한 공개회의에서 다수표를 얻은 자를 당선자로 한다. ③ 대통령후보자가 1인일 때에는 그 득표수가 선거권자 총수의 3분의 1 이상이 아니면 대통령으로 당선될 수 없다. ④ 대통령으로 선거될 수 있는 자는 국회의원의 피선거권이 있고 선거일 현재 40세에 달하여야 한다. ⑤ 대통령의 선거에 관한 사항은 법률로 정한다.

❖ 헌법 제68조 ① 대통령의 임기가 만료되는 때에는 임기만료 70일 내지 40일 전에 후임자를 선거한다. ② 대통령이 궐위된 때 또는 대통령 당선자가 사망하거나 판결 기타의 사유로 그 자격을 상실한 때에는 60일 이내에 후임자를 선거한다.

❖ 헌법 제69조 대통령은 취임에 즈음하여 다음의 선서를 한다. "나는 헌법을 준수하고 국가를 보위하며 조국의 평화적 통일과 국민의 자유와 복리의 증진 및 민족문화의 창달에 노력하여 대통령으로서의 직책을 성실히 수행할 것을 국민 앞에 엄숙히 선서합니다."

❖ 헌법 제70조 대통령의 임기는 5년으로 하며, 중임할 수 없다.

❖ 헌법 제82조 대통령의 국법상 행위는 문서로써 하며, 이 문서에는 국무총리와 관계 국무위원이 부서한다. 군사에 관한 것도 또한 같다.

❖ 헌법 제85조 전직대통령의 신분과 예우에 관하여는 법률로 정한다.

대통령직 인수에 관한 법률 (**대통령직인수법**) : 대통령당선인으로 결정된 때부터 대통령임기 시작일 전날까지 대통령당선인의 지위와 권한 및 예우, 대통령직인수위원회의 구성과 업무 등에 관해서 규정하고 있다.

<u>제7조(업무)</u> 위원회는 다음 각 호의 업무를 수행한다.

1. 정부의 조직·기능 및 예산현황의 파악
2. 새 정부의 정책기조를 설정하기 위한 준비
3. 대통령의 취임행사 등 관련 업무의 준비
4. 대통령당선인의 요청에 따른 국무총리 및 국무위원 후보자에 대한 검증
5. 그 밖에 대통령직 인수에 필요한 사항

판례1 대통령 탄핵사건(인용)에서 나타난 헌법 제69조에 규정된 대통령 취임선서의 의미 (대통령 박근혜 탄핵 사건)

(헌재 2017. 3. 10. 2016헌나1)

결정문 일부 : 헌법 제69조는 대통령의 취임 선서를 규정하면서 대통령으로서 직책을 성실히 수행할 의무를 언급하고 있다. 헌법 제69조는 단순히 대통령의 취임 선서의 의무만 규정한 것이 아니라 선서의 내용을 명시적으로 밝힘으로써 헌법 제66조 제2항 및 제3항에 따라 대통령의 직무에 부과되는 헌법적 의무를 다시 한 번 강조하고 그 내용을 구체화하는 규정이다.

대통령의 '직책을 성실히 수행할 의무'는 헌법적 의무에 해당하지만, '헌법을 수호해야 할 의무'와는 달리 규범적으로 그 이행이 관철될 수 있는 성격의 의무가 아니므로 원칙적으로 사법적 판단의 대상이 되기는 어렵다. 대통령이 임기 중 성실하게 직책을 수행하였는지 여부는 다음 선거에서 국민의 심판의 대상이 될 수 있다. 그러나 대통령 단임제를 채택한 현행 헌법 하에서 대통령은 법적으로 뿐만 아니라 정치적으로도 국민에 대하여 직접적으로는 책임을 질 방법이 없고, 다만 대통령의 성실한 직책수행 여부가 간접적으로 그가 소속된 정당에 대하여 정치적 반사이익 또는 불이익을 가져다 줄 수 있을 뿐이다.

헌법 제65조 제1항은 탄핵사유를 '헌법이나 법률에 위배한 경우'로 제한하고 있고, 헌법재판소의 탄핵심판절차는 법적 관점에서 단지 탄핵사유의 존부만을 판단하는 것이므로, 이 사건에서 청구인이 주장하는 것과 같은 세월호 참사 당일 피청구인이 직책을 성실히 수행하였는지 여부는 그 자체로 소추사유가 될 수 없어, 탄핵심판절차의 판단대상이 되지 아니한다.

대통령이 궐위되거나 사고로 인하여 직무를 수행할 수 없을 때에는 법률에 따라 대통령 권한대행이 대통령의 직무를 대행한다. 궐위란 대통령이 사망한 경우, 탄핵결정으로 파면된 경우, 판결 기타의 사유로 자격을 상실한 경우, 사임한 경우 등이고, 사고란 국회의 탄핵소추 의결로 권한행사가 정지된 경우, 해외체류 중이거나 질병 등으로 인하여 직무를 수행할 수 없는 경우 등이다.

❖ 헌법 제71조 대통령이 궐위되거나 사고로 인하여 직무를 수행할 수 없을 때에는 국무총리, 법률이 정한 국무위원의 순서로 그 권한을 대행한다.

일반적으로 대통령 권한대행자의 권한의 범위는 대통령의 권한 중 현상유지에 국한된다고 본다.(현상유지설) 다만, 현상변경적 권한행사도 가능하다고 보는 소수설이 있다. (현상변경설) 구체적으로는 대행되는 권한의 의미와 성격 그리고 권한행사의 긴급성과 국정공백의 발생 가능성 등에 따라 결정되어야 할 것이다.

2) 집행에 관한 권한

❖ 헌법 제73조 대통령은 조약을 체결·비준하고, 외교사절을 신임·접수 또는 파견하며, 선전포고와 강화를 한다.

❖ 헌법 제74조 ① 대통령은 헌법과 법률이 정하는 바에 의하여 국군을 통수한다. ② 국군의 조직과 편성은 법률로 정한다.

❖ 헌법 제78조 대통령은 헌법과 법률이 정하는 바에 의하여 공무원을 임면한다.

❖ 헌법 제80조 대통령은 법률이 정하는 바에 의하여 훈장 기타의 영전을 수여한다.

정부조직법 제11조(대통령의 행정감독권) ① 대통령은 정부의 수반으로서 법령에 따라 모든 중앙행정기관의 장을 지휘·감독한다. ② 대통령은 국무총리와 중앙행정기관의 장의 명령이나 처분이 위법 또는 부당하다고 인정하면 이를 중지 또는 취소할 수 있다.

대통령은 헌법 제66조 제4항에 규정된 바와 같이 행정부의 수반으로서 집행에 관한 권한과 책임을 지닌다. 보다 구체적으로는 「정부조직법」제11조, 제12조에 규정된 바와 같이 대통령은 정부의 수반이며 중앙행정기관의 장을 지휘·감독하고, 국무회의 의장으로서 회의를 소집하고 주재한다.

3) 입법에 관한 권한

❖ 헌법 제75조 대통령은 법률에서 구체적으로 범위를 정하여 위임받은 사항과 법률을 집행하기 위하여 필요한 사항에 관하여 대통령령을 발할 수 있다.

❖ 헌법 제81조 대통령은 국회에 출석하여 발언하거나 서한으로 의견을 표시할 수 있다.

법률의 심의·의결에 관한 입법권은 국회가 지니지만, 법률안의 제출권과 국회에서 의결된 법률안의 재의요구권 혹은 법률공포권은 대통령이 지닌다. 이 외에도 헌법개정에 관한 권한과 조약의 체결·비준권이 있다. 가장 중요한 대통령 고유의 입법권은 행정입법권이며, 대통령은 대통령령을 발할 수 있다. 다만, 헌법 제75조에 따라 대통령은 법률에서 구체적으로 범위를 정하여 위임받은 사항(위임명령)과 법률을 집행하기 위하여 필요한 사항(집행명령)에 관하여 대통령령을 발할 수 있다.

포괄위임금지 원칙

포괄위임금지 원칙은 법률이 하위법령에 입법을 위임할 경우에는 구체적·개별적으로 한정하여야 하고 포괄적으로 입법을 위임하는 것은 금지된다는 원칙이다. 헌법 제75조에 근거를 두고 있으며, 위임의 구체적인 범위에 관해서는 법령이 규제하고자 하는 대상의 종류와 성격에 따라 달라진다. 법률에서 대통령령에 위임을 하는 경우에는, 대통령령으로 규정될 내용 및 범위의 기본사항이 이미 법률에 구체적으로 규정되어 있어서 누구라도 당해 법률로부터 대통령령에 규정될 내용의 대강 내지 기본적 윤곽을 예측할 수 있어야 한다. 위임입법의 구체성, 명확성의 정도는 그 규율대상의 종류와 성격에 따라 달라진다. 처벌법규나 조세법규 등 국민의 기본권을 직접적으로 제한하거나 침해할 소지가 있는 법규에서는 구체성, 명확성의 요구가 강화되어 그 위임의 요건과 범위가 일반적인 급부행정법규의 경우보다 더 엄격하게 제한적으로 규정되어야 한다. 반면에, 규율대상이 지극히 다양하거나 수시로 변화하는 성질의 것일 때에는 위임의 구체성, 명확성의 요건이 완화된다.

헌법 제75조에 근거를 두고 있는 대통령령의 경우와 마찬가지로 헌법 제95조에 근거를 두고 있는 총리령과 부령의 경우도 포괄위임금지 원칙이 적용된다.

4) 사법에 관한 권한

❖ 헌법 제79조 ① 대통령은 법률이 정하는 바에 의하여 사면·감형 또는 복권을 명할 수 있다. ② 일반사면을 명하려면 국회의 동의를 얻어야 한다. ③ 사면·감형 및 복권에 관한 사항은 법률로 정한다.

대통령의 사법에 관한 권한에는 사면, 감형, 복권이 포함된 사면권이 있는데, 사면은 형의 선고의 효력 또는 공소권을 상실시키거나, 형의 집행을 면제시키는 국가원수의 고유한 권한을 의미한다. 대통령의 사면제도는 사법부의 판단을 변경하는 제도로서 권력분립의 원리에 대한 예외이다. 사면제도는 역사적으로 절대군주인 국왕의 은사권(恩赦權)에서 유래하였으며, 현재도 미국과 같은 대통령제 국가에서 대통령에게 사면권이 부여되어 있다. 사면의 구체적인 대상과 절차 및 내용 등은 「사면법」에 규정되어 있다.

사면법 : 사면과 감형 및 복권에 관한 사항을 규정하고 있다.

제3조(사면 등의 대상) 사면, 감형 및 복권의 대상은 다음 각 호와 같다.
1. 일반사면: 죄를 범한 자
2. 특별사면 및 감형: 형을 선고받은 자
3. 복권: 형의 선고로 인하여 법령에 따른 자격이 상실되거나 정지된 자

제5조(사면 등의 효과) ① 사면, 감형 및 복권의 효과는 다음 각 호와 같다.
1. 일반사면: 형 선고의 효력이 상실되며, 형을 선고받지 아니한 자에 대하여는 공소권(公訴權)이 상실된다. 다만, 특별한 규정이 있을 때에는 예외로 한다.
2. 특별사면: 형의 집행이 면제된다. 다만, 특별한 사정이 있을 때에는 이후 형 선고의 효력을 상실하게 할 수 있다.
3. 일반(一般)에 대한 감형: 특별한 규정이 없는 경우에는 형을 변경한다.
4. 특정한 자에 대한 감형: 형의 집행을 경감한다. 다만, 특별한 사정이 있을 때에는 형을 변경할 수 있다.
5. 복권: 형 선고의 효력으로 인하여 상실되거나 정지된 자격을 회복한다.

② 형의 선고에 따른 기성(旣成)의 효과는 사면, 감형 및 복권으로 인하여 변경되지 아니한다.

5) 국가긴급권

❖ 헌법 제76조 ① 대통령은 내우·외환·천재·지변 또는 중대한 재정·경제상의 위기에 있어서 국가의 안전보장 또는 공공의 안녕질서를 유지하기 위하여 긴급한 조치가 필요하고 국회의 집회를 기다릴 여유가 없을 때에 한하여 최소한으로 필요한 재정·경제상의 처분을 하거나 이에

관하여 법률의 효력을 가지는 명령을 발할 수 있다. ② 대통령은 국가의 안위에 관계되는 중대한 교전상태에 있어서 국가를 보위하기 위하여 긴급한 조치가 필요하고 국회의 집회가 불가능한 때에 한하여 법률의 효력을 가지는 명령을 발할 수 있다. ③ 대통령은 제1항과 제2항의 처분 또는 명령을 한 때에는 지체없이 국회에 보고하여 그 승인을 얻어야 한다. ④ 제3항의 승인을 얻지 못한 때에는 그 처분 또는 명령은 그때부터 효력을 상실한다. 이 경우 그 명령에 의하여 개정 또는 폐지되었던 법률은 그 명령이 승인을 얻지 못한 때부터 당연히 효력을 회복한다. ⑤ 대통령은 제3항과 제4항의 사유를 지체없이 공포하여야 한다.

❖ 헌법 제77조 ① 대통령은 전시·사변 또는 이에 준하는 국가비상사태에 있어서 병력으로써 군사상의 필요에 응하거나 공공의 안녕질서를 유지할 필요가 있을 때에는 법률이 정하는 바에 의하여 계엄을 선포할 수 있다. ② 계엄은 비상계엄과 경비계엄으로 한다. ③ 비상계엄이 선포된 때에는 법률이 정하는 바에 의하여 영장제도, 언론·출판·집회·결사의 자유, 정부나 법원의 권한에 관하여 특별한 조치를 할 수 있다. ④ 계엄을 선포한 때에는 대통령은 지체없이 국회에 통고하여야 한다. ⑤ 국회가 재적의원 과반수의 찬성으로 계엄의 해제를 요구한 때에는 대통령은 이를 해제하여야 한다.

국가긴급권은 국가의 존립이나 헌법질서를 위태롭게 하는 비상사태가 발생한 경우에 평상시의 헌법질서에 따른 권력 행사방법만으로는 대처할 수 없는 중대한 위기상황에서 대통령에게 주어진 강력한 권한이다. 우리 헌법에 규정된 국가긴급권으로는 긴급명령권, 긴급재정경제명령·처분권, 계엄선포권이 있다. 다른 헌법기관의 권한을 정지하고 국민의 기본권을 제한하는 강력한 권한이기 때문에, 요건과 절차가 엄격하도록 헌법과 법률(계엄법)이 규정하고 있다.

계엄법 : 비상계엄과 경비계엄 등 계엄의 선포와 국회에의 통고 및 해제, 계엄사령관의 특별조치권, 비상계엄하의 군사법원 재판권 등에 관한 사항을 규정하고 있다.

<u>제2조(계엄의 종류와 선포 등)</u> ① 계엄은 비상계엄과 경비계엄으로 구분한다. ② 비상계엄은 대통령이 전시·사변 또는 이에 준하는 국가비상사태 시 적과 교전(交戰) 상태에 있거나 사회질서가 극도로 교란(攪亂)되어 행정 및 사법(司法) 기능의 수행이 현저히 곤란한 경우에 군사상 필요에 따르거나 공공의 안녕질서를 유지하기 위하여 선포한다. ③ 경비계엄은 대통령이 전시·사변 또는 이에 준하는 국가비상사태 시 사회질서가 교란되어 일반 행정기

관만으로는 치안을 확보할 수 없는 경우에 공공의 안녕질서를 유지하기 위하여 선포한다. ④ 대통령은 계엄의 종류, 시행지역 또는 계엄사령관을 변경할 수 있다. ⑤ 대통령이 계엄을 선포하거나 변경하고자 할 때에는 국무회의의 심의를 거쳐야 한다. ⑥ 국방부장관 또는 행정안전부장관은 제2항 또는 제3항에 해당하는 사유가 발생한 경우에는 국무총리를 거쳐 대통령에게 계엄의 선포를 건의할 수 있다.

제4조(계엄선포의 통고) ① 대통령이 계엄을 선포하였을 때에는 지체 없이 국회에 통고하여야 한다. ② 제1항의 경우에 국회가 폐회 중일 때에는 대통령은 지체 없이 국회에 집회를 요구하여야 한다.

제6조(계엄사령관에 대한 지휘·감독) ① 계엄사령관은 계엄의 시행에 관하여 국방부장관의 지휘·감독을 받는다. 다만, 전국을 계엄지역으로 하는 경우와 대통령이 직접 지휘·감독을 할 필요가 있는 경우에는 대통령의 지휘·감독을 받는다. ② 제1항에 따라 계엄사령관을 지휘·감독할 때 국가 정책에 관계되는 사항은 국무회의의 심의를 거쳐야 한다.

제9조(계엄사령관의 특별조치권) ① 비상계엄지역에서 계엄사령관은 군사상 필요할 때에는 체포·구금(拘禁)·압수·수색·거주·이전·언론·출판·집회·결사 또는 단체행동에 대하여 특별한 조치를 할 수 있다. 이 경우 계엄사령관은 그 조치내용을 미리 공고하여야 한다. ② 비상계엄지역에서 계엄사령관은 법률에서 정하는 바에 따라 동원(動員) 또는 징발을 할 수 있으며, 필요한 경우에는 군수(軍需)로 제공할 물품의 조사·등록과 반출금지를 명할 수 있다. ③ 비상계엄지역에서 계엄사령관은 작전상 부득이한 경우에는 국민의 재산을 파괴 또는 소각(燒却)할 수 있다. ④ 계엄사령관이 제3항에 따라 국민의 재산을 파괴 또는 소각하려는 경우에는 미리 그 사유, 지역, 대상 등 필요한 사항을 그 재산의 소재지를 관할하는 행정기관과 그 재산의 소유자, 점유자 또는 관리자에게 통보하거나 공고하여야 한다.

제10조(비상계엄하의 군사법원 재판권) ① 비상계엄지역에서 제14조 또는 다음 각 호의 어느 하나에 해당하는 죄를 범한 사람에 대한 재판은 군사법원이 한다. 다만, 계엄사령관은 필요한 경우에는 해당 관할법원이 재판하게 할 수 있다.

1. 내란(內亂)의 죄 2. 외환(外患)의 죄 3. 국교(國交)에 관한 죄 4. 공안(公安)을 해치는 죄 5. 폭발물에 관한 죄 6. 공무방해(公務妨害)에 관한 죄 7. 방화(放火)의 죄 8. 통화(通貨)에 관한 죄 9. 살인의 죄 10. 강도의 죄 11. 「국가보안법」에 규정된 죄 12. 「총포·도검·화약류 등의 안전관리에 관한 법률」에 규정된 죄 13. 군사상 필요에 의하여 제정한 법령에 규정된 죄

② 비상계엄지역에 법원이 없거나 해당 관할법원과의 교통이 차단된 경우에는 제1항에도 불구하고 모든 형사사건에 대한 재판은 군사법원이 한다.

제11조(계엄의 해제) ① 대통령은 제2조제2항 또는 제3항에 따른 계엄 상황이 평상상태로 회복되거나 국회가 계엄의 해제를 요구한 경우에는 지체 없이 계엄을 해제하고 이를 공고하여야 한다. ② 대통령이 제1항에 따라 계엄을 해제하려는 경우에는 국무회의의 심의를 거쳐야 한다. ③ 국방부장관 또는 행정안전부장관은 제2조제2항 또는 제3항에 따른 계엄 상황이 평상상태로 회복된 경우에는 국무총리를 거쳐 대통령에게 계엄의 해제를 건의할 수 있다.
제13조(국회의원의 불체포특권) 계엄 시행 중 국회의원은 현행범인인 경우를 제외하고는 체포 또는 구금되지 아니한다.

판례1 **1993년의 대통령 긴급재정경제명령(금융실명제)은 헌법에 위반되는가?**

(헌재 1996. 2. 29. 93헌마186) 기각

사건개요 : 김영삼 대통령은 1993년 8월 12일에 금융실명제(금융실명거래 및 비밀보장에 관한 긴급재정경제명령)를 발령하고 바로 시행하고 8월 19일에 국회의 승인을 받았다. 청구인은 금융실명제가 헌법 제76조 제1항의 요건을 갖추지 못하여 위런이고 국회는 위헌적 긴급명령을 발한 대통령을 탄핵소추 하지 않았다는 이유로 알권리, 청원권, 재산권을 침해하였다고 주장하며 헌법소원심판을 청구하였다.
전체 논점 : ① 통치행위(대통령긴급재정경제명령)의 헌법재판 대상성(적극) ② 국회의 탄핵소추의결 부작위에 대한 위헌확인소원이 적법한 것인지 여부(소극) ③ 긴급재정경제명령의 발동요건
결정요지 : ① 대통령의 긴급재정경제명령은 국가긴급권의 일종으로서 고도의 정치적 결단에 의하여 발동되는 행위이고 그 결단을 존중하여야 할 필요성이 있는 행위라는 의미에서 이른바 통치행위에 속한다고 할 수 있으나, 통치행위를 포함하여 모든 국가작용은 국민의 기본권적 가치를 실현하기 위한 수단이라는 한계를 반드시 지켜야 하는 것이고, 헌법재판소는 헌법의 수호와 국민의 기본권 보장을 사명으로 하는 국가기관이므로 비록 고도의 정치적 결단에 의하여 행해지는 국가작용이라고 할지라도 그것이 국민의 기본권 침해와 직접 관련되는 경우에는 당연히 헌법재판소의 심판대상이 된다. ② 부작위위헌확인소원은 기본권보장을 위하여 헌법상 명문으로 또는 헌법의 해석상 특별히 공권력 주체에게 작위의무가 규정되어 있어 청구인에게 그와 같은 작위를 청구할 헌법상 기본권이 인정되는 경우에 한하여 인정되는 것인바, 헌법 제65조 제1항은 국회의 탄핵소추의결이 국회의 재량행위임을 명문으로 밝히고 있고 헌법해석상으로도 국정통제를 위하여 헌법상 국회에게 인정된 다양한 권한 중 어떠한 것을 행사하는 것이 적절한 것

인가에 대한 판단권은 오로지 국회에 있다고 보아야 할 것이며, 나아가 청구인에게 국회의 탄핵소추의결을 청구할 권리에 관하여도 아무런 규정이 없고 헌법해석상으로도 그와 같은 권리를 인정할 수 없으므로, 국회에게 대통령의 헌법 등 위배행위가 있을 경우에 탄핵소추의결을 하여야 할 헌법상 작위의무가 있다 할 수 없어 국회의 탄핵소추의결 부작위에 대한 위헌확인소원은 부적법하다. ③ 긴급재정경제명령은 정상적인 재정운용·경제운용이 불가능한 중대한 재정·경제상의 위기가 현실적으로 발생하여(그러므로 위기가 발생할 우려가 있다는 이유로 사전적·예방적으로 발할 수는 없다) 긴급한 조치가 필요함에도 국회의 폐회 등으로 국회가 현실적으로 집회될 수 없고 국회의 집회를 기다려서는 그 목적을 달할 수 없는 경우에 이를 사후적으로 수습함으로써 기존질서를 유·회복하기 위하여(그러므로 공공복지의 증진과 같은 적극적 목적을 위하여는 발할 수 없다) 위기의 직접적 원인의 제거에 필수불가결한 최소의 한도내에서 헌법이 정한 절차에 따라 행사되어야 한다.

판례2 초헌법적 국가긴급권을 발동할 수 있도록 한 구 「국가보위에 관한 특별조치법」은 헌법에 위반되는가?

(헌재 2015. 3. 26. 2014헌가5) 위헌

사건개요 : 1971년 선포된 국가비상사태 하에서의 단체행동권 행사로 인하여 「국가보위에 관한 특별조치법」 위반으로 징역형을 선고받은 후 2012년 재심재판 중에 동 특별조치법에 대한 위헌법률심판을 청구하였다.

전체 논점 : ① 「국가보위에 관한 특별조치법」이 국가긴급권의 실체적 발동요건, 사후통제 절차, 시간적 한계에 위반되는지 여부(적극) ② 심판대상조항이 근로3권의 본질적인 내용을 침해하는지 여부(적극)

결정요지 : ① 국가비상사태의 선포를 규정한 특별조치법 제2조는 헌법에 한정적으로 열거된 국가긴급권의 실체적 발동요건 중 어느 하나에도 해당되지 않은 것으로서 '초헌법적 국가긴급권'의 창설에 해당되나, 그 제정 당시의 국내외 상황이 이를 정당화할 수 있을 정도의 '극단적 위기상황'이라 볼 수 없다. 또한 국가비상사태의 해제를 규정한 특별조치법 제3조는 대통령의 판단에 의하여 국가비상사태가 소멸되었다고 인정될 경우에만 비상사태선포가 해제될 수 있음을 정하고 있을 뿐 국회에 의한 민주적 사후통제절차를 규정하고 있지 아니하며, 이에 따라 임시적 · 잠정적 성격을 지녀야 할 국가비상사태의 선포가 장기간 유지되었다.

그렇다면 국가비상사태의 선포 및 해제를 규정한 특별조치법 제2조 및 제3조는 헌법이 인정하지 아니하는 초헌법적 국가긴급권을 대통령에게 부여하는 법률로서 헌법이 요구하는 국가긴급권의 실체적 발동요건, 사후통제 절차, 시간적 한계에 위반되어 위헌이고, 이를 전제로 한 특별조치법상 그 밖의 규정들도 모두 위헌이다.

통치행위

통치행위란 고도의 정치결 결단에 의한 국가행위를 의미한다. 고도의 정치적 결단에 의한 행위로서 과거에는 사법적 심사(법원이나 헌법재판소에 의한 심사·심판)의 대상에서 제외된다고 보았으나, 현재는 사법적 심사의 대상으로 인정된다.
즉, 통치행위를 포함하여 모든 국가작용은 국민의 기본권적 가치를 실현하기 위한 수단이라는 한계를 반드시 지켜야 하는 것이고, 헌법재판소는 헌법의 수호와 국민의 기본권 보장을 사명으로 하는 국가기관이므로 비록 고도의 정치적 결단에 의하여 행해지는 국가작용이라고 할지라도 그것이 국민의 기본권 침해와 직접 관련되는 경우에는 당연히 헌법재판소의 심판대상이 된다.

최근까지도 비상계엄 발동과 관련하여, 비상계엄은 통치행위이므로 법원이나 헌법재판소에서 그 당부(當否)나 혹은 적법(適法) 여부에 관하여 판단할 수 없다는 주장이 있었으나, 비상계엄이나 통치행위나 모든 국가작용은 헌법에 정해진 절차와 요건을 준수하여 행사되어야 한다.

판례1 남북정상회담 과정에서의 대북송금은 사법심사의 대상인가?

(대판 2004. 3. 26 2003도7878) 적극

결정요지 : 입헌적 법치주의국가의 기본원칙은 어떠한 국가행위나 국가작용도 헌법과 법률에 근거하여 그 테두리 안에서 합헌적·합법적으로 행하여질 것을 요구하며, 이러한 합헌성과 합법성의 판단은 본질적으로 사법의 권능에 속하는 것이고, 다만 국가행위 중에는 고도의 정치성을 띤 것이 있고, 그러한 고도의 정치행위에 대하여 정치적 책임을 지지 않는 법원이 정치의 합목적성이나 정당성을 도외시한 채 합법성의 심사를 감행함으로써 정책결정이 좌우되는 일은 결코 바람직한 일이 아니며, 법원이 정치문제에 개입되어 그 중립성과 독립성을 침해당할 위험성도 부인할 수 없으므로, 고도의 정치성을 띤 국가행위에 대하여는 이른바 통치행위라 하여 법원 스스로 사법심사권의 행사를 억제하여 그 심사대상에서 제외하는 영역이 있으나, 이와 같이 통치행위의 개념을 인정한다고 하더라도 과도한 사법심사의 자제가 기본권을 보장하고 법치주의 이념을 구현하여야 할

법원의 책무를 태만히 하거나 포기하는 것이 되지 않도록 그 인정을 지극히 신중하게 하여야 하며, 그 판단은 오로지 사법부만에 의하여 이루어져야 한다.

판례2 대통령의 개성공단 전면 중단조치는 사법심사의 대상인가?

(헌재 2022. 1. 27. 2016헌마364) 적극

결정요지 : 이 사건 중단조치는 북한의 핵실험과 장거리 미사일 발사로 초래된 동북아시아 안보지형의 변화, 국익 차원에서 북한의 핵무력 완성을 저지하기 위한 대응 조치의 필요성, 관련 국제 공조에 있어서 우리나라의 지위와 역할, 개성공단 내 우리 국민의 신변안전 등을 복합적으로 고려하여 내린 정치적 결단에 기한 조치로서 이른바 통치행위에 해당하므로, 사법심사의 대상이 될 수 없는 것이 아닌가 하는 의문이 있을 수 있다. 그러나 우리 헌법의 기본원리인 법치주의의 원리상 대통령, 국회 기타 어떠한 공권력도 법의 지배를 받아야 하고, 모든 국가작용은 국민의 기본권적 가치를 실현하기 위한 수단이라는 데에서 나오는 한계를 반드시 지켜야 하며, 헌법재판소는 헌법의 수호와 국민의 기본권 보장을 사명으로 하는 국가기관이므로, 비록 고도의 정치적 결단에 의하여 행해지는 국가작용이라고 할지라도 그것이 국민의 기본권침해와 직접 관련되는 경우에는 당연히 헌법재판소의 심판대상이 될 수 있다(헌재 1996. 2. 29. 93헌마186; 헌재 2004. 10. 21. 2004헌마554등 참조). 이 사건 중단조치가 북한의 핵무기 개발로 인한 위기에 대처하기 위한 조치로서 국가안보와 관련된 대통령의 의사 결정을 포함하고 그러한 의사 결정이 고도의 정치적 결단을 요하는 문제이기는 하나, 그 의사 결정에 따른 조치 결과 투자기업인 청구인들의 영업의 자유 등 기본권에 제한이 발생하였다. 그리고 국민의 기본권 제한과 직접 관련된 공권력의 행사는 고도의 정치적 고려가 필요한 대통령의 행위라도 헌법과 법률에 따라 정책을 결정하고 집행하도록함으로써 국민의 기본권이 침해되지 않도록 견제하는 것이 국민의 기본권 보장을 사명으로 하는 헌법재판소 본연의 임무이므로, 그 한도에서 헌법소원심판의 대상이 될 수 있다고 보아야 한다.

판례3 대통령의 일반사병 이라크파병 결정은 사법심사의 대상인가?

(헌재 2004. 4. 29. 2003헌마814) 소극

결정요지 : 이 사건 파병결정은 대통령이 파병의 정당성뿐만 아니라 북한 핵 사태의 원만한 해결을 위한 동맹국과의 관계, 우리나라의 안보문제, 국·내외 정치관계 등 국익과 관련한 여러 가지 사정을 고려하여 파병부대의 성격과 규모, 파병기간을 국가안전보장회의의 자문을 거쳐 결정한 것으로, 그 후 국무회의 심의·의결을 거쳐 국회의 동의를 얻음으로써 헌법과 법률에 따른 절차적 정당성을 확보했음을 알 수 있다. 그렇다면 이 사

건 파견결정은 그 성격상 국방 및 외교에 관련된 고도의 정치적 결단을 요하는 문제로서, 헌법과 법률이 정한 절차를 지켜 이루어진 것임이 명백하므로, 대통령과 국회의 판단은 존중되어야 하고 헌법재판소가 사법적 기준만으로 이를 심판하는 것은 자제되어야 한다. 이에 대하여는 설혹 사법적 심사의 회피로 자의적 결정이 방치될 수도 있다는 우려가 있을 수 있으나 그러한 대통령과 국회의 판단은 궁극적으로는 선거를 통해 국민에 의한 평가와 심판을 받게 될 것이다.

판례4 대통령의 독립유공자 서훈취소처분의 취소는 사법심사의 대상인가?

(대판 2015. 4. 23. 2012두26920) 적극

결정요지 : 구 상훈법 제8조는 서훈취소의 요건을 구체적으로 명시하고 있고 절차에 관하여 상세하게 규정하고 있다. 그리고 서훈취소는 서훈수여의 경우와는 달리 이미 발생된 서훈대상자 등의 권리 등에 영향을 미치는 행위로서 관련 당사자에게 미치는 불이익의 내용과 정도 등을 고려하면 사법심사의 필요성이 크다. 따라서 기본권의 보장 및 법치주의의 이념에 비추어 보면, 비록 서훈취소가 대통령이 국가원수로서 행하는 행위라고 하더라도 법원이 사법심사를 자제하여야 할 고도의 정치성을 띤 행위라고 볼 수는 없다.

6) 대통령의 의무

❖ 헌법 제66조 ② 대통령은 국가의 독립·영토의 보전·국가의 계속성과 헌법을 수호할 책무를 진다. ③ 대통령은 조국의 평화적 통일을 위한 성실한 의무를 진다.
❖ 헌법 제69조 대통령은 취임에 즈음하여 다음의 선서를 한다. "나는 헌법을 준수하고 국가를 보위하며 조국의 평화적 통일과 국민의 자유와 복리의 증진 및 민족문화의 창달에 노력하여 대통령으로서의 직책을 성실히 수행할 것을 국민 앞에 엄숙히 선서합니다."
❖ 헌법 제83조 대통령은 국무총리·국무위원·행정각부의 장 기타 법률이 정하는 공사의 직을 겸할 수 없다.

대통령의 헌법상 의무로는 헌법수호의무, 성실한 직책수행의무, 겸직금지의무, 평화적 통일을 위한 성실한 의무 등이 있다.

판례1 **대통령의 헌법을 준수하고 수호해야 할 의무 (대통령 노무현 탄핵 사건)**

(헌재 2004. 5. 14. 2004헌나1) 기각

결정요지 : 헌법 제66조 제2항 및 제69조에 규정된 대통령의 '헌법을 준수하고 수호해야 할 의무'는 헌법상 법치국가원리가 대통령의 직무집행과 관련하여 구체화된 헌법적 표현이다. '헌법을 준수하고 수호해야 할 의무'가 이미 법치국가원리에서 파생되는 지극히 당연한 것임에도, 헌법은 국가의 원수이자 행정부의 수반이라는 대통령의 막중한 지위를 감안하여 제66조 제2항 및 제69조에서 이를 다시 한번 강조하고 있다. 이러한 헌법의 정신에 의한다면, 대통령은 국민 모두에 대한 '법치와 준법의 상징적 존재'인 것이다.

대통령이 현행법을 '관권선거시대의 유물'로 폄하하고 법률의 합헌성과 정당성에 대하여 대통령의 지위에서 공개적으로 의문을 제기하는 것은 헌법과 법률을 준수해야 할 의무와 부합하지 않는다. 물론, 대통령도 정치인으로서 현행 법률의 개선방향에 관한 입장과 소신을 피력할 수는 있으나, 어떠한 상황에서, 어떠한 연관관계에서 법률의 개정에 관하여 논의하는가 하는 것은 매우 중요하며, 이 사건의 경우와 같이, 대통령이 선거법위반행위로 말미암아 중앙선거관리위원회로부터 경고를 받는 상황에서 그에 대한 반응으로서 현행 선거법을 폄하하는 발언을 하는 것은 법률을 존중하는 태도라고 볼 수 없는 것이다.

모든 공직자의 모범이 되어야 하는 대통령의 이러한 언행은 법률을 존중하고 준수해야 하는 다른 공직자의 의식에 중대한 영향을 미치고, 나아가 국민 전반의 준법정신을 저해하는 효과를 가져오는 등 법치국가의 실현에 있어서 매우 부정적인 영향을 미칠 수 있다. 결론적으로, 대통령이 국민 앞에서 현행법의 정당성과 규범력을 문제삼는 행위는 법치국가의 정신에 반하는 것이자, 헌법을 수호해야 할 의무를 위반한 것이다.

판례2 **대통령의 비밀엄수의무 (대통령 박근혜 탄핵 사건)**

(헌재 2017. 3. 10. 2016헌나1) 인용

결정요지 : 국가공무원법 제60조에 따라 공무원은 직무상 알게 된 비밀을 엄수하여야 한다. 비밀엄수의무는 공무원이 국민전체에 대한 봉사자라는 지위에 기하여 부담하는 의무이다(헌재 2013. 8. 29. 2010헌바354등 참조). 특히 대통령은 고도의 정책적 결정을 내리는 과정에서 중요한 국가기밀을 다수 알게 되므로, 대통령의 비밀엄수의무가 가지는 중요성은 다른 어떤 공무원의 경우보다 크고 무겁다. 피청구인의 지시와 묵인에 따라 최○○에게 많은 문건이 유출되었고, 여기에는 대통령의 일정·외교·인사·정책 등에 관한 내용이 포함되어 있다. 이런 정보는 대통령의 직무와 관련된 것으로 일반에 알려질 경우 행정 목적을 해할 우려가 있고 실질적으로 비밀로 보호할 가치가 있으므로 직무상 비밀

에 해당한다. 그럼에도 불구하고 피청구인은 최○○에게 위와 같은 문건이 유출되도록 지시 또는 방치하였으므로, 이는 국가공무원법 제60조의 비밀엄수의무 위배에 해당한다.

7) 대통령의 형사불소추 특권

❖ 헌법 제84조 대통령은 내란 또는 외환의 죄를 범한 경우를 제외하고는 재직 중 형사상의 소추를 받지 아니한다.

대통령에게 내란과 외환죄를 제외한 형사불소추 특권이 인정되는 이유는 대통령으로서의 직무수행을 방해받지 않고 원활하게 하려는데 있다. 내란죄나 외환죄(外患罪)를 범한 경우에는 불소추특권이 적용되지 않으며, 민사상의 책임이 면제되지 않는다. 대통령 재직 중에는 공소시효의 진행도 정지된다.

판례 ① 대통령에 대한 형사불소추 특권의 의미 ② 헌법 제84조에 의하여 대통령 재직중에는 공소시효의 진행이 당연히 정지되는지 여부

(헌재 1995. 1. 20. 94헌마246) 기각

사건개요 : 청구인들은 대검찰청에 12·12사건에 관하여 전두환 외 33명을 고소하였는데, 피청구인인 검사는 불기소처분을 하였고, 이에 청구인들은 이러한 불기소처분이 평등권, 재판권, 재판절차진술권 등을 침해하였다고 주장하며 헌법소원심판을 청구하였다.
결정요지 : ① 헌법이 채택하고 있는 국민주권주의(제1조 제2항)와 법 앞의 평등(제11조 제1항), 특수계급제도의 부인(제11조 제2항), 영전(榮典)에 따른 특권의 부인(제11조 제3항) 등의 기본적 이념에 비추어 볼 때, 대통령의 불소추특권에 관한 헌법 제84조의 규정이 대통령이라는 특수한 신분에 따라 일반국민과는 달리 대통령 개인에게 특권을 부여한 것으로 볼 것이 아니라 단지 국가의 원수로서 외국에 대하여 국가를 대표하는 지위에 있는 대통령이라는 특수한 직책의 원활한 수행을 보장하고, 그 권위를 확보하여 국가의 체면과 권위를 유지하여야 할 실제상의 필요 때문에 대통령으로 재직중인 동안만 형사상 특권을 부여하고 있음에 지나지 않는 것으로 보아야 할 것이다.
② 위와 같은 헌법 제84조의 규정취지와 함께 공소시효제도나 공소시효정지제도의 본질에 비추어 보면, 비록 헌법 제84조에는 "대통령은 내란 또는 외환의 죄를 범한 경우를 제외하고는 재직중 형사상의 소추를 받지 아니한다"고만 규정되어 있을 뿐 헌법이나 형

사소송법 등의 법률에 대통령의 재직중 공소시효의 진행이 정지된다고 명백히 규정되어 있지는 않다고 하더라도, 위 헌법규정은 바로 공소시효진행의 소극적 사유가 되는 국가의 소추권행사의 법률상 장애사유에 해당하므로, 대통령의 재직중에는 공소시효의 진행이 당연히 정지되는 것으로 보아야 한다.

8) 대통령의 자문회의

❖ 헌법 제90조 ① 국정의 중요한 사항에 관한 대통령의 자문에 응하기 위하여 국가원로로 구성되는 국가원로자문회의를 둘 수 있다. ② 국가원로자문회의의 의장은 직전대통령이 된다. 다만, 직전대통령이 없을 때에는 대통령이 지명한다. ③ 국가원로자문회의의 조직·직무범위 기타 필요한 사항은 법률로 정한다.

❖ 헌법 제91조 ① 국가안전보장에 관련되는 대외정책·군사정책과 국내정책의 수립에 관하여 국무회의의 심의에 앞서 대통령의 자문에 응하기 위하여 국가안전보장회의를 둔다. ② 국가안전보장회의는 대통령이 주재한다. ③ 국가안전보장회의의 조직·직무범위 기타 필요한 사항은 법률로 정한다.

❖ 헌법 제92조 ① 평화통일정책의 수립에 관한 대통령의 자문에 응하기 위하여 민주평화통일자문회의를 둘 수 있다. ② 민주평화통일자문회의의 조직·직무범위 기타 필요한 사항은 법률로 정한다.

❖ 헌법 제93조 ① 국민경제의 발전을 위한 중요정책의 수립에 관하여 대통령의 자문에 응하기 위하여 국민경제자문회의를 둘 수 있다. ② 국민경제자문회의의 조직·직무범위 기타 필요한 사항은 법률로 정한다.

헌법에는 대통령의 자문기구로서 국가원로자문회의, 국가안전보장회의, 민주평화통일자문회의, 국민경제자문회의를 둔다거나 둘 수 있다고 규정되어 있다. 그러나 위 회의체의 결정에 기속력이 있다거나 실효성이 크지는 않다.

판례 국가안전보장회의 의결의 구속력

(헌재 2004. 4. 29. 2003헌마814) 각하

결정요지 : 심판청구서에는 '국가안전보장회의가 2003. 10. 18. 일반사병을 이라크에 파견하기로 한 결정'의 위헌확인을 구하고 있다. 그러나 국가안전보장회의는 헌법상 대통령의 자문기관에 불과할 뿐 공권력의 행사, 특히 문제된 국군의 외국에의 파견이라는 국

가행위(공권력행사)의 주체가 될 수 없다. 가사 국가안전보장회의가 그와 같은 결정(의결)을 하더라도 이는 국군통수권자인 대통령의 결정으로 볼 수 있음은 별론으로 하고 국가기관 내부의 의사결정, 특히 대통령에 대한 권고 내지 의견제시에 불과할 뿐 법적 구속력이 있거나 대외적 효력이 있는 행위라고 볼 수는 없다. 살피건대 국가안전보장회의는 국가안보와 관련한 대외정책·군사정책의 수립에 관하여 헌법상 대통령의 자문기관이고 그 의결에 구속력이 없어 그 자체로는 법적 효력이 없지만, 대통령이 대외·군사정책의 수뇌부가 모인 가운데 자문을 거쳐 의결로 파병을 결정하고 공표하였다면 그 결정은 실질적으로 대통령의 파병결정이라고 할 것이므로 이 사건의 심판대상을 대통령의 파병결정으로 보아야 옳다고 할 것이며, 청구인의 청구취지에도 부합한다고 할 것이다. 그렇다면 이 사건 심판의 대상은 '대통령이 2003. 10. 18. 국군(일반사병)을 이라크에 파견하기로 한 결정'의 위헌여부라고 할 것이다.

2. 국무총리

❖ 헌법 제86조 ① 국무총리는 국회의 동의를 얻어 대통령이 임명한다. ② 국무총리는 대통령을 보좌하며, 행정에 관하여 대통령의 명을 받아 행정각부를 통할한다. ③ 군인은 현역을 면한 후가 아니면 국무총리로 임명될 수 없다.

❖ 헌법 제87조 ① 국무위원은 국무총리의 제청으로 대통령이 임명한다. ② 국무위원은 국정에 관하여 대통령을 보좌하며, 국무회의의 구성원으로서 국정을 심의한다. ③ 국무총리는 국무위원의 해임을 대통령에게 건의할 수 있다. ④ 군인은 현역을 면한 후가 아니면 국무위원으로 임명될 수 없다.

대통령제 정부형태에서는 부통령을 두는 것이 일반적이고, 총리 또는 수상은 의원내각제 정부형태를 채택하고 있는 국가에서 내각의 최고책임자이다. 우리나라는 대통령제를 채택하고 있으면서도 의원내각제를 가미하고 있는데, 국무총리제도가 이러한 의원내각제의 대표적 요소이다.

국무총리는 국회의 동의를 얻어 대통령이 임명한다. 국무총리는 대통령 유고시의 제1순위 권한대행자, 행정각부를 통할하는 대통령의 보좌기관으로서의 지위를 지닌다. 국무총리는 행정입법으로서 총리령을 발할 수 있고, 국무위원 제청권, 행정부에 대한 지휘·감독권, 부서권, 국정심의권 등이 있다.

고위공직자범죄수사처 설치 및 운영에 관한 법률 (공수처법) : 17개 분야의 고위공직자와 그 가족들의 직권남용, 범죄수익은닉, 횡령, 배임, 알선수재 등등의 범죄에 대해서 수사할 수 있고, 공수처의 조직, 직무, 권한 등이 규정되어 있다. 검사와 수사관을 두어 독립적으로 수사할 수 있고, 다른 수사기관의 범죄수사에 대하여 이첩을 요청할 수 있다. 수사처검사가 공소를 제기하는 고위공직자범죄사건의 제1심 재판은 원칙적으로 서울중앙지방법원의 관할로 하지만, 예외적으로 범죄지나 증거소재지 피고인의 특별한 사정을 고려하여 다른 법원에 공소를 제기할 수 있다. 대법원장, 대법관, 검찰총장, 판사, 검사, 경무관 이상 경찰공무원의 재직 중 범죄에 대해서는 공소제기를 할 수 있으며, 기타 고위공직자의 범죄에 대해서는 공소제기를 위하여 서울중앙지방검찰청 소속 검사에게 송부하여야 한다. 공수처는 제3조와 제22조에 의하여 어떠한 지시나 간섭을 받지 않고 직무를 독립하여 수행하도록 하는 등 고도의 독립성이 보장되고 있다.

판례1 공수처법은 위헌인가?

(헌재 2021. 1. 28. 2020헌마264) 기각

전체 논점 : ① 권력분립원칙을 위반하여 청구인들의 평등권, 신체의 자유 등을 침해하는지 여부(소극) ② 청구인들을 합리적 이유없이 차별하여 평등권을 침해하는지 여부(소극) ③ 영장주의 원칙을 위반하여 청구인들의 신체의 자유 등을 침해하는지 여부(소극)

결정요지 : ① 헌법 제66조 제4항은 "행정권은 대통령을 수반으로 하는 정부에 속한다."고 규정하고 있는데, 여기서의 '정부'란 입법부와 사법부에 대응하는 넓은 개념으로서의 집행부를 일컫는다 할 것이다. 그리고 헌법 제86조 제2항은 대통령의 명을 받은 국무총리가 행정각부를 통할하도록 규정하고 있는데, 대통령과 행정부, 국무총리에 관한 헌법 규정의 해석상 국무총리의 통할을 받는 '행정각부'에 모든 행정기관이 포함된다고 볼 수 없다. 즉 정부의 구성단위로서 그 권한에 속하는 사항을 집행하는 중앙행정기관을 반드시 국무총리의 통할을 받는 '행정각부'의 형태로 설치하거나 '행정각부'에 속하는 기관으로 두어야 하는 것이 헌법상 강제되는 것은 아니므로, 법률로써 '행정각부'에 속하지 않는 독립된 형태의 행정기관을 설치하는 것이 헌법상 금지된다고 할 수 없다. (중략) 공수처법이 수사처의 소속을 명시적으로 규정하지 않은 것은 수사처의 업무의 특성을 고려하여 정치적 중립성과 직무상 독립성을 보장하기 위한 것이고, 수사처에 대하여는 행정부 내부에서뿐만 아니라 외부에서도 다양한 방법으로 통제를 하고 있으며, 수사처가 다른 국가기관에 대하여 일방적 우위를 점하고 있다고 보기도 어려우므로, 구 공수처법 제2조 및 공수처법 제3조 제1항은 권력분립원칙에 반하여 청구인들의 평등권, 신체의 자유 등을 침해하지 않는다.

판례2 **① 국무총리의 통합을 받지 않는, 대통령 직속의 국가기관은 위헌적인가? 또한 ② 국무총리의 헌법상 지위는 무엇인가?**

(헌재 1994. 4. 28. 89헌마221) 기각

사건개요 : 국가안전기획부 소속 사법경찰관리에 의하여 군사기밀보호법 위반으로 재판을 받던 피고인이 국가안전기획부가 위헌적인 정부기구라 주장하며 헌법소원심판을 청구하였다.

결정요지 : ① 헌법 제86조 제2항은 그 위치와 내용으로 보아 국무총리의 헌법상 주된 지위가 대통령의 보좌기관이라는 것과 그 보좌기관인 지위에서 행정에 관하여 대통령의 명을 받아 행정각부를 통할할 수 있다는 것을 규정한 것일 뿐, 국가의 공권력을 집행하는 행정부의 조직은 헌법상 예외적으로 열거되어 있거나 그 성질상 대통령의 직속기관으로 설치할 수 있는 것을 제외하고는 모두 국무총리의 통할을 받아야 하며, 그 통할을 받지 않은 행정기관은 법률에 의하더라도 이를 설치할 수 없음을 의미한다고는 볼 수 없을 뿐만 아니라, 헌법 제94조, 제95조 등의 규정취지에 비추어 정부의 구성단위로서 그 권한에 속하는 사항을 집행하는 모든 중앙정부기관이 곧 헌법 제86조 제2항 소정의 "행정각부"라고 볼 수도 없다. 국가가 정보기관을 대통령직속으로 하느냐 여부는 기본적으로 입법정책의 영역에 속하는 것으로서 당해 국가의 헌법이념에 위배되지 않는 한 위헌이라 할 수 없는 것인데, 국가안전기획부법은 그 목적, 직무범위, 통제방법 등의 관점에서 헌법이 요구하는 최소한의 요건을 갖추고 있다고 보아야 할 것이므로, 국무총리의 관할을 받지 않는 대통령직속기관인 국가안전기획부의 설치근거와 직무범위 등을 정한 행정조직법 제14조와 국가안전기획부법 제4조 및 제6조의 규정은 헌법에 위배된다 할 수 없다.

② 헌법상 국무총리는 국회의 동의를 얻어 대통령이 임명(헌법 제86조 제1항)하고 국무총리는 대통령을 보좌하며, 행정에 관하여 대통령의 명을 받아 행정각부를 통할(같은 조 제2항)하며 국무위원은 국무총리의 제청으로 대통령이 임명(헌법 제87조 제1항)하고 행정각부의 장은 국무위원 중에서 국무총리의 제청으로 대통령이 임명(헌법 제94조)하며 대통령의 국법상 행위에 관한 문서에의 부서권(헌법 제82조)이 있는바 국무총리에 관한 헌법상 위의 제 규정을 종합하면 국무총리의 지위가 대통령의 권한행사에 위의 규정을 종합하면 국무총리의 지위가 대통령의 권한행사에 다소의 견제적 기능을 할 수 있다고 보여지는 것이 있기는 하나, 우리 헌법이 대통령중심제의 정부형태를 취하면서도 국무총리제도를 두게 된 주된 이유가 부통령제를 두지 않았기 때문에 대통령 유고시에 그 권한대행자가 필요하고 또 대통령제의 기능과 능률을 높이기 위하여 대통령을 보좌하고 그 의견을 받들어 정부를 통할·조정하는 보좌기관이 필요하다는 데 있었던 점과 대통

령에게 법적 제한 없이 국무총리해임권이 있는 점(헌법 제78조, 제86조 제1항 참조)등을 고려하여 총체적으로 보면 내각책임제 밑에서의 행정권이 수상에게 귀속되는 것과는 달리 우리 나라의 행정권은 헌법상 대통령에게 귀속되고, 국무총리는 단지 대통령의 첫째가는 보좌기관으로서 행정에 관하여 독자적인 권한을 가지지 못하고 대통령의 명을 받아 행정각부를 통할하는 기관으로서의 지위만을 가지며, 행정권 행사에 대한 최후의 결정권자는 대통령이라고 해석하는 것이 타당하다고 할 것이다.

3. 행정각부

❖ 헌법 제94조 행정각부의 장은 국무위원 중에서 국무총리의 제청으로 대통령이 임명한다.

❖ 헌법 제95조 국무총리 또는 행정각부의 장은 소관사무에 관하여 법률이나 대통령령의 위임 또는 직권으로 총리령 또는 부령을 발할 수 있다.

❖ 헌법 제96조 행정각부의 설치·조직과 직무범위는 법률로 정한다.

행정각부의 장은 국무위원의 지위와 행정각부장관의 지위를 동시에 지닌다. (이중적 지위) 행정각부의 장은 국무위원으로서 국무회의에 참여하여 국정을 심의한다. 의원내각제적 요소인 국무회의는 의결기관도 아닌 심의기관이므로 중요하지 않은 것 같지만, 국무회의는 헌법에 명시되어 있는 헌법상 필수기관이며, 대통령의 권한행사를 내부적으로 통제하는 기관으로서의 의미를 지니고 있다. 국무회의 심의사항임에도 국무회의 심의를 거치지 않은 경우에는 탄핵사유에 해당될 수 있다.

❖ 헌법 제88조 ① 국무회의는 정부의 권한에 속하는 중요한 정책을 심의한다. ② 국무회의는 대통령·국무총리와 15인 이상 30인 이하의 국무위원으로 구성한다. ③ 대통령은 국무회의의 의장이 되고, 국무총리는 부의장이 된다.행정각부의 장은 국무위원 중에서 국무총리의 제청으로 대통령이 임명한다.

❖ 헌법 제89조 다음 사항은 국무회의의 심의를 거쳐야 한다.

1. 국정의 기본계획과 정부의 일반정책
2. 선전·강화 기타 중요한 대외정책

3. 헌법개정안 · 국민투표안 · 조약안 · 법률안 및 대통령령안
4. 예산안 · 결산 · 국유재산처분의 기본계획 · 국가의 부담이 될 계약 기타 재정에 관한 중요사항
5. 대통령의 긴급명령 · 긴급재정경제처분 및 명령 또는 계엄과 그 해제
6. 군사에 관한 중요사항
7. 국회의 임시회 집회의 요구
8. 영전수여
9. 사면 · 감형과 복권
10. 행정각부간의 권한의 획정
11. 정부 안의 권한의 위임 또는 배정에 관한 기본계획
12. 국정처리상황의 평가 · 분석
13. 행정각부의 중요한 정책의 수립과 조정
14. 정당해산의 제소
15. 정부에 제출 또는 회부된 정부의 정책에 관계되는 청원의 심사
16. 검찰총장 · 합동참모의장 · 각군참모총장 · 국립대학교총장 · 대사 기타 법률이 정한 공무원과 국영기업체관리자의 임명
17. 기타 대통령 · 국무총리 또는 국무위원이 제출한 사항.

행정부의 수와 명칭은 정부조직법에 의하여 정해지는데, 일반적으로 대통령이 주도한 정부조직법 개정안 제출에 의하여 행정부가 축소·증대된다. 행정각부의 장은 시행규칙에 해당되는 부령 발포권을 지닌다.

정부조직법 제26조(행정각부) ① 대통령의 통할하에 다음의 행정각부를 둔다.
1. 기획재정부 2. 교육부 3. 과학기술정보통신부 4. 외교부 5. 통일부 6. 법무부 7. 국방부 8. 행정안전부 9. 국가보훈부 10. 문화체육관광부 11. 농림축산식품부 12. 산업통상자원부 13. 보건복지부 14. 환경부 15. 고용노동부 16. 여성가족부 17. 국토교통부 18. 해양수산부 19. 중소벤처기업부
② 행정각부에 장관 1명과 차관 1명을 두되, 장관은 국무위원으로 보하고, 차관은 정무직으로 한다. 다만, 기획재정부 · 과학기술정보통신부 · 외교부 · 문화체육관광부 · 산업통상자원부 · 보건복지부 · 국토교통부에는 차관 2명을 둔다. ③ 장관은 소관사무에 관하여 지방행정의 장을 지휘 · 감독한다.

판례1 정부가 일본군위안부 피해자에 대하여 외교적으로 방치한 것이 위헌인가?

(헌재 2011. 8. 30. 2006헌마788) 행정부작위 위헌

사건개요 : '일본군위안부 피해자'인 청구인들은 정부가 1965년의 한일협정에 따른 분쟁 해결을 위한 의무이행을 하지 않는다고 주장하며 헌법소원심판을 청구하였다.

전체 논점 : 청구인들이 일본국에 대하여 가지는 일본군위안부로서의 배상청구권이 '대한민국과 일본국 간의 재산 및 청구권에 관한 문제의 해결과 경제협력에 관한 협정' 제2조 제1항에 의하여 소멸되었는지 여부에 관한 한·일 양국 간 해석상 분쟁을 이 사건 협정 제3조가 정한 절차에 따라 해결하지 아니하고 있는 피청구인의 부작위가 위헌인지 여부(적극)

결정요지 : 헌법 전문, 제2조 제2항, 제10조와 이 사건 협정 제3조의 문언에 비추어 볼 때, 피청구인이 이 사건 협정 제3조에 따라 분쟁 해결의 절차로 나아갈 의무는 일본국에 의해 자행된 조직적이고 지속적인 불법행위에 의하여 인간의 존엄과 가치를 심각하게 훼손당한 자국민들이 배상청구권을 실현하도록 협력하고 보호하여야 할 헌법적 요청에 의한 것으로서, 그 의무의 이행이 없으면 청구인들의 기본권이 중대하게 침해될 가능성이 있으므로, 피청구인의 작위의무는 헌법에서 유래하는 작위의무로서 그것이 법령에 구체적으로 규정되어 있는 경우라고 할 것이다.

이러한 분쟁해결절차로 나아가지 않은 피청구인의 부작위가 청구인들의 기본권을 침해하여 위헌인지 여부는, 침해되는 기본권의 중대성, 기본권침해 위험의 절박성, 기본권의 구제가능성, 작위로 나아갈 경우 진정한 국익에 반하는지 여부 등을 종합적으로 고려하여, 국가기관의 기본권 기속성에 합당한 재량권 행사 범위 내로 볼 수 있을 것인지 여부에 따라 결정된다.

일본국에 의하여 광범위하게 자행된 반인도적 범죄행위에 대하여 일본군위안부 피해자들이 일본에 대하여 가지는 배상청구권은 헌법상 보장되는 재산권일 뿐만 아니라, 그 배상청구권의 실현은 무자비하고 지속적으로 침해된 인간으로서의 존엄과 가치 및 신체의 자유를 사후적으로 회복한다는 의미를 가지는 것이므로 피청구인의 부작위로 인하여 침해되는 기본권이 매우 중대하다.

이상과 같은 점을 종합하면, 결국 이 사건 협정 제3조에 의한 분쟁해결절차로 나아가는 것만이 국가기관의 기본권 기속성에 합당한 재량권 행사라 할 것이고, 피청구인의 부작위로 인하여 청구인들에게 중대한 기본권의 침해를 초래하였다 할 것이므로, 이는 헌법에 위반된다.

판례2 대통령 해외 순방 중에 한 국무회의 의결은 적법한가? (통합진보당 사건)

(헌재 2014. 12. 19. 2013헌다1)

전체 논점 : ① 통합진보당의 목적이나 활동이 민주적 기본질서에 위배되는지 여부(적극) ② 정당해산결정이 선고되는 경우 그 정당 소속 국회의원이 의원직을 상실하는지 여부(적극) ③ 대통령의 해외 순방 중 국무총리가 주재한 국무회의에서 이루어진 정당해산심판청구서 제출안에 대한 의결이 위법한지(소극)

③의 결정요지 : 대통령이 직무상 해외 순방 중이던 2013. 11. 5. 국무총리가 주재한 국무회의에서 피청구인에 대한 정당해산심판청구서 제출안이 의결되었고, 위 의안에 대하여는 차관회의의 사전 심의를 거치지 않은 사실이 인정된다. 정부조직법 제12조에 의하면, 대통령은 국무회의의 의장으로서 회의를 소집하고 이를 주재하지만 대통령이 사고로 직무를 수행할 수 없는 경우에는 국무총리가 그 직무를 대행한다. 대통령이 해외 순방 중인 경우는 일시적으로 직무를 수행할 수 없는 경우로서 '사고'에 해당된다고 할 것이므로(직무대리규정 제2조 제4호 참조), 위 국무회의의 의결이 위법하다고 볼 수 없다. 또한 국무회의 규정 제5조 제1항에 의하면 국무회의에 제출되는 의안은 긴급한 의안이 아닌 한 차관회의의 심의를 거쳐야 한다고 규정하고 있으나, 의안의 긴급성에 관한 판단에는 원칙적으로 정부의 재량이 있다고 할 것이고, 피청구인 소속 국회의원 등이 연루된 내란 관련 사건이 발생한 상황에서 제출된 피청구인 해산심판청구에 대한 의안이 긴급한 의안에 해당한다고 본 정부의 판단에 재량의 일탈이나 남용의 위법이 있다고 단정하기 어렵다.

검사의 사무를 총괄하는 검찰청은 직제상 법무부에 소속된 국가기관이지만 현실적으로 중요사건에 대한 수사를 담당해왔고 매우 중요한 기관이다. 헌법과 법률에 의해 부여된 법적인 '권한' 보다 사회적인 '권력'이 크다고 할 수 있다.

검찰청법 : 검사의 직무과 검찰사무에 관한 지휘·감독(검사동일체 원칙), 검찰의 조직(대검찰청, 고등검찰청, 지방검찰청, 지청), 검사의 자격·신분보장·징계·정년 등에 관한 사항을 규정하고 있다.

제4조(검사의 직무) ① 검사는 공익의 대표자로서 다음 각 호의 직무와 권한이 있다.
1. 범죄수사, 공소의 제기 및 그 유지에 필요한 사항. 다만, 검사가 수사를 개시할 수 있는 범죄의 범위는 다음 각 목과 같다.

가. 부패범죄, 경제범죄 등 대통령령으로 정하는 중요 범죄
나. 경찰공무원(다른 법률에 따라 사법경찰관리의 직무를 행하는 자를 포함한다) 및 고위공직자범죄수사처 소속 공무원(「고위공직자범죄수사처 설치 및 운영에 관한 법률」에 따른 파견공무원을 포함한다)이 범한 범죄
다. 가목·나목의 범죄 및 사법경찰관이 송치한 범죄와 관련하여 인지한 각 해당 범죄와 직접 관련성이 있는 범죄
2. 범죄수사에 관한 특별사법경찰관리 지휘·감독
3. 법원에 대한 법령의 정당한 적용 청구
4. 재판 집행 지휘·감독
5. 국가를 당사자 또는 참가인으로 하는 소송과 행정소송 수행 또는 그 수행에 관한 지휘·감독
6. 다른 법령에 따라 그 권한에 속하는 사항
② 검사는 자신이 수사개시한 범죄에 대하여는 공소를 제기할 수 없다. 다만, 사법경찰관이 송치한 범죄에 대하여는 그러하지 아니하다.
③ 검사는 그 직무를 수행할 때 국민 전체에 대한 봉사자로서 헌법과 법률에 따라 국민의 인권을 보호하고 적법절차를 준수하며, 정치적 중립을 지켜야 하고 주어진 권한을 남용하여서는 아니 된다.
제7조(검찰사무에 관한 지휘·감독) ① 검사는 검찰사무에 관하여 소속 상급자의 지휘·감독에 따른다. ② 검사는 구체적 사건과 관련된 제1항의 지휘·감독의 적법성 또는 정당성에 대하여 이견이 있을 때에는 이의를 제기할 수 있다.
제8조(법무부장관의 지휘·감독) 법무부장관은 검찰사무의 최고 감독자로서 일반적으로 검사를 지휘·감독하고, 구체적 사건에 대하여는 검찰총장만을 지휘·감독한다.

특별검사의 임명 등에 관한 법률 (특검법) : 특정사건에 대한 범죄수사와 공소제기 등에 관해서 검찰조직과는 독립적인 지위를 가지는 특별검사의 임명과 직무 등에 관한 사항을 규정하고 있다.

제3조(특별검사 임명절차) ① 제2조에 따라 특별검사의 수사가 결정된 경우 대통령은 제4조에 따라 구성된 특별검사후보추천위원회에 지체 없이 2명의 특별검사 후보자 추천을 의뢰하여야 한다. ② 특별검사후보추천위원회는 제1항의 의뢰를 받은 날부터 5일 내에 15년 이상 「법원조직법」 제42조제1항제1호의 직에 있던 변호사 중에서 재적위원 과반수의 찬성으로 2명의 후보자를 서면으로 대통령에게 추천하여야 한다. ③ 대통령은 제2항의 추천을

받은 날부터 3일 내에 추천된 후보자 중에서 1명을 특별검사로 임명하여야 한다.
제4조(특별검사후보추천위원회) ① 특별검사 후보자의 추천을 위하여 국회에 특별검사후보추천위원회(이하 이 조에서 "추천위원회"라 한다)를 둔다.
② 추천위원회는 위원장 1명을 포함하여 7명의 위원으로 구성한다.
③ 위원장은 제4항에 따른 위원 중에서 호선한다.
④ 위원은 다음 각 호의 어느 하나에 해당하는 사람을 국회의장이 임명하거나 위촉한다. 1. 법무부 차관 2. 법원행정처 차장 3. 대한변호사협회장 4. 그 밖에 학식과 덕망이 있고 각계 전문 분야에서 경험이 풍부한 사람으로서 국회에서 추천한 4명

※ 특정사건마다 특검법이 새로 만들어지는 것(1999년부터 2012년까지 총 10건의 특검법이 제정되었음)을 피하기 위하여 2014년에 이러한 일반 특검법이 제정되었다. 그러나, 2014년 이후에도 개별 특검법(박근혜 정부의 최순실 등 민간인에 의한 국정농단 의혹 사건 규명을 위한 특별검사의 임명 등에 관한 법률(2016), 드루킹의 인터넷상 불법 댓글 조작 사건과 관련된 진상규명을 위한 특별검사의 임명 등에 관한 법률(2018), 공군 20전투비행단 이예람 중사 사망 사건 관련 군 내 성폭력 및 2차 피해 등의 진상규명을 위한 특별검사 임명 등에 관한 법률(2022) 등 3건의 특검법이 제정되었음)이 만들어지고 있다.

특별감찰관법 : 대통령의 친인척 등 대통령과 특수한 관계에 있는 사람의 비위행위에 대한 감찰을 담당하는 특별감찰관의 임명과 직무 등에 관한 사항을 규정하고 있다.

제2조(비위행위) 이 법에서 사용하는 "비위행위"란 다음 각 호의 어느 하나에 해당하는 행위를 말한다.
1. 실명(實名)이 아닌 명의로 계약을 하거나 알선·중개하는 등으로 개입하는 행위
2. 공기업이나 공직 유관 단체와 수의계약하거나 알선·중개하는 등으로 개입하는 행위
3. 인사 관련 등 부정한 청탁을 하는 행위
4. 부당하게 금품·향응을 주고 받는 행위
5. 공금을 횡령·유용하는 행위
제3조(지위) ① 특별감찰관은 대통령 소속으로 하되, 직무에 관하여는 독립의 지위를 가진다.② 특별감찰관은 감찰의 개시와 종료 즉시 그 결과를 대통령에게 보고한다.
제4조(정치적 중립) 특별감찰관은 직무를 수행함에 있어 정치적 중립을 지킨다.
제5조(감찰대상자) 이 법에 따른 특별감찰관의 감찰대상자는 다음 각 호에 해당하는 사람

으로 한다.
1. 대통령의 배우자 및 4촌 이내 친족
2. 대통령비서실의 수석비서관 이상의 공무원

※ 2014년에 특별감찰관법이 제정되고 2015년에 초대 특별감찰관이 임명되었으나, 2016년에 대통령비서실의 고위 공무원을 감찰하다가 사임한 이후로 특별감찰관이 임명되지 않고 있다. 이렇게 특별감찰관이 임명되지 않아서 활동을 하지는 않고 있지만 법률은 폐지되지 않아서 특별감찰관실을 유지하기 위한 예산은 집행되고 있다.

4. 감사원

❖ 헌법 제97조 국가의 세입·세출의 결산, 국가 및 법률이 정한 단체의 회계검사와 행정기관 및 공무원의 직무에 관한 감찰을 하기 위하여 대통령 소속하에 감사원을 둔다.
❖ 헌법 제98조 ① 감사원은 원장을 포함한 5인 이상 11인 이하의 감사위원으로 구성한다. ② 원장은 국회의 동의를 얻어 대통령이 임명하고, 그 임기는 4년으로 하며, 1차에 한하여 중임할 수 있다. ③ 감사위원은 원장의 제청으로 대통령이 임명하고, 그 임기는 4년으로 하며, 1차에 한하여 중임할 수 있다.
❖ 헌법 제99조 감사원은 세입·세출의 결산을 매년 검사하여 대통령과 차년도국회에 그 결과를 보고하여야 한다.
❖ 헌법 제100조 감사원의 조직·직무범위·감사위원의 자격·감사대상공무원의 범위 기타 필요한 사항은 법률로 정한다.

감사원법 : 감사원의 조직, 직무범위, 감사위원의 임용자격, 감사대상기관 등이 규정되어 있다.

제20조(임무) 감사원은 국가의 세입·세출의 결산검사를 하고, 이 법 및 다른 법률에서 정하는 회계를 상시 검사·감독하여 그 적정을 기하며, 행정기관 및 공무원의 직무를 감찰하여 행정 운영의 개선과 향상을 기한다.

감사원은 감사원장을 포함한 7인의 감사위원으로 구성된다. 감사원장은 국회의 동의를 얻어 대통령이 임명하며, 임기는 4년이고 1차에 한하여 중임할 수 있다. 감사원은 세입세출의 결산, 국가·법률에 규정된 단체 등의 회계검사, 행정기관 및 공무원의 직무감찰 등의 권한을 지닌다. 미국·영국 등의 경우에는 감사원이 의회에 소속되어 있거나 독일·프랑스·일본 등의 경우에는 독립기관이나, 우리나라의 감사원은 대통령의 소속으로 설치되어 있다.

판례 **감사원이 여러 공공기관에 대하여 '공공기관 선진화 추진계획'으로서 민영화와 통폐합 등의 조치를 제시한 행위는 구속적 성격을 지닌 '공권력의 행사'에 해당하는가?**

(헌재 2011. 12. 29. 2009헌마330) 각하

사건개요 : 공공기관에서 근무하는 근로자 및 노동조합인 청구인들은 감사원이 공공기관에 대하여 공공기관의 선진화 계획을 포함하여 여러 개선요구 및 점검·개선을 제시한 행위에 대하여, 이러한 감사원의 공공기관 선진화 추진계획이 청구인들의 단결권, 단체교섭권, 단체협약체결권, 재산권, 직업선택의 자유, 평등권, 인간의 존엄과 가치 및 행복추구권, 근로의 권리를 침해한다고 주장하면서 헌법소원심판을 청구하였다.

결정요지 : ① 이 사건 선진화 계획은 그 법적 성격이 행정계획이라고 할 것인바, 국민의 기본권에 직접적인 영향을 미친다고 볼 수 없고, 장차 법령의 뒷받침에 의하여 그대로 실시될 것이 틀림없을 것으로 예상된다고 보기도 어려우므로, 헌법소원의 대상이 되는 공권력의 행사에 해당한다고 할 수 없다.

② 이 사건 개선요구는 이를 따르지 않을 경우의 불이익을 명시적으로 예정하고 있다고 보기 어렵고, 행정지도로서의 한계를 넘어 규제적·구속적 성격을 강하게 갖는다고 할 수 없어 헌법소원의 대상이 되는 공권력의 행사에 해당한다고 볼 수 없다.

③ 이 사건 점검 및 개선제시 중, 점검행위는 감사원 내부의 자료수집에 불과하고, 개선제시는 이를 따르지 않을 경우의 불이익을 명시적으로 예정하고 있다고 보기 어려우므로 행정지도로서의 한계를 넘어 규제적·구속적 성격을 강하게 갖는다고 볼 수 없다. 따라서 이 사건 점검 및 개선제시는 헌법소원의 대상이 되는 공권력의 행사라고 보기 어렵다.

5. 선거관리위원회

선거관리위원회는 9인의 위원으로 구성된다. 3인은 대통령이 임명, 3인은 국회에서 선출하고 3인은 대법원장이 지명한다. 위원장은 위원 중에서 호선된다. 위원의 임기는 6년이며, 연임에 관한 제한규정이 없다. 선거관리위원회는 선거·국민투표의 관리와 정당에 관한 사무를 처리한다. 선거관리위원회는 중앙선관위, 특별시·광역시·도 선관위, 구·시·군 선관위, 읍·면·동 선관위의 4종류가 있다.

❖ 헌법 제114조 ① 선거와 국민투표의 공정한 관리 및 정당에 관한 사무를 처리하기 위하여 선거관리위원회를 둔다. ② 중앙선거관리위원회는 대통령이 임명하는 3인, 국회에서 선출하는 3인과 대법원장이 지명하는 3인의 위원으로 구성한다. 위원장은 위원 중에서 호선한다. ③ 위원의 임기는 6년으로 한다. ④ 위원은 정당에 가입하거나 정치에 관여할 수 없다. ⑤ 위원은 탄핵 또는 금고 이상의 형의 선고에 의하지 아니하고는 파면되지 아니한다. ⑥ 중앙선거관리위원회는 법령의 범위 안에서 선거관리·국민투표관리 또는 정당사무에 관한 규칙을 제정할 수 있으며, 법률에 저촉되지 아니하는 범위 안에서 내부규율에 관한 규칙을 제정할 수 있다. ⑦ 각급 선거관리위원회의 조직·직무범위 기타 필요한 사항은 법률로 정한다.국가의 세입·세출의 결산, 국가 및 법률이 정한 단체의 회계검사와 행정기관 및 공무원의 직무에 관한 감찰을 하기 위하여 대통령 소속하에 감사원을 둔다.

❖ 헌법 제115조 ① 각급 선거관리위원회는 선거인명부의 작성 등 선거사무와 국민투표사무에 관하여 관계 행정기관에 필요한 지시를 할 수 있다. ② 제1항의 지시를 받은 당해 행정기관은 이에 응하여야 한다.감사원은 원장을 포함한 5인 이상 11인 이하의 감사위원으로 구성한다.

❖ 헌법 제116조 ① 선거운동은 각급 선거관리위원회의 관리하에 법률이 정하는 범위 안에서 하되, 균등한 기회가 보장되어야 한다. ② 선거에 관한 경비는 법률이 정하는 경우를 제외하고는 정당 또는 후보자에게 부담시킬 수 없다.

선거관리위원회법 : 공직선거와 국민투표의 공정한 관리 및 정당에 관한 사무를 관장하는 선거관리위원회의 조직과 직무가 규정되어 있다.

<u>제3조(위원회의 직무)</u> ①선거관리위원회는 법령이 정하는 바에 의하여 다음 각호의 사무를 행한다.

1. 국가 및 지방자치단체의 선거에 관한 사무
2. 국민투표에 관한 사무
3. 정당에 관한 사무
4. 「공공단체등 위탁선거에 관한 법률」에 따른 위탁선거에 관한 사무
5. 기타 법령으로 정하는 사무

판례1 선거범죄를 조사함에 있어서 선거관리위원회 직원이 피조사자에게 자료제출의무를 부과 할 때에는 영장이 필요한가? (선거범죄 조사에 있어서 자료제출의무 부과 사건)

(헌재 2019. 9. 26. 2016헌바381) 합헌

사건개요 : 제20대 국회의원선거에서 후보자의 자원봉사자였던 청구인은 선거관리위원회로부터 '재직기간 및 급여 지급 내역 등 청구인이 모 법률사무소에서 근무한 경력이 있다는 사정을 증명할 수 있는 자료'에 대한 제출 요청을 받고 급여 지급 내역을 허위로 작성한 급여명세서를 제출함으로써 공직선거법 위반으로 기소되었다. 청구인은 위 사건에서 공직선거법 제256조 제5항 제12호에 대한 위헌법률심판제청을 신청하였으나 기각되자 헌법소원심판을 청구하였다.

결정요지 : 선거관리위원회의 본질적 기능은 선거의 공정한 관리 등 행정기능이고, 그 효과적인 기능 수행과 집행의 실효성을 확보하기 위한 수단으로서 선거범죄 조사권을 인정하고 있다. 심판대상조항에 의한 자료제출요구는 위와 같은 조사권의 일종으로서 행정조사에 해당하고, 선거범죄 혐의 유무를 명백히 하여 공소의 제기와 유지 여부를 결정하려는 목적으로 범인을 발견·확보하고 증거를 수집·보전하기 위한 수사기관의 활동인 수사와는 근본적으로 그 성격을 달리한다.

심판대상조항에 의한 자료제출요구는 그 성질상 대상자의 자발적 협조를 전제로 할 뿐이고 물리적 강제력을 수반하지 아니한다. 심판대상조항은 피조사자로 하여금 자료제출요구에 응할 의무를 부과하고, 허위 자료를 제출한 경우 형사처벌하고 있으나, 이는 형벌에 의한 불이익이라는 심리적, 간접적 강제수단을 통하여 진실한 자료를 제출하도록 함으로써 조사권 행사의 실효성을 확보하기 위한 것이다. 이와 같이 심판대상조항에 의한 자료제출요구는 행정조사의 성격을 가지는 것으로 수사기관의 수사와 근본적으로 그 성격을 달리하며, 청구인에 대하여 직접적으로 어떠한 물리적 강제력을 행사하는 강제처분을 수반하는 것이 아니므로 영장주의의 적용대상이 아니다.

판례2 각급 선거관리위원회가 만드는 '공직선거에 관한 사무처리 예규'는 국민을 구속하는 효력을 지니는가?

(헌재 2000. 6. 29. 2000헌마325) 각하

사건개요 : 제16대 국회의원 선거에서 3표나 11표 등 근소한 차이로 낙선한 청구인들은 무효 투표지를 판정하는 기준이 규정된 '공직선거에 관한 사무처리 예규'로 인하여 낙선의 결과에 이르게 되었다고 주장하면서 헌법소원심판을 청구하였다.

결정요지 : '공직선거에 관한 사무처리 예규'는, 각급선거관리위원회와 그 위원 및 직원

이 공직선거에 관한 사무를 표준화·정형화하고, 관련 법규의 구체적인 운용기준을 마련하는 등 선거사무의 처리에 관한 통일적 기준과 지침을 제공함으로써 공정하고 원활한 선거관리를 기함을 목적으로 하는 것이므로, 개표관리 및 투표용지의 유·무효를 가리는 업무에 종사하는 각급 선거관리위원회 직원 등에 대한 업무처리지침 내지 사무처리준칙에 불과할 뿐 국민이나 법원을 구속하는 효력이 없는 행정규칙이라고 할 것이어서 이 예규부분은 헌법소원 심판대상이 되지 아니한다.

V. 법 원

법원조직법 : 82조까지 법원의 종류(대법원, 고등법원, 특허법원, 지방법원, 가정법원, 행정법원, 회생법원), 대법원과 대법원의 기관 및 각급 법원의 조직, 대법관, 판사, 양형위원회 등에 관한 사항을 규정하고 있다.

1. 법원의 조직

❖ 헌법 제101조 ① 사법권은 법관으로 구성된 법원에 속한다. ② 법원은 최고법원인 대법원과 각급법원으로 조직된다. ③ 법관의 자격은 법률로 정한다.

❖ 헌법 제102조 ① 대법원에 부를 둘 수 있다. ② 대법원에 대법관을 둔다. 다만, 법률이 정하는 바에 의하여 대법관이 아닌 법관을 둘 수 있다. ③ 대법원과 각급법원의 조직은 법률로 정한다.

❖ 헌법 제110조 ① 군사재판을 관할하기 위하여 특별법원으로서 군사법원을 둘 수 있다. ② 군사법원의 상고심은 대법원에서 관할한다. ③ 군사법원의 조직 · 권한 및 재판관의 자격은 법률로 정한다. ④ 비상계엄하의 군사재판은 군인 · 군무원의 범죄나 군사에 관한 간첩죄의 경우와 초병 · 초소 · 유독음식물공급 · 포로에 관한 죄 중 법률이 정한 경우에 한하여 단심으로 할 수 있다. 다만, 사형을 선고한 경우에는 그러하지 아니하다.

법원은 대법원과 각급 법원으로 구성된다. 법원에는 대법원, 고등법원, 지방법원, 가정법원, 행정법원, 특허법원, 회생법원의 7종류가 있다.

판례1 군사법원은 위헌적인 제도인가?

(헌재 1996. 10. 31. 93헌바25) 합헌

사건개요 : 폭력행위처벌법 위반으로 기소되어 군사법원의 재판을 받던 군인이 군사법원은 헌법에 위반된다고 주장하며 위헌법률심판제청을 하였으나 기각되자 헌법소원심판을 청구하였다.

결정요지 : ① 구 군사법원법 제6조가 군사법원을 군부대 등에 설치하도록 하고, 같은 법 제7조가 군사법원에 군 지휘관을 관할관으로 두도록 하고, 같은 법 제23조, 제24조, 제25조가 국방부장관, 각군 참모총장 및 관할관이 군판사 및 심판관의 임명권과 재판관의 지정권을 갖고 심판관은 일반장교 중에서 임명할 수 있도록 규정한 것은 헌법 제110조 제1항, 제3항의 위임에 따라 군사법원을 특별법원으로 설치함에 있어서 군대조직 및 군사재판의 특수성을 고려하고 군사재판을 신속, 적정하게 하여 군기를 유지하고 군지휘권을 확립하기 위한 것으로서 필요하고 합리적인 이유가 있다고 할 것이다.

② 헌법이 군사법원을 특별법원으로 설치하도록 허용하되 대법원을 군사재판의 최종심으로 하고 있고, 구 군사법원법 제21조 제1항은 재판관의 재판상의 독립을, 같은 조 제2항은 재판관의 신분을 보장하고 있으며, 또한 같은 법 제22조 제3항, 제23조 제1항에 의하면 군사법원의 재판관은 반드시 일반법원의 법관과 동등한 자격을 가진 군판사를 포함시켜 구성하도록 하고 있는바, 이러한 사정을 감안하면 구 군사법원법 제6조가 일반법원과 따로 군사법원을 군부대 등에 설치하도록 하였다는 사유만으로 헌법이 허용한 특별법원으로서 군사법원의 한계를 일탈하여 사법권의 독립을 침해하고 위임입법의 한계를 일탈하거나 헌법 제27조 제1항의 재판청구권, 헌법 제11조의 평등권을 본질적으로 침해한 것이라고 할 수 없고, 또한 같은 법 제7조, 제23조, 제24조, 제25조가 일반법원의 조직이나 재판부구성 및 법관의 자격과 달리 군사법원에 관할관을 두고 군검찰관에 대한 임명, 지휘, 감독권을 가지고 있는 관할관이 심판관의 임명권 및 재판관의 지정권을 가지며 심판관은 일반장교 중에서 임명할 수 있도록 규정하였다고 하여 바로 위 조항들 자체가 군사법원의 헌법적 한계를 일탈하여 사법권의 독립과 재판의 독립을 침해하고 죄형법정주의에 반하거나 인간의 존엄과 가치, 행복추구권, 평등권, 신체의 자유, 정당한 재판을 받을 권리 및 정신적 자유를 본질적으로 침해하는 것이라고 할 수 없다.

판례2 현역병의 군입대전 범죄에 대하여 군사법원에서 재판을 하는 것은 위헌인가?

(헌재 2009. 7. 30. 2008헌바162) 합헌

사건개요 : 현역병인 청구인은 군입대전에 저지른 범죄에 대하여 군사법원이 재판을 하도록 규정하고 있는 군사법원법 제2조(신분적 재판권) ② "군사법원은 제1항 제1호에 해

당하는 자가 그 신분취득 전에 범한 죄에 대하여 재판권을 가진다"는 규정에 대하여 위헌법률심판제청을 하였으나 기각되자 헌법소원심판을 청구하였다.
결정요지 : 군대는 각종 훈련 및 작전수행 등으로 인해 근무시간이 정해져 있지 않고 집단적 병영생활 및 작전위수구역으로 인한 생활공간적인 제약 등, 군대의 특수성으로 인하여 일단 군인신분을 취득한 군인이 군대 외부의 일반법원에서 재판을 받는 것은 군대조직의 효율적인 운영을 저해하고, 현실적으로도 군인이 수감 중인 상태에서 일반법원의 재판을 받기 위해서는 상당한 비용·인력 및 시간이 소요되므로 이러한 군의 특수성 및 전문성을 고려할 때 군인신분 취득 전에 범한 죄에 대하여 군사법원에서 재판을 받도록 하는 것은 합리적인 이유가 있다. 또한, 형사재판에 있어 범죄사실의 확정과 책임은 행위 시를 기준으로 하지만, 재판권 유무는 원칙적으로 재판 시점을 기준으로 해야 하며, 형사재판은 유죄인정과 양형이 복합되어 있는데 양형은 일반적으로 재판받을 당시, 즉 선고시점의 피고인의 군인신분을 주요 고려 요소로 해 군의 특수성을 반영할 수 있어야 하므로, 이러한 양형은 군사법원에서 담당하도록 하는 것이 타당하다. 나아가 군사법원의 상고심은 대법원에서 관할하고 군사법원에 관한 내부규율을 정함에 있어서도 대법원이 종국적인 관여를 하고 있으므로 이 사건 법률조항이 군사법원의 재판권과 군인의 재판청구권을 형성함에 있어 그 재량의 헌법적 한계를 벗어났다고 볼 수 없다.

❖ 헌법 제104조 ① 대법원장은 국회의 동의를 얻어 대통령이 임명한다. ② 대법관은 대법원장의 제청으로 국회의 동의를 얻어 대통령이 임명한다. ③ 대법원장과 대법관이 아닌 법관은 대법관회의의 동의를 얻어 대법원장이 임명한다.
❖ 헌법 제105조 ① 대법원장의 임기는 6년으로 하며, 중임할 수 없다. ② 대법관의 임기는 6년으로 하며, 법률이 정하는 바에 의하여 연임할 수 있다. ③ 대법원장과 대법관이 아닌 법관의 임기는 10년으로 하며, 법률이 정하는 바에 의하여 연임할 수 있다.

헌법 제101조에 의하여 법관의 자격은 법률로 정하도록 하고, 법원조직법에 법관의 임용자격이 규정되어 있다. 대법원장은 국회의 동의를 얻어 대통령이 임명하고, 대법관은 대법원장의 제청으로 국회의 동의를 얻어 대통령이 임명한다. 대법원장과 대법관의 임기는 6년이고 대법원장은 중임할 수 없지만, 대법관은 연임할 수 있다.

판례 **법관 정년의 차등제는 헌법에 위반되는가?**

(헌재 2002. 10. 31. 2001헌마557) 기각

사건개요 : 법관으로 재직하다가 퇴직한 청구인이 자신의 퇴직은 자신의 의사와 관계없이 법원조직법 제45조(임기 · 연임 · 정년) ④ "대법원장의 정년은 70세, 대법관의 정년은 65세, 판사의 정년은 63세로 한다"는 규정에 의한 것이므로, 해당 조항의 위헌확인을 구하는 헌법소원심판을 청구하였다.

전체 논점 : ① 평등권(소극) ② 공무담임권(소극) ③ 신분보장 규정 위배(소극)

결정요지 : ① 법관은 국가의 통치권인 입법·행정·사법의 주요 3권 중 사법권을 담당하고 그 권한을 행사하는 국가기관이고, 다른 국가기관이나 그 종사자와는 달리 헌법과 법률에 의하여 그 양심에 따라 독립하여 심판하는 기관으로서, 법관 하나 하나가 법을 선언·판단하는 독립된 기관이며, 그에 따라 사법권의 독립을 위하여 헌법에 의하여 그 신분을 고도로 보장받고 있다. 따라서, 법관의 정년을 설정함에 있어서, 입법자는 위와 같은 헌법상 설정된 법관의 성격과 그 업무의 특수성에 합치되도록 하여야 할 것이다. 그런데 이 사건 법률조항은 법관의 정년을 직위에 따라 대법원장 70세, 대법관 65세, 그 이외의 법관 63세로 하여 법관 사이에 약간의 차이를 두고 있는 것으로, 헌법 제11조 제1항에서 금지하고 있는 차별의 요소인 '성별', '종교' 또는 '사회적 신분' 그 어디에도 해당되지 아니할 뿐만 아니라, 그로 인하여 어떠한 사회적 특수계급제도를 설정하는 것도 아니고, 그와 같이 <u>법관의 정년을 직위에 따라 순차적으로 낮게 차등하게 설정한 것은 법관 업무의 성격과 특수성, 평균수명, 조직체 내의 질서 등을 고려하여 정한 것으로 그 차별에 합리적인 이유가 있다고 할 것이므로, 청구인의 평등권을 침해하였다고 볼 수 없다</u>.

② 이 사건 법률조항과 같이 법관의 정년을 설정한 것은 법관의 노령으로 인한 정신적·육체적 능력 쇠퇴로부터 사법이라는 업무를 제대로 수행함으로써 사법제도를 유지하게 하고, 한편으로는 사법인력의 신진대사를 촉진하여 사법조직에 활력을 불어넣고 업무의 효율성을 제고하고자 하는 것으로 그 입법목적이 정당하다. 그리고 일반적으로 나이가 들어감에 따라 인간의 정신적·육체적 능력이 쇠퇴해 가게 되는 것은 과학적 사실이고, 개인마다 그 노쇠화의 정도는 차이가 있음도 또한 사실이다. 그런데, 법관 스스로가 사법이라는 중요한 업무수행 감당능력을 판단하여 자연스럽게 물러나게 하는 제도로는 사법제도의 유지, 조직의 활성화 및 직무능률의 유지향상이라는 입법목적을 효과적으로 수행할 수 없고, 어차피 노령에 따른 개개인의 업무감당능력을 객관적으로 측정하기 곤란한 마당에, 입법자가 법관의 업무 특성 등 여러 가지 사정을 고려하여 일정한 나이를 정년으로 설정할 수밖에 없을 것이므로, 그 입법수단 역시 적절하다고 하지 않을 수 없다. 또한 이 사건 법률조항이 규정한 <u>법관의 정년은 60세 내지 65세로 되어 있는 다른</u>

국가공무원의 정년보다 오히려 다소 높고, 정년제를 두고 있는 외국의 법관 정년연령(65세 내지 70세)을 비교하여 보아도 일반법관의 정년이 지나치게 낮다고 볼 수도 없다. 그렇다면, 이 사건 법률조항은 직업선택의 자유 내지 공무담임권을 침해하고 있다고 할 수 없다.

③ 헌법규정 사이의 우열관계, 헌법규정에 대한 위헌성판단은 인정되지 아니하므로, 그에 따라 헌법 제106조 법관의 신분보장 규정은 헌법 제105조 제4항 법관정년제 규정과 병렬적 관계에 있는 것으로 보아 조화롭게 해석하여야 할 것이고, 따라서, 정년제를 전제로 그 재직 중인 법관은 탄핵 또는 금고 이상의 형의 선고에 의하지 아니하고는 파면되지 아니하며, 징계처분에 의하지 아니하고는 정직, 감봉 기타 불리한 처분을 받지 아니한다고 해석하여야 하고, 그러한 해석하에서는 헌법 제105조 제4항에 따라 입법자가 법관의 정년을 결정한 이 사건 법률조항은 그것이 입법자의 입법재량을 벗어나지 않고 기본권을 침해하지 않는 한 헌법에 위반된다고 할 수 없고, 위에서 본 바와 같이 그 입법 자체가 평등권, 직업선택의 자유나 공무담임권 등 기본권을 침해하였다고 볼 수 없어, 결국 신분보장 규정에도 위배된다고 할 수 없다.

❖ 헌법 제107조 ① 법률이 헌법에 위반되는 여부가 재판의 전제가 된 경우에는 법원은 헌법재판소에 제청하여 그 심판에 의하여 재판한다. ② 명령·규칙 또는 처분이 헌법이나 법률에 위반되는 여부가 재판의 전제가 된 경우에는 대법원은 이를 최종적으로 심사할 권한을 가진다. ③ 재판의 전심절차로서 행정심판을 할 수 있다. 행정심판의 절차는 법률로 정하되, 사법절차가 준용되어야 한다.

❖ 헌법 제108 대법원은 법률에 저촉되지 아니하는 범위 안에서 소송에 관한 절차, 법원의 내부규율과 사무처리에 관한 규칙을 제정할 수 있다.

❖ 헌법 제109조 재판의 심리와 판결은 공개한다. 다만, 심리는 국가의 안전보장 또는 안녕질서를 방해하거나 선량한 풍속을 해할 염려가 있을 때에는 법원의 결정으로 공개하지 아니할 수 있다.

판례1 헌법 제107조 제2항에도 불구하고 법무사법 시행규칙(대법원 규칙)이 헌법소원의 대상이 될 수 있는가?

(헌재 1990. 10. 15. 89헌마178) 위헌

사건개요 : 법무사시험의 실시 여부를 법원행정처장의 재량에 맡기는 법무사법 시행규칙으로 말미암아 법무사시험이 시행되지 않자, 법무사시험을 준비하던 수험생이 해당

법무사법 시행규칙의 위헌확인을 구하는 헌법소원심판을 청구하였다.
결정요지 : 헌법 제107조 제2항은 "명령·규칙 또는 처분이 헌법이나 법률에 위반되는 여부가 재판의 전제가 된 경우에는 대법원은 이를 최종적으로 심사할 권한을 가진다."라고 규정하고 있고, 법원행정처장이나 법무부장관은 이 규정을 들어 명령·규칙의 위헌여부는 대법원에 최종적으로 심사권이 있으므로 법무사법시행규칙의 위헌성 여부를 묻는 헌법소원은 위 헌법규정에 반하여 부적법하다고 주장한다. 그러나, 헌법 제107조 제2항이 규정한 명령·규칙에 대한 대법원의 최종심사권이란 구체적인 소송사건에서 명령·규칙의 위헌여부가 재판의 전제가 되었을 경우 법률의 경우와는 달리 헌법재판소에 제청할 것 없이 대법원이 최종적으로 심사할 수 있다는 의미이며, 헌법 제111조 제1항 제1호에서 법률의 위헌여부심사권을 헌법재판소에 부여한 이상 통일적인 헌법해석과 규범통제를 위하여 공권력에 의한 기본권침해를 이유로 하는 헌법소원심판청구사건에 있어서 법률의 하위법규인 명령·규칙의 위헌여부심사권이 헌법재판소의 관할에 속함은 당연한 것으로서 헌법 제107조 제2항의 규정이 이를 배제한 것이라고는 볼 수 없다. 그러므로 법률의 경우와 마찬가지로 명령·규칙 그 자체에 의하여 직접 기본권이 침해되었음을 이유로 하여 헌법소원심판을 청구하는 것은 위 헌법 규정과는 아무런 상관이 없는 문제이다. 그리고 헌법재판소법 제68조 제1항이 규정하고 있는 헌법소원심판의 대상으로서의 "공권력"이란 입법·사법·행정 등 모든 공권력을 말하는 것이므로 입법부에서 제정한 법률, 행정부에서 제정한 시행령이나 시행규칙 및 사법부에서 제정한 규칙 등은 그것들이 별도의 집행행위를 기다리지 않고 직접 기본권을 침해하는 것일 때에는 모두 헌법소원심판의 대상이 될 수 있는 것이다.

판례2 법정에서 녹취를 제한하는 것은 헌법에 위반되는가?

(헌재 1995. 12. 28. 91헌마114) 기각

사건개요 : 국가보안법 위반으로 기소되어 재판을 받고 있던 피고인의 변호인들은 법원 공판정에서 녹취를 하려고 허가신청을 하였으나 법원은 녹취를 불허하였다. 이에 청구인은 법정에서의 녹취를 위해서는 법원의 허가를 받도록 하는 대법원규칙에 대하여 헌법소원심판을 청구하였다.
결정요지 : ① 피고인이나 변호인에 의한 공판정에서의 녹취는 진술인의 인격권 또는 사생활의 비밀과 자유에 대한 침해를 수반하고, 실체적 진실발견 등 다른 법익과 충돌할 개연성이 있으므로, 녹취를 금지해야 할 필요성이 녹취를 허용함으로써 달성하고자 하는 이익보다 큰 경우에는 녹취를 금지 또는 제한함이 타당하다. 따라서 형사소송법 제56조의2 제2항의 규정은 반드시 공판정에서의 속기 또는 녹취권을 당사자의 절대적인 권

리로서 보장하려는 취지라고 볼 수는 없고, 단지 당사자가 자신의 비용으로 속기 또는 녹취를 할 수 있다는 근거를 마련한데 불과하며, 반드시 법원이나 재판장의 허가를 배제하는 취지는 아니다.
② 형사소송규칙 제40조는 합리적인 이익형량에 따라 녹취를 제한할 수 있는 기속적 재량을 의미하는 것으로서, "녹취를 하지 아니할 특별한 사유"가 없는 한 이를 원칙적으로 허용하여야 하는 것으로 풀이함이 상당하고, 녹취허부에 관한 구체적인 기준을 설정하지 않았다는 이유만으로 법률이나 헌법에 위반된다고 단정할 수 없다.

2. 법원·법관의 독립

❖ 헌법 제103조 법관은 헌법과 법률에 의하여 그 양심에 따라 독립하여 심판한다.
❖ 헌법 제106조 ① 법관은 탄핵 또는 금고 이상의 형의 선고에 의하지 아니하고는 파면되지 아니하며, 징계처분에 의하지 아니하고는 정직·감봉 기타 불리한 처분을 받지 아니한다. ② 법관이 중대한 심신상의 장해로 직무를 수행할 수 없을 때에는 법률이 정하는 바에 의하여 퇴직하게 할 수 있다. 대법원에 부를 둘 수 있다.

헌법 제101조는 “사법권은 법관으로 구성된 법원에 속한다”고 규정하여 사법권이 행정부나 국회로부터 독립된 기관임을 명시하고 있다. 법원은 위헌법률심판제청권 등을 통해 국회를 견제하고 있으며, 규칙에 대한 위헌·위법심사권이나 처분에 대한 행정재판 등을 통해 정부를 견제하고 있다. 이 외에도 사법권은 정당· 언론·사회단체 등으로부터도 독립되어야 한다. 또한 헌법 제103조는 “법관은 헌법과 법률에 의하여 그 양심에 따라 독립하여 심판한다”고 규정하고 있다. 법관의 독립은 신분상 독립(인적 독립)과 직무상 독립(물적 독립)으로 구분된다. 법관의 신분상 독립은 재판을 담당하는 법관의 자격·임기·신분을 보장하는 것을 말한다. 법관의 신분상 독립을 보장하기 위한 제도에는 법관자격 법정주의, 법관인사위원회제도, 임기제와 정년제, 부당한 파면·퇴직·징계로부터의 신분보장 등이 있다. 법관의 직무상 독립은 법관이 재판을 함에 있어서는 누구의 지시나 명령에도 구속받지 않는다는 것을 말한다. 법관의 직무상 독립을 보장하기 위한 제도에는 법관의 제척·기피·회피제도, 법관의 양형결정권 보장,

계속 중인 재판에 대한 국정감사·조사 금지 등이 있다.

판례1 판사에 대한 근무성적평정 등을 통하여 연임을 결정하도록 하는 법원조직법은 사법의 독립을 침해하는 것으로서 헌법에 위반되는가?

(헌재 2016. 9. 29. 2015헌바331) 합헌

사건개요 : 법원조직법에 따라 법관인사위원회에서 연임부적격으로 의결된 후 연임되지 아니한 법관이 법원조직법에 대한 위헌법률심판제청신청을 하였으니 기각되자 헌법소원심판을 청구하였다.

전체 논점 : ① 판사 근무평정을 대법원규칙에 위힘한 법원조직법이 포괄위임금지원칙에 위배되는지(소극) ② '근무성적이 현저히 불량한 경우"가 명확성 원칙에 위배되는지(소극) ③ 연임결격조항이 사법의 독립을 침해하는지(소극)

③의 결정요지 : 판사에 대한 연임결격조항은 직무를 제대로 수행하지 못하는 판사를 그 직에서 배제하여 사법부 조직의 효율성을 유지하기 위한 것으로 그 정당성이 인정된다. 판사의 근무성적은 공정한 기준에 따를 경우 판사의 사법운영능력을 판단함에 있어 다른 요소에 비하여 보다 객관적인 기준으로 작용할 수 있고, 이를 통해 국민의 재판청구권의 실질적 보장에도 기여할 수 있다. 나아가 연임심사에 반영되는 판사의 근무성적에 대한 평가는 10년이라는 장기간 동안 반복적으로 실시되어 누적된 것이므로, 특정 가치관을 가진 판사를 연임에서 배제하는 수단으로 남용될 가능성이 크다고 볼 수 없다. 근무성적평정을 실제로 운용함에 있어서는 재판의 독립성을 해칠 우려가 있는 사항을 평정사항에서 제외하는 등 평정사항을 한정하고 있으며, 연임 심사과정에서 해당 판사에게 의견진술권 및 자료제출권이 보장되고, 연임하지 않기로 한 결정에 불복하여 행정소송을 제기할 수 있는 점 등을 고려할 때, 판사의 신분보장과 관련한 예측가능성이나 절차상의 보장이 현저히 미흡하다고 볼 수도 없으므로, 이 사건 연임결격조항은 사법의 독립을 침해한다고 볼 수 없다.

판례2 법관에 대한 징계처분 취소청구소송을 대법원의 단심재판에 의하도록 한 법관징계법은 재판청구권을 침해하는가?

(헌재 2012. 2. 23. 2009헌바34) 합헌

사건개요 : '법관이 그 품위를 손상하거나 법원의 위신을 실추시킨 경우'에 해당한다는 이유로 대법원장에 의하여 정직 2월의 징계처분을 받은 법관이 징계처분에 대한 불복소송을 대법원의 단심재판에 의하도록 규정한 법관징계법 조항에 대하여 위헌법률심판제청신청을 하였으니 기각되자 헌법소원심판을 청구하였다.

전체 논점 : ① '법관이 그 품위를 손상하거나 법원의 위신을 실추시킨 경우"가 명확성

원칙에 위배되는지(소극) ② '품위 손상', '위신 실추'라는 불명확한 개념을 전제로 한 법관징계법 규정이 법관의 표현의 자유를 과도하게 제한하여 과잉금지원칙에 위배되는지(소극) ③ 법관에 대한 징계처분 취소청구소송을 대법원 단심재판으로 하는 법관징계법 규정이 재판청구권을 침해하는지(소극) ④ 법관을 다른 전문직 종사자와 차별취급하여 평등권을 침해하는지(소극)

③의 결정요지 : 구 법관징계법 제27조는 법관에 대한 대법원장의 징계처분 취소청구소송을 대법원에 의한 단심재판에 의하도록 규정하고 있는바, 이는 독립적으로 사법권을 행사하는 법관이라는 지위의 특수성과 법관에 대한 징계절차의 특수성을 감안하여 재판의 신속을 도모하기 위한 것으로 그 합리성을 인정할 수 있고, 대법원이 법관에 대한 징계처분 취소청구소송을 단심으로 재판하는 경우에는 사실확정도 대법원의 권한에 속하여 법관에 의한 사실확정의 기회가 박탈되었다고 볼 수 없으므로, 헌법 제27조 제1항의 재판청구권을 침해하지 아니한다.

법관의 양형결정권

법관의 양형결정권이란 법관에게 피고인의 죄질과 정상에 따라 귀책사유에 알맞는 적정한 형벌을 선고할 수 있는 권한이다. 그러나 법률에서 법정형을 규정함을 통해서 법관의 양형결정권을 제한하였다고 하더라도, 그 법정형이 범죄와 형벌간의 적절한 비례관계를 현저히 훼손한 것이 아니라면 법관의 양형결정권을 침해하여 위헌이라고 할 수 없다.

판례 단순매수나 단순판매목적소지의 마약사범에 대하여도 사형·무기 또는 10년 이상의 징역에 처하도록 하는 특가법 규정은 지나치게 과도한 형벌로서 법관의 양형선택·판단권을 지나치게 제한하는가?

(헌재 2003. 11. 27. 2002헌바24) 위헌

사건개요 : 청구인은 아편과 히로뽕을 지니고 있다가 검거되어 징역 5년을 선고받고 대법원에 재판이 계속되던 중에, 해당 특정범죄가중처벌법 조항에 대한 위헌법률심판제청신청을 하였으나 기각되자 헌법소원심판을 청구하였다.

심판대상법률 : 특가법 제11조(마약사범의 가중처벌) ① 마약류관리에관한법률 제58조 중 마약과 관련된 규정된 죄를 범한 자는 사형·무기 또는 10년 이상의 징역에 처한다.

전체 논점 : ① 법정형에 대한 입법형성권의 한계 ② 책임과 형벌간의 비례성 원칙 및 양

형결정권을 지나치게 제한하는지(적극) ③ 평등원칙 위반 여부(소극)
②의 결정요지 : 위 특가법 조항은 단순매수나 단순판매목적소지의 마약사범에 대하여도 사형·무기 또는 10년 이상의 징역에 처하도록 규정하고 있어, 예컨대 단 한 차례 극히 소량의 마약을 매수하거나 소지하고 있었던 경우 실무상 작량감경을 하더라도 별도의 법률상 감경사유가 없는 한 집행유예를 선고할 수 없도록 법관의 양형선택과 판단권을 극도로 제한하고 있고 또한 범죄자의 귀책사유에 알맞은 형벌을 선고할 수 없도록 법관의 양형결정권을 원천적으로 제한하고 있어 매우 부당하다.

Ⅵ. 헌법재판소

❖ 헌법 제111조 ① 헌법재판소는 다음 사항을 관장한다.
1. 법원의 제청에 의한 법률의 위헌여부 심판
2. 탄핵의 심판
3. 정당의 해산 심판
4. 국가기관 상호간, 국가기관과 지방자치단체간 및 지방자치단체 상호간의 권한쟁의에 관한 심판
5. 법률이 정하는 헌법소원에 관한 심판
② 헌법재판소는 법관의 자격을 가진 9인의 재판관으로 구성하며, 재판관은 대통령이 임명한다. ③ 제2항의 재판관중 3인은 국회에서 선출하는 자를, 3인은 대법원장이 지명하는 자를 임명한다. ④ 헌법재판소의 장은 국회의 동의를 얻어 재판관 중에서 대통령이 임명한다.

❖ 헌법 제112조 ① 헌법재판소 재판관의 임기는 6년으로 하며, 법률이 정하는 바에 의하여 연임할 수 있다. ② 헌법재판소 재판관은 정당에 가입하거나 정치에 관여할 수 없다. ③ 헌법재판소 재판관은 탄핵 또는 금고 이상의 형의 선고에 의하지 아니하고는 파면되지 아니한다.

❖ 헌법 제113조 ① 헌법재판소에서 법률의 위헌결정, 탄핵의 결정, 정당해산의 결정 또는 헌법소원에 관한 인용결정을 할 때에는 재판관 6인 이상의 찬성이 있어야 한다. ② 헌법재판소는 법률에 저촉되지 아니하는 범위 안에서 심판에 관한 절차, 내부규율과 사무처리에 관한 규칙을 제정할 수 있다. ③ 헌법재판소의 조직과 운영 기타 필요한 사항은 법률로 정한다.

헌법재판소법 : 헌법재판소 재판관의 자격 · 임기 · 신분보장, 헌법재판소의 조직, 일반심판절차(심판정족수, 심판의 공개, 심판기간 등)와 특별심판절차(위헌법률심판, 탄핵심판, 정당해산심판, 권한쟁의심판, 헌법소원심판) 등에 관한 사항을 규정하고 있다.

제23조(심판정족수) ① 재판부는 재판관 7명 이상의 출석으로 사건을 심리한다. ② 재판부는 종국심리(終局審理)에 관여한 재판관 과반수의 찬성으로 사건에 관한 결정을 한다. 다만, 다음 각 호의 어느 하나에 해당하는 경우에는 재판관 6명 이상의 찬성이 있어야 한다.
1. 법률의 위헌결정, 탄핵의 결정, 정당해산의 결정 또는 헌법소원에 관한 인용결정(認容決定)을 하는 경우
2. 종전에 헌법재판소가 판시한 헌법 또는 법률의 해석 적용에 관한 의견을 변경하는 경우

제30조(심리의 방식) ① 탄핵의 심판, 정당해산의 심판 및 권한쟁의의 심판은 구두변론에 의한다. ② 위헌법률의 심판과 헌법소원에 관한 심판은 서면심리에 의한다. 다만, 재판부는 필요하다고 인정하는 경우에는 변론을 열어 당사자, 이해관계인, 그 밖의 참고인의 진술을 들을 수 있다. ③ 재판부가 변론을 열 때에는 기일을 정하여 당사자와 관계인을 소환하여야 한다.

1. 헌법재판소 구성

헌법재판소는 법관의 자격을 가진 9인의 재판관으로 구성되며, 재판관은 대통령이 임명한다. 9인의 재판관 중에서 3인은 국회에서 선출하는 자를, 3인은 대법원장이 지명하는 자를 임명한다. 재판관은 국회의 인사청문을 거쳐 임명·선출 또는 지명하여야 한다. 재판관의 임기는 6년이고 연임할 수 있으며 정년은 70세이다. 헌법재판소장은 대통령이 국회의 동의를 얻어 재판관 중에서 임명한다.

2. 헌법재판소의 권한

1) 위헌법률심판

위헌법률심판이라 함은 헌법재판소가 국회가 의결한 법률이 헌법에 위반되는가의 여부를 심사하고, 그 법률이 헌법에 위반되는 것으로 인정하는 경우에, 그 효력을 상실하게 하는 제도이다. 위헌법률심판은 법률이 헌법에 위반되는 여부가 재판의 전제가 된 경우에, 당해 사건을 심리하는 법원의 제청에 따라

헌법재판소가 그 법률의 위헌 여부를 심판하는 제도(구체적 규범통제)이다. 그러므로 헌법재판소가 법률 또는 법률조항에 대한 위헌 여부의 심판을 하려면, 재판의 전제성과 법원의 제청이라는 요건이 구비되어야 한다. 위헌법률심판에서 심판의 대상이 되는 법률은 형식적 의미의 법률은 물론이고 그와 동일한 효력을 가지는 법규범까지 모두 포함한다. 따라서 긴급명령과 긴급재정경제명령은 물론이고 조약도 위헌법률심판의 대상에 포함된다. 헌법재판소가 법률에 대한 위헌결정(한정합헌결정·한정위헌결정·헌법불합치결정·단순위헌결정)을 하려면, 9인의 재판관 중 6인 이상의 찬성이 있어야 한다. 그 밖의 경우에는 재판관 과반수의 찬성으로써 결정한다.

헌법재판소법 제41조(위헌 여부 심판의 제청) ① 법률이 헌법에 위반되는지 여부가 재판의 전제가 된 경우에는 당해 사건을 담당하는 법원(군사법원을 포함한다. 이하 같다)은 직권 또는 당사자의 신청에 의한 결정으로 헌법재판소에 위헌 여부 심판을 제청한다.
제42조(재판의 정지 등) ① 법원이 법률의 위헌 여부 심판을 헌법재판소에 제청한 때에는 당해 소송사건의 재판은 헌법재판소의 위헌 여부의 결정이 있을 때까지 정지된다. 다만, 법원이 긴급하다고 인정하는 경우에는 종국재판 외의 소송절차를 진행할 수 있다.
제47조(위헌결정의 효력) ① 법률의 위헌결정은 법원과 그 밖의 국가기관 및 지방자치단체를 기속(羈束)한다. ② 위헌으로 결정된 법률 또는 법률의 조항은 그 결정이 있는 날부터 효력을 상실한다. ③ 제2항에도 불구하고 형벌에 관한 법률 또는 법률의 조항은 소급하여 그 효력을 상실한다. 다만, 해당 법률 또는 법률의 조항에 대하여 종전에 합헌으로 결정한 사건이 있는 경우에는 그 결정이 있는 날의 다음 날로 소급하여 효력을 상실한다. ④ 제3항의 경우에 위헌으로 결정된 법률 또는 법률의 조항에 근거한 유죄의 확정판결에 대하여는 재심을 청구할 수 있다. ⑤ 제4항의 재심에 대하여는 「형사소송법」을 준용한다.

판례1 호주제를 규정한 「민법」 제788조 등은 위헌인 법률규정인가?

(헌재 2005. 2. 3. 2001헌가9 등) 헌법불합치

결정요지 : 호주제는 성역할에 관한 고정관념에 기초한 차별로서, 호주승계 순위, 혼인 시 신분관계 형성, 자녀의 신분관계 형성에 있어서 정당한 이유없이 남녀를 차별하는 제도이고, 이로 인하여 많은 가족들이 현실적 가족생활과 가족의 복리에 맞는 법률적 가족관계를 형성하지 못하여 여러모로 불편과 고통을 겪고 있다. 숭조(崇祖)사상, 경로효친,

가족화합과 같은 전통사상이나 미풍양속은 문화와 윤리의 측면에서 얼마든지 계승, 발전시킬 수 있으므로 이를 근거로 호주제의 명백한 남녀차별성을 정당화하기 어렵다. (중략) 오늘날 가족관계는 한 사람의 가장(호주)과 그에 복속하는 가속(家屬)으로 분리되는 권위주의적인 관계가 아니라, 가족원 모두가 인격을 가진 개인으로서 성별을 떠나 평등하게 존중되는 민주적인 관계로 변화하고 있고, 사회의 분화에 따라 가족의 형태도 모와 자녀로 구성되는 가족, 재혼부부와 그들의 전혼소생자녀로 구성되는 가족 등으로 매우 다변화되었으며, 여성의 경제력 향상, 이혼율 증가 등으로 여성이 가구주로서 가장의 역할을 맡는 비율이 점증하고 있다. 호주제가 설사 부계혈통주의에 입각한 전래의 가족제도와 일정한 연관성을 지닌다고 가정하더라도, 이와 같이 그 존립의 기반이 붕괴되어 더 이상 변화된 사회환경 및 가족관계와 조화되기 어렵고 오히려 현실적 가족공동체를 질곡하기도 하는 호주제를 존치할 이유를 찾아보기 어렵다.

※ 이후 2005년 3월에 민법 제788조 등 호주제와 관련된 규정은 삭제되었고, 이어서 2007년 7월(2008년 1월 1일 시행)에는 호적법이 폐지되고 가족관계등록에 관한 법률(가족관계등록법)이 제정되었다.

판례2 간통죄를 규정한 「형법」 제241조는 위헌인 법률규정인가?

(헌재 2015. 2. 26. 2009헌바17 등) 위헌

결정요지 : 사회 구조 및 결혼과 성에 관한 국민의 의식이 변화되고, 성적 자기결정권을 보다 중요시하는 인식이 확산됨에 따라 간통행위를 국가가 형벌로 다스리는 것이 적정한지에 대해서는 이제 더 이상 국민의 인식이 일치한다고 보기 어렵고, 비록 비도덕적인 행위라 할지라도 본질적으로 개인의 사생활에 속하고 사회에 끼치는 해악이 그다지 크지 않거나 구체적 법익에 대한 명백한 침해가 없는 경우에는 국가권력이 개입해서는 안 된다는 것이 현대 형법의 추세여서 전세계적으로 간통죄는 폐지되고 있다. 또한 간통죄의 보호법익인 혼인과 가정의 유지는 당사자의 자유로운 의지와 애정에 맡겨야지, 형벌을 통하여 타율적으로 강제될 수 없는 것이며, 현재 간통으로 처벌되는 비율이 매우 낮고, 간통행위에 대한 사회적 비난 역시 상당한 수준으로 낮아져 간통죄는 행위규제규범으로서 기능을 잃어가고, 형사정책상 일반예방 및 특별예방의 효과를 거두기도 어렵게 되었다. 부부 간 정조의무 및 여성 배우자의 보호는 간통한 배우자를 상대로 한 재판상 이혼 청구, 손해배상청구 등 민사상의 제도에 의해 보다 효과적으로 달성될 수 있고, 오히려 간통죄가 유책의 정도가 훨씬 큰 배우자의 이혼수단으로 이용되거나 일시 탈선한 가정주부 등을 공갈하는 수단으로 악용되고 있기도 하다. 결국 심판대상조항은 과잉금지원칙에 위배하여 국민의 성적 자기결정권 및 사생활의 비밀과 자유를 침해하는 것으로서 헌법에 위반된다.

※ 이후 2016년 1월에 형법 개정을 통하여, 간통죄를 규정하고 있던 형법 제241조가 삭제되었다.

2) 헌법소원심판

헌법소원제도라 함은 공권력의 행사 또는 불행사로 말미암아 헌법상 보장된 기본권이 직접 그리고 현실적으로 침해당한 자가 헌법재판기관에 당해 공권력의 위헌 여부의 심사를 청구하여 기본권을 구제받는 제도를 말한다. 헌법소원에는 권리구제형 헌법소원과 위헌심사형 헌법소원이 있다. 권리구제형 헌법소원이라 함은 공권력의 행사 또는 불행사로 말미암아 헌법상 보장된 기본권을 침해당한 자가 청구하는 헌법소원이고(헌재법 제68조 제1항), 위헌심사형 헌법소원이라 함은 위헌법률심판의 제청신청이 법원에 의하여 기각된 경우에 제청신청을 한 당사자가 청구하는 헌법소원이다(헌재법 제68조 제2항). 권리구제형 헌법소원심판을 청구할 수 있는 자는 공권력의 행사 또는 불행사로 말미암아 헌법상 보장된 자신의 기본권이 침해되었다고 주장하는 모든 국민이다.

헌법재판소법 제68조 제1항의 규정에 의한 권리구제형 헌법소원심판을 청구하기 위해서는 공권력의 행사 또는 불행사가 존재할 것(공권력의 존재), 공권력의 행사 또는 불행사로 말미암아 헌법상 보장된 자신의 기본권이 직접적이고 현실적으로 침해되었을 것(당사자적격성: 자기관련성, 직접성, 현재성), 다른 법률에 구제절차가 있는 경우에는 그 절차를 모두 마친 후일 것(보충성의 원칙), 권리보호의 필요성이 있을 것(권리보호의 이익) 등이다. 그리고 헌법재판소법 제68조 제2항의 규정에 의한 위헌심사형 헌법소원(위헌소원)심판을 청구하기 위해서는 문제된 법률의 위헌여부가 재판의 전제가 되어야 하고(재판의 전제성), 법원이 청구인의 위헌제청신청을 기각한 경우(제청신청의 기각)라야 한다.

헌법재판소법 제68조(청구사유) ① 공권력의 행사 또는 불행사(不行使)로 인하여 헌법상 보장된 기본권을 침해받은 자는 법원의 재판을 제외하고는 헌법재판소에 헌법소원심판을 청구할 수 있다. 다만, 다른 법률에 구제절차가 있는 경우에는 그 절차를 모두 거친 후에 청구할 수 있다. ② 제41조제1항에 따른 법률의 위헌 여부 심판의 제청신청이 기각된 때에는 그 신청을 한 당사자는 헌법재판소에 헌법소원심판을 청구할 수 있다. 이 경우 그 당사자는 당해 사건의 소송절차에서 동일한 사유를 이유로 다시 위헌 여부 심판의 제청을 신청할 수 없다.
제75조(인용결정) ① 헌법소원의 인용결정은 모든 국가기관과 지방자치단체를 기속한다. ② 제68조제1항에 따른 헌법소원을 인용할 때에는 인용결정서의 주문에 침해된 기본권과 침해의 원인이 된 공권력의 행사 또는 불행사를 특정하여야 한다. ③ 제2항의 경우에 헌법재판소는 기본권 침해의 원인이 된 공권력의 행사를 취소하거나 그 불행사가 위헌임을 확인할 수 있다. ④ 헌법재판소가 공권력의 불행사에 대한 헌법소원을 인용하는 결정을 한 때에는 피청구인은 결정 취지에 따라 새로운 처분을 하여야 한다. ⑤ 제2항의 경우에 헌법재판소는 공권력의 행사 또는 불행사가 위헌인 법률 또는 법률의 조항에 기인한 것이라고 인정될 때에는 인용결정에서 해당 법률 또는 법률의 조항이 위헌임을 선고할 수 있다. ⑥ 제5항의 경우 및 제68조제2항에 따른 헌법소원을 인용하는 경우에는 제45조 및 제47조를 준용한다. ⑦ 제68조제2항에 따른 헌법소원이 인용된 경우에 해당 헌법소원과 관련된 소송사건이 이미 확정된 때에는 당사자는 재심을 청구할 수 있다. ⑧ 제7항에 따른 재심에서 형사사건에 대하여는 「형사소송법」을 준용하고, 그 외의 사건에 대하여는 「민사소송법」을 준용한다.

판례1 공무원 시험의 응시연령을 제한하는 것은 공무원 수험생의 기본권을 침해하는가?

(헌재 2008. 5. 29. 2007헌마1105) 헌법불합치

결정요지 : 32세가 넘으면 5급공무원의 직무수행에 필요한 자격요건을 상실한다고 볼 수 없다. 5급공무원의 응시연령을 32세로 제한한 「국가공무원법」 및 「공무원임용시험령」은 32세가 넘은 국민의 공직취임권을 직접적으로 침해한다.
※ 이 사건 이후 법령이 개정되어 경찰 등을 제외한 일반직 공무원의 응시연령 제한은 폐지되었다.

판례2 임신 32주 이전에 태아의 성별 고지를 금지하는 의료법 제20조 제2항이 헌법 제10조 일반적 인격권에서 나오는 부모가 태아의 성별 정보에 대한 접근을 방해받지 않을 권리를 침해하는가?

(헌재 2024. 2. 28. 2022헌마356등) 위헌

결정요지 : 심판대상조항은 성별을 이유로 한 낙태를 방지함으로써 성비의 불균형을 해소하고 태아의 생명을 보호하기 위해 입법된 것으로 목적의 정당성이 인정된다. 그러나 남아선호사상이 확연히 쇠퇴하고 있고, 심판대상조항이 사문화되었음에도 불구하고 출생성비가 자연성비의 정상범위 내이므로, 심판대상조항은 더 이상 태아의 성별을 이유

로 한 낙태를 방지하기 위한 목적을 달성하는 데에 적합하고 실효성 있는 수단이라고 보기 어렵고, 입법수단으로서도 현저하게 불합리하고 불공정하다. 태아의 생명 보호를 위해 국가가 개입하여 규제해야 할 단계는 성별고지가 아니라 낙태행위인데, 심판대상조항은 낙태로 나아갈 의도가 없는 부모까지 규제하여 기본권을 제한하는 과도한 입법으로 침해의 최소성에 반하고, 법익의 균형성도 상실하였다. 따라서 심판대상조항은 과잉금지원칙을 위반하여 부모가 태아의 성별 정보에 대한 접근을 방해받지 않을 권리를 침해한다.

※ 이후 2024년 12월 20일에 의료법이 개정되어, 성별고지를 금지하던 제20조 제2항이 삭제되었다.

3) 탄핵심판

탄핵제도라 함은 일반사법절차에 따라 소추하거나 징계절차로써 징계하기가 곤란한 고위직행정공무원이나 법관 등 신분이 보장된 공무원이 직무상 중대한 비위를 범한 경우에, 국회가 탄핵을 소추하여 헌법재판소가 탄핵심판을 담당한다. 탄핵소추대상자는 대통령·국무총리·국무위원·행정각부의 장, 헌법재판소 재판관·법관, 중앙선거관리위원회 위원·감사원장·감사위원, 기타 법률이 정한 공무원이다. 탄핵소추의 사유는 '직무집행에 있어서 헌법이나 법률에 위배된 때'이다. 탄핵결정은 공직자를 공직으로부터 파면함에 그친다. 그러나 탄핵의 결정으로 민사상의 책임이나 형사상의 책임이 면제되는 것은 아니다. 탄핵의 결정은 징계적 처벌이므로 탄핵결정과 민·형사재판 간에는 일사부재리의 원칙이 적용되지 아니한다.

헌법재판소법 제50조(권한행사의 정지) 탄핵소추의 의결을 받은 사람은 헌법재판소의 심판이 있을 때까지 그 권한 행사가 정지된다.
제51조(심판절차의 정지) 피청구인에 대한 탄핵심판 청구와 동일한 사유로 형사소송이 진행되고 있는 경우에는 재판부는 심판절차를 정지할 수 있다.
제54조(결정의 효력) ① 탄핵결정은 피청구인의 민사상 또는 형사상의 책임을 면제하지 아니한다. ② 탄핵결정에 의하여 파면된 사람은 결정 선고가 있은 날부터 5년이 지나지 아니하면 공무원이 될 수 없다.

판례1 **노무현 대통령은 탄핵에 의하여 파면되어야 하는가?**

(헌재 2004. 5. 14. 2004헌나1) 기각

결정요지 : 언론사와의 기자회견에서의 발언 등은 공직선거법 제9조의 공무원의 중립의무에 위반하였고, 재신임 국민투표 제안행위는 헌법 제72조에 반하는 것으로 헌법수호의무에 위반하는 등, 대통령의 헌법과 법률에 대한 위반행위가 있었다. 그러나 대통령에 대한 파면결정은 국가적 손실과 국정 공백 및 국론분열과 정치적 혼란을 가져올 수 있기 때문에, 파면결정을 정당화하는 사유도 이에 상응하는 중대성을 가져야 한다. 이러한 점에서 탄핵소추된 대통령의 법위반행위가 헌법수호의 관점에서 중대한 의미를 가진다고 볼 수 없고, 또한 대통령에게 부여한 국민의 신임을 임기 중 다시 박탈해야 할 정도로 국민의 신임을 저버린 경우에 해당한다고도 볼 수 없다. 대통령에 대한 파면결정을 정당화하는 사유가 존재하지 않는다.

판례2 **박근혜 대통령은 탄핵에 의하여 파면되어야 하는가?**

(헌재 2017. 3. 10. 2016헌나1) 인용

결정요지 : 피청구인의 헌법과 법률 위배행위는 국민의 신임을 배반한 행위로서 헌법수호의 관점에서 용납될 수 없는 중대한 법 위배행위라고 보아야 한다. 그렇다면 피청구인의 법 위배행위가 헌법질서에 미치게 된 부정적 영향과 파급 효과가 중대하므로, 피청구인을 파면함으로써 얻는 헌법수호의 이익이 대통령 파면에 따르는 국가적 손실을 압도할 정도로 크다고 인정된다.

4) 정당해산심판

정부는 정당의 목적이나 활동이 민주적 기본질서에 위배될 때에는 국무회의의 심의를 거쳐 헌법재판소에 해산을 제소할 수 있다. 헌법재판소는 9인의 재판관 중 6인 이상의 찬성으로써 정당의 해산을 명하는 결정을 할 수 있다.

헌법재판소법 제55조(정당해산심판의 청구) 정당의 목적이나 활동이 민주적 기본질서에 위배될 때에는 정부는 국무회의의 심의를 거쳐 헌법재판소에 정당해산심판을 청구할 수 있다.
제59조(결정의 효력) 정당의 해산을 명하는 결정이 선고된 때에는 그 정당은 해산된다.
정당법 제47조(해산공고 등) 제45조(자진해산)의 신고가 있거나 헌법재판소의 해산결정의 통지나 중앙당 또는 그 창당준비위원회의 시·도당 창당승인의 취소통지가 있는 때에는 당해 선거관리위원회는 그 정당의 등록을 말소하고 지체 없이 그 뜻을 공고하여야 한다.

제48조(해산된 경우 등의 잔여재산 처분) ① 정당이 제44조(등록의 취소)제1항의 규정에 의하여 등록이 취소되거나 제45조(자진해산)의 규정에 의하여 자진해산한 때에는 그 잔여재산은 당헌이 정하는 바에 따라 처분한다. ② 제1항의 규정에 의하여 처분되지 아니한 정당의 잔여재산 및 헌법재판소의 해산결정에 의하여 해산된 정당의 잔여재산은 국고에 귀속한다.

판례 **정당(통합진보당)의 목적이나 활동이 민주적 기본질서에 위배되었는가?**

(헌재 2014. 12. 19. 2013헌다1) 인용

결정요지 : 헌법재판소는 8(인용) : 1(기각)의 의견으로, 통합진보당을 해산하고 그 소속 국회의원은 의원직을 상실한다는 결정을 선고하였다. 통진당이 북한식 사회주의를 실현한다는 숨은 목적을 가지고 내란을 논의하는 회합을 개최하는 등 활동을 한 것은 헌법상 민주적 기본질서에 위배된다. 통진당에 대한 해산결정은 비례의 원칙에도 어긋나지 않고, 위헌정당의 해산을 명하는 비상상황에서는 국회의원의 국민 대표성은 희생될 수 밖에 없으므로, 통진당 소속 국회의원의 의원직 상실은 위헌정당해산 제도의 본질로부터 인정되는 효력이다.

5) 권한쟁의심판

기관 간에 권한의 존부나 범위에 관하여 다툼이 있으면, 국가기관이나 지방자치단체는 헌법재판소에 권한쟁의심판을 청구할 수 있다. 권한쟁의의 결정은 재판관 7인 이상이 참석하고, 참석재판관 중 과반수의 찬성으로써 한다.

헌법재판소법 제61조(청구사유) ① 국가기관 상호간, 국가기관과 지방자치단체 간 및 지방자치단체 상호간에 권한의 유무 또는 범위에 관하여 다툼이 있을 때에는 해당 국가기관 또는 지방자치단체는 헌법재판소에 권한쟁의심판을 청구할 수 있다. ② 제1항의 심판청구는 피청구인의 처분 또는 부작위(不作爲)가 헌법 또는 법률에 의하여 부여받은 청구인의 권한을 침해하였거나 침해할 현저한 위험이 있는 경우에만 할 수 있다.

제66조(결정의 내용) ① 헌법재판소는 심판의 대상이 된 국가기관 또는 지방자치단체의 권한의 유무 또는 범위에 관하여 판단한다. ② 제1항의 경우에 헌법재판소는 권한침해의 원인이 된 피청구인의 처분을 취소하거나 그 무효를 확인할 수 있고, 헌법재판소가 부작위에 대한 심판청구를 인용하는 결정을 한 때에는 피청구인은 결정 취지에 따른 처분을 하여야 한다.

제67조(결정의 효력) ① 헌법재판소의 권한쟁의심판의 결정은 모든 국가기관과 지방자치단체를 기속한다. ② 국가기관 또는 지방자치단체의 처분을 취소하는 결정은 그 처분의 상대방에 대하여 이미 생긴 효력에 영향을 미치지 아니한다.

판례1 구(區)의 재산세를 '특별시 및 구세'로 하여 서울특별시와 강남구의 공동세로 변경하는 「지방세법」 개정은 강남구의 지방자치권을 침해하는가?

(헌재 2010. 10. 28. 2007헌라4) 기각

결정요지 : 재산세를 반드시 기초자치단체에 귀속시켜야 할 헌법적 근거나 논리적 당위성이 있다고 할 수 없다. 법률 개정으로 구의 재산세 수입이 종전보다 50% 감소하게 되지만, 특별시분 재산세가 각 자치구에 배분되므로 이를 감안하면 종전에 비하여 실질적으로 감소되는 재산세는 50% 미만이다. 법률 개정으로 인하여 강남구 등의 자치재정권이 유명무실하게 될 정도로 지나치게 침해되었다고는 할 수 없다. 따라서 피청구인 국회가 위 법률조항들을 제정한 행위는 헌법상 보장된 청구인들의 지방자치권의 본질적 내용을 침해하였다고 할 수 없다.

판례2 소위 '검수완박법'('검찰수사권 완전박탈법')이라 불린 검찰청법 개정과 형사소송법 개정은 검사의 권한을 침해하는가?

(헌재 2023. 3. 23. 2022헌라4) 각하

전체논점 : ① 국회가 2022. 5. 9. 검찰청법을 개정한 행위 및 형사소송법을 개정한 행위에 대한 권한쟁의심판에서, 법무부장관의 '청구인적격' 인정 여부(소극) ② 이 사건 법률개정행위로 인한 검사의 '권한침해가능성' 인정 여부(소극)

① 법무부장관은 헌법상 소관 사무에 관하여 부령을 발할 수 있고 정부조직법상 법무에 관한 사무를 관장하지만, 이 사건 법률개정행위는 이와 같은 법무부장관의 권한을 제한하지 아니한다. 물론 법무부장관은 일반적으로 검사를 지휘·감독하고 구체적 사건에 대하여는 검찰총장만을 지휘·감독할 권한이 있으나, 이 사건 법률개정행위가 이와 같은 법무부장관의 지휘·감독 권한을 제한하는 것은 아니다. 따라서 법무부장관은 이 사건 법률개정행위에 대해 권한쟁의심판을 청구할 적절한 관련성이 인정되지 아니하므로, 청구인적격이 인정되지 아니한다.

② 국가기관의 '헌법상 권한'은 국회의 입법행위를 비롯한 다양한 국가기관의 행위로 침해될 수 있다. 그러나 국가기관의 '법률상 권한'은, 다른 국가기관의 행위로 침해될 수 있음은 별론으로 하고, 국회의 입법행위로는 침해될 수 없다. 국가기관의 '법률상 권한'

은 국회의 입법행위에 의해 비로소 형성·부여된 권한일 뿐, 역으로 국회의 입법행위를 구속하는 기준이 될 수 없기 때문이다. 따라서 문제 된 침해의 원인이 '국회의 입법행위'인 경우에는 '법률상 권한'을 침해의 대상으로 삼는 심판청구는 권한침해가능성을 인정할 수 없다.

이 사건 법률개정행위는 검사의 수사권 및 소추권을 조정·배분하는 내용을 담고 있으므로, 해당 수사권 및 소추권이 검사의 '헌법상 권한'인지 아니면 '법률상 권한'인지 문제 된다. 수사 및 소추는 우리 헌법상 본질적으로 행정에 속하는 사무이므로, 특별한 사정이 없는 한 '대통령을 수반으로 하는 행정부'(헌법 제66조 제4항)에 부여된 '헌법상 권한'이다. 그러나 수사권 및 소추권이 행정부 중 어느 '특정 국가기관'에 전속적으로 부여된 것으로 해석할 헌법상 근거는 없다. 이에 헌법재판소는, 행정부 내에서 수사권 및 소추권의 구체적인 조정·배분은 헌법사항이 아닌 '입법사항'이므로, 헌법이 수사권 및 소추권을 행정부 내의 특정 국가기관에 독점적·배타적으로 부여한 것이 아님을 반복적으로 확인한 바 있다(94헌바2, 2007헌마1468, 2017헌바196, 2020헌마264등). 같은 맥락에서 입법자는 검사·수사처검사·경찰·해양경찰·군검사·군사경찰·특별검사와 같은 '대통령을 수반으로 하는 행정부' 내의 국가기관들에, 수사권 및 소추권을 구체적으로 조정·배분하고 있다.

헌법 제12조 제3항, 제16조는 검사의 영장신청권을 규정한다. 이에 헌법재판소는, 헌법상 영장신청권 조항은 수사과정에서 남용될 수 있는 다른 수사기관의 강제수사를 '법률전문가인 검사'가 합리적으로 '통제'하기 위한 취지에서 도입된 것임을 확인한 바 있다(96헌바28등). 물론 헌법은 검사의 수사권에 대해 침묵하므로, 입법자로서는 영장신청권자인 검사에게 직접 수사권을 부여하는 방향으로 입법형성을 하여 영장신청의 신속성·효율성을 증진시킬 수 있다. 그러나 형사절차가 규문주의에서 탄핵주의로 이행되어 온 과정을 고려할 때, 수사기관이 자신의 수사대상에 대한 영장신청 여부를 스스로 결정하도록 하는 것은 객관성을 담보하기 어려운 구조라는 점도 부인하기 어렵다. 이에 영장신청의 신속성·효율성 측면이 아니라, 법률전문가이자 인권옹호기관인 검사로 하여금 제3자의 입장에서 수사기관의 강제수사 남용을 통제하는 취지에서 영장신청권이 헌법에 도입된 것으로 해석되므로, 헌법상 검사의 영장신청권 조항에서 '헌법상 검사의 수사권'까지 도출된다고 보기 어렵다.

결국 이 사건 법률개정행위는 검사의 '헌법상 권한'(영장신청권)을 제한하지 아니하고, 국회의 입법행위로 그 내용과 범위가 형성된 검사의 '법률상 권한'(수사권·소추권)이 법률개정행위로 침해될 가능성이 있다고 볼 수 없으므로, 권한침해가능성이 인정되지 아니한다.

참고자료

헌법재판소 창립 30주년(2018년) 기념 주요결정 30선

O 일본군위안부의 대일 배상청구권 관련 행정부작위 사건 〈2006헌마788〉

피청구인 외교통상부장관이 일본군위안부 피해자들이 일본에 대하여 가지는 배상청구권의 소멸여부와 관련하여 한일양국간의 분쟁을 해결하기 위한 조치를 취하지 않은 부작위가 위헌이라고 결정한 사건

O 대통령 탄핵 사건 〈2004헌나1, 2016헌나1〉

헌법재판소는 2건의 대통령 탄핵사건을 심판하였는데, 2004년 노무현 대통령 탄핵사건은 기각이 되었으며, 2016년 박근혜 대통령 탄핵사건은 인용결정을 하여 대통령이 파면된 사건

O 대통령 탄핵 사건 〈2004헌나1, 2016헌나1〉

헌법재판소는 2건의 대통령 탄핵사건을 심판하였는데, 2004년 노무현 대통령 탄핵사건은 기각이 되었으며, 2016년 박근혜 대통령 탄핵사건은 인용결정을 하여 대통령이 파면된 사건

O 공무원시험 응시연령 상한제한 사건 〈2007헌마1105〉

5급 공개경쟁채용시험을 준비중인 청구인이 공무원임용시험령에서 5급 공채시험의 응시 연령상한을 '32세까지'로 정한 부분이 응시자의 공무담임권을 침해한다고 결정한 사건

O 간통죄 사건 〈2009헌바17등〉

간통 및 상간행위를 2년 이하의 징역으로 형사처벌하는 형법 제241조가 헌법에 위반된다고 결정한 사건

O 인터넷 실명제 사건 〈2010헌마47등〉

'정보통신망이용촉진 및 정보보호 등에 관한 법률'상 인터넷실명제, 즉 본인확인절차를 거쳐야만 인터넷 게시판을 이용할 수 있도록 한 규정이 위헌이라고 결정한 사건

O 동성동본금혼 사건 〈95헌가6등〉

동성동본인 혈족사이에서는 혼인하지 못한다고 규정한 민법 제809조 제1항의 동성동본금혼규정에 대하여 헌법불합치결정을 한 사건

O 통신제한조치 기간연장 사건 〈2009헌가30>

범죄수사를 위한 통신제한조치를 받고 있는 자에 대해, 법원이 그 통신제한조치기간의 연장을 허가함에 있어 기간이나 횟수의 제한을 두지 않고 무제한 연장을 허가할 수 있도록 한 통신비밀보호법 조항은 헌법에 합치되지 않는다고 결정한 사건

O 청탁금지법 (일명 김영란법) 사건 〈2015헌마236등〉

‘부정청탁 및 금품 등 수수의 금지에 관한 법률’의 시행을 앞두고 많은 논란이 있었던 언론인 및 사립학교관계자와 관련된 조항들에 대해 합헌결정을 한 사건

O 토지초과이득세 사건 〈92헌바49등〉

1989년 계속되는 지가상승과 토지투기의 악순환, 그에 따른 빈부격차 심화 등의 문제를 시정하고자 제정한 토지초과이득세법 전부가 헌법에 합치되지 아니한다고 결정한 사건

O 국회 인근 절대적 집회금지 사건 〈2013헌바322등〉

국회의사당으로부터 100미터 이내의 옥외집회 또는 시위를 형사처벌하는 집회 및 시위에 관한 법률 조항이 헌법에 합치되지 아니한다는 결정

O 피의자 수사장면 촬영허용 사건 〈2012헌마652〉

경찰관이 기자들의 취재요청에 응하여 피의자인 청구인이 경찰서 내에서 양손에 수갑을 찬채 조사받는 모습을 촬영할 수 있도록 허용한 행위가 위헌임을 확인한 사건

O 서울광장 통행저지 사건 〈2009헌마40〉

경찰청장이 서울광장을 차벽으로 둘러싸 서울광장의 출입을 전면적 제지한 행위가 서울광장을 통행하려는 청구인들의 일반적 행동자유권을 침해한다는 결정

O 양심적 병역거부 사건 〈2011헌바397등〉

병역의 종류에 양심적 병역거부자에 대한 대체복무제를 규정하지 아니한 병역법 제5조 제1항은 헌법에 합치되지 아니하며, 양심적 병역거부자의 처벌 근거가 된 병역법 제88조 제1항은 헌법에 위반되지 아니한다고 결정한 사건

O 제대군인가산점 사건 〈98헌마363〉

제대군인이 공무원채용시험에 응시한 때에 가산점을 부여하는 것이 여성, 신체장애자 등 제대군인이 아닌 응시자의 기본권을 침해하므로 위헌이라고 결정한 사건

O 통신매체이용음란죄 신상정보 등록 사건 〈2015헌마688〉

'성폭력범죄의 처벌 등에 관한 특례법'상 통신매체 이용 음란죄로 유죄판결이 확정된 자에 대한 신상정보 등록제도가 헌법에 위반된다고 하여, 신상정보 등록대상 범죄의 일부에 대해 최초로 위헌결정을 한 사건

O 긴급조치 (유신헌법 비판 처벌) 사건 〈2010헌바132등〉

구 헌법(일명 '유신헌법') 제53조에 따라 발령된 대통령긴급조치 제1호, 제2호, 제9호에 대한 위헌심판권한이 헌법재판소에 있고, 위 긴급조치들이 헌법에 위반된다고 결정한 사건

O 호주제 사건 〈2001헌가9등〉

호주를 정점으로 가(家)라는 관념적 집합체를 구성하고, 이러한 가를 직계비속 남자를 통하여 승계시키는 제도의 핵심적 구성부분을 이루는 민법 제778조 등 호주제 관련 조항들이 헌법에 합치되지 않는다고 결정

O 친일재산환수 사건 〈2008헌바141등〉

'친일반민족행위자 재산의 국가귀속에 관한 특별법'에서 과거사 청산을 위해 친일행위로 축적한 재산을 국가로 귀속시키도록 한 법률조항에 대해 헌법에 위반되지 않는다고 결정한 사건

O 통합진보당 해산 사건 〈2013헌다1〉

피청구인(통합진보당)의 목적과 활동이 헌법상 민주적 기본질서에 위배됨을 이유로 피청구인을 해산하고 소속 국회의원의 의원직을 상실하게 한 사건

O 수사기록열람 사건 〈94헌마60〉

검찰이 변호인의 수사기록 열람·등사신청을 거부한 사안에 대하여 위헌을 선언한 사건

O 인터넷상 정치적 표현 및 선거운동 금지 사건 〈2007헌마1001〉

정보통신망을 이용한 일정한 방법의 선거운동을 금지하는 공직선거법 조항에 대해 한정위헌결정을 한 사건

O 그린벨트 사건 〈89헌마214등〉

개발제한구역(그린벨트)내에서는 구역지정의 목적에 위배되는 건축물의 건축, 공작물의 설치, 토지의 형질변경 등을 할 수 없도록 규정한 도시계획법 제21조가 헌법에 합치되지 아니한다고 결정한 사건

O 주민등록번호 변경 인정 사건 〈2013헌바68등〉

주민등록번호 변경에 관한 규정을 두지 않은 주민등록법 제7조가 헌법에 합치되지 아니한다고 결정한 사건

O 정신질환자 강제입원 사건 〈2014헌가9〉

보호의무자 2인의 동의와 정신과전문의 1인의 진단이 있으면 보호입원이 가능하도록 한 정신보건법 제24조 제1항 및 제2항이 헌법에 합치되지 않는다고 결정한 사건

O 중형구형 시 석방제한 사건 〈92헌가8〉

검사의 중형구형이 있는 경우 무죄 등의 판결을 받아도 구속영장의 효력이 지속되도록 한 형사소송법 제331조는 헌법 제12조 제3항의 영장주의와 적법절차 원칙에 위배되어 위헌이라고 결정한 사건

O 기초의회의원 정당 표방 금지 사건 〈2001헌가4〉

기초의회의원선거 후보자로 하여금 특정 정당으로부터 지지 또는 추천을 받았다는 것을 표방할 수 없도록 한 구 '공직선거 및 선거부정 방지법 '규정이 위헌이라고 결정한 사건

O 태아 성별고지 금지 사건 〈2004헌마1010등〉

태아의 성별고지를 금지한 의료법 규정에 대하여 헌법불합치결정을 선고한 사건

O 5−18 특별법 사건 〈96헌가2등〉

12.12사건 및 5.18사건을 주도한 헌정질서파괴범죄행위자들을 처벌하기 위하여 공소시효의 진행을 정지한다고 규정한 '5.18민주화운동 등에 관한 특별법' 제2조가 헌법에 위반되지 아니한다고 결정한 사건

O 조선철도주식 사건 〈89헌마2〉

국회의 입법부작위에 대하여 위헌이라고 결정한 최초의 사건으로 군정법령 제2조의 수용과 관련하여, 이로 인한 손실보상금 지급절차에 관한 법률을 제정하지 아니한 입법부작위가 위헌임을 확인한 사건

O 과외금지 사건 〈98헌가16등〉

과외교습을 전면적으로 금지한 '학원의 설립·운영에 관한 법률'의 관련조항이 헌법에 위반된다고 결정한 사건

부 록
대한민국 헌법

전 문

유구한 역사와 전통에 빛나는 우리 대한국민은 3·1운동으로 건립된 대한민국임시정부의 법통과 불의에 항거한 4·19민주이념을 계승하고, 조국의 민주개혁과 평화적 통일의 사명에 입각하여 정의·인도와 동포애로써 민족의 단결을 공고히 하고, 모든 사회적 폐습과 불의를 타파하며, 자율과 조화를 바탕으로 자유민주적 기본질서를 더욱 확고히 하여 정치·경제·사회·문화의 모든 영역에 있어서 각인의 기회를 균등히 하고, 능력을 최고도로 발휘하게 하며, 자유와 권리에 따르는 책임과 의무를 완수하게 하여, 안으로는 국민생활의 균등한 향상을 기하고 밖으로는 항구적인 세계평화와 인류공영에 이바지함으로써 우리들과 우리들의 자손의 안전과 자유와 행복을 영원히 확보할 것을 다짐하면서 1948년 7월 12일에 제정되고 8차에 걸쳐 개정된 헌법을 이제 국회의 의결을 거쳐 국민투표에 의하여 개정한다.

1987년 10월 29일

제1장 총 강

제1조 ① 대한민국은 민주공화국이다.
② 대한민국의 주권은 국민에게 있고, 모든 권력은 국민으로부터 나온다.

제2조 ① 대한민국의 국민이 되는 요건은 법률로 정한다.
② 국가는 법률이 정하는 바에 의하여 재외국민을 보호할 의무를 진다.

제3조 대한민국의 영토는 한반도와 그 부속도서로 한다.

제4조 대한민국은 통일을 지향하며, 자유민주적 기본질서에 입각한 평화적 통일 정책을 수립하고 이를 추진한다.

제5조 ① 대한민국은 국제평화의 유지에 노력하고 침략적 전쟁을 부인한다.
② 국군은 국가의 안전보장과 국토방위의 신성한 의무를 수행함을 사명으로 하며, 그 정치적 중립성은 준수된다.

제6조 ① 헌법에 의하여 체결·공포된 조약과 일반적으로 승인된 국제법규는 국내법과 같은 효력을 가진다.

② 외국인은 국제법과 조약이 정하는 바에 의하여 그 지위가 보장된다.

제 7 조 ① 공무원은 국민전체에 대한 봉사자이며, 국민에 대하여 책임을 진다.

② 공무원의 신분과 정치적 중립성은 법률이 정하는 바에 의하여 보장된다.

제 8 조 ① 정당의 설립은 자유이며, 복수정당제는 보장된다.

② 정당은 그 목적·조직과 활동이 민주적이어야 하며, 국민의 정치적 의사형성에 참여하는데 필요한 조직을 가져야 한다.

③ 정당은 법률이 정하는 바에 의하여 국가의 보호를 받으며, 국가는 법률이 정하는 바에 의하여 정당운영에 필요한 자금을 보조할 수 있다.

④ 정당의 목적이나 활동이 민주적 기본질서에 위배될 때에는 정부는 헌법재판소에 그 해산을 제소할 수 있고, 정당은 헌법재판소의 심판에 의하여 해산된다.

제 9 조 국가는 전통문화의 계승·발전과 민족문화의 창달에 노력하여야 한다.

제 2 장 국민의 권리와 의무

제10조 모든 국민은 인간으로서의 존엄과 가치를 가지며, 행복을 추구할 권리를 가진다. 국가는 개인이 가지는 불가침의 기본적 인권을 확인하고 이를 보장할 의무를 진다.

제11조 ① 모든 국민은 법 앞에 평등하다. 누구든지 성별·종교 또는 사회적 신분에 의하여 정치적·경제적·사회적·문화적 생활의 모든 영역에 있어서 차별을 받지 아니한다.

② 사회적 특수계급의 제도는 인정되지 아니하며, 어떠한 형태로도 이를 창설할 수 없다.

③ 훈장등의 영전은 이를 받은 자에게만 효력이 있고, 어떠한 특권도 이에 따르지 아니한다.

제12조 ① 모든 국민은 신체의 자유를 가진다. 누구든지 법률에 의하지 아니하고는 체포·구속·압수·수색 또는 심문을 받지 아니하며, 법률과 적법한 절차에 의하지 아니하고는 처벌·보안처분 또는 강제노역을 받지 아니한다.

② 모든 국민은 고문을 받지 아니하며, 형사상 자기에게 불리한 진술을 강요당하지 아니한다.

③ 체포·구속·압수 또는 수색을 할 때에는 적법한 절차에 따라 검사의 신청에 의하여 법관이 발부한 영장을 제시하여야 한다. 다만, 현행범인인 경우와 장기 3년 이상의 형에 해당하는 죄를 범하고 도피 또는 증거인멸의 염려가 있을 때에는 사후에 영장을 청구할 수 있다.

④ 누구든지 체포 또는 구속을 당한 때에는 즉시 변호인의 조력을 받을 권리를 가진다. 다만, 형사피고인이 스스로 변호인을 구할 수 없을 때에는 법률이 정하는 바에 의하여 국가가 변호인을 붙인다.

⑤ 누구든지 체포 또는 구속의 이유와 변호인의 조력을 받을 권리가 있음을 고지받지 아니하고는 체포 또는 구속을 당하지 아니한다. 체포 또는 구속을 당한 자의 가족 등 법률이 정하는 자에게는 그 이유와 일시·장소가 지체없이 통지되어야 한다.

⑥ 누구든지 체포 또는 구속을 당한 때에는 적부의 심사를 법원에 청구할 권리를 가진다.

⑦ 피고인의 자백이 고문·폭행·협박·구속의 부당한 장기화 또는 기망 기타의 방법에 의하여 자의로 진술된 것이 아니라고 인정될 때 또는 정식재판에 있어서 피고인의 자백이 그에게 불리한 유일한

증거일 때에는 이를 유죄의 증거로 삼거나 이를 이유로 처벌할 수 없다.

제13조 ① 모든 국민은 행위시의 법률에 의하여 범죄를 구성하지 아니하는 행위로 소추되지 아니하며, 동일한 범죄에 대하여 거듭 처벌받지 아니한다.

② 모든 국민은 소급입법에 의하여 참정권의 제한을 받거나 재산권을 박탈당하지 아니한다.

③ 모든 국민은 자기의 행위가 아닌 친족의 행위로 인하여 불이익한 처우를 받지 아니한다.

제14조 모든 국민은 거주·이전의 자유를 가진다.

제15조 모든 국민은 직업선택의 자유를 가진다.

제16조 모든 국민은 주거의 자유를 침해받지 아니한다. 주거에 대한 압수나 수색을 할 때에는 검사의 신청에 의하여 법관이 발부한 영장을 제시하여야 한다.

제17조 모든 국민은 사생활의 비밀과 자유를 침해받지 아니한다.

제18조 모든 국민은 통신의 비밀을 침해받지 아니한다.

제19조 모든 국민은 양심의 자유를 가진다.

제20조 ① 모든 국민은 종교의 자유를 가진다.

② 국교는 인정되지 아니하며, 종교와 정치는 분리된다.

제21조 ① 모든 국민은 언론·출판의 자유와 집회·결사의 자유를 가진다.

② 언론·출판에 대한 허가나 검열과 집회·결사에 대한 허가는 인정되지 아니한다.

③ 통신·방송의 시설기준과 신문의 기능을 보장하기 위하여 필요한 사항은 법률로 정한다.

④ 언론·출판은 타인의 명예나 권리 또는 공중도덕이나 사회윤리를 침해하여서는 아니된다. 언론·출판이 타인의 명예나 권리를 침해한 때에는 피해자는 이에 대한 피해의 배상을 청구할 수 있다.

제22조 ① 모든 국민은 학문과 예술의 자유를 가진다.

② 저작자·발명가·과학기술자와 예술가의 권리는 법률로써 보호한다.

제23조 ① 모든 국민의 재산권은 보장된다. 그 내용과 한계는 법률로 정한다.

② 재산권의 행사는 공공복리에 적합하도록 하여야 한다.

③ 공공필요에 의한 재산권의 수용·사용 또는 제한 및 그에 대한 보상은 법률로써 하되, 정당한 보상을 지급하여야 한다.

제24조 모든 국민은 법률이 정하는 바에 의하여 선거권을 가진다.

제25조 모든 국민은 법률이 정하는 바에 의하여 공무담임권을 가진다.

제26조 ① 모든 국민은 법률이 정하는 바에 의하여 국가기관에 문서로 청원할 권리를 가진다.

② 국가는 청원에 대하여 심사할 의무를 진다.

제27조 ① 모든 국민은 헌법과 법률이 정한 법관에 의하여 법률에 의한 재판을 받을 권리를 가진다.

② 군인 또는 군무원이 아닌 국민은 대한민국의 영역 안에서는 중대한 군사상 기밀·초병·초소·유독음식물공급·포로·군용물에 관한 죄 중 법률이 정한 경우와 비상계엄이 선포된 경우를 제외하고는 군사법원의 재판을 받지 아니한다.

③ 모든 국민은 신속한 재판을 받을 권리를 가진다. 형사피고인은 상당한 이유가 없는 한 지체없이 공개재판을 받을 권리를 가진다.

④ 형사피고인은 유죄의 판결이 확정될

때까지는 무죄로 추정된다.

⑤ 형사피해자는 법률이 정하는 바에 의하여 당해 사건의 재판절차에서 진술할 수 있다.

제28조 형사피의자 또는 형사피고인으로서 구금되었던 자가 법률이 정하는 불기소처분을 받거나 무죄판결을 받은 때에는 법률이 정하는 바에 의하여 국가에 정당한 보상을 청구할 수 있다.

제29조 ① 공무원의 직무상 불법행위로 손해를 받은 국민은 법률이 정하는 바에 의하여 국가 또는 공공단체에 정당한 배상을 청구할 수 있다. 이 경우 공무원 자신의 책임은 면제되지 아니한다.

② 군인·군무원·경찰공무원 기타 법률이 정하는 자가 전투·훈련 등 직무집행과 관련하여 받은 손해에 대하여는 법률이 정하는 보상 외에 국가 또는 공공단체에 공무원의 직무상 불법행위로 인한 배상은 청구할 수 없다.

제30조 타인의 범죄행위로 인하여 생명·신체에 대한 피해를 받은 국민은 법률이 정하는 바에 의하여 국가로부터 구조를 받을 수 있다.

제31조 ① 모든 국민은 능력에 따라 균등하게 교육을 받을 권리를 가진다.

② 모든 국민은 그 보호하는 자녀에게 적어도 초등교육과 법률이 정하는 교육을 받게 할 의무를 진다.

③ 의무교육은 무상으로 한다.

④ 교육의 자주성·전문성·정치적 중립성 및 대학의 자율성은 법률이 정하는 바에 의하여 보장된다.

⑤ 국가는 평생교육을 진흥하여야 한다.

⑥ 학교교육 및 평생교육을 포함한 교육제도와 그 운영, 교육재정 및 교원의 지위에 관한 기본적인 사항은 법률로 정한다.

제32조 ① 모든 국민은 근로의 권리를 가진다. 국가는 사회적·경제적 방법으로 근로자의 고용의 증진과 적정임금의 보장에 노력하여야 하며, 법률이 정하는 바에 의하여 최저임금제를 시행하여야 한다.

② 모든 국민은 근로의 의무를 진다. 국가는 근로의 의무의 내용과 조건을 민주주의원칙에 따라 법률로 정한다.

③ 근로조건의 기준은 인간의 존엄성을 보장하도록 법률로 정한다.

④ 여자의 근로는 특별한 보호를 받으며, 고용·임금 및 근로조건에 있어서 부당한 차별을 받지 아니한다.

⑤ 연소자의 근로는 특별한 보호를 받는다.

⑥ 국가유공자·상이군경 및 전몰군경의 유가족은 법률이 정하는 바에 의하여 우선적으로 근로의 기회를 부여받는다.

제33조 ① 근로자는 근로조건의 향상을 위하여 자주적인 단결권·단체교섭권 및 단체행동권을 가진다.

② 공무원인 근로자는 법률이 정하는 자에 한하여 단결권·단체교섭권 및 단체행동권을 가진다.

③ 법률이 정하는 주요방위산업체에 종사하는 근로자의 단체행동권은 법률이 정하는 바에 의하여 이를 제한하거나 인정하지 아니할 수 있다.

제34조 ① 모든 국민은 인간다운 생활을 할 권리를 가진다.

② 국가는 사회보장·사회복지의 증진에 노력할 의무를 진다.

③ 국가는 여자의 복지와 권익의 향상을 위하여 노력하여야 한다.

④ 국가는 노인과 청소년의 복지향상을 위한 정책을 실시할 의무를 진다.

⑤ 신체장애자 및 질병·노령 기타의 사유로 생활능력이 없는 국민은 법률이 정하는 바에 의하여 국가의 보호를 받는다.

⑥ 국가는 재해를 예방하고 그 위험으로

부터 국민을 보호하기 위하여 노력하여야 한다.

제35조 ① 모든 국민은 건강하고 쾌적한 환경에서 생활할 권리를 가지며, 국가와 국민은 환경보전을 위하여 노력하여야 한다.

② 환경권의 내용과 행사에 관하여는 법률로 정한다.

③ 국가는 주택개발정책 등을 통하여 모든 국민이 쾌적한 주거생활을 할 수 있도록 노력하여야 한다.

제36조 ① 혼인과 가족생활은 개인의 존엄과 양성의 평등을 기초로 성립되고 유지되어야 하며, 국가는 이를 보장한다.

② 국가는 모성의 보호를 위하여 노력하여야 한다.

③ 모든 국민은 보건에 관하여 국가의 보호를 받는다.

제37조 ① 국민의 자유와 권리는 헌법에 열거되지 아니한 이유로 경시되지 아니한다.

② 국민의 모든 자유와 권리는 국가안전보장·질서유지 또는 공공복리를 위하여 필요한 경우에 한하여 법률로써 제한할 수 있으며, 제한하는 경우에도 자유와 권리의 본질적인 내용을 침해할 수 없다.

제38조 모든 국민은 법률이 정하는 바에 의하여 납세의 의무를 진다.

제39조 ① 모든 국민은 법률이 정하는 바에 의하여 국방의 의무를 진다.

② 누구든지 병역의무의 이행으로 인하여 불이익한 처우를 받지 아니한다.

제 3 장 국　　회

제40조 입법권은 국회에 속한다.

제41조 ① 국회는 국민의 보통·평등·직접·비밀선거에 의하여 선출된 국회의원으로 구성한다.

② 국회의원의 수는 법률로 정하되, 200인 이상으로 한다.

③ 국회의원의 선거구와 비례대표제 기타 선거에 관한 사항은 법률로 정한다.

제42조 국회의원의 임기는 4년으로 한다.

제43조 국회의원은 법률이 정하는 직을 겸할 수 없다.

제44조 ① 국회의원은 현행범인인 경우를 제외하고는 회기중 국회의 동의없이 체포 또는 구금되지 아니한다.

② 국회의원이 회기 전에 체포 또는 구금된 때에는 현행범인이 아닌 한 국회의 요구가 있으면 회기중 석방된다.

제45조 국회의원은 국회에서 직무상 행한 발언과 표결에 관하여 국회 외에서 책임을 지지 아니한다.

제46조 ① 국회의원은 청렴의 의무가 있다.

② 국회의원은 국가이익을 우선하여 양심에 따라 직무를 행한다.

③ 국회의원은 그 지위를 남용하여 국가·공공단체 또는 기업체와의 계약이나 그 처분에 의하여 재산상의 권리·이익 또는 직위를 취득하거나 타인을 위하여 그 취득을 알선할 수 없다.

제47조 ① 국회의 정기회는 법률이 정하는 바에 의하여 매년 1회 집회되며, 국회의 임시회는 대통령 또는 국회재적의원 4분의 1 이상의 요구에 의하여 집회된다.

② 정기회의 회기는 100일을, 임시회의 회기는 30일을 초과할 수 없다.

③ 대통령이 임시회의 집회를 요구할 때에는 기간과 집회요구의 이유를 명시하여야 한다.

제48조 국회는 의장 1인과 부의장 2인을 선출한다.

제49조 국회는 헌법 또는 법률에 특별한 규정이 없는 한 재적의원 과반수의 출석과

출석의원 과반수의 찬성으로 의결한다. 가부동수인 때에는 부결된 것으로 본다.

제50조 ① 국회의 회의는 공개한다. 다만, 출석의원 과반수의 찬성이 있거나 의장이 국가의 안전보장을 위하여 필요하다고 인정할 때에는 공개하지 아니할 수 있다.

② 공개하지 아니한 회의내용의 공표에 관하여는 법률이 정하는 바에 의한다.

제51조 국회에 제출된 법률안 기타의 의안은 회기중에 의결되지 못한 이유로 폐기되지 아니한다. 다만, 국회의원의 임기가 만료된 때에는 그러하지 아니하다.

제52조 국회의원과 정부는 법률안을 제출할 수 있다.

제53조 ① 국회에서 의결된 법률안은 정부에 이송되어 15일 이내에 대통령이 공포한다.

② 법률안에 이의가 있을 때에는 대통령은 제1항의 기간 내에 이의서를 붙여 국회로 환부하고, 그 재의를 요구할 수 있다. 국회의 폐회중에도 또한 같다.

③ 대통령은 법률안의 일부에 대하여 또는 법률안을 수정하여 재의를 요구할 수 없다.

④ 재의의 요구가 있을 때에는 국회는 재의에 붙이고, 재적의원과반수의 출석과 출석의원 3분의 2 이상의 찬성으로 전과 같은 의결을 하면 그 법률안은 법률로서 확정된다.

⑤ 대통령이 제1항의 기간 내에 공포나 재의의 요구를 하지 아니한 때에도 그 법률안은 법률로서 확정된다.

⑥ 대통령은 제4항과 제5항의 규정에 의하여 확정된 법률을 지체없이 공포하여야 한다. 제5항에 의하여 법률이 확정된 후 또는 제4항에 의한 확정법률이 정부에 이송된 후 5일 이내에 대통령이 공포하지 아니할 때에는 국회의장이 이를 공포한다.

⑦ 법률은 특별한 규정이 없는 한 공포한 날로부터 20일을 경과함으로써 효력을 발생한다.

제54조 ① 국회는 국가의 예산안을 심의·확정한다.

② 정부는 회계연도마다 예산안을 편성하여 회계연도 개시 90일 전까지 국회에 제출하고, 국회는 회계연도 개시 30일 전까지 이를 의결하여야 한다.

③ 새로운 회계연도가 개시될 때까지 예산안이 의결되지 못한 때에는 정부는 국회에서 예산안이 의결될 때까지 다음의 목적을 위한 경비는 전년도 예산에 준하여 집행할 수 있다.

1. 헌법이나 법률에 의하여 설치된 기관 또는 시설의 유지·운영
2. 법률상 지출의무의 이행
3. 이미 예산으로 승인된 사업의 계속

제55조 ① 한 회계연도를 넘어 계속하여 지출할 필요가 있을 때에는 정부는 연한을 정하여 계속비로서 국회의 의결을 얻어야 한다.

② 예비비는 총액으로 국회의 의결을 얻어야 한다. 예비비의 지출은 차기국회의 승인을 얻어야 한다.

제56조 정부는 예산에 변경을 가할 필요가 있을 때에는 추가경정예산안을 편성하여 국회에 제출할 수 있다.

제57조 국회는 정부의 동의없이 정부가 제출한 지출예산 각항의 금액을 증가하거나 새 비목을 설치할 수 없다.

제58조 국채를 모집하거나 예산 외에 국가의 부담이 될 계약을 체결하려 할 때에는 정부는 미리 국회의 의결을 얻어야 한다.

제59조 조세의 종목과 세율은 법률로 정

한다.

제60조 ① 국회는 상호원조 또는 안전보장에 관한 조약, 중요한 국제조직에 관한 조약, 우호통상항해조약, 주권의 제약에 관한 조약, 강화조약, 국가나 국민에게 중대한 재정적 부담을 지우는 조약 또는 입법사항에 관한 조약의 체결·비준에 대한 동의권을 가진다.
② 국회는 선전포고, 국군의 외국에의 파견 또는 외국군대의 대한민국 영역 안에서의 주류에 대한 동의권을 가진다.

제61조 ① 국회는 국정을 감사하거나 특정한 국정사안에 대하여 조사할 수 있으며, 이에 필요한 서류의 제출 또는 증인의 출석과 증언이나 의견의 진술을 요구할 수 있다.
② 국정감사 및 조사에 관한 절차 기타 필요한 사항은 법률로 정한다.

제62조 ① 국무총리·국무위원 또는 정부위원은 국회나 그 위원회에 출석하여 국정처리상황을 보고하거나 의견을 진술하고 질문에 응답할 수 있다.
② 국회나 그 위원회의 요구가 있을 때에는 국무총리·국무위원 또는 정부위원은 출석·답변하여야 하며, 국무총리 또는 국무위원이 출석요구를 받은 때에는 국무위원 또는 정부위원으로 하여금 출석·답변하게 할 수 있다.

제63조 ① 국회는 국무총리 또는 국무위원의 해임을 대통령에게 건의할 수 있다.
② 제1항의 해임건의는 국회재적의원 3분의 1 이상의 발의에 의하여 국회재적의원 과반수의 찬성이 있어야 한다.

제64조 ① 국회는 법률에 저촉되지 아니하는 범위 안에서 의사와 내부규율에 관한 규칙을 제정할 수 있다.
② 국회는 의원의 자격을 심사하며, 의원을 징계할 수 있다.
③ 의원을 제명하려면 국회재적의원 3분의 2 이상의 찬성이 있어야 한다.
④ 제2항과 제3항의 처분에 대하여는 법원에 제소할 수 없다.

제65조 ① 대통령·국무총리·국무위원·행정각부의 장·헌법재판소 재판관·법관·중앙선거관리위원회 위원·감사원장·감사위원 기타 법률이 정한 공무원이 그 직무집행에 있어서 헌법이나 법률을 위배한 때에는 국회는 탄핵의 소추를 의결할 수 있다.
② 제1항의 탄핵소추는 국회재적의원 3분의 1 이상의 발의가 있어야 하며, 그 의결은 국회재적의원 과반수의 찬성이 있어야 한다. 다만, 대통령에 대한 탄핵소추는 국회재적의원 과반수의 발의와 국회재적의원 3분의 2 이상의 찬성이 있어야 한다.
③ 탄핵소추의 의결을 받은 자는 탄핵심판이 있을 때까지 그 권한행사가 정지된다.
④ 탄핵결정은 공직으로부터 파면함에 그친다. 그러나, 이에 의하여 민사상이나 형사상의 책임이 면제되지는 아니한다.

제4장 정 부

제1절 대통령

제66조 ① 대통령은 국가의 원수이며, 외국에 대하여 국가를 대표한다.
② 대통령은 국가의 독립·영토의 보전·국가의 계속성과 헌법을 수호할 책무를 진다.
③ 대통령은 조국의 평화적 통일을 위한 성실한 의무를 진다.
④ 행정권은 대통령을 수반으로 하는 정부에 속한다.

제67조 ① 대통령은 국민의 보통·평등·직접·비밀선거에 의하여 선출한다.

② 제1항의 선거에 있어서 최고득표자가 2인 이상인 때에는 국회의 재적의원 과반수가 출석한 공개회의에서 다수표를 얻은 자를 당선자로 한다.

③ 대통령후보자가 1인일 때에는 그 득표수가 선거권자 총수의 3분의 1 이상이 아니면 대통령으로 당선될 수 없다.

④ 대통령으로 선거될 수 있는 자는 국회의원의 피선거권이 있고 선거일 현재 40세에 달하여야 한다.

⑤ 대통령의 선거에 관한 사항은 법률로 정한다.

제68조 ① 대통령의 임기가 만료되는 때에는 임기만료 70일 내지 40일 전에 후임자를 선거한다.

② 대통령이 궐위된 때 또는 대통령 당선자가 사망하거나 판결 기타의 사유로 그 자격을 상실한 때에는 60일 이내에 후임자를 선거한다.

제69조 대통령은 취임에 즈음하여 다음의 선서를 한다. "나는 헌법을 준수하고 국가를 보위하며 조국의 평화적 통일과 국민의 자유와 복리의 증진 및 민족문화의 창달에 노력하여 대통령으로서의 직책을 성실히 수행할 것을 국민 앞에 엄숙히 선서합니다."

제70조 대통령의 임기는 5년으로 하며, 중임할 수 없다.

제71조 대통령이 궐위되거나 사고로 인하여 직무를 수행할 수 없을 때에는 국무총리, 법률이 정한 국무위원의 순서로 그 권한을 대행한다.

제72조 대통령은 필요하다고 인정할 때에는 외교·국방·통일 기타 국가안위에 관한 중요정책을 국민투표에 붙일 수 있다.

제73조 대통령은 조약을 체결·비준하고, 외교사절을 신임·접수 또는 파견하며, 선전포고와 강화를 한다.

제74조 ① 대통령은 헌법과 법률이 정하는 바에 의하여 국군을 통수한다.

② 국군의 조직과 편성은 법률로 정한다.

제75조 대통령은 법률에서 구체적으로 범위를 정하여 위임받은 사항과 법률을 집행하기 위하여 필요한 사항에 관하여 대통령령을 발할 수 있다.

제76조 ① 대통령은 내우·외환·천재·지변 또는 중대한 재정·경제상의 위기에 있어서 국가의 안전보장 또는 공공의 안녕질서를 유지하기 위하여 긴급한 조치가 필요하고 국회의 집회를 기다릴 여유가 없을 때에 한하여 최소한으로 필요한 재정·경제상의 처분을 하거나 이에 관하여 법률의 효력을 가지는 명령을 발할 수 있다.

② 대통령은 국가의 안위에 관계되는 중대한 교전상태에 있어서 국가를 보위하기 위하여 긴급한 조치가 필요하고 국회의 집회가 불가능한 때에 한하여 법률의 효력을 가지는 명령을 발할 수 있다.

③ 대통령은 제1항과 제2항의 처분 또는 명령을 한 때에는 지체없이 국회에 보고하여 그 승인을 얻어야 한다.

④ 제3항의 승인을 얻지 못한 때에는 그 처분 또는 명령은 그때부터 효력을 상실한다. 이 경우 그 명령에 의하여 개정 또는 폐지되었던 법률은 그 명령이 승인을 얻지 못한 때부터 당연히 효력을 회복한다.

⑤ 대통령은 제3항과 제4항의 사유를 지체없이 공포하여야 한다.

제77조 ① 대통령은 전시·사변 또는 이에 준하는 국가비상사태에 있어서 병력으로써 군사상의 필요에 응하거나 공공의 안녕질서를 유지할 필요가 있을 때에는 법률이 정하는 바에 의하여 계엄을 선포할 수 있다.

② 계엄은 비상계엄과 경비계엄으로 한다.

③ 비상계엄이 선포된 때에는 법률이 정하는 바에 의하여 영장제도, 언론·출판·집회·결사의 자유, 정부나 법원의 권한에 관하여 특별한 조치를 할 수 있다.
④ 계엄을 선포한 때에는 대통령은 지체없이 국회에 통고하여야 한다.
⑤ 국회가 재적의원 과반수의 찬성으로 계엄의 해제를 요구한 때에는 대통령은 이를 해제하여야 한다.

제78조 대통령은 헌법과 법률이 정하는 바에 의하여 공무원을 임면한다.

제79조 ① 대통령은 법률이 정하는 바에 의하여 사면·감형 또는 복권을 명할 수 있다.
② 일반사면을 명하려면 국회의 동의를 얻어야 한다.
③ 사면·감형 및 복권에 관한 사항은 법률로 정한다.

제80조 대통령은 법률이 정하는 바에 의하여 훈장 기타의 영전을 수여한다.

제81조 대통령은 국회에 출석하여 발언하거나 서한으로 의견을 표시할 수 있다.

제82조 대통령의 국법상 행위는 문서로써 하며, 이 문서에는 국무총리와 관계 국무위원이 부서한다. 군사에 관한 것도 또한 같다.

제83조 대통령은 국무총리·국무위원·행정각부의 장 기타 법률이 정하는 공사의 직을 겸할 수 없다.

제84조 대통령은 내란 또는 외환의 죄를 범한 경우를 제외하고는 재직중 형사상의 소추를 받지 아니한다.

제85조 전직대통령의 신분과 예우에 관하여는 법률로 정한다.

제2절 행정부

제1관 국무총리와 국무위원

제86조 ① 국무총리는 국회의 동의를 얻어 대통령이 임명한다.
② 국무총리는 대통령을 보좌하며, 행정에 관하여 대통령의 명을 받아 행정각부를 통할한다.
③ 군인은 현역을 면한 후가 아니면 국무총리로 임명될 수 없다.

제87조 ① 국무위원은 국무총리의 제청으로 대통령이 임명한다.
② 국무위원은 국정에 관하여 대통령을 보좌하며, 국무회의의 구성원으로서 국정을 심의한다.
③ 국무총리는 국무위원의 해임을 대통령에게 건의할 수 있다.
④ 군인은 현역을 면한 후가 아니면 국무위원으로 임명될 수 없다.

제2관 국무회의

제88조 ① 국무회의는 정부의 권한에 속하는 중요한 정책을 심의한다.
② 국무회의는 대통령·국무총리와 15인 이상 30인 이하의 국무위원으로 구성한다.
③ 대통령은 국무회의의 의장이 되고, 국무총리는 부의장이 된다.

제89조 다음 사항은 국무회의의 심의를 거쳐야 한다.

1. 국정의 기본계획과 정부의 일반정책
2. 선전·강화 기타 중요한 대외정책
3. 헌법개정안·국민투표안·조약안·법률안 및 대통령령안
4. 예산안·결산·국유재산처분의 기본계획·국가의 부담이 될 계약 기타 재정에 관한 중요사항
5. 대통령의 긴급명령·긴급재정경제처분 및 명령 또는 계엄과 그 해제
6. 군사에 관한 중요사항
7. 국회의 임시회 집회의 요구
8. 영전수여
9. 사면·감형과 복권
10. 행정각부간의 권한의 획정

11. 정부안의 권한의 위임 또는 배정에 관한 기본계획
12. 국정처리상황의 평가·분석
13. 행정각부의 중요한 정책의 수립과 조정
14. 정당해산의 제소
15. 정부에 제출 또는 회부된 정부의 정책에 관계되는 청원의 심사
16. 검찰총장·합동참모의장·각군참모총장·국립대학교총장·대사 기타 법률이 정한 공무원과 국영기업체관리자의 임명
17. 기타 대통령·국무총리 또는 국무위원이 제출한 사항

제90조 ① 국정의 중요한 사항에 관한 대통령의 자문에 응하기 위하여 국가원로로 구성되는 국가원로자문회의를 둘 수 있다.
② 국가원로자문회의의 의장은 직전대통령이 된다. 다만, 직전대통령이 없을 때에는 대통령이 지명한다.
③ 국가원로자문회의의 조직·직무범위 기타 필요한 사항은 법률로 정한다.

제91조 ① 국가안전보장에 관련되는 대외정책·군사정책과 국내정책의 수립에 관하여 국무회의의 심의에 앞서 대통령의 자문에 응하기 위하여 국가안전보장회의를 둔다.
② 국가안전보장회의는 대통령이 주재한다.
③ 국가안전보장회의의 조직·직무범위 기타 필요한 사항은 법률로 정한다.

제92조 ① 평화통일정책의 수립에 관한 대통령의 자문에 응하기 위하여 민주평화통일자문회의를 둘 수 있다.
② 민주평화통일자문회의의 조직·직무범위 기타 필요한 사항은 법률로 정한다.

제93조 ① 국민경제의 발전을 위한 중요정책의 수립에 관하여 대통령의 자문에 응하기 위하여 국민경제자문회의를 둘 수 있다.
② 국민경제자문회의의 조직·직무범위 기타 필요한 사항은 법률로 정한다.

제3관 행정각부

제94조 행정각부의 장은 국무위원 중에서 국무총리의 제청으로 대통령이 임명한다.

제95조 국무총리 또는 행정각부의 장은 소관사무에 관하여 법률이나 대통령령의 위임 또는 직권으로 총리령 또는 부령을 발할 수 있다.

제96조 행정각부의 설치·조직과 직무범위는 법률로 정한다.

제4관 감 사 원

제97조 국가의 세입·세출의 결산, 국가 및 법률이 정한 단체의 회계검사와 행정기관 및 공무원의 직무에 관한 감찰을 하기 위하여 대통령 소속하에 감사원을 둔다.

제98조 ① 감사원은 원장을 포함한 5인 이상 11인 이하의 감사위원으로 구성한다.
② 원장은 국회의 동의를 얻어 대통령이 임명하고, 그 임기는 4년으로 하며, 1차에 한하여 중임할 수 있다.
③ 감사위원은 원장의 제청으로 대통령이 임명하고, 그 임기는 4년으로 하며, 1차에 한하여 중임할 수 있다.

제99조 감사원은 세입·세출의 결산을 매년 검사하여 대통령과 차년도국회에 그 결과를 보고하여야 한다.

제100조 감사원의 조직·직무범위·감사위원의 자격·감사대상공무원의 범위 기타 필요한 사항은 법률로 정한다.

제5장 법 원

제101조 ① 사법권은 법관으로 구성된 법원에 속한다.
② 법원은 최고법원인 대법원과 각급법

원으로 조직된다.

③ 법관의 자격은 법률로 정한다.

제102조 ① 대법원에 부를 둘 수 있다.

② 대법원에 대법관을 둔다. 다만, 법률이 정하는 바에 의하여 대법관이 아닌 법관을 둘 수 있다.

③ 대법원과 각급법원의 조직은 법률로 정한다.

제103조 법관은 헌법과 법률에 의하여 그 양심에 따라 독립하여 심판한다.

제104조 ① 대법원장은 국회의 동의를 얻어 대통령이 임명한다.

② 대법관은 대법원장의 제청으로 국회의 동의를 얻어 대통령이 임명한다.

③ 대법원장과 대법관이 아닌 법관은 대법관회의의 동의를 얻어 대법원장이 임명한다.

제105조 ① 대법원장의 임기는 6년으로 하며, 중임할 수 없다.

② 대법관의 임기는 6년으로 하며, 법률이 정하는 바에 의하여 연임할 수 있다.

③ 대법원장과 대법관이 아닌 법관의 임기는 10년으로 하며, 법률이 정하는 바에 의하여 연임할 수 있다.

④ 법관의 정년은 법률로 정한다.

제106조 ① 법관은 탄핵 또는 금고 이상의 형의 선고에 의하지 아니하고는 파면되지 아니하며, 징계처분에 의하지 아니하고는 정직·감봉 기타 불리한 처분을 받지 아니한다.

② 법관이 중대한 심신상의 장해로 직무를 수행할 수 없을 때에는 법률이 정하는 바에 의하여 퇴직하게 할 수 있다.

제107조 ① 법률이 헌법에 위반되는 여부가 재판의 전제가 된 경우에는 법원은 헌법재판소에 제청하여 그 심판에 의하여 재판한다.

② 명령·규칙 또는 처분이 헌법이나 법률에 위반되는 여부가 재판의 전제가 된 경우에는 대법원은 이를 최종적으로 심사할 권한을 가진다.

③ 재판의 전심절차로서 행정심판을 할 수 있다. 행정심판의 절차는 법률로 정하되, 사법절차가 준용되어야 한다.

제108조 대법원은 법률에서 저촉되지 아니하는 범위 안에서 소송에 관한 절차, 법원의 내부규율과 사무처리에 관한 규칙을 제정할 수 있다.

제109조 재판의 심리와 판결은 공개한다. 다만, 심리는 국가의 안전보장 또는 안녕질서를 방해하거나 선량한 풍속을 해할 염려가 있을 때에는 법원의 결정으로 공개하지 아니할 수 있다.

제110조 ① 군사재판을 관할하기 위하여 특별법원으로서 군사법원을 둘 수 있다.

② 군사법원의 상고심은 대법원에서 관할한다.

③ 군사법원의 조직·권한 및 재판관의 자격은 법률로 정한다.

④ 비상계엄하의 군사재판은 군인·군무원의 범죄나 군사에 관한 간첩죄의 경우와 초병·초소·유독음식물공급·포로에 관한 죄 중 법률이 정한 경우에 한하여 단심으로 할 수 있다. 다만, 사형을 선고한 경우에는 그러하지 아니하다.

제 6 장 헌법재판소

제111조 ① 헌법재판소는 다음 사항을 관장한다.

1. 법원의 제청에 의한 법률의 위헌여부 심판
2. 탄핵의 심판
3. 정당의 해산 심판
4. 국가기관 상호간, 국가기관과 지방자치단체간 및 지방자치단체 상호간의

권한쟁의에 관한 심판
5. 법률이 정하는 헌법소원에 관한 심판
② 헌법재판소는 법관의 자격을 가진 9인의 재판관으로 구성하며, 재판관은 대통령이 임명한다.
③ 제2항의 재판관 중 3인은 국회에서 선출하는 자를, 3인은 대법원장이 지명하는 자를 임명한다.
④ 헌법재판소의 장은 국회의 동의를 얻어 재판관 중에서 대통령이 임명한다.

제112조 ① 헌법재판소 재판관의 임기는 6년으로 하며, 법률이 정하는 바에 의하여 연임할 수 있다.
② 헌법재판소 재판관은 정당에 가입하거나 정치에 관여할 수 없다.
③ 헌법재판소 재판관은 탄핵 또는 금고 이상의 형의 선고에 의하지 아니하고는 파면되지 아니한다.

제113조 ① 헌법재판소에서 법률의 위헌결정, 탄핵의 결정, 정당해산의 결정 또는 헌법소원에 관한 인용결정을 할 때에는 재판관 6인 이상의 찬성이 있어야 한다.
② 헌법재판소는 법률에 저촉되지 아니하는 범위안에서 심판에 관한 절차, 내부규율과 사무처리에 관한 규칙을 제정할 수 있다.
③ 헌법재판소의 조직과 운영 기타 필요한 사항은 법률로 정한다.

제7장 선거관리

제114조 ① 선거와 국민투표의 공정한 관리 및 정당에 관한 사무를 처리하기 위하여 선거관리위원회를 둔다.
② 중앙선거관리위원회는 대통령이 임명하는 3인, 국회에서 선출하는 3인과 대법원장이 지명하는 3인의 위원으로 구성한다. 위원장은 위원중에서 호선한다.
③ 위원의 임기는 6년으로 한다.
④ 위원은 정당에 가입하거나 정치에 관여할 수 없다.
⑤ 위원은 탄핵 또는 금고 이상의 형의 선고에 의하지 아니하고는 파면되지 아니한다.
⑥ 중앙선거관리위원회는 법령의 범위안에서 선거관리·국민투표관리 또는 정당사무에 관한 규칙을 제정할 수 있으며, 법률에 저촉되지 아니하는 범위 안에서 내부규율에 관한 규칙을 제정할 수 있다.
⑦ 각급 선거관리위원회의 조직·직무범위 기타 필요한 사항은 법률로 정한다.

제115조 ① 각급 선거관리위원회는 선거인명부의 작성 등 선거사무와 국민투표사무에 관하여 관계 행정기관에 필요한 지시를 할 수 있다.
② 제1항의 지시를 받은 당해 행정기관은 이에 응하여야 한다.

제116조 ① 선거운동은 각급 선거관리위원회의 관리하에 법률이 정하는 범위 안에서 하되, 균등한 기회가 보장되어야 한다.
② 선거에 관한 경비는 법률이 정하는 경우를 제외하고는 정당 또는 후보자에게 부담시킬 수 없다.

제8장 지방자치

제117조 ① 지방자치단체는 주민의 복리에 관한 사무를 처리하고 재산을 관리하며, 법령의 범위 안에서 자치에 관한 규정을 제정할 수 있다.
② 지방자치단체의 종류는 법률로 정한다.

제118조 ① 지방자치단체에 의회를 둔다.
② 지방의회의 조직·권한·의원선거와 지방자치단체의 장의 선임방법 기타 지방자치단체의 조직과 운영에 관한 사항은 법률로 정한다.

제9장 경　　제

제119조 ① 대한민국의 경제질서는 개인과 기업의 경제상의 자유와 창의를 존중함을 기본으로 한다.

② 국가는 균형있는 국민경제의 성장 및 안정과 적정한 소득의 분배를 유지하고, 시장의 지배와 경제력의 남용을 방지하며, 경제주체간의 조화를 통한 경제의 민주화를 위하여 경제에 관한 규제와 조정을 할 수 있다.

제120조 ① 광물 기타 중요한 지하자원·수산자원·수력과 경제상 이용할 수 있는 자연력은 법률이 정하는 바에 의하여 일정한 기간 그 채취·개발 또는 이용을 특허할 수 있다.

② 국토와 자원은 국가의 보호를 받으며, 국가는 그 균형있는 개발과 이용을 위하여 필요한 계획을 수립한다.

제121조 ① 국가는 농지에 관하여 경자유전의 원칙이 달성될 수 있도록 노력하여야 하며, 농지의 소작제도는 금지된다.

② 농업생산성의 제고와 농지의 합리적인 이용을 위하거나 불가피한 사정으로 발생하는 농지의 임대차와 위탁경영은 법률이 정하는 바에 의하여 인정된다.

제122조 국가는 국민 모두의 생산 및 생활의 기반이 되는 국토의 효율적이고 균형있는 이용·개발과 보전을 위하여 법률이 정하는 바에 의하여 그에 관한 필요한 제한과 의무를 과할 수 있다.

제123조 ① 국가는 농업 및 어업을 보호·육성하기 위하여 농·어촌종합개발과 그 지원등 필요한 계획을 수립·시행하여야 한다.

② 국가는 지역간의 균형있는 발전을 위하여 지역경제를 육성할 의무를 진다.

③ 국가는 중소기업을 보호·육성하여야 한다.

④ 국가는 농수산물의 수급균형과 유통구조의 개선에 노력하여 가격안정을 도모함으로써 농·어민의 이익을 보호한다.

⑤ 국가는 농·어민과 중소기업의 자조조직을 육성하여야 하며, 그 자율적 활동과 발전을 보장한다.

제124조 국가는 건전한 소비행위를 계도하고 생산품의 품질향상을 촉구하기 위한 소비자보호운동을 법률이 정하는 바에 의하여 보장한다.

제125조 국가는 대외무역을 육성하며, 이를 규제·조정할 수 있다.

제126조 국방상 또는 국민경제상 긴절한 필요로 인하여 법률이 정하는 경우를 제외하고는, 사영기업을 국유 또는 공유로 이전하거나 그 경영을 통제 또는 관리할 수 없다.

제127조 ① 국가는 과학기술의 혁신과 정보 및 인력의 개발을 통하여 국민경제의 발전에 노력하여야 한다.

② 국가는 국가표준제도를 확립한다.

③ 대통령은 제1항의 목적을 달성하기 위하여 필요한 자문기구를 둘 수 있다.

제10장 헌법개정

제128조 ① 헌법개정은 국회재적의원 과반수 또는 대통령의 발의로 제안된다.

② 대통령의 임기연장 또는 중임변경을 위한 헌법개정은 그 헌법개정 제안 당시의 대통령에 대하여는 효력이 없다.

제129조 제안된 헌법개정안은 대통령이 20일 이상의 기간 이를 공고하여야 한다.

제130조 ① 국회는 헌법개정안이 공고된 날로부터 60일 이내에 의결하여야 하며, 국회의 의결은 재적의원 3분의 2 이상의 찬성을 얻어야 한다.

② 헌법개정안은 국회가 의결한 후 30일 이내에 국민투표에 붙여 국회의원선거권자 과반수의 투표와 투표자 과반수의 찬성을 얻어야 한다.

③ 헌법개정안이 제2항의 찬성을 얻은 때에는 헌법개정은 확정되며, 대통령은 즉시 이를 공포하여야 한다.

부 칙

제1조 이 헌법은 1988년 2월 25일부터 시행한다. 다만, 이 헌법을 시행하기 위하여 필요한 법률의 제정·개정과 이 헌법에 의한 대통령 및 국회의원의 선거 기타 이 헌법시행에 관한 준비는 이 헌법시행 전에 할 수 있다.

제2조 ① 이 헌법에 의한 최초의 대통령선거는 이 헌법시행일 40일 전까지 실시한다.

② 이 헌법에 의한 최초의 대통령의 임기는 이 헌법시행일로부터 개시한다.

제3조 ① 이 헌법에 의한 최초의 국회의원선거는 이 헌법공포일로부터 6월 이내에 실시하며, 이 헌법에 의하여 선출된 최초의 국회의원의 임기는 국회의원선거 후 이 헌법에 의한 국회의 최초의 집회일로부터 개시한다.

② 이 헌법공포 당시의 국회의원의 임기는 제1항에 의한 국회의 최초의 집회일 전일까지로 한다.

제4조 ① 이 헌법시행 당시의 공무원과 정부가 임명한 기업체의 임원은 이 헌법에 의하여 임명된 것으로 본다. 다만, 이 헌법에 의하여 선임방법이나 임명권자가 변경된 공무원과 대법원장 및 감사원장은 이 헌법에 의하여 후임자가 선임될 때까지 그 직무를 행하며, 이 경우 전임자인 공무원의 임기는 후임자가 선임되는 전일까지로 한다.

② 이 헌법시행 당시의 대법원장과 대법원판사가 아닌 법관은 제1항 단서의 규정에 불구하고 이 헌법에 의하여 임명된 것으로 본다.

③ 이 헌법 중 공무원의 임기 또는 중임제한에 관한 규정은 이 헌법에 의하여 그 공무원이 최초로 선출 또는 임명된 때로부터 적용한다.

제5조 이 헌법시행 당시의 법령과 조약은 이 헌법에 위배되지 아니하는 한 그 효력을 지속한다.

제6조 이 헌법시행 당시에 이 헌법에 의하여 새로 설치될 기관의 권한에 속하는 직무를 행하고 있는 기관은 이 헌법에 의하여 새로운 기관이 설치될 때까지 존속하며 그 직무를 행한다.

저자 약력

홍 완 식

건국대학교 법과대학 법학사·법학석사
독일 쾰른대학교 법과대학 법학박사
현 건국대학교 법학전문대학원 교수
   한국 동물법연구회 회장
   한국입법학회 입법학연구 편집위원장
   국회 입법지원위원
   법무부 보호위원
   대검찰청 검찰수사심의위원회 위원
   법제처 국민법제관
   국회도서관 법률도서관 자문위원
   학교법인 정신학원 이사
   한국연극인복지재단 감사
   한국법무보호복지공단 이사
   제주특별자치도 워킹그룹 제1분과위원장
   국제공법학회 한국지부 자문위원
전 한국입법학회 회장
   유럽헌법학회 회장
   한국헌법학회 부회장
   한국공법학회 부회장
   한국토지공법학회 부회장
   한국비교공법학회 부회장
   한국법학회 부회장
   국회입법조사처 자문위원
   대통령비서실 청원심의회 위원
   건국대학교 인권센터장
   건국대학교 법학연구소장
   유럽헌법학회 유럽헌법연구 편집위원장
   울산광역시의회 입법평가위원회 위원장
   강원도의회 입법평가위원회 부위원장
   대한변협 입법평가위원회 부위원장
   전국 시도의회 의장협의회 정책자문위원회 부위원장
   서울시의회 정책연구위원회 정책연구위원
   변호사시험·사법시험·입법고시·행정고시·공무원시험 등 출제·채점위원
   대학입시 등 출제위원장
   KBS 객원 해설위원
   국회의장배 토론대회 심사위원

주요 저서 및 논문

『법과 사회』(4판, 2024)
『실명입법론』(4판, 2024)
『반려견 법률상식』(4판, 2024)
『로스쿨 헌법』(2023)
『자치법규 입법평가론』(2023)
『법학개론』(공저, 10판, 2023)
『청탁금지법 핸드북』(개정판, 2018)
『입법학논고』(2020)
『입법학연구』(2014)
『사회변화와 입법』(공저, 2008)
『사회보험료 관련 입법에 있어서 헌법원칙의 적용에 관한 연구』(2005)
『독일사회복지론』(공저, 2005)
『헌법』(공저, 2004)

선거보전금 반환 관련 법안에 대한 입법평론 (공저, 2024)
미디어 출연동물의 보호에 관한 연구 (2024)
반려동물산업과 규제현황에 관한 연구 (공저, 2024)
입법영향분석제도의 도입에 관한 입법평론 (2024)
탄소세 도입의 입법적 문제에 관한 연구 (공저, 2023)
지방의회 인사청문회 조례와 조례안의 입법론적 검토 (2023)
한복진흥법 제정안의 검토와 과제 (2022)
동물의 법적 지위 향상을 위한 입법론적 검토 (2022)
금융분야 위임입법에 대한 입법론적 검토 (2022)
연출저작권 인정 여부에 관한 고찰 (공저, 2022)
제주특별자치도의 분권강화에 관한 고찰 (2021)
행정기본법에 대한 입법평론 (2021)
성폭력 2차 피해의 입법론적 쟁점 (공저, 2021)
오스트리아 입법기술지침에 관한 고찰 (2021)
행정기본법에 대한 입법평론 (2021)
성적 자기결정권의 헌법적 함의 (공저, 2021)
제주특별자치도의 분권 강화에 관한 고찰 (2021)
국회 법제사법위원회의 체계·자구 심사권에 대한 고찰 (2020)
연동형 비례대표제의 입법적 개선에 관한 연구 (2020)
헌법재판소의 결정을 통해본 포괄적 위임입법금지원칙 (공저, 2020)
신속처리안건의 심사기간에 관한 연구 (2019)
가짜뉴스 규제법안에 대한 입법평론 (2019)
연동형 비례대표제 법안에 대한 입법평론 (2019)
화학물질 관련법에 대한 입법평론 (2018)
독일의 동물보호법제에 관한 고찰 (2018)
입법에서의 협치 확대를 위한 고찰 (2017)
신정부의 선거법 공약의 내용과 그 실현을 위한 헌법적 과제 (2017)
징벌적 손해배상제도에 관한 입법평론 (2017)
관세법 개정에 대한 입법평론 - 면제점 특허규정을 중심으로 (2017)
청탁금지법 적용대상의 문제점 - 언론사를 중심으로 (2017)

연명의료결정법에 대한 입법평론 (2017)
규제와 입법 – 동아시아 국가와의 비교법적 고찰 (2017)
독일의 입법현황과 국가규범통제위원회 (2016)
제20대 국회의 과제로서의 입법영향분석제도 도입 (2016)
'국회선진화법'에 관한 보론 (2016)
직권상정 완화론에 대한 비판적 검토 (2016)
의사공개원칙에 관한 연구 (2016)
김영란법의 체계성에 관한 연구 (2015)
선거제도 개편에 관한 연구 (2015)
세월호사고에 관한 입법적 성찰 (2014)
안전권 실현을 위한 입법정책 (2013)
성희롱관련법에 대한 입법평론 (2013)
케냐헌법에 관한 연구 (2013)
'국회선진화법'에 관한 고찰 (2012)
처분적 법률에 관한 연구 (2012)
특별부담금에 관한 연구 (2011)
한국법제에 대한 연구 (2011)
헌법재판소에 의한 입법절차 통제 (2011)
미국의 아동대상 성범죄 관련 법률에 대한 입법론적 검토 (2010)
독일의 입법평가 (2009)
헌법재판소의 결정을 통해서 본 입법의 원칙 (2009)
현행 입법과정의 문제점과 개선방안 (2009)
미국연방의회의 입법과정 (2009)
국회 법안발의 규칙의 제정에 관한 검토 (2008)
규제개혁과 입법정책 (2008)
의원입법에 대한 합리적인 통제방안 (2008)
로비제도 관련 법률안에 대한 헌법적 고찰 (2008)
통일한국의 토지관련 헌법정책 (2008)

법령과 판례를 통해 읽는

교양 헌법

초판 인쇄 2025년 3월 5일
초판 발행 2025년 3월 10일

지은이 홍완식
펴낸이 박노일

총괄기획 최준규
편 집 이상민

펴낸곳 pnc publishing and culture 피앤씨미디어

경기도 고양시 일산동구 강송로 153 310－1501
등록 제396－2012－000203호
전 화 070)7550-3758 팩 스 02)6280-3758
홈페이지 www.pncmedia.co.kr 이메일 pnc@pncmedia.co.kr
ISBN 979-11-5730-981-8 93360

정 가 15,000원